"十三五"国家重点图书出版规划项目

秦史与秦文化研究丛书

王子今 主编

初并天下
——秦君主集权研究

孙闻博 著

西北大学出版社
·西安·

图书在版编目(CIP)数据

初并天下:秦君主集权研究/孙闻博著.—西安:西北大学出版社,2021.2(2022.5重印)
(秦史与秦文化研究丛书/王子今主编)
ISBN 978-7-5604-4671-4

Ⅰ.①初… Ⅱ.①孙… Ⅲ.①君主制—研究—中国—秦代 Ⅳ.①D691.21

中国版本图书馆 CIP 数据核字(2020)第 270295 号

本书为国家社科基金重大项目"秦统一及其历史意义再研究"(14ZDB028)的阶段性成果

初并天下——秦君主集权研究
CHUBINGTIANXIAQINJUNZHUJIQUANYANJIU　　　　孙闻博　著

责任编辑	马若楠　王学群
装帧设计	谢　晶
出版发行	西北大学出版社
地　　址	西安市太白北路 229 号　　邮　编　710069
网　　址	http://nwupress.nwu.edu.cn　　E-mail　xdpress@nwu.edu.cn
电　　话	029-88303593　88302590
经　　销	全国新华书店
印　　装	西安华新彩印有限责任公司
开　　本	710 毫米×1020 毫米　1/16
印　　张	17.25
字　　数	294 千字
版　　次	2021 年 2 月第 1 版　2022 年 5 月第 2 次印刷
书　　号	ISBN 978-7-5604-4671-4
定　　价	118.00 元

如有印装质量问题,请与本社联系调换,电话 029-88302966。

"秦史与秦文化研究丛书"
QINSHI YU QINWENHUA YANJIU CONGSHU
编辑出版委员会

顾　问　柳斌杰　朱绍侯　方光华

主　任　徐　晔

副主任　卜宪群　马　来

委　员　卜宪群　马　来　王子今　王彦辉　田明纲
　　　　邬文玲　孙家洲　李禹阶　李振宏　张德芳
　　　　张　萍　陈松长　何惠昂　杨建辉　高大伦
　　　　高彦平　晋　文　贾二强　徐　晔　徐兴无
　　　　梁亚莉　彭　卫　焦南峰　赖绍聪

主　编　王子今

总　序

公元前221年,秦王嬴政完成了统一大业,建立了中国历史上第一个高度集权的"大一统"帝国。秦王朝执政短暂,公元前207年被民众武装暴动推翻。秦短促而亡,其失败,在后世长久的历史记忆中更多地被赋予政治教训的意义。然而人们回顾秦史,往往都会追溯到秦人从立国走向强盛的历程,也会对秦文化的品质和特色有所思考。

秦人有早期以畜牧业作为主体经济形式的历史。《史记》卷五《秦本纪》说秦人先祖柏翳"调驯鸟兽,鸟兽多驯服"①,《汉书》卷一九上《百官公卿表上》则作"莽作朕虞,育草木鸟兽"②,《汉书》卷二八下《地理志下》说"柏益……为舜朕虞,养育草木鸟兽"③,经营对象包括"草木"。所谓"育草木""养育草木",暗示农业和林业在秦早期经济形式中也曾经具有相当重要的地位。秦人经济开发的成就,是秦史进程中不宜忽视的文化因素。其影响,不仅作用于物质层面,也作用于精神层面。秦人在周人称为"西垂"的地方崛起,最初在今甘肃东部、陕西西部活动,利用畜牧业经营能力方面的优势,成为周天子和东方各个文化传统比较悠久的古国不能忽视的政治力量。秦作为政治实体,在两周之际得到正式承认。

关中西部的开发,有周人的历史功绩。周王朝的统治重心东迁洛阳后,秦人在这一地区获得显著的经济成就。秦人起先在汧渭之间地方建设了畜牧业基地,又联络草原部族,团结西戎力量,"西垂以其故和睦",得到周王室的肯定,秦于是立国。正如《史记》卷五《秦本纪》所说:"邑之秦,使复续嬴氏祀,号曰秦嬴。"④秦国力逐渐强盛,后来向东发展,在雍(今陕西凤翔)定都,成为西方诸侯

---

① [汉]司马迁:《史记》,中华书局,1959年,第173页。
② 颜师古注引应劭曰:"莽,伯益也。"《汉书》,中华书局,1962年,第721、724页。
③ [汉]班固:《汉书》,中华书局,1962年,第1641页。
④ 《史记》卷五《秦本纪》,第177页。

国家,与东方列国发生外交和战争关系。雍城是生态条件十分适合农耕发展的富庶地区,与周人早期经营农耕、创造农业奇迹的所谓"周原膴膴"①的中心地域东西相邻。因此许多学者将其归入广义"周原"的范围之内。秦国的经济进步,有利用"周余民"较成熟农耕经验的因素。秦穆公时代"益国十二,开地千里,遂霸西戎","广地益国,东服强晋,西霸戎夷",②是以关中西部地区作为根据地实现的政治成功。

秦的政治中心,随着秦史的发展,呈现由西而东逐步转移的轨迹。比较明确的秦史记录,即从《史记》卷五《秦本纪》所谓"初有史以纪事"的秦文公时代起始。③ 秦人活动的中心,经历了这样的转徙过程:西垂—汧渭之会—平阳—雍—咸阳。《中国文物地图集·陕西分册》中的《陕西省春秋战国遗存图》显示,春秋战国时期西安、咸阳附近地方的渭河北岸开始出现重要遗址。④ 而史书明确记载,商鞅推行变法,将秦都由雍迁到了咸阳。《史记》卷五《秦本纪》:"(秦孝公)十二年,作为咸阳,筑冀阙,秦徙都之。"⑤《史记》卷六《秦始皇本纪》:"孝公享国二十四年……其十三年,始都咸阳。"⑥《史记》卷六八《商君列传》:"于是以鞅为大良造……居三年,作为筑冀阙宫庭于咸阳,秦自雍徙都之。"⑦这些文献记录都明确显示,秦孝公十二年(前350)开始营造咸阳城和咸阳宫,于秦孝公十三年(前349)从雍城迁都到咸阳。定都咸阳,既是秦史上具有重大意义的事件,实现了秦国兴起的历史过程中的显著转折,也是秦政治史上的辉煌亮点。

如果我们从生态地理学和经济地理学的角度分析这一事件,也可以获得新的

---

① 《诗·大雅·绵》,[清]阮元校刻:《十三经注疏》,中华书局据原世界书局缩印本1980年10月影印版,第510页。

② 《史记》卷五《秦本纪》,第194、195页。《史记》卷八七《李斯列传》作"并国二十,遂霸西戎"。第2542页。《后汉书》卷八七《西羌传》:"秦穆公得戎人由余,遂罢西戎,开地千里。"中华书局,1965年,第2873页。

③ 《史记》,第179页。

④ 张在明主编:《中国文物地图集·陕西分册》,西安地图出版社,1998年,上册第61页。

⑤ 《史记》,第203页。

⑥ 《史记》,第288页。

⑦ 《史记》,第2232页。

有意义的发现。秦都由西垂东迁至咸阳的过程,是与秦"东略之世"①国力不断壮大的历史同步的。迁都咸阳的决策,有将都城从农耕区之边缘转移到农耕区之中心的用意。秦自雍城迁都咸阳,实现了重要的历史转折。一些学者将"迁都咸阳"看作商鞅变法的内容之一。翦伯赞主编《中国史纲要》在"秦商鞅变法"题下写道:"公元前356年,商鞅下变法令","公元前350年,秦从雍(今陕西凤翔)迁都咸阳,商鞅又下第二次变法令"。② 杨宽《战国史》(增订本)在"秦国卫鞅的变法"一节"卫鞅第二次变法"题下,将"迁都咸阳,修建宫殿"作为变法主要内容之一,又写道:"咸阳位于秦国的中心地点,靠近渭河,附近物产丰富,交通便利。"③林剑鸣《秦史稿》在"商鞅变法的实施"一节,也有"迁都咸阳"的内容。其中写道:"咸阳(在咸阳市窑店东)北依高原,南临渭河,适在秦岭怀抱,既便利往来,又便于取南山之产物,若浮渭而下,可直入黄河;在终南山与渭河之间就是通往函谷关的大道。"④这应当是十分准确地反映历史真实的判断。《史记》卷六八《商君列传》记载,商鞅颁布的新法,有扩大农耕的规划,奖励农耕的法令,保护农耕的措施。⑤ 于是使得秦国在秦孝公——商鞅时代实现了新的农业跃进。而指导这一历史变化的策划中心和指挥中心,就在咸阳。咸阳附近也自此成为关中经济的重心地域。《史记》卷二八《封禅书》说"霸、产、长水、沣、涝、泾、渭皆非大川,以近咸阳,尽得比山川祠"⑥,说明"近咸阳"地方水资源得到合理利用。关中于是"号称陆海,为九州膏腴"⑦,被看作"天府之国"⑧,因其丰饶,千百年居于经济优胜地位。

　　回顾春秋战国时期列强竞胜的历史,历史影响比较显著的国家,多位于文明程度处于后起地位的中原外围地区,它们的迅速崛起,对于具有悠久的文明传统

---

① 王国维:《秦都邑考》,《王国维遗书》,上海古籍书店,1983年,《观堂集林》卷一二第9页。
② 翦伯赞主编:《中国史纲要》,人民出版社,1979年,第75页。
③ 杨宽:《战国史》(增订本),上海人民出版社,1998年,第206页。
④ 林剑鸣:《秦史稿》,上海人民出版社,1981年,第189页。
⑤ 商鞅"变法之令":"民有二男以上不分异者,倍其赋。""僇力本业,耕织致粟帛多者复其身。事末利及怠而贫者,举以为收孥。"《史记》,第2230页。
⑥ 《史记》,第1374页。
⑦ 《汉书》卷二八下《地理志下》,第1642页。
⑧ 《史记》卷五五《留侯世家》,第2044页。

的"中国",即黄河中游地区,形成了强烈的冲击。这一历史文化现象,就是《荀子·王霸》中所说的:"虽在僻陋之国,威动天下,五伯是也。""故齐桓、晋文、楚庄、吴阖闾、越句践,是皆僻陋之国也,威动天下,强殆中国。"①就是说,"五霸"虽然都崛起在文明进程原本相对落后的"僻陋"地方,却能够以新兴的文化强势影响天下,震动中原。"五霸"所指,说法不一,如果按照《白虎通·号·三皇五帝三王五伯》中的说法:"或曰:五霸,谓齐桓公、晋文公、秦穆公、楚庄王、吴王阖闾也。"也就是除去《荀子》所说"越句践",加上了"秦穆公",对于秦的"威""强",予以肯定。又说:"《尚书》曰'邦之荣怀,亦尚一人之庆',知秦穆之霸也。"②秦国力发展态势之急进,对东方诸国有激励和带动的意义。

在战国晚期,七雄之中,以齐、楚、赵、秦为最强。到了公元前3世纪的后期,则秦国的军威,已经势不可当。在秦孝公与商鞅变法之后,秦惠文王兼并巴蜀,宣太后与秦昭襄王战胜义渠,实现对上郡、北地的控制,使秦的疆域大大扩张,时人除"唯秦雄天下"③之说外,又称"秦地半天下"④。秦国上层执政集团可以跨多纬度空间控制,实现了对游牧区、农牧并作区、粟作区、麦作区以及稻作区兼行管理的条件。这是后来对统一王朝不同生态区和经济区实施全面行政管理的前期演习。当时的东方六国,没有一个国家具备从事这种政治实践的条件。

除了与秦孝公合作推行变法的商鞅之外,秦史进程中有重要影响的人物还有韩非和吕不韦。《韩非子》作为法家思想的集大成者,规范了秦政的导向。吕不韦主持编写的《吕氏春秋》为即将成立的秦王朝描画了政治蓝图。多种渊源不同的政治理念得到吸收,其中包括儒学的民本思想。

秦的统一,是中国史的大事件,也是东方史乃至世界史的大事件。对于中华民族的形成,对于后来以汉文化为主体的中华文化的发展,对于统一政治格局的定型,秦的创制有非常重要的意义。秦王朝推行郡县制,实现中央对地方的直接控制。皇帝制度和官僚制度的出现,也是推进政治史进程的重要发明。秦始皇时代实现了高度的集权。皇室、将相、后宫、富族,都无从侵犯或动摇皇帝的权

---

① [清]王先谦撰,沈啸寰、王星贤点校:《荀子集解》,中华书局,1988年,第205页。
② [清]陈立撰,吴则虞点校:《白虎通疏证》,中华书局,1994年,第62、64页。
③ 《史记》卷八三《鲁仲连邹阳列传》,第2459页。
④ 《史记》卷七〇《张仪列传》,第2289页。

威。执掌管理天下最高权力的,唯有皇帝。"夫其卓绝在上,不与士民等夷者,独天子一人耳。"①与秦始皇"二世三世至于万世,传之无穷"②的乐观设想不同,秦的统治未能长久,但是,秦王朝的若干重要制度,特别是皇帝独尊的制度,却成为此后两千多年的政治史的范式。如毛泽东诗句所谓"百代犹行秦政法"③。秦政风格延续长久,对后世中国有长久的规范作用,也对东方世界的政治格局形成了影响。

秦王朝在全新的历史条件下带有试验性质的经济管理形式,是值得重视的。秦时由中央政府主持的长城工程、驰道工程、灵渠工程、阿房宫工程、丽山工程等规模宏大的土木工程的规划和组织,表现出经济管理水平的空前提高,也显示了相当高的行政效率。秦王朝多具有创新意义的经济制度,在施行时各有得失。秦王朝经济管理的军事化体制,以极端苛急的政策倾向为特征,而不合理的以关中奴役关东的区域经济方针等方面的弊病,也为后世提供了深刻的历史教训。秦王朝多以军人为吏,必然使各级行政机构都容易形成极权专制的特点,使行政管理和经济管理都具有军事化的形制,又使统一后不久即应结束的军事管制阶段在实际上无限延长,终于酿成暴政。

秦王朝的专制统治表现出高度集权的特色,其思想文化方面的政策也具有与此相应的风格。秦王朝虽然统治时间不长,但是所推行的文化政策却在若干方面对后世有规定性的意义。"书同文"原本是孔子提出的文化理想。孔子嫡孙子思作《中庸》,引述了孔子的话:"今天下车同轨,书同文,行同伦。"④"书同文",成为文化统一的一种象征。但是在孔子的时代,按照儒家的说法,有其位者无其德,有其德者无其位,"书同文"实际上只是一种空想。战国时期,分裂形势更为显著,书不同文也是体现当时文化背景的重要标志之一。正如东汉学者许慎在《说文解字·叙》中所说,"诸侯力政,不统于王",于是礼乐典籍受到破坏,天下分为七国,"言语异声,文字异形"。⑤秦灭六国,实现统一之后,丞相李

---

① 章太炎:《秦政记》,《太炎文录初编》卷一,《章太炎全集》第4卷,上海人民出版社,1985年,第71页。

② 《史记》卷六《秦始皇本纪》,第236页。

③ 《建国以来毛泽东文稿》第13册,中央文献出版社,1998年,第361页。

④ [清]阮元校刻:《十三经注疏》,第1634页。

⑤ [汉]许慎撰,[清]段玉裁注:《说文解字注》,上海古籍出版社据经韵楼藏版1981年10月影印版,第757页。

斯就上奏建议以"秦文"为基点,欲令天下文字"同之",凡是与"秦文"不一致的,通通予以废除,以完成文字的统一。历史上的这一重要文化过程,司马迁在《史记》卷六《秦始皇本纪》的记载中写作"书同文字"与"同书文字",①在《史记》卷一五《六国年表》与《史记》卷八七《李斯列传》中分别写作"同天下书""同文书"。② 秦王朝的"书同文"虽然没有取得全面的成功,但是当时能够提出这样的文化进步的规划,并且开始了这样的文化进步的实践,应当说,已经是一个值得肯定的伟大的创举。秦王朝推行文化统一的政策,并不限于文字的统一。在秦始皇出巡各地的刻石文字中,可以看到要求各地民俗实现同化的内容。比如琅邪刻石说到"匡饬异俗",之罘刻石说到"黔首改化,远迩同度",表示各地的民俗都要改造,以求整齐统一;而强求民俗统一的形式,是法律的规范,就是所谓"普施明法,经纬天下,永为仪则"。③ 应当看到,秦王朝要实行的全面的"天下""同度",是以秦地形成的政治规范、法律制度、文化样式和民俗风格为基本模板的。

秦王朝在思想文化方面谋求统一,是通过强硬性的专制手段推行有关政策实现的。所谓焚书坑儒,就是企图全面摈斥东方文化,以秦文化为主体实行强制性的文化统一。对于所谓"难施用"④"不中用"⑤的"无用"之学⑥的否定,甚至不惜采用极端残酷的手段。

秦王朝以关中地方作为政治中心,也作为文化基地。关中地方得到了很好

---

① 《史记》,第239、245页。
② 《史记》,第757、2547页。
③ 《史记》,第245、250、249页。
④ 《史记》卷二八《封禅书》:"始皇闻此议各乖异,难施用,由此绌儒生。"第1366页。
⑤ 《史记》卷六《秦始皇本纪》:"(秦始皇)大怒曰:'吾前收天下书不中用者尽去之。'"第258页。
⑥ 《资治通鉴》卷七《秦纪二》"始皇帝三十四年":"魏人陈馀谓孔鲋曰:'秦将灭先王之籍,而子为书籍之主,其危哉!'子鱼曰:'吾为无用之学,知吾者惟友。秦非吾友,吾何危哉!吾将藏之以待其求;求至,无患矣。'"胡三省注:"孔鲋,孔子八世孙,字子鱼。"[宋]司马光编著,[元]胡三省音注,"标点资治通鉴小组"校点:《资治通鉴》,中华书局,1956年,第244页。承孙闻博副教授提示,据傅亚庶《孔丛子校释》,《孔丛子》有的版本记录孔鲋说到"有用之学"。叶氏藏本、蔡宗尧本、汉承弼校跋本、章钰校跋本并有"吾不为有用之学,知吾者唯友。秦非吾友,吾何危哉?"语。中华书局,2011年,第410、414页。参看王子今:《秦文化的实用之风》,《光明日报》2013年7月15日15版"国学"。

的发展条件。秦亡,刘邦入咸阳,称"仓粟多"①,项羽确定行政中心时有人建议"关中阻山河四塞,地肥饶,可都以霸",都说明了秦时关中经济条件的优越。项羽虽然没有采纳都关中的建议,但是在分封十八诸侯时,首先考虑了对现今陕西地方的控制。"立沛公为汉王,王巴、蜀、汉中,都南郑",又"三分关中","立章邯为雍王,王咸阳以西,都废丘","立司马欣为塞王,王咸阳以东至河,都栎阳;立董翳为翟王,王上郡,都高奴"。②因"三分关中"的战略设想,于是史有"三秦"之说。近年"废丘"的考古发现,有益于说明这段历史。所谓"秦之故地"③,是受到特殊重视的行政空间。

汉代匈奴人和西域人仍然称中原人为"秦人"④,汉简资料也可见"秦骑"⑤称谓,说明秦文化对中土以外广大区域的影响形成了深刻的历史记忆。远方"秦人"称谓,是秦的历史光荣的文化纪念。

李学勤《东周与秦代文明》一书中将东周时代的中国划分为7个文化圈,就是中原文化圈、北方文化圈、齐鲁文化圈、楚文化圈、吴越文化圈、巴蜀滇文化圈、秦文化圈。关于其中的"秦文化圈",论者写道:"关中的秦国雄长于广大的西北地区,称之为秦文化圈可能是适宜的。秦人在西周建都的故地兴起,形成了有独特风格的文化。虽与中原有所交往,而本身的特点仍甚明显。"关于战国晚期至于秦汉时期的文化趋势,论者指出:"楚文化的扩展,是东周时代的一件大事","随之而来的,是秦文化的传布。秦的兼并列国,建立统一的新王朝,使秦文化成为后来辉煌的汉代文化的基础"。⑥从空间和时间的视角进行考察,可以注意

---

① 《史记》卷八《高祖本纪》,第362页。
② 《史记》卷七《项羽本纪》,第315、316页。
③ 《史记》卷九九《刘敬叔孙通列传》:"陛下入关而都之,山东虽乱,秦之故地可全而有也。""今陛下入关而都,案秦之故地,此亦搤天下之亢而拊其背也。"第2716页。
④ 《史记》卷一二三《大宛列传》,第3177页;《汉书》卷九四上《匈奴传上》,第3782页;《汉书》卷九六下《西域传下》,第3913页。东汉西域人使用"秦人"称谓,见《龟兹左将军刘平国作关城诵》,参看王子今:《〈龟兹左将军刘平国作关城诵〉考论——兼说"张骞凿空"》,《欧亚学刊》新7辑,商务印书馆,2018年。
⑤ 如肩水金关简"☐所将胡骑秦骑名籍☐"(73EJT1:158),甘肃简牍保护研究中心、甘肃省文物考古研究所、甘肃省博物馆、中国文化遗产研究院古文献研究室、中国社会科学院简帛研究中心编:《肩水金关汉简》(壹),中西书局,2011年,下册第11页。
⑥ 李学勤:《东周与秦代文明》,上海人民出版社,2007年,第10—11页。

到秦文化超地域的特征和跨时代的意义。秦文化自然有区域文化的含义,早期的秦文化又有部族文化的性质。秦文化也是体现法家思想深刻影响的一种政治文化形态,可以理解为秦王朝统治时期的主体文化和主导文化。秦文化也可以作为一种积极奋进的、迅速崛起的、节奏急烈的文化风格的象征符号。总结秦文化的有积极意义的成分,应当注意这样几个特点:创新理念、进取精神、开放胸怀、实用意识、技术追求。秦文化的这些具有积极因素的特点,可以以"英雄主义"和"科学精神"简要概括。对于秦统一的原因,有必要进行全面的客观的总结。秦人接受来自西北方向文化影响的情形,研究者也应当予以关注。

秦文化既有复杂的内涵,又有神奇的魅力。秦文化表现出由弱而强、由落后而先进的历史转变过程中积极进取、推崇创新、重视实效的文化基因。

对于秦文化的历史表现,仅仅用超地域予以总结也许还是不够的。"从世界史的角度"估价秦文化的影响,是秦史研究者的责任。秦的统一"是中国文化史上的重要转折点",继此之后,汉代创造了辉煌的文明,其影响,"范围绝不限于亚洲东部,我们只有从世界史的高度才能估价它的意义和价值"。① 汉代文明成就,正是因秦文化而奠基的。

在对于秦文化的讨论中,不可避免地会导入这样一个问题:为什么在战国七雄的历史竞争中最终秦国取胜,为什么是秦国而不是其他国家完成了"统一"这一历史进程?

秦统一的形势,翦伯赞说,"如暴风雷雨,闪击中原",证明"任何主观的企图,都不足以倒转历史的车轮"。② 秦的"统一",有的学者更愿意用"兼并"的说法。这一历史进程,后人称之为"六王毕,四海一"③,"六王失国四海归"④。其实,秦始皇实现的统一,并不仅仅限于黄河流域和长江流域原战国七雄统治的地域,亦包括对岭南的征服。战争的结局,是《史记》卷六《秦始皇本纪》和卷一一

---

① 李学勤:《东周与秦代文明》,第294页。
② 翦伯赞:《秦汉史》,北京大学出版社,1983年,第8页。
③ [唐]杜牧:《阿房宫赋》,《文苑英华》卷四七,[宋]李昉等编:《文苑英华》,中华书局,1966年,第212页。
④ [宋]莫济《次梁安老王十朋咏秦碑韵》:"六王失国四海归,秦皇东刻南巡碑。"[明]董斯张辑:《吴兴艺文补》卷五〇,明崇祯六年刻本,第1103页。

三《南越列传》所记载的桂林、南海、象郡的设立。① 按照贾谊《过秦论》的表述，即"南取百越之地，以为桂林、象郡，百越之君俛首系颈，委命下吏"②。考古学者基于岭南秦式墓葬发现，如广州淘金坑秦墓、华侨新村秦墓，广西灌阳、兴安、平乐秦墓等的判断，以为"说明了秦人足迹所至和文化所及，反映了秦文化在更大区域内和中原以及其他文化的融合"，"两广秦墓当是和秦始皇统一岭南，'以谪徙民五十万戍五岭，与越杂处'的历史背景有关"。③ 岭南文化与中原文化的融合，正是自"秦时已并天下，略定杨越"④起始。而蒙恬经营北边，又"却匈奴七百余里"⑤。南海和北河方向的进取，使得秦帝国的国土规模远远超越了秦本土与"六王"故地的总和。⑥

对于秦所以能够实现统一的原因，历来多有学者讨论。有人认为，秦改革彻底，社会制度先进，是主要原因。曾经负责《睡虎地秦墓竹简》定稿、主持张家山汉简整理并进行秦律和汉律对比研究的李学勤指出："睡虎地竹简秦律的发现和研究，展示了相当典型的奴隶制关系的景象"，"有的著作认为秦的社会制度比六国先进，笔者不能同意这一看法，从秦人相当普遍地保留野蛮的奴隶制关系来看，事实毋宁说是相反"。⑦

秦政以法家思想为指导。法家虽然经历汉初的"拨乱反正"⑧受到清算，又经汉武帝时代"罢黜百家，表章《六经》"⑨"推明孔氏，抑黜百家"⑩，受到正统意

---

① 王子今：《论秦始皇南海置郡》，《陕西师范大学学报》（哲学社会科学版）2017 年第 1 期。
② 《史记》卷六《秦始皇本纪》，第 280 页。
③ 叶小燕：《秦墓初探》，《考古》1982 年第 1 期。
④ 《史记》卷一一三《南越列传》，第 2967 页。
⑤ 《史记》卷六《秦始皇本纪》，第 280 页；《史记》卷四八《陈涉世家》，第 1963 页。
⑥ 参看王子今：《秦统一局面的再认识》，《辽宁大学学报》（哲学社会科学版）2013 年第 1 期。
⑦ 李学勤：《东周与秦代文明》，第 290—291 页。
⑧ 《汉书》卷六《武帝纪》，第 212 页；《汉书》卷二二《礼乐志》，第 1030、1035 页。《史记》卷八《高祖本纪》："拨乱世反之正。"第 392 页。《史记》卷六〇《三王世家》："高皇帝拨乱世反诸正。"第 2109 页。
⑨ 《汉书》卷六《武帝纪》，第 212 页。
⑩ 《汉书》卷五六《董仲舒传》，第 2525 页。

识形态压抑,但是由所谓"汉家自有制度,本以霸王道杂之,奈何纯任德教,用周政乎"①可知,仍然有长久的历史影响和文化惯性。这说明中国政治史的回顾,有必要思考秦政的作用。

在总结秦统一原因时,应当重视《过秦论》"续六世之余烈,振长策而御宇内"的说法。② 然而秦的统一,不仅仅是帝王的事业,也与秦国农民和士兵的历史表现有关。是各地万千士兵与民众的奋发努力促成了统一。秦国统治的地域,当时是最先进的农业区。直到秦王朝灭亡之后,人们依然肯定"秦富十倍天下"的地位。③ 因农耕业成熟而形成的富足,也构成秦统一的物质实力。

有学者指出,应当重视秦与西北方向的文化联系,重视秦人从中亚地方接受的文化影响。这是正确的意见。但是以为郡县制的实行可能来自西方影响的看法还有待于认真的论证。战国时期,不仅秦国,不少国家都实行了郡县制。有学者指出:"郡县制在春秋时已有萌芽,特别是'县',其原始形态可以追溯到西周。到战国时期,郡县制在各国都在推行。"④秦人接受来自西北的文化影响,应当是没有疑义的。周穆王西行,据说到达西王母之国,为他驾车的就是秦人先祖造父。秦早期养马业的成功,也应当借鉴了草原游牧族的技术。青铜器中被确定为秦器者,据说有的器形"和常见的中国青铜器有别,有学者以之与中亚的一些器物相比"。学界其实较早已经注意到这种器物,以为"是否模仿中亚的风格,很值得探讨"。⑤ 我们曾经注意过秦风俗中与西方相近的内容,秦穆公三十二年(前628),发军袭郑,这是秦人首创所谓"径数国千里而袭人"的长距离远征历史记录的例证。晋国发兵在殽阻截秦军,"击之,大破秦军,无一人得脱者,虏秦三将以归"。⑥ 四年之后,秦人复仇,《左传·文公三年》记载:"秦伯伐晋,济河焚舟,取王官及郊。晋人不出,遂自茅津渡,封殽尸而还。"⑦《史记》卷五《秦本

---

① 《汉书》卷九《元帝纪》,第 277 页。
② 《史记》卷六《秦始皇本纪》,第 280 页。
③ 《史记》卷八《高祖本纪》,第 364 页。
④ 李学勤:《东周与秦代文明》,第 289—290 页。
⑤ 李学勤:《东周与秦代文明》,第 146 页。
⑥ 《史记》卷五《秦本纪》,第 190—192 页。
⑦ 《春秋左传集解》,上海人民出版社,1977 年,第 434 页。

纪》："缪公乃自茅津渡河，封殽中尸，为发丧，哭之三日。"①《史记》卷三九《晋世家》："秦缪公大兴兵伐我，度河，取王官，封殽尸而去。"②封，有人解释为"封识之"③，就是筑起高大的土堆以为标识。我们读记述公元14年至公元15年间史事的《塔西佗〈编年史〉》第1卷，可以看到日耳曼尼库斯·凯撒率领的罗马军队进军到埃姆斯河和里普河之间十分类似的情形："据说伐鲁斯和他的军团士兵的尸体还留在那里没有掩埋"，"罗马军队在六年之后，来到这个灾难场所掩埋了这三个军团的士兵的遗骨"，"在修建坟山的时候，凯撒放置第一份草土，用以表示对死者的衷心尊敬并与大家一同致以哀悼之忱"。④ 罗马军队统帅日耳曼尼库斯·凯撒的做法，和秦穆公所谓"封殽尸"何其相像！罗马军人们所"修建"的"坟山"，是不是和秦穆公为"封识之"而修建的"封"属于性质相类的建筑形式呢？相关的文化现象还有待于深入考论。但是关注秦文化与其他文化系统之间的联系可能确实是有意义的。

秦代徐市东渡，择定适宜的生存空间定居⑤，或许是东洋航线初步开通的历史迹象。斯里兰卡出土半两钱⑥，似乎可以看作南洋航线早期开通的文物证明。理解并说明秦文化的世界影响，也是丝绸之路史研究应当关注的主题。

"秦史与秦文化研究丛书"系"十三五"国家重点图书出版规划项目，共14种，由陕西省人民政府参事室主持编撰，西北大学出版社具体组织实施。包括以下学术专著：《秦政治文化研究》（雷依群）、《初并天下——秦君主集权研究》（孙闻博）、《帝国的形成与崩溃——秦疆域变迁史稿》（梁万斌）、《秦思想与政治研究》（臧知非）、《秦法律文化新探》（闫晓君）、《秦祭祀研究》（史党社）、《秦礼仪研究》（马志亮）、《秦战争史》（赵国华、叶秋菊）、《秦农业史新编》（樊志民、

---

① 《史记》，第193页。

② 《史记》，第1670页。

③ 《史记》卷五《秦本纪》裴骃《集解》引贾逵曰，第193页。

④ 〔罗马〕塔西佗著，王以铸等译：《塔西佗〈编年史〉》，商务印书馆，1981年，上册，第1卷，第51—52页。

⑤ 《史记》卷一一八《淮南衡山列传》："徐福得平原广泽，止王不来。"第3086页。

⑥ 查迪玛（A. Chandima）：《斯里兰卡藏中国古代文物研究——兼谈古代中斯贸易关系》，山东大学博士学位论文，导师：于海广教授，2011年4月；〔斯里兰卡〕查迪玛·博嘎哈瓦塔、柯莎莉·卡库兰达拉：《斯里兰卡藏中国古代钱币概况》，《百色学院学报》2016年第6期。

李伊波)、《秦都邑宫苑研究》(徐卫民、刘幼臻)、《秦文字研究》(周晓陆、罗志英、李巍、何薇)、《秦官吏法研究》(周海锋)、《秦交通史》(王子今)、《秦史与秦文化研究论著索引》(田静)。

  本丛书的编写队伍,集合了秦史研究的学术力量,其中有较资深的学者,也有很年轻的学人。丛书选题设计,注意全方位的研究和多视角的考察。参与此丛书的学者提倡跨学科的研究,重视历史学、考古学、民族学与文化人类学等不同学术方向研究方法的交叉采用,努力坚持实证原则,发挥传世文献与出土文献及新出考古资料相结合的优长,实践"二重证据法""多重证据法",力求就秦史研究和秦文化研究实现学术推进。秦史是中国文明史进程的重要阶段,秦文化是历史时期文化融汇的主流之一,也成为中华民族文化的重要构成内容。对于秦史与秦文化,考察、研究、理解和说明,是历史学者的责任。不同视角的观察,不同路径的探究,不同专题的研讨,不同层次的解说,都是必要的。这里不妨借用秦汉史研究前辈学者翦伯赞《秦汉史》中"究明"一语简要表白我们研究工作的学术追求:"究明"即"显出光明"。①

王子今
2021 年 1 月 18 日

---

① 翦伯赞:《秦汉史》,第 2 页。

序

《史记》卷五《秦本纪》最后的文字，有对秦统一之后历史的简略总结。太史公写道："秦王政立二十六年，初并天下为三十六郡，号为始皇帝。始皇帝五十一年而崩，子胡亥立，是为二世皇帝。三年，诸侯并起叛秦，赵高杀二世，立子婴。子婴立月余，诸侯诛之，遂灭秦。其语在《始皇本纪》中。"①这77个字的叙说，可以看作对秦王朝历史的概要说明。

这段文字的理解，对于《史记》秦史记述的阅读可能是有特别意义的。如所谓"《始皇本纪》"，我们曾经进行过通常所谓《秦始皇本纪》，可能原本作《秦始皇帝本纪》的讨论。② 就子婴在位时间，司马迁写道："子婴立月余，诸侯诛之，遂灭秦。"这与《史记》卷一六《秦楚之际月表》"九月子婴为王"，"（十月）秦王子婴降。沛公入破咸阳，平秦"，"（十二月，项羽）至关中，诛秦王子婴，屠烧咸阳。分天下，立诸侯"，可以对照理解。③ 所说"秦王子婴降，沛公入破咸阳，平秦"，大致与"子婴立月余"之说同。而项羽同一年"十二月""诛秦王子婴"，则距"九月，子婴为王"已经三个月。"子婴立月余"之说值得注意。我们曾经关注过《史记》卷六《秦始皇本纪》"子婴为秦王四十六日"④与《史记》卷八七《李斯列传》"子婴立三月，沛公兵从武关入，至咸阳"，"子婴与妻子自系其颈以组，降轵道旁"的时间差异。⑤ 相关讨论，或许还可以继续。

---

① [汉]司马迁：《史记》，中华书局，1959年，第220—221页。
② 王子今：《说〈史记〉篇名〈秦始皇帝本纪〉》，《唐都学刊》2019年第4期；《〈秦始皇帝本纪〉文献学琐议》，《宝鸡文理学院学报》2019年第5期。
③ 《史记》，第773、775页。
④ 《史记》，第275页。
⑤ 王子今：《〈史记〉时间寓言试解读：神秘的"四十六日"》，《人文杂志》2008年第2期。

应当说,《秦本纪》这77字的记述包含了丰富的历史文化信息。孙闻博的秦政治史研究新著《初并天下——秦君主集权研究》取用这段记录中"初并天下"四字以为书名,应当说体现了对太史公秦史总结之关键说明的敏识和明断。

《史记》中使用与"初并天下"文字相近的说法,有《史记》卷四《周本纪》"周初定天下"①,和《史记》卷一〇六《吴王濞列传》载晁错语"昔高帝初定天下"②。"初并天下"强调"并",与"初定天下",文意和语气是有所不同的。

而"初并天下"的说法,《史记》书中四次使用。除前引《秦本纪》外,还有三例。一例即《史记》卷六《秦始皇本纪》记载:"二十六年,齐王建与其相后胜发兵守其西界,不通秦。秦使将军王贲从燕南攻齐,得齐王建。秦王初并天下,令丞相、御史曰:'异日韩王纳地效玺,请为藩臣,已而倍约,与赵、魏合从畔秦,故兴兵诛之,虏其王。寡人以为善,庶几息兵革。赵王使其相李牧来约盟,故归其质子。已而倍盟,反我太原,故兴兵诛之,得其王。赵公子嘉乃自立为代王,故举兵击灭之。魏王始约服入秦,已而与韩、赵谋袭秦,秦兵吏诛,遂破之。荆王献青阳以西,已而畔约,击我南郡,故发兵诛,得其王,遂定其荆地。燕王昏乱,其太子丹乃阴令荆轲为贼,兵吏诛,灭其国。齐王用后胜计,绝秦使,欲为乱,兵吏诛,虏其王,平齐地。寡人以眇眇之身,兴兵诛暴乱,赖宗庙之灵,六王咸伏其辜,天下大定。今名号不更,无以称成功,传后世。其议帝号。'"于是议定"皇帝"名号,"号曰'皇帝'"。秦始皇制曰:"朕为始皇帝。后世以计数,二世三世至于万世,传之无穷。"③在"秦王初并天下"这一政治史的既成事实发生之后,就有令"其议帝号",致使"秦君主集权"发生划时代的历史性变局。秦"初并天下",成为帝制时代的起始。《史记》另一例言"初并天下"者,也见于《秦始皇本纪》记载秦始皇二十八年(前219)东巡,"上邹峄山","上泰山","禅梁父。刻所立石"之文辞:"二

---

① 《史记》,第132页。
② 《史记》,第2824页。
③ 《史记》,第235、236页。

十有六年,初并天下,罔不宾服。亲巡远方黎民,登兹泰山,周览东极。"①这里所谓"初并天下",是秦始皇自己使用的文字,也是正式的政治宣传用语。《史记》卷一五《六国年表》又可见"初并天下"的说法:"(始皇帝二十六年)王贲击齐,虏王建。初并天下,立为皇帝。"②所谓"初并天下",也与"立为皇帝"合说,成为标志性的历史事件。

"初并天下","号曰'皇帝'","初并天下,立为皇帝",都说明"初并天下"的军事成功与帝制建立的政治史进程中标志性事件的直接关系。因此我们说孙闻博《初并天下:秦君主集权研究》的论题设定,是合理的。

孙闻博是从"商鞅'农战'政策的推行"开始分析"秦君集权"的。这为关心秦史和中国专制政治史的人们提供了历史理解的前期基础。在"'并天下':秦君统一功业的历史定位与政治表述"一章,作者分别论述了四个问题:(1)"'大一统'观念与上古帝王世系构建";(2)"帝王世系背景下'一统'观念在上古史的扩展";(3)"'并天下':秦超越前代的用语选择及其内涵";(4)"复归'大一统':汉承秦制到上接周统的再次转变"。论述有追寻"并天下"理念渊源与政策演进之历史脉络的动机。这一学术目的,可以说基本达到了。而第三章"秦君名号变更与'皇帝'的出现"分析了秦国最高执政者"公""王""君称"名义的演进。其中"'并天下'与'皇帝'的登场"一节,对于全书学术主题的说明有重要的意义。第四章"兵符、帝玺与玺书:秦君政治信物的行用及流变"的论述当然不限于"秦君"行政权力的行使,也涉及整个秦汉时代甚至对后世的影响。全书所体现作者重视实证论说的风格,是值得肯定的。

有关"初并天下"的社会评论,可以注意后来导致"坑儒"悲剧的"侯生卢生相与谋曰"关于秦始皇品性特点和执政风格的议论:"始皇为人,天性刚戾自用,

---

① 《史记》,第242、243页。同一刻石说到"平天下":"皇帝躬圣,既平天下,不懈于治。夙兴夜寐,建设长利,专隆教诲。训经宣达,远近毕理,咸承圣志。"第243页。而琅邪刻石说"维秦王兼有天下,立名为皇帝",又以另一语言方式说到"并""天下":"今皇帝并一海内,以为郡县,天下和平。"第246、247页。秦始皇二十九年(前218)之罘刻石说:"烹灭强暴,振救黔首,周定四极。普施明法,经纬天下,永为仪则。大矣哉!宇县之中,承顺圣意。"其东观曰:"圣法初兴,清理疆内,外诛暴强。武威旁畅,振动四极,禽灭六王。阐并天下,甾害绝息,永偃戎兵。"第249—250页。所谓"阐并天下",也是值得重视的有关"并天下"的宣传口径。

② 《史记》,第757页。

起诸侯,并天下,意得欲从,以为自古莫及己。"①可知当时对于秦统一的社会舆论,习惯使用"并天下"的通行语言。我们注意到,汉初瓦当实物中多见的"汉并天下"瓦文,说明这是汉代非常普及的兼有帝权宣传、社会舆论与民间文化认可等诸多意义的文物。其数量之多,早已为金石学家所重视。元人李好文《长安志图》卷上说长安发现的"汉瓦","其文有曰'长乐未央',有曰'长生无极',有曰'汉并天下',有曰'储胥未央',有曰'万寿无疆',有曰'永奉无疆',亦有作'上林'字者。"②"汉并天下"瓦是主要品类。陈直论"南郑汉台出土""汉'隹汉三年大并天下瓦'"③,判定"此为西汉最初年之物"。又说:"至都关中后初造者为'汉并天下''汉有天下''汉兼天下'三种。""现汉城遗址,'汉并天下'出土最多,'汉有''汉兼'两种则稀如星凤。"④"汉并天下"瓦当,《西北大学藏瓦选集》著录五品,年代皆定为"西汉初",言"西安汉长安城遗址出土"。⑤ 然而任虎成、王保平主编《中国历代瓦当考释》著录多达十二品,则均注明:"时代:汉;发现地点:陕西省西安市北郊。"⑥又说:"近年来的考古发现表明,'汉并天下'瓦当多出土于建章宫遗址,而建章宫始建于汉武帝时期,故这种瓦当大概流行于那时,属文字瓦当早期制品。"⑦研究者通过从"秦"至"汉"的历史分析,说明"汉并天下"的意义。认为:"自秦代以来,中国就受到匈奴的侵扰,汉高祖刘邦早年亲历了'白登之围'的耻辱,其后几十年里不得不以'和亲'来维持与匈奴的和平关系。汉武帝经过充分的准备,联合大月氏,经过几次策略性的战争,终于击败匈奴,以致匈奴呼韩邪单于亲自来汉朝朝拜,求亲议和⑧,汉武帝一雪前耻,建立了臣服四海的威望。他在五十三年的执政生涯中,在政治、经济、文化、军事、农业、社会

---

① 《史记》卷六《秦始皇本纪》,第258页。
② [元]李好文撰,辛德勇、郎洁点校:《长安志图》,三秦出版社,2013年,第54页。
③ 有学者读作"惟汉三年大并天下"。华非:《瓦当艺术简述》,华非编著:《中国古代瓦当》,人民美术出版社,1983年。
④ 陈直撰辑:《关中秦汉陶录》第二集《瓦当瓦片类上》,中华书局,2006年,第211页。
⑤ 刘士莪编:《西北大学藏瓦选集》,西北大学出版社,1987年,十七至二一。
⑥ 任虎成、王保平主编:《中国历代瓦当考释》汉代文字卷(三),世界图书出版公司,2019年,第496—507页。
⑦ 任虎成、王保平主编:《中国历代瓦当考释》汉代文字卷(三),第496页。
⑧ 今按:呼韩邪单于内附,并非在汉武帝时代。

及外交等领域均取得了巨大成就。此类'汉并天下'瓦当就是对这一段历史的最好说明。"又说:"此类瓦当是为了表现汉武帝征服四夷、建立大一统帝国的丰功伟绩而歌功颂德,类似的还有'汉兼天下''惟汉三年大并天下''四夷尽服''四夷咸服''破胡乐哉'瓦当等。"还写道:"《汉书·董仲舒传》载:'今陛下并有天下,海内莫不率服,广览兼听,极群下之知,尽天下之美,至德昭然,施于方外。夜郎、康居,殊方万里,说德归谊,此太平之致也。'以此可知,'汉并天下'意为一统天下极其自豪而制瓦称耀天下。"①

这样说来,"汉并天下"瓦当的制作年代,有汉初与汉武帝时代两说,则"汉并天下"的意义因此也有不同。无论如何,司马迁对于这种建筑文化表现应当是熟知的。但是他的著作《史记》中只说"秦并天下",不言"汉并天下",其政治史认识的倾向是明显的。《史记》称"秦并天下"者,可见《史记》卷二八《封禅书》:"……其后百一十五年而秦并天下","及秦并天下,令祠官所常奉天地名山大川鬼神可得而序也。"②《史记》卷三七《卫康叔世家》:"秦并天下,立为始皇帝。"③《史记》卷八六《刺客列传》:"秦并天下,立号为皇帝。"④《史记》卷八八《蒙恬列传》:"秦已并天下,乃使蒙恬将三十万众北逐戎狄,收河南。"⑤《史记》卷九七《郦生陆贾列传》:"乡使秦已并天下,行仁义,法先圣,陛下安得而有之?"⑥《史记》卷一一三《南越列传》:"秦时已并天下,略定杨越。"⑦《史记》卷一一四《东越列传》:"秦已并天下,皆废为君长,以其地为闽中郡。"⑧类似的说法,又有《史记》卷二八《封禅书》:"秦始皇并天下","秦始皇既并天下而帝"。⑨以及《史记》卷七三《白起王翦列传》:"秦始皇二十六年,尽并天下。"⑩《史记》卷八

---

① 任虎成、王保平主编:《中国历代瓦当考释》汉代文字卷(三),第504、505、506页。
② 《史记》,第1366、1371页。
③ 《史记》,第1605页。
④ 《史记》,第2536页。
⑤ 《史记》,第2565页。
⑥ 《史记》,第2699页。
⑦ 《史记》,第2967页。
⑧ 《史记》,第2979页。
⑨ 《史记》,第1370、1366页。
⑩ 《史记》,第2341页。

七《李斯列传》:"竟并天下,尊主为皇帝。"①

而《史记》与"汉并天下"说法相关的文字,只有《史记》卷九九《刘敬叔孙通列传》一例:"汉五年,已并天下,诸侯共尊汉王为皇帝于定陶,叔孙通就其仪号。"②

前引《中国历代瓦当考释》言《汉书·董仲舒传》载:'今陛下并有天下,海内莫不率服,广览兼听,极群下之知,尽天下之美,至德昭然,施于方外"语,见于董仲舒"以贤良对策"。汉武帝"览"董仲舒所"对","复册之",涉及对秦政的批判。他说:"殷人执五刑以督奸","成康不式",而"秦国用之",以致"死者甚众,刑者相望,耗矣哀哉"。对于汉武帝的政治史论,董仲舒在所谓"今陛下并有天下,海内莫不率服"的颂扬之前,附从其赞美周德、斥责秦法之说,发表了对秦政的严厉否定:"武王行大谊,平残贼,周公作礼乐以文之,至于成康之隆,囹圄空虚四十余年","至秦则不然。师申商之法,行韩非之说,憎帝王之道,以贪狼为俗,非有文德以教训于下也。诛名而不察实,为善者不必免,而犯恶者未必刑也。是以百官皆饰虚辞而不顾实,外有事君之礼,内有背上之心,造伪饰诈,趣利无耻;又好用憯酷之吏,赋敛亡度,竭民财力,百姓散亡,不得从耕织之业,群盗并起。是以刑者甚众,死者相望,而奸不息,俗化使然也。故孔子曰'导之以政,齐之以刑,民免而无耻',此之谓也。"③汉武帝与董仲舒的"册""对"文书,司马迁以其特殊身份,不会没有看到。然而《史记》不采用董说所谓"今陛下并有天下",可能是有深沉的考虑的。如上文引录,《史记》卷六《秦始皇本纪》和卷八七《李斯列传》两次载李斯语"今皇帝并有天下","今陛下并有天下"④,则体现了对秦史书《秦记》的信赖和尊重。⑤

看来,《史记》作者对于"秦并天下"和"汉并天下"两种说法的态度,区别是鲜明的。有关"秦并天下"言辞的陈说,不惜反复强调,体现出特别的看重。对于所谓"汉并天下",则保持清醒的态度,并不媮和苟随。我们应当理解这种文

---

① 《史记》,第 2546 页。
② 《史记》,第 2722 页。
③ 《汉书》卷五六《董仲舒传》,第 2511、2495、2506—2507、2510—2511 页。
④ 《史记》,第 255、2546 页。后者与董仲舒语句完全相同。
⑤ 王子今:《〈秦记〉考识》,《史学史研究》1997 年第 1 期;《〈史记〉和〈秦记〉的关系》,《月读》2020 年第 5 期。

字表现形式一定是有政治史理念作为确定的意识背景的。很可能司马迁以为，秦实现的统一具有更为重要的历史意义，表现出特别显著的文化影响，真正可以称得上"并天下"。

孙闻博《初并天下：秦君主集权研究》一书"绪论"的最后一段写道："'周秦变革'最终确立的政治现实是'初并天下'。'并天下'与'分天下'相对，实际体现着对上古悠久政治传统的取代与突破。作为《太史公书》中实际多次出现的重要表述，这是商鞅'农战'政策在摇摆波动下实现的雄伟目标；这是秦在上古帝王世系背景下对统一成就的鲜明界定；这是秦君名号不断变动下'皇帝'名号产生的直接因由；这是君主信物发挥中央对地方权力支配的源源动力。故本书择取此语，以统括诸章。"我认为，作者应当说准确理解了《史记》"初并天下"这一"多次出现的重要表述"用语的深意。以此作为揭示秦政治史若干重大课题的关键，"择取此语，以统括诸章"的处理方式，是适宜的。

王子今

2020年12月

目 录

总 序 …………………………………… 1
序 ……………………………………… 1

绪 论 …………………………………… 1
 一 对象与意义 ………………………… 1
 二 概念与思路 ………………………… 3

第一章 商鞅"农战"政策的推行与秦君集权 …… 8
 一 引言 ………………………………… 8
 二 商鞅"农战"政策肇创与"君—民"联结 …… 12
 三 《商君书》所见秦民群体划分与"农战之民"的出现 ……………………………… 21
 四 "士大夫""官人百吏"考辨——兼论秦君对"官—民"关系的制约 ……………… 29
 五 惠文王以降"农战"政策调适及"资人臣""徕民"问题 ……………………………… 41
 六 吕不韦、《吕氏春秋》与"农战"政策波动 …… 51
 七 "事皆决于法""外攘四夷":始皇帝前后期政治的两次转向 ……………………… 58
 八 始皇帝后期事业的继续:二世"更始"诏书与"用法益刻深" …………………… 67
 九 以"术"辅"法":二世后期的政治特征与帝国覆亡 …………………………… 73

第二章 "并天下":秦君统一功业的历史定位与政治表述 ………… 86

一 问题的提出:"大一统"观念与上古帝王世系建构 ………… 86

二 帝王世系背景下"一统"观念在上古史的扩展 ………… 91

三 "并天下":秦超迈前代的用语选择及其内涵 ………… 96

四 复归"大一统":汉承秦制到上接周统的再次转变 ………… 101

第三章 秦君名号变更与"皇帝"的出现 ………… 106

一 学术史回顾与问题所在 ………… 106

二 "公""王"之间:说"周致伯于秦孝公" ………… 111

三 "秦惠文君"辨——兼论战国的君称分类 ………… 117

四 "君为王"的内外政治秩序变动——兼论"王"与"天子"称谓 ………… 122

五 "分天下":"帝"号下政治秩序新释 ………… 131

六 "并天下"与"皇帝"的登场——兼论封建之议的实质 ………… 138

第四章 兵符、帝玺与玺书:秦君政治信物的行用及流变 ………… 151

一 体例与用字:秦栎阳虎符再辨 ………… 152

二 用语、格式及省减省称:秦、汉兵符的演变线索 ………… 157

三 史料拟补与秩序构建:也说"皇帝六玺" ………… 162

四 "六玺"前史:秦汉"皇帝信玺"考 ………… 167

五 "帝之下书"与符、节、诏的配合行用 …………… 172

六 玺书发兵与《独断》"制书"条考辨 …………… 178

七 西北汉简所见"诏书"与"皇帝玺书" …………… 185

八 玺书史例及汉唐制度源流——兼论宣帝赐
陈遂玺书事 …………………………………… 189

九 秦"命""令"、"制""诏"及矫玺发卒 …………… 209

结 论 …………………………………………… 216

参考文献 …………………………………………… 221
各章初刊及修改情况 ………………………………… 249
后 记 ……………………………………………… 250

绪 论

一 对象与意义

本书探讨秦统一历史进程中君主权力的巩固与发展,以"初并天下"政治现实的确立为线索,聚焦"集权君主制"①下与秦君关系密切的统治政策、政治口号、政治名号、政治信物,进而从这四个层面展开分析。其中,政策探讨商鞅"农战"政策推行及与"君—官—民"政治结构的互动;口号探讨秦君臣"并天下"政治表述的产生过程及其意义;名号探讨秦自战国献公、孝公以降君主称谓的使用变化与"皇帝"名号的出现;信物主要围绕兵符、帝玺与玺书,梳理制度源流,揭示政治文化意涵,进而思考君主在军事、政治活动中的角色及地位。

无论先秦社会形态研究,还是战国史研究,一般习惯采用"多维"视角。这固显全面、系统,但某种程度上忽视了战国诸侯在许多层面存在的差异,忽视实际存在不同的发展模式与发展道路问题。有鉴于此,本书探讨立足于秦国本身,专注于战国秦崛起、东争至完成帝业的演进主线。

《剑桥中国秦汉史》首章"秦国和秦帝国"在探讨、梳理完相关问题后,曾以这样一段话语终篇,虽少人留意,但颇显紧要:

> 不管人们是否佩服秦的成就,但必须承认这个成就:它在质和量的

---

① "集权君主制"概念的提出与分析,参见阎步克《政体类型学视角中的"中国专制主义"问题》,《北京大学学报》(哲学社会科学版)2012年第6期,第28—40页。作者还指出,帝制中国又是一个"官僚帝国"。阎步克:《中国传统政体问题续谈》,《北京大学学报》(哲学社会科学版)2017年第2期,第47—49页。

方面都大大地改变了中国的面貌,以致它可以名之为"革命",虽然这"革命"是从上面推行,而不是从下面推动的。这个成就,而不是由反秦的农民起义造成的政权转移,才是古代中国的真正的革命。的确,它是在本世纪以前中国唯一的真正革命。①

中国历史进程中,秦统一是最为重要的事件之一。影响所及,历两千余载而未歇。西方学者这里指出,它在改变中国面貌上,于量、质均程度甚深;秦并兼天下,建立帝国,作制垂范,是"古代中国的真正革命"、"(二十)世纪以前中国唯一的真正革命"。相较既往丰富归纳,上述概括简明深刻。

至于西方对"革命(revolution)"的使用,有一个前后发展的过程。"'法国大革命'(French Revolution)的发生使得 revolution 的现代意涵甚为重要。……被'必要的革新''建立新秩序'的新意涵所取代,而带有正面的进步之意。""在 revolution 的词义里,'创建新秩序'与'颠覆旧秩序'一样重要,毕竟那是 revolution(革命)为何会与 rebellion(叛乱)以及 palace revolution(宫廷革命)有所不同的原因(palace revolution:更换领导者而不是变革社会体制)。""然而,在对历史上发生过的武装叛乱或冲突的政治争论中,revolution 这个词带有'暴力推翻'之意,在 19 世纪末它被拿来与 Evolution(进化、发展,参见本书)做对比。""revolution 的两个重要意涵——恢复(restorative)或革新(innovative),都带有'根本的重要变革'之意。"②其中,"必要的革新""建立新秩序""正面的进步之意""创建新秩序""颠覆旧秩序""变革社会体制""革新""根本的重要变革"等表述,对理解"古代中国的真正革命"的认知及概括,当有帮助。不过,这里也要考虑到"革命(revolution)"现代意涵中包含着"暴力推翻""恢复(restorative)",及"新意涵

---

① 〔英〕崔瑞德、鲁惟一编,杨品泉等译:《剑桥中国秦汉史:公元前221—公元220年》第1章(卜德撰),中国社会科学出版社,1992年,第107页。原文见 Denis Twitchett and Michael Loewe eds., *The Cambridge History of China: Volume* I : *The Ch'in and Han Empires*, 221 B.C-A.D.220, Cambridge University Press, 1986, p.90. 又见韩复智主译,方俐懿、许信昌译《剑桥中国史》第一册《秦汉编 前 221-220》,南天书局,1996年,第108—109页。仔细对照,后者汉译处理与中国社科版互有短长。

② 参见〔英〕雷蒙·威廉斯著,刘建基译《关键词:文化与社会的词汇》,生活·读书·新知三联书店,2005年,第415—416页。

带有'恢复人原本(Original)就应有的权力'之意"。① 卜德特别补充了"虽然这'革命'是从上面推行,而不是从下面推动的。这个成就,而不是由反秦的农民起义造成的政权转移"等内容,也由此得以解释。周、秦历史的演变,先秦以来政治形态由贵族封建制向官僚郡县制的发展,某种意义上可概括为"周秦革命",更适宜可称作"周秦变革"。

周、秦历史变化,长期为学界关注与重视。不过,随着现代史学发展下社会形态研究的阶段划分,有所细化;断代研究的趋向,又不断强化与封闭化,秦史、秦统一、周秦历史变动的探讨,近年转趋冷寂。不过,仍有一些学者发表提示性意见,须予重视。阎步克立足"制度史观",特别指出"日人相信,内藤的'文化史观'揭示了中国史的内在特质。然而在这个模式之中,秦奠定了两千年帝国制度的重大意义,以及两千年帝制的连续性,仍有被低估之嫌","与日人的'三段论'不同,'百代多行秦政法'的意义应予以充分强调"。② 韩昇提到:"在中国古代历史的研究中,短暂王朝的历史往往没有得到足够的重视,容易轻易地下个结论,以偏概全,或者一笔带过。典型的如秦朝,大家都津津乐道其统一的伟业,书同文,车同轨,而不注意揭示从封建制到郡县制转变的过程,及其对汉朝崛起的影响,秦始皇的暴政必须从这个过程中才能得到深刻的理解。至于'汉承秦制'的通论,更是流于表象,后起的王朝总是以前朝为镜鉴的,汉朝的治国理念反秦之道而行之,所承之制背后的灵魂截然不同。"③

二 概念与思路

杜正胜曾撰《编户齐民:传统政治社会结构之形成》,④从户籍制度、军制、地方行政、土地制度、聚落结构、法典编纂、刑法转变、二十等爵等多个方面,对秦汉"编户齐民"的出现,开展系统论说。是著虽上承《周代城邦》,顺流而下,但无论

---

① 〔英〕雷蒙·威廉斯著,刘建基译:《关键词:文化与社会的词汇》,第415页。
② 阎步克:《一般与个别:论中外历史的会通》,《文史哲》2015年第1期,第8、9页。
③ 韩昇:《魏晋之际的政治权力与家族网络》序,上海古籍出版社,2015年,第1页。
④ 杜正胜:《编户齐民:传统政治社会结构之形成》,联经出版事业股份有限公司,1990年。

平日拜读书中所述,抑或当面请益作者所言,均能感受到副题"传统政治社会结构之形成"的关怀所在及对相关历史节点研究意义的强调。所作探讨非拘断代,意在"说明两千年传统政治格局的基础","此期间所形成的社会成员——'编户齐民'是传统两千年历史发展的基础,而其性格一直到近、现代似乎还依稀存在"。① 该书提出的"编户齐民"概念,属于"社会政治史取向";探求建构他们的历史时,所行又主要是"制度史"的操作。② 我们重新检讨、描述秦统一政治军事进程,应对秦崛起、发展的历史背景特别是秦君主权力的巩固与发展,有更为整体性的把握。这其中,狭义"君主制"是政治制度的重要构成;如果从"政治体制"出发,实际包括政治制度、政治势力、政治文化等多个方面。③ 在前人已有丰富研究的基础上,实际探讨对上述均有涉及而偏重最后一方面稍多。学界对后者的归纳,这里也略作交代。

"政治文化"(Political Culture)概念,由美国政治学家阿尔蒙德(G. A. Almond)于1956年在《政治学杂志》发表论文《比较政治体系》时首次提出:"政治文化是一个民族在特定时期流行的一套政治态度、信仰和感情。这个政治文化是由本民族的历史和现在社会、经济、政治活动进程所形成。人们在过去的经历中形成的态度类型对未来的政治行为有着重要的强制作用。政治文化影响各个担任政治角色者的行为、他们的政治要求内容和对法律的反应。"④而西德尼·维巴(Sidney Verba)的有关表述,同样广受重视:"由得自经验的信念、表意符号和价值观组成的体系,这个体系规定了政治行为所由发生的主观环境。"⑤中国史学者使用此概念研究问题时,又有新的思量及调整。阎步克较早运用相

---

① 杜正胜:《编户齐民:传统政治社会结构之形成》序,第1页。
② 杜正胜:《编户齐民:传统政治社会结构之形成》序,第2、5页。
③ 参见阎步克《中国传统政体问题续谈》,第43—45页;阎步克《族群互动与"南北朝"现象:一个体制问题的政治学思考》,《思想战线》2018年第3期,第95—96页。
④ 〔美〕加布里埃尔·A·阿尔蒙德、小G·宾厄姆·鲍威尔著,曹沛霖等译:《比较政治学:体系、过程和政策》,上海译文出版社,1987年,第29页。
⑤ Lucian W. Pye, Sidney Verba, *Political Culture and Political Development*, Princeton University Press, 1965, p.513. 转引自〔美〕罗斯金等著,林震等译《政治科学》(第6版)第7章,华夏出版社,2001年,第131页。西方学界相关认识又参见〔英〕戴维·米勒、韦农·波格丹诺编《布莱克维尔政治学百科全书》"政治文化"条,中国政法大学出版社,1992年,第550—551页。

关概念,来开展中国古代政治文化的分析。他在界定"政治文化"时谈到,"虽然也大致包含了阿尔蒙德定义的内容在内,但它更为宽泛,也经常用于指涉处于政治和文化交界面上、兼有政治和文化性质的那些有关事项和问题"。① 陈苏镇进而认为:"它是一个民族在特定时期和特定环境中形成的群体政治心态。这种心态构成政治生活的软环境,对人们的政治行为有制约作用,与政治演进、制度变迁等现象存在互动关系。"② 近年,方诚峰对此又有细致分层:"'政治文化'分为三个层次。一是政治理论或主张,通常是系统的,明确的……二是政治理想与口号……相比理论和主张,这些理想、口号的笼罩面更广、支配力更强,但不同人、不同时的阐述、实践又大相径庭。……将每个时代政治史区分开来的,正是那些政治口号——其实是每个时代独特的政治运作原则的反映。……三是在上述主张、口号影响下的政治情绪或取向,……政治的原则、相应的政治实践,就是本书所主张的'政治文化'。"③ 上述所论多予人启发。虽然一般意义上的"政治文化"在"精英"之外,也包括"大众",但是考虑到"这'革命'是从上面推行,而不是从下面推动的",这里因研究需要更侧重前者,并参考经学者调适而"更为宽泛"的概念界定。

秦君主集权研究,特别关注"集权君主制"下以秦君为中心的这样四个层面:统治政策、政治口号、政治名号、政治信物。梁云研究战国秦与东方诸国的考古学文化差异时,参考费尔南·布罗代尔(Fernand Braudel)时段理论,指出"社会结构属于'长时段'范畴,它不是没有变化,只是变化极为缓慢,与其他现象相比,几乎可以被视作静止不动。通过对墓葬等级序列的分析,我们发现,即便经历了田氏代齐、三家分晋这样重大的历史事件,东方国家的社会结构也变化不大。商鞅变法恐怕是周、秦之间最大的变革,但变法之后,秦国社会的两极分化

---

① 阎步克:《士大夫政治演生史稿》第一章第一节,北京大学出版社,1996年,第2、23页。
② 陈苏镇主编:《中国古代政治文化研究》前言,北京大学出版社,2009年,第1页;陈苏镇:《〈春秋〉与汉道:两汉政治与政治文化研究》引言,中华书局,2011年,第5页。
③ 方诚峰:《北宋晚期的政治体制与政治文化》前言,北京大学出版社,2015年,第2—3页。

非但没有减弱,反而更加强化"。① 既然当时"国际"秩序下,周秦间最大"变革"仍属来自西方之商鞅变法,我们就首先从商鞅肇创的"农战"政策出发,观察孝公以降历代秦君推行政策的具体情形,审视帝国建立后政策的历史转向,从而检讨政策演进与君主集权的关系。"农战"政策的内容虽然系统、明确,但是执行情形却会存在调整、产生波动。有关政治口号的思考、把握,以往学界措意较少。秦统一政治口号的提出,实际反映了秦对自身的历史定位及政治叙述,体现着对秦君政治军事成就的总结与展现。相关并非孤立生成,而是立足上古政治传统的历史背景,加以斟酌与创新。汉政治口号的承秦抑或继周,又体现着政治口号在阐述、实践上的变动性。政治名号是传统政治史探讨中的名实之"名"。过去对它的政治意义,重视尚有不足。甘怀真指出,"这类讨论多认为作为意识形态或国家正当性的文化只是真实的物质利益与权力关系的反映,或作为工具与装饰品。即统治者借由一些文化符号以装饰并传达己身的权力","然而,许多研究也证明文化本身即蕴涵权力,不只是权力的工具而已"。② 他特别提到,"礼制中的诸符号不只是政治权力的反映、工具与装饰,其本身就是权力","权力是必须借由礼仪符号以展示"。③ 战国献公、孝公以降,秦君政治名号经历多次变化,及至帝国建立,还创制了"皇帝"名号。梳理相关政治名号,有助于体察战国至秦统一政治秩序的演进,并重新认知"皇帝"名号出现的历史意义。兵符、帝玺与玺书属于君主的政治信物,是秦君行使权力,实现君—臣、中央—地方有效联结的重要依凭。孟彦弘归纳指出"与官僚制的确立相适应,战国时期各国出现了权力集中的现象。这种集权现象集中表现在通过玺符制度将权力集中于君主手中。公文颁发需加盖玺(官印),发兵需持'符';前者使君主的权威和合法性得到了前所未有的提高,后者使兵权这一控制国家最为重要的权力集中到了君

---

① 梁云:《战国时代的东西差别——考古学的视野》结语,文物出版社,2008年,第264页。
② 甘怀真:《自序:兼论中国政治史研究的展开》,《皇权、礼仪与经典诠释:中国古代政治史研究》,华东师范大学出版社,2008年,第3、4页。
③ 甘怀真:《自序:兼论中国政治史研究的展开》,《皇权、礼仪与经典诠释:中国古代政治史研究》,第4页。

主手中,这都直接导致了君主对国家控制力的大大加强"。① 信物的政治意涵丰富,诠释着秦君在秦统一过程中的角色及地位。

"周秦变革"最终确立的政治现实是"初并天下"。"并天下",与"分天下"相对,实际体现着对上古悠久政治传统的取代与突破。作为《太史公书》中实际多次出现的重要表述,这是商鞅"农战"政策在摇摆波动下实现的雄伟目标;这是秦在上古帝王世系背景下对统一成就的鲜明界定;这是秦君名号不断变动下"皇帝"名号产生的直接因由;这是君主信物发挥中央对地方权力支配的源源动力。故本书择取此语,以统括诸章。

---

① 李世愉、孟彦弘:《中国古代官制概论》第一章,中国社会科学出版社,2009年,第24页。

第一章　商鞅"农战"政策的推行与秦君集权

一　引言

秦自商鞅变法以来,国富兵强,渐由僻远西垂崛起,东向争衡天下,最终完成帝业。《商君书·战法》曰"凡战法必本于政胜"。① 军事策略的成功必以政治的优胜为根本。《商君书·战法》又曰"兵起而程敌,政不若者勿与战",《商君书·立本》"故曰:兵生于治而异",②同为此意。探讨秦政治军事体制的确立及其发展,应立足相关政策的推行,也即回归变法本身。关于商鞅变法的措施、意义及商鞅学派、《商君书》的研究,久为学界重视,成果向称宏富。③ 以相对有限之史

---

① 高亨:《商君书注译》,中华书局,1974年,第92页。
② 高亨:《商君书注译》,第93、96页。
③ 主要成果有罗根泽:《商君书探源》,收入罗根泽编著《古史辨》第六册,上海古籍出版社,1982年(初印于1941年,该文撰写于1935年1、2月),第295—306页;麦孟华:《商君评传》,国学整理社:《诸子集成》5,世界书局,1935年;陈启天:《商鞅评传》,商务印书馆,1935年;容肇祖:《商君书考证》,《燕京学报》第二十一期,1937年;蒙文通:《秦之社会》(原刊《史学季刊》第一卷第一期,1940年),收入所著《古史甄微》,巴蜀书社,1999年,第214—240页;齐思和:《商鞅变法考》(原刊《燕京学报》第三十三期,1947年),收入所著《中国史探研》,河北教育出版社,2003年2版,第197—222页;杨宽:《商鞅变法》,上海人民出版社,1955年;杨宽:《战国史》第五章,上海人民出版社,2003年,第201—212页;冉昭德:《试论商鞅变法的性质》(原刊《历史研究》1957年第6期),收入杨倩如编著《冉昭德文存》,山东大学出版社,2014年,第105—127页;高亨:《商鞅与〈商君书〉的批判》,《山东大学学报》(中国语言文学版)1959年第3期;高亨:《商君与〈商君书〉略论》(原刊《文史哲》1974年第2期),收入所著《商君书注译》,第1—20页;郑良树:《商鞅及其学派》,学生书局,1987年;上海古籍(转下页)

料观之,所涉议题几无剩义。不过,我们在对变法内容、步骤及《商君书》文献考订的基础上,更关心的是:如何在整体上把握商鞅倡导的政治军事政策?这一政策在随后推行中是否发生过变动调整,具体变动幅度怎样?相关政策与秦政治结构之间呈现怎样的互动关系,为理解统一实现及王朝短祚而终,是否也能提供新的线索?

商鞅变法改制,涉及内容广泛。其要者,以往习称之为奖励耕战。不过,相较《韩非子》《史记》等文献,《商君书》使用"农战"较"耕战"远为普遍,[①]且用作篇名。故这里使用"农战"一语。蒋礼鸿云"商君之道,农战而已矣"。[②] 吕思勉又云"至《商君书》之所论,则'一民于农战'一语,足以尽之",《商君书》"全书宗

(接上页)出版社,1989年(引用据后者);郑良树:《商鞅评传》,南京大学出版社,1998年;王晓波:《商君与〈商君书〉的思想分析》(原刊《大陆杂志》第49卷第1期,1974年),收入所著《先秦法家思想史论》,联经出版事业股份有限公司,1991年,第135—194页;林剑鸣:《试论商鞅变法成功的原因》,《西北大学学报》1978年第2期;林剑鸣:《秦史稿》第八章,中国人民大学出版社,2009年,第142—167页;斯维至:《商鞅变法及其有关问题》,收入唐嘉弘主编《先秦史研究》,云南民族出版社,1987年,第7—18页;李清和:《论商鞅变法》,《中国史研究》1983年第3期;刘泽华:《中国政治思想史集》第一卷《先秦政治思想史》第五章第五节,人民出版社,2008年,第144—161页,据1984年原始版收入;车新亭:《试说卫鞅"强国之法"中的爵制》,硕士学位论文,北京师范大学史学研究所,1990年;田昌五、臧知非:《周秦社会结构研究》第四章第二节,西北大学出版社,1996年,第276—288页;张林祥:《〈商君书〉的成书与思想研究》,人民出版社,2008年;仝卫敏:《出土文献与〈商君书〉综合研究》,花木兰出版社,2013年。其他研究还可参看郑良树《商鞅及其学派》附录二"《商君书》研究知见目录",第279—289页;张东刚《近年来商鞅变法研究述评》,《中国史研究动态》1989年第11期。日本学界研究参见〔日〕东晋次著,夏日新译《秦汉帝国论》引二战前后诸家说及相应评述,刘俊文主编:《日本学者研究中国史论著选译》第二卷《专论》,中华书局,1993年,第340—343、350—351页;〔日〕好并隆司《秦漢帝国史研究》第一篇第三章,未来社,1978年,第79—122页;〔日〕好并隆司《商君書研究》,溪水社,1992年;〔日〕吉本道雅《商鞅变法研究序说》,《史林》83-4,2000年。欧美学界评述及研究参见〔英〕崔瑞德、鲁惟一编,杨品泉等译《剑桥中国秦汉史:公元前221—公元220年》第1章(卜德撰),第109、48—55页。

① 相关又可参看冯树勤《从〈商君书〉辑定年代看古籍整理的几项要素》,《书目季刊》第38卷第3期,2004年;仝卫敏《出土文献与〈商君书〉综合研究》第二章,第98页。

② 蒋礼鸿:《商君书锥指》卷一,中华书局,1986年,第19页。

旨,尽于一民于农战一语"。① 徐复观还指出商鞅变法"彻底抛弃了封建制度中由身份而来的统治结构,代之以耕战为中心的统治结构"。②

商鞅"农战"政策要旨"内务耕稼,外劝战死之赏罚",③看似极为易晓,却存在诸多易被忽略的问题。为更好地探讨"农战"作为国家行政政策与秦政间的互动,研究应选取一定的参照。以往学者多注意古代中国存在一元化政治权力结构,如王亚南"官僚政治"④、张金光"国家权力中心论"⑤、刘泽华"王权支配社会"⑥、王家范"政治一体化"⑦、雷戈"皇权主义秩序"⑧等学说。不过,王亚南关注"由官吏支配农民,是施行官僚政治"⑨,张金光也关注"官民二元对立",刘泽

---

① 吕思勉:《先秦学术概论》下编第三章,上海书店,1992年,第98页;吕思勉:《经子解题》,华东师范大学出版社,1995年,第169页。

② 徐复观:《两汉思想史(一)》,九州出版社,2014年,第113页。

③ 《史记》卷五《秦本纪》,中华书局,1982年第2版,第203页。相关又参见萧公权《中国政治思想史》第七章"农战"条,辽宁教育出版社,1998年,第220—222页。

④ 王氏引英国学者威拉斯基(Prof. Laski):"官僚政治一语,通常是应用在政府权力全把握于官僚手中,官僚有权侵夺普通公民自由的那种政治制度上",并指出"所谓官僚政治,就是当作这种专制政权的配合物或补充物而必然产生的"。王亚南:《中国官僚政治研究》第一篇,中国社会科学出版社,1981年,第19、21页。

⑤ "这个社会形态新坐标体系的特点是……民间关系调整为官民关系,由社会间关系调整为国家对社会间关系","官民二元对立是中国古代社会阶级结构的基本格局"。张金光:《战国秦社会经济形态新探:官社经济体制模式研究》"自序",商务印书馆,2013年,第5、7、489页。

⑥ "在权力体系中,皇帝是至上的、独一的、绝对的","皇权——官僚权力体系支配整个社会"。刘泽华:《中国的王权主义》第一章,上海人民出版社,2000年,第13、15页。相关又可参看刘泽华《中国政治思想史集》第三卷《王权主义与思想和社会》,人民出版社,2008年。

⑦ "政治又是居高临下,包容并支配着经济和文化,造成了所谓'政治一体化'的特殊结构类型。……一切都被政治化,一切都以政治为转移"。王家范:《中国历史通论》(增订本)前编,生活·读书·新知三联书店,2012年,第10页。

⑧ "皇权主义秩序的意图有二:第一,把皇帝观念塑造为一种全民信仰和普世价值;第二,在皇帝与民众之间建立起一种直接性的对应关系,使皇帝成为民众利益的唯一合法代言人和保护者。合而观之,皇帝观念的唯一实存性与皇帝—民众关系的二元对应性,构成皇权主义秩序的复合逻辑"。雷戈:《秦汉之际的政治思想与皇权主义》"绪论",上海古籍出版社,2006年,第33页。

⑨ 王亚南:《中国官僚政治研究》第三篇,第39页。

华重视皇权及"皇权—官僚权力体系",雷戈强调"皇帝—民众关系的二元对应性"。上述可表示为:"官—民""(君+官)—民""君—民"。与之相比,阎步克提到"真正构成帝国大厦支柱的,是君—臣—民这个三层一元的政治秩序",①"品位结构的三层面:君·官·民",具体涉及"'君—臣'层面,'官—官'层面,'官—民'层面"。② 所论虽偏重官阶制度及官僚品位结构,但归纳更显全面。这里参考相关分层,更侧重从"君—官(臣)—民"政治结构的角度,观察"农战"政策推行与秦政发展的互动关系。这应能较既往宽泛讨论秦政优劣或官民矛盾,可以更具体、清晰地呈现政治结构各层间的互动与张力。诸多习见文献的史料价值,也有望获得新的发掘和阐释。

需要指出,"君—官—民"政治结构与政治体制的发展、社会秩序的变迁关系密切。政治体制层面,它是君主专制政治的产物;社会秩序层面,它又是封建体制到郡县体制转变的结果。我们在前人研究基础上,着重从政治文化层面思考,主要是将"君—官—民"政治结构作为坐标参考,以便更好地观察商鞅法治理念、"农战"政策实践及帝国转向等问题,望能较既往更精细地进行阶段区分与结构分析。分层具体包括君—官、君—民、官—官、官—民等层面;各层分类,官(臣)包括宗室贵戚、公卿大臣、士大夫、官人百吏等;民包括农、工、商、儒、言说者、侠、处士等。

自商鞅变法至惠文王、武王、昭襄王、庄襄王、秦王政(始皇帝)、二世皇帝统治时期,秦的政治军事实践不断推进,整个国家且经历了"战国模式"③向"帝国

---

① 阎步克:《品位与职位——秦汉魏晋南北朝官阶制度研究》第二章,中华书局,2002年,第107—108页。

② 参见阎步克《从爵本位到官本位:秦汉官僚品位结构研究》上编序言、第一章,生活·读书·新知三联书店,2009年,第2—3、25—32页;阎步克《中国古代官阶制度引论》第一、十二章,北京大学出版社,2010年,第7、24—25、439—468页。

③ 一般认为,"战国"之称源于《战国策》。其实,稍早已有相关表述。举证《战国策》《史记》用例,见齐思和《战国制度考》(原刊《燕京学报》第二十四期,1938年),收入所著《中国史探研》,河北教育出版社,2003年,第145页注1。此外,《尉缭子·兵教下》"今战国相攻,大伐有德",《兵令上》"战国则以立威抗敌相图,而不能废兵也",李解民:《尉缭子译注》,河北人民出版社,1992年,第131、134页;银雀山汉简《守法守令十三篇·守法》"战国应敌……□固守。战国者,外脩(修)城郭,内脩(修)甲戟矢弩"(七六八),《兵令》"战国所以立威侵适(敌),弱国之所不能发(废)也"(九五九、九六〇),银雀山汉墓竹简整理小组(转下页)

模式"的发展及转型调适。在此背景下,秦"君—官—民"政治结构实际不断发生着变动。商鞅推行的"农战"政策,在之后的历史发展中也并非直线而行,而是出现一定幅度的波动。我们感兴趣的便是,在上述观照视角下,秦的"农战"政策从战国崛起至帝业肇造发生了怎样的演变,相关探讨对于增进我们对秦帝国兴衰的认知,是否可以有所帮助。

二 商鞅"农战"政策肇创与"君—民"联结

商鞅于孝公三年(前359)进说秦君,孝公六年(前356)被任为左庶长,开始变法,至二十四年(前338)孝公去世,车裂而亡。变法前后推行了十八年。学界一般以孝公十二年(前350)秦自雍迁都咸阳为界,将变法分作前后两次。①《史记》卷六八《商君列传》记第一次变法,相关举措居前者为:

> 卒定变法之令。令民为什伍,而相牧司连坐。不告奸者腰斩,告奸者与斩敌首同赏,匿奸者与降敌同罚。②

按同书卷六《秦始皇本纪》附《秦记》言"献公立七年,初行为市。十年,为户籍相伍。"③若记载可信,④商鞅在此前制度基础上行什伍连坐之制,全面加强对民众

(接上页)编:《银雀山汉墓竹简〔壹〕》,文物出版社,1985年,释文注释127、149页。

① 杨宽:《战国史》第五章,第202—210页;郑良树:《商鞅评传》第五、六章,第113—140页;采入教科书见翦伯赞主编《中国史纲要》第三章第三节,人民出版社,1995年,第71—72页;张帆:《中国古代简史》第三章,北京大学出版社,2001年,第54页。晁福林认为商鞅第二次变法在孝公十年,迁都咸阳在孝公十三年。《商鞅变法史事考》(原刊《人文杂志》1994年第4期),收入所著《春秋战国史丛考》,苏州大学出版社,2015年,第125—126页。

② 《史记》,第2229—2230页。中华书局点校本将"令民为什伍"以下内容,另分一段。

③ 《史记》,第289页。

④ 相邻下条作"孝公立十六年。时桃李冬华",第289页。依文例,"十年,为户籍相伍"不宜与之相接,排列暂无问题。献公、商鞅首次变法的两次调整均发生在栎阳。新徙之邑便于推行对人力资源掌控的新措。不过,商鞅变法"为田开阡陌",《秦记》作"昭襄王生十九年而立。立四年,初为田开阡陌"(第290页)。吴荣曾认为"商鞅变法时对井田制可能有所触动,但取得重大成就当在昭王时","'为田制'或许商鞅开其端,最终确立其制是在昭王初年",并以《秦记》记载为可信。《战国授田制研究》(原刊《思想战线》1989年第3期),(转下页)

控制与管理。以往探讨秦地方行政的闾里什伍之制,多追溯至此,大体依县、乡、里顺序依次考述。① 然而,秦县制的全面推行与县、乡关系的确立,却发生在第二次变法时期:

> 居三年,作为筑冀阙宫庭于咸阳,秦自雍徙都之。而令民父子兄弟同室内息者为禁。而集小(都)乡邑聚为县,置令、丞,凡三十一县。②

一个以往被忽视的问题,由此浮现出来:秦并非在循序实行地方行政制度改革后,才开展对民众的控制;而是远在制度规划之前的变法伊始,即实行什伍连坐之制。这主要依靠将军事管理移至民政。不仅什伍组织来自军事系统,③"不告奸者""腰斩","告奸者""匿奸者"与"斩敌首""降敌"赏罚相当,也显系以军法

(接上页)收入所著《先秦两汉史研究》,中华书局,1995年,第86—87页;《秦代的行田和假田》(原刊《庆祝邓广铭教授九十华诞论文集》,河北教育出版社,1997年),收入所著《读史丛考》,中华书局,2014年,第105页。张金光指出"(青川木牍)记有秦武王二年《更修为田律》。此律实际就是经过修改了的'为田开阡陌封疆'制度。而《答问》'盗徙封'条又当在此牍律文制作之前",以《秦本纪》、列传记载无误。《秦制研究》第三章,上海古籍出版社,2004年,第167页;《战国秦社会经济形态新探:官社经济体制模式研究》第三章,第227页。

① 杜正胜:《编户齐民——传统政治社会结构之形成》第三章,第126—140页;张金光:《秦制研究》第九章,第594—605页。秦什伍连坐制度的学术史梳理及探讨,又可参看黎明钊《秦代什伍连坐制度之渊源问题》(原刊《大陆杂志》第79卷第4期,1989年),收入所著《辐辏与秩序:汉帝国地方社会研究》第五章,香港中文大学出版社,2013年,第203—236页。

② 《史记》卷六八《商君列传》,第2232页。又见《史记》卷五《秦本纪》、卷一五《六国年表》,第203、723—724页。具体考述参见孙闻博《商鞅县制的推行与秦县乡关系的确立——以称谓、禄秩与吏员规模为中心》(日文稿原刊〔日〕藤田勝久、關尾史郎主编《簡牘が描く中国古代の政治と社会》,汲古书院,2017年;中文稿刊《简帛》第十五辑,上海古籍出版社,2017年),修订稿收入《出土文献的世界:第六届出土文献青年学者论坛论文集》,中西书局,2018年,第63—78页。

③ 《尉缭子·制谈》"古者,士有什伍,车有偏列。……士失代伍,车失偏列",《攻权》"故五人而伍,十人而什,百人而卒,千人而率,万人而将",《伍制令》"军中之制,五人为伍,伍相保也;十人为什,什相保也;五十人为属,属相保也;百人为闾,闾相保也"。李解民:《尉缭子译注》,第18、45、98页。

控御。① 而举措着意所在与实际凸显的,乃是"君—民"层面。②

"匿奸者与降敌同罚"下,本传复云:

> 有军功者,各以率受上爵;为私斗者,各以轻重被刑大小。僇力本业,耕织致粟帛多者复其身。事末利及怠而贫者,举以为收孥。③

实际交代"农战"政策之大要,可与本纪"内务耕稼,外劝战死之赏罚"相参照。"农战"不仅要求民众"僇力本业",以务"耕织",即固着于农,而且对"怠而贫者",严加论处,"举以为收孥"。君主实行"农战"所关心的,是政策可带来的最终收益。"农"对应赋税,"战"对应兵役及徭役。本质上,"农战"是君主为使民众提供最大限度的赋役,而做出的政策设计。一般而言,赋、役各自在供给上均需相当的时间成本,而"农战"注重"内(农)—外(战)"间的充分结合,从而使"赋—役"呈现最大的供应效能。处于当时国际环境之下,这是秦国家体制"战国模式"构建思路的重要组成。

"农战"政策不仅注意"内(农)—外(战)"结合,还以"赏罚"("刑赏")为实现手段。《荀子·议兵》云:

> 齐人隆技击,其技也,得一首者,则赐赎锱金,无本赏矣!是事小敌毳则偷可用也,事大敌坚则涣焉离耳!若飞鸟然,倾侧反覆无日,是亡国之兵也,兵莫弱是矣。是其去赁市佣而战之几矣。

> 魏氏之武卒,以度取之,衣三属之甲,操十二石之弩,负服矢五十个,置戈其上,冠𰂆带剑,赢三日之粮,日中而趋百里,中试则复其户,利其田宅,是数年而衰而未可夺也,改造则不易周也。是故地虽大其税必

---

① "商鞅则将臣民的整个生活,都控制于连坐及战时军法之下。这是商鞅政治的基本动力,及秦国政权的基本保障,这也是形成专制政治的最基本内容"。徐复观:《两汉思想史(一)》,第113页。

② 杜正胜云:"二期新政之内容虽然一贯,但重点不同。前者推行军功授爵制,着重培养秦的社会中坚阶层;后者则全面整顿行政系统,从事土地和兵役改革。"《编户齐民:传统政治社会结构之形成》第八章,第317页。

③ 《史记》卷六八《商君列传》,第2230页。"各以轻重被刑大小。僇力本业"句,有意见以为当断作"各以轻重被刑。大小僇力本业"。朱绍侯:《关于〈史记·商君列传〉中两条律文句读商榷》(原刊《中原文化研究》2013年第1期),收入《朱绍侯文集(续集)》,河南大学出版社,2015年,第55—57页。

寡，是危国之兵也。

秦人其生民也陿阸，其使民也酷烈，劫之以埶，隐之以阸，忸之以庆赏，鰌之以刑罚，使天下之民所以要利于上者，非斗无由也。阸而用之，得而后功之，功赏相长也；五甲首而隶五家，是最为众强长久，多地以正。故四世有胜，非幸也，数也。

故齐之技击不可以遇魏氏之武卒，魏氏之武卒不可以遇秦之锐士……。①

《汉书》卷二三《刑法志》还进一步提到："吴有孙武，齐有孙膑，魏有吴起，秦有商鞅，皆禽敌立胜，垂著篇籍。当此之时，合从连衡，转相攻伐，代为雌雄。齐愍以技击强，魏惠以武卒奋，秦昭以锐士胜。"②郭沫若或是参考了《刑法志》首句内容，以为"齐的技击创始于孙膑，魏的武卒创始于吴起，秦的锐士创始于商鞅"③，可为一说。据"故四世有胜，非幸也，数也"语，荀子当主要就秦昭襄王时三国之兵而论。日本学者守屋美都雄指出："在齐国，对军功的褒赏总与技击兵个人的斩首数成正比，而与战役的胜败没有关系，④这是一个极大的缺陷。魏国由于没有明确规定对军功的褒赏，从一开始就过分优待武卒，因此其不足是在紧要关头武卒不起作用。"而秦国"对军功的褒赏，只有在全军取得胜利之时才进行"。⑤在前人探讨的基础上，我们从三国集兵方式切入，进一步阐述各自特征。齐国技击，"得一首者则赐赎锱金，无本赏矣"，或具某种雇佣兵色彩，故言"是其去赁市佣而战之几矣"。魏国武卒，"中试则复其户，利其田宅，是数年而衰而未可夺也"，应是募兵制下组建的常备兵，属职业军人，战斗力相应较前者为胜。不过，供应此种军队，政府需较多的财政投入，而财政收入却相应减少，"是故地虽大

---

① 梁启雄：《荀子简释》，中华书局，1983年，第193—195页。相关又见《汉书》卷二三《刑法志》，中华书局，1962年，第1086页。文字稍异。

② 《汉书》，第1085页。

③ 郭沫若：《十批判书》之《前期法家的批判》，《郭沫若全集·历史编》第二卷，人民出版社，1982年，第320页。

④ 按此本杨倞注及郭嵩焘曰。[清]王先谦撰，沈啸寰、王星贤点校：《荀子集解》卷一〇，中华书局，1988年，第271页。

⑤ 〔日〕守屋美都雄著，钱杭、杨晓芬译：《中国古代的家族与国家》国家篇第四章，上海古籍出版社，2010年，第85—86页。

其税必寡,是危国之兵也"。郭沫若认为补救须"制出一定的服役年限,在役时'复其户,利其田宅',退役时则否。这样便不致'数年而衰'",并推想武卒之衰,"那是因为吴起走了,没有人继承'改造'的原故"。① 其实,依《议兵》所言,魏国武卒既经募选,通过严格拔举而组建,那么他们为君效力,正因朝廷提供了优厚而稳定的待遇。如若"在役时'复其户,利其田宅',退役时则否",恐无法保证相应的战斗力。就"是数年而衰而未可夺也"而言,国家或许并非没有"制出一定的服役年限",只是"数年而衰"后,不便夺其田宅,复征其户罢了。在此基础上,复观秦之锐士,情况就有所不同了。"秦人其生民也陿陁,其使民也酷烈,劫之以埶,隐之以陁",特别是"使天下之民所以要利于上者,非斗无由也"显示,秦国不仅实行了普遍征兵,而且较他国更为倚重此制。国内成年健康男子均有服兵役义务。此即对应"农战"之"战"。秦国通过"忸之以庆赏,䲡之以刑罚",严行赏罚,实现动员与组织;又通过"得而后功之,功赏相长也",依照军功,提供等级不同的奖赐。② 国家并不为从军者本身提供待遇奖励,所谓"使民也酷烈","陁而用之";秦之锐士根据对外作战表现,谋求君主奖赐,所谓"要利于上者,非斗无由也"。而依军功所获待遇,有些可长期享有,非仅得之一时,所谓"五甲首而隶五家"。③ 因此,相较于齐国偏重雇佣兵性质的技击、魏国偏重募选性质的武卒,秦国普遍征发性质的锐士,在严行赏罚之下,"最为众强长久"。

"赏罚"不仅针对"外劝战死",同时以"复其身""举以为收孥"而兼及"耕稼"。蒋礼鸿云"致民农战,刑赏而已矣。使刑赏必行,行而必得所求,定分明法而已矣。他无事矣"。④ 这里,"有军功者,各以率受上爵"仅指出"农战"之"战","赏"之以"爵"。按"农战"之"战",不仅"赏"之以"官",如《商君书·境

---

① 郭沫若:《青铜时代》之《述吴起》,《郭沫若全集·历史编》第一卷,人民出版社,1982年,第515页。

② 杜正胜以为"《荀子》所说'本赏'盖指如秦爵而言",魏国"和齐国一样,无爵可言","唯有像秦国彻底励行等爵制,授爵必以军功",可参考。《编户齐民:传统政治社会结构之形成》第九章,第388—392页。

③ "隶五家"内涵的分析,参考〔日〕守屋美都雄著,钱杭、杨晓芬译《中国古代的家族与国家》国家篇第四章,第90—101页;杜正胜《编户齐民:传统政治社会结构之形成》第八章,第352—358页。

④ 蒋礼鸿:《商君书锥指》卷一,第19页。

内》"能得(爵)〔甲〕首一者……乃得入兵官之吏",①《韩非子·定法》"商君之法曰:'斩一首者爵一级,欲为官者为五十石之官;斩二首者爵二级,欲为官者为百石之官。'官爵之迁与斩首之功相称也";②而且,"官爵"在"战"外,也逐渐与"农"呼应。成篇稍早的《商君书·农战》已出现"凡人主之所以劝民者,官爵也。国之所以兴者,农战也""农战可避,而官爵可得也"等表述,③《去强》更提到"兴兵而伐,则武爵武任,必胜。按兵而农,粟爵粟任,则国富",④《靳令》又云"民有余粮,使民以粟出官爵。官爵必以其力,则农不息"。⑤ "武""粟"与"爵""任",分别实现了对应。"农战"与"官爵"之"赏",逐步建立起系统性联系。⑥ 以往习惯将商鞅以来所实行者,称为"军功爵"。实际发展中,秦"爵"功能不仅对应"战",也对应"农"。官、爵为一组,与"农战"最终形成一种整体性关联:

战(武)　　　爵(爵)
　　　　✕
农(粟)　　　官(任)

而"农战""赏罚"的关联背后,再次突出"君—官—民"结构中的"君—民"层面。"赏罚"之柄在君,"农战"更多体现的是秦君与民众的联系。《商君书·农战》云:"凡人主之所以劝民者,官爵也","为上忘生而战,以尊主安国也","主待农战而尊","圣人知治国之要,故令民归心于农。归心于农……信可以守战也。……民之亲上死制也,以其旦暮从事于农。"⑦《算地》复云:"主操名利之

---

① 高亨:《商君书注译》,第 152 页。
② 〔清〕王先慎撰,钟哲点校:《韩非子集解》卷一七,中华书局,1998 年,第 399 页。
③ 高亨:《商君书注译》,第 31、32 页。
④ 高亨:《商君书注译》,第 50 页。
⑤ 高亨:《商君书注译》,第 103 页。《韩非子·饬令》作"民有余食,使以粟出爵,必以其力,则震不息",顾广圻曰:"'震'当作'农'。"〔清〕王先慎撰,钟哲点校:《韩非子集解》卷二〇,第 472 页。郑良树以《农战》《去强》《靳令》成篇时代分别在秦惠文王更元前、后及秦王政初年,仝卫敏推定前者为"商鞅初入秦游说孝公之辞",后两者均为"正式变法期间"。郑良树:《商鞅及其学派》前编第三章,第 143、145—146、147—148、151—152 页;仝卫敏:《出土文献与〈商君书〉综合研究》上编小结,第 226 页。
⑥ 参《史记》卷五《秦本纪》"内务耕稼,外劝战死之赏罚",同书卷六八《商君列传》"宗室非有军功,不得为属籍"等,"粟爵粟任"大致是后续补充完善的内容。
⑦ 高亨:《商君书注译》,第 31、33、35、37 页。

柄,而能致功名者,数也。……故圣人之为国也,入令民以属农,出令民以计战。"①《壹言》又云:"故民之喜农而乐战也,见上之尊农战之士,而下辩说技艺之民,而贱游学之人也。"②"官爵""名利之柄","操"之在"主"。"农战"政策下,民众"为上忘生而战""亲上死制",以实现"尊主安国"。章太炎言:"人主独贵者,其政平,不独贵,则阶级起。唐、宋虽理,法度不如汉、明平也",而"古先民平其政者,莫遂于秦","夫贵擅于一人,故百姓病之者寡"。③

　　吴起与商鞅同为卫人,先后入魏,前者较商鞅稍早,曾在楚国变法。因此,二人经历有近似一面。有趣的是,太史公曰"吴起……以刻暴少恩亡其躯",④又曰"商君,其天资刻薄人也。……商君之少恩矣"。⑤ 一作"刻暴少恩",一作"刻薄""少恩"。史迁眼中,二人性格也相近似。至于变法近似之处,就更值得注意了。《韩非子·和氏》《战国策·秦三》《淮南子·泰族》已将之置于一处,相与比较。《史记》记吴起相楚,"明法审令,捐不急之官,废公族疏远者,以抚养战斗之士。要在强兵,破驰说之言从横者","为楚悼王立法,卑减大臣之威重,罢无能,废无用,损不急之官,塞私门之请,一楚国之俗,禁游客之民,精耕战之士,南收杨越,北并陈、蔡,破横散从,使驰说之士无所开其口,禁朋党以励百姓,定楚国之政,兵震天下,威服诸侯"。⑥《韩非子·和氏》提到吴起建议楚王"不如使封君之子孙三世而收爵禄,绝灭百吏之禄秩,损不急之枝官,以奉选练之士"。⑦ 就此,钱穆说"鞅入秦相孝公,考其行事,则李克吴起之遗教为多",⑧郭沫若更径言吴起"的政治主张……这些倾向差不多也就是后来商鞅所行于秦的办法……至少

---

① 高亨:《商君书注译》,第64—65页。
② 高亨:《商君书注译》,第81页。
③ 章太炎:《秦政记》,《章太炎全集·太炎文录初编》,上海人民出版社,2014年,第64—65页。
④ 《史记》卷六五《孙子吴起列传》,第2169页。
⑤ 《史记》卷六八《商君列传》,第2237页。《战国策·秦一》言"刻深寡恩"。《战国策》卷三,上海古籍出版社,1998年第2版,第75页。
⑥ 《史记》卷六五《孙子吴起列传》、卷七九《范雎蔡泽列传》,第2168、2423页。按"范雎",文献又有作"范睢"。本书用字均取前者。
⑦ [清]王先慎撰,钟哲点校:《韩非子集解》卷二〇,第96—97页。
⑧ 钱穆:《商鞅考》,《先秦诸子系年》卷三,九州出版社,2011年,第237页。

商鞅是受了吴起的精神上的影响",①"吴起行之于楚的办法,和商鞅后来行之于秦的,差不多完全一致"。② 不过,细按引据,吴起所行更偏重"农战"之"战",视"以抚养战斗之士""精耕战之士""以奉选练之士"为依归。郭沫若曾经指出,"吴起的态度,是扶助楚国的公室和私门斗争,而主要的策略在争取人民","而贵人们所遗留下的土地,大概是收归国有了,'以抚养战斗之士','以奉选练之士'","而这些'战斗之士'或'选练之士'应该就是由人民选拔出来的。就这样使人民得到了解放和富裕的机会,借此以和私门争取不足的人民,并诱致邻国的人民"。③ 上述吴起变法意在争取"人民"的议论,今观仍多有胜义,可资参考。吴起变法与商鞅近似之处,在于同样强调"君—官—民"政治结构中"君—民"层面的联结。

而同样不宜忽略的是,孝公在商鞅入秦之前,已有"于是布惠,振孤寡,招战士,明功赏"的举措出现。④ 这与后世秦王在百姓之外,特别注重对先王功臣、宗室贵戚的抚慰,有所不同。⑤ 政治理念上,孝公与商鞅或本多相合之处。于是,我们在"商君教秦孝公……孝公行之,主以尊安,国以富强"⑥的论说之外,又见有"孝公欲以虎狼之势而吞诸侯,故商鞅之法生焉"⑦的表达。为巩固君权,秦国君、臣均首先留意"君—民"而非"君—官"关系的构建。⑧

---

① 郭沫若:《青铜时代》之《述吴起》,《郭沫若全集·历史编》第一卷,第 526 页。
② 郭沫若:《十批判书》之《前期法家的批判》,《郭沫若全集·历史编》第二卷,第 321 页。
③ 郭沫若:《十批判书》之《前期法家的批判》,《郭沫若全集·历史编》第二卷,第 321—322 页。
④ 《史记》卷五《秦本纪》,第 202 页。
⑤ 相关分析参见孙闻博《二十等爵确立与秦汉爵制分层的发展》(原刊《中国人民大学学报》2016 年第 1 期),修订稿收入所著《秦汉军制演变史稿》第三章第一节,中国社会科学出版社,2016 年,第 222—223 页。
⑥ 《韩非子·和氏》。[清]王先慎撰,钟哲点校:《韩非子集解》卷二〇,第 97 页。
⑦ 《淮南子·要略》。何宁:《淮南子集释》卷二一,中华书局,1998 年,第 1462 页。
⑧ 梁云研究指出"东方六国墓葬自上而下的等级分类呈多阶层、小间隔的特点,相邻级别墓葬之间规模差距较小;秦墓则两极分化严重。东、西方的这一差别不仅存在于战国时期,春秋时期亦然",并进一步认为"东方国家社会层级划分相当细密,卿大夫、士之类的中间阶层稳固而强大;秦国的国君权力高度集中,中间阶层处于羸弱状态"。《战国时代的东西差别——考古学的视野》第三章、结语,文物出版社,2008 年,第 129、131、262 页。所论从考古学层面也提供了重要认识。由此而言,秦国旧有的政治结构与政治传统为变法推行,提供了实现的可能;而变法的目标所向及其实现,反过来又大为强化了这一政治结构与政治传统。

日本学者西嶋定生认为中国古代统一帝国的形成,"问题焦点在于秦汉帝国的皇帝对人民支配的方向"。他特别强调"秦汉帝国的基本结构是由皇帝施行的对农民的个别人身支配"。"个别人身的支配",又称"人头的支配"。这其中,二十等爵制在秦汉帝国中的功能与作用非常重要,"自天子以至于庶人都含摄于爵制中,所以爵制不只是形成民间秩序的原理,以皇帝为顶点的国家结构也利用爵制组成为一个秩序体"。二十等爵制,由此被视作秦汉帝国的具体的秩序结构。① 此说影响巨大,予人启示良多。而从前面对"农战""爵官"及"赏罚"联结关系的讨论中,可以看到:在"君—官—民"政治结构中,强调"君—民"关系的"农战"政策在更广阔层面建立起新的国家秩序。学者指出,"秦国专制君权较早就发展出了相当之高的政治控制和社会动员能力",并举秦始皇陵兵马"'俑军',堪称秦国军国主义精神之缩影。确实,秦之国民似乎在尚未获得山东列国'国人'干预政治的那种力量之时,就日益沦为君主至上权威之下的齐民黔首了"。② "农战"政策的探讨,或有助于体会"君权"的"政治控制和社会动员能力"、"君主至上权威之下的齐民黔首"的旨味所在。

---

① 相关参见〔日〕西嶋定生《中国古代帝国の形成と構造:二十等爵制の研究》,東京大学出版会,1961 年,中译本《中国古代帝国的形成与结构——二十等爵制研究》,武尚清译,中华书局,2004 年,序章又收入刘俊文主编《日本学者研究中国史论著选译》第二卷《专论》,高明士译,第 1—47 页;〔日〕西嶋定生《中国古代統一国家の特質——皇帝統治の出現——》(原刊《仁井田陞博士追悼论文集》第一卷,劲草书房,1967 年),收入所著《中国古代国家と東アジア世界》第一篇附载第五,東京大学出版会,1983 年,第 370—394 页,又收入杜正胜编《中国上古史论文选集》,杜正胜译,华世出版社,1979 年,第 729—748 页;〔日〕西嶋定生《中国古代国家と東アジア世界》第一篇第一章,第 1—50 页,又收入刘俊文主编《日本学者研究中国史论著选译》第二卷《专论》,高明士译,第 48—87 页。又,武尚清:《西嶋定生对秦汉帝国社会政治结构的研究——〈中国古代帝国的形式与结构〉译本序》(原刊《史学史研究》1987 年第 4 期),收入中译本西嶋定生《中国古代帝国的形成与结构——二十等爵制研究》,第 3—21 页。

② 阎步克:《士大夫政治演生史稿》第六章,第 226 页。

三 《商君书》所见秦民群体划分与"农战之民"的出现

"农战"政策下的秦"民",主要指勤勉而为的农战之民。前引"事末利及怠而贫者,举以为收孥",唐人司马贞曰:"末谓工商也。……以言懈怠不事事之人而贫者,则纠举而收录其妻子,没为官奴婢,盖其法特重于故也。"①学界以往"或视此政策是在耕织结合已经较普遍的情况下出现的"。侯旭东对此有不同意见:"恐与实际不符。观《商君书》的描述,情况正相反。应是民众在耕织上投入心力有限,产出不多。现实若如此,商鞅弟子与后学完全没有必要详细阐述耕织对于国家的好处与驱民务农的种种办法。"②

实际上,当时秦国主政者对民众从事"农战"之苦,多予承认。《商君书·徕民》称"如此而(三晋)民不西者,秦士戚而民苦也","秦之所以强者,其民务苦而复爵重也","为苦民而强兵者",③《外内》更明确道出"民之外事,莫难于战","民之内事,莫苦于农……故农之用力最苦,而赢利少,不如商贾、技巧之人"。④太史公且云"夫用贫求富,农不如工,工不如商,刺绣文不如倚市门,此言末业,贫者之资也"。⑤ 现代社会中,若得政策许允,昨昔辞职下海经商,曾为风气;当下农民进城务工,已然普遍。今古同心,彼此相去并不甚远。古时民为维持家庭生计、谋求经济收益、追求生活改善,在条件允许下,自会考虑改变所从之业,农人也不例外。《商君书·农战》云:"是故豪杰皆可变业,务学《诗》《书》,随从

---

① 《史记》卷六八《商君列传》《索隐》,第 2231 页。
② 侯旭东:《渔采狩猎与秦汉北方民众生计》(原刊《历史研究》2010 年第 5 期),收入所著《近观中古史:侯旭东自选集》,中西书局,2015 年,第 56 页。
③ 高亨:《商君书注译》,第 117、120 页。
④ 高亨:《商君书注译》,第 165、167 页。按《徕民》成篇时代在昭襄王后期;《外内》,郑良树以为晚至庄襄王前后,仝卫敏以为"在正式变法期间"。《商鞅及其学派》前编第三章,第 147 页;《出土文献与〈商君书〉综合研究》上编小结,第 226 页。日本学界的重要分析又见〔日〕好并隆司《商君書徠民、算地兩篇よりみた秦朝權力の形成過程》,《東洋史研究》44-1,1985 年,第 2—7、9—16 页。
⑤ 《史记》卷一二九《货殖列传》,第 3274 页。

外权,上可以得显,下可以求官爵;要靡事商贾,为技艺,皆以避农战。"①王时润曰"要靡当读为么麽",杨树达认为"要靡谓细微之人也"。②"豪杰""变业"而"务学《诗》《书》","以避农战",身份当为务农致富且在地方社会有声望者。③"要靡"与"豪杰"对举,"事商贾,为技艺"前所从之"业"也当与"豪杰"相类,身份应是较贫寒的小农。同篇又言:"故其境内之民,皆化而好辩乐学,事商贾,为技艺,避农战。"④战国世风之下,劳作辛苦而赢利有限的农人因生存所需,改换生计,或"务学《诗》《书》",或"事商贾""为技艺",应是自然而普遍的现象。⑤

依所务之业,《商君书》将民众划分为多个群体。因各篇成书或有先后,不尽统一,相关划分也非一致。农人被称"农""农民""农战之民""农战之士",⑥特点是"朴""安居而恶出"。与农人相对的是"游食者"、"浮学事淫之民"、"巧言虚道"之"劳民",⑦特点是"言""淫""游食""浮"。后类人群若细分,又包括"《诗》《书》辩慧者"(又作"《诗》《书》谈说之士")"技艺之士""商贾之士"及"处士""勇士"等。⑧

第一种情况较为复杂。《商君书·农战》提到"《诗》、《书》、礼、乐、善、修、

————————

① 高亨:《商君书注译》,第32、33页。
② 参见高亨《商君书注译》,第32页引;蒋礼鸿:《商君书锥指》卷一,第20页引。
③ 《韩非子·诡使》"贱爵禄不挠上者,谓之杰"。[清]王先慎撰,钟哲点校:《韩非子集解》卷一七,第411页。此或曲折反映相关群体不具政治地位、"虽富无所芬华"的特征。
④ 高亨:《商君书注译》,第37页。
⑤ 随着历史发展,"变业"之外,民众为逃避国家赋役,"附讬"私门现象也不断增长。《韩非子·诡使》"士卒之逃事状匿,附讬有威之门以避徭赋,而上不得者万数",《韩非子·五蠹》"故事私门而完解舍,解舍完则远战,远战则安。……是以公民少而私人众矣","其患御者,积于私门,尽货赂而用重人之谒,退汗马之劳"。[清]王先慎撰,钟哲点校:《韩非子集解》卷一七、卷一九,第412、455、456页。
⑥ 《孟子》《管子》有"士庶人",《吕氏春秋》《韩非子》《墨子》《战国策》等有"士民",学者认为指一般平民。刘泽华:《先秦士人与社会》,天津人民出版社,2004年,第98—100页。
⑦ 高亨按:"窃谓劳当读为佻。……是佻乃苟且奸巧之义。……此文之劳民即佻民、恌民、窕民矣。劳与佻恌窕古通用。"参见《商君书新笺·农战》(原刊《山东大学学报》(中国语言文学版)1963年第5期),收入所著《商君书注译》,第218页。
⑧ 《商君书·算地》。高亨:《商君书注译》,第35、66页。至《韩非子·五蠹》,农民之外,主要突出"学者""言古(谈)者""带剑者""患御者""商工之民"等几类群体。[清]王先慎撰,钟哲点校:《韩非子集解》卷一九,第456页。

仁、廉、辩、慧,国有十者",①《去强》作"国有礼有乐,有诗有书,有善有修,有孝有弟,有廉有辩。国有十者","国用《诗》、《书》、礼、乐、孝、弟、善、修治者"(八者),②《说民》作"辩慧""礼乐""慈仁""任举"八者,③《靳令》提到"六虱:曰礼、乐;曰《诗》《书》;曰修善、曰孝弟;曰诚信、曰贞廉;曰仁、义;曰非兵、曰羞战。国有十二者"。④ 此外,还有"学民""学者""言谈游士事君"等用语。成篇时代愈后,情况愈显多样。郑良树将之拟称为"国害",有所论述,并依成篇先后排列文本,制有表格。郑氏将"《诗》《书》礼乐仁孝弟"归为儒家,"辩""辩慧"归为纵横家,"非兵""羞战"划入墨家。⑤ 高亨认为这些反映商鞅"反对儒书和儒术","修善孝弟、诚信贞廉、仁义、非兵羞战,都是儒家的教育德目。(《孟子·离娄上》'善战者服上刑。'可证儒家有非兵羞战之说)"。⑥ 侯外庐认为:"战国中叶以后,文学之士起自田亩市廛……他们或号称'智士',或被推崇为'智囊'","所谓文学之士,即指出言谈不劳动而取得富贵的人。"⑦ 刘泽华将"文士"进一步分为"文学之士""辩士""游士""游宦之士"等。其中,"辩士"又称"弘辩之士""辩说之士""辩知之士","《战国策》记录了这些人的活动","游士""游宦之士"与"辩士"无大区别,彼此相近。⑧

"辩慧"一语在《商君书》等文献中多次出现,这里略加分析。按"辩"本有聪颖、敏慧义。《史记》卷七五《孟尝君列传》云:"代舍客冯公形容状貌甚辩,长者",⑨同书卷八七《李斯列传》赵高向李斯荐胡亥,谓其"辩于心而诎于口",⑩皆为此义。"辩慧""辩知"又有聪明、机敏义。《墨子·尚同中》云:"是故选择天

---

① 高亨:《商君书注译》,第35—36页。
② 高亨:《商君书注译》,第45页。
③ 高亨:《商君书注译》,第52页。
④ 高亨:《商君书注译》,第106—107页。又见《商君书新笺·靳令》,《商君书注译》,第232页。
⑤ 郑良树:《商鞅及其学派》,第232—235页;郑良树:《商鞅评传》,第267—273页。
⑥ 高亨:《商鞅与〈商君书〉略论》,《商君书注译》,第17—18页。
⑦ 侯外庐、赵纪彬、杜国庠:《中国思想通史》(第一卷)下篇第十七章,人民出版社,1957年,第635—636页。
⑧ 刘泽华:《先秦士人与社会》,第6—8页。
⑨ 《史记》,第2360页。
⑩ 《史记》,第2550页。

下贤良圣知辩慧之人,立以为天子。"①《荀子·性恶》云:"夫人虽有性质美而心辩知,必将求贤师而事之,择良友而友之。"②"辩""辩慧""辩知"进而有善言辞、长于论辩义。《论语·先进》有"德行:颜渊、闵子骞,冉伯牛,仲弓。言语:宰我,子贡。政事:冉有,季路。文学:子游,子夏",③后世谓之孔门四科。④ 儒家对"言语""文学"同样重视。⑤ 以"言语"著称之子贡,在《韩非子·五蠹》中有"子言非不辩也""子贡辩智而鲁削"语。⑥《荀子·非相》还提到"志好之,行安之,乐言之,故君子必辩",杨倞注:"辩,谓能谈说也。"⑦《荀子·富国》有"雅文辩慧之君子"语,认为是君子的特征之一。⑧《韩非子·五蠹》说"其学者,则称先王之道以籍仁义,盛容服而饰辩说",⑨《韩非子·显学》又称"学士""藏书策,习谈论,聚徒役,服文学而议说"。⑩《史记》卷八五《吕不韦列传》言"是时诸侯多辩士,如荀卿之徒"。⑪ 同书卷一一八《淮南衡山列传》又有"淮南王有女陵,慧,有口辩"⑫的表述。前引"国有十者""八者"等涉及诸种,多属正面评价。以"《诗》《书》辩慧者""《诗》《书》谈说之士"概括,突出相关群体以"文学""言语"为代表性特征。此主要指儒士,进而指以儒生为代表的诸士,以与"法术之士"相对。

"文学"也可与"辩知"对称。《商君书·外内》云"为辩知者贵,游宦者任,

---

① [清]孙诒让撰,孙启治点校:《墨子间诂》卷三,中华书局,2001 年,第 78 页。
② 梁启雄:《荀子简释》,第 337 页。梁启雄按:"辩,慧也。"
③ 杨伯峻:《论语译注》,中华书局,1980 年,第 110 页。
④ 较早表述见王弼、皇侃。[梁]皇侃撰,高尚榘校点:《论语义疏》卷六,中华书局,2013 年,第 267 页。
⑤ "文学"的相关分析,参见王利器《文学古义今案》(原刊《传统文化与现代化》1995 年第 2 期),收入所著《晚传书斋集》,华东师范大学出版社,1997 年,第 120—135 页。
⑥ [清]王先慎撰,钟哲点校:《韩非子集解》卷一九,第 445 页。
⑦ 梁启雄:《荀子简释》,第 55 页。
⑧ 梁启雄:《荀子简释》,第 135 页。
⑨ [清]王先慎撰,钟哲点校:《韩非子集解》卷一九,第 456 页。
⑩ [清]王先慎撰,钟哲点校:《韩非子集解》卷一九,第 459 页。
⑪ 《史记》,第 2510 页。
⑫ 《史记》,第 3082 页。

文学私名显",①《韩非子·六反》"六民"中提到"文学之士""辩智之士"。② 随着时代发展,言谈之士颇为活跃,韩非子所举"五蠹",在"称先王之道以籍仁义,盛容服而饰辩说"的"学者"之下,又提到"言古(谈)者","为设诈称,借于外力,以成其私而遗社稷之利"。③ 此类始与纵横家相近。④

"游宦者",又作"游宦之民""游宦之士"。《韩非子·人主》云:"游宦之士焉得无挠于私门而务于清洁矣。……私门之属。"⑤韩非"五蠹"之一,有"患御者,积于私门,尽货赂而用重人之谒,退汗马之劳",⑥指投寄私门而求官避役者。睡虎地秦简《秦律杂抄》记:

  游士在,亡符,居县赀一甲;卒岁,责之。·有为故秦人出,削籍,上造以上为鬼薪,公士以下刑为城旦。·游士律(四、五)⑦

整理者注:"游士,专门从事游说的人",并引《商君书·农战》"言谈游士事君"、《算地》"诗书游说之士"以证。⑧ 需要指出:整理小组引文有误。"诗书游说之士"当作"诗书谈说之士",《算地》篇下文重出,并简作"谈说之士"。⑨《农战》《算地》所言身份,前文已论及,偏重指儒士。相对而言,睡虎地秦简所录《游士律》之"游士",与"游宦者""游宦之民""游宦之士"身份更为接近。诸家旧说,

---

① 高亨:《商君书注译》,第 165 页。
② [清]王先慎撰,钟哲点校:《韩非子集解》卷一八,第 415 页。
③ [清]王先慎撰,钟哲点校:《韩非子集解》卷一九,第 456 页。
④ "所谓纵横策士的支配风气,约在战国末世。《说苑》所记荀卿痛恶纵横游士以及韩非子斥责不事耕战而仅以说干主之人,可为佐证"。侯外庐、赵纪彬、杜国庠:《中国思想通史》(第一卷)下篇第十七章,第 636 页。
⑤ [清]王先慎撰,钟哲点校:《韩非子集解》卷二○,第 471 页。
⑥ [清]王先慎撰,钟哲点校:《韩非子集解》卷一九,第 456 页。
⑦ 睡虎地秦墓竹简整理小组:《睡虎地秦墓竹简》,文物出版社,1990 年,释文注释第 80 页。
⑧ 睡虎地秦墓竹简整理小组:《睡虎地秦墓竹简》,释文注释第 80 页。又参见李学勤《秦简与〈墨子〉城守各篇》(原刊《云梦秦简研究》,中华书局,1981 年),收入所著《简帛佚籍与学术史》,江西教育出版社,2001 年,第 119—121 页。
⑨ 高亨:《商君书注译》,第 66 页;蒋礼鸿:《商君书锥指》卷二,第 46—47 页。

以裘锡圭"也许可以把'游士'解释为'外来的、没有固定户籍的人士'"①的意见,最为可取。

"技艺之士",又作"技艺之民""为技艺者""技巧之人"。联系《说苑·反质》李克语魏文侯"彫文刻镂,害农事者也。锦绣纂组,伤女工者也。……故上不禁技巧则国贫民侈",②商鞅对民众为牟高利而从事奢侈品工艺制造,尤为反对。这些与民生关系较小。

"商贾之士",又作"商贾""商民"。商鞅及其学派反对弃农从商,但也承认农、商各有功用。《商君书·弱民》云:"农、商、官三者,国之常食官也。农辟地。商〔致〕物。官法民。"③而"三官生虱六","六虱成俗,兵必大败"中,商对应"曰美;曰好","商有淫利,有美好,伤器"。④ 商鞅主要反对贩卖华美不实、玩好无用之物。这会刺激相关生产,进而影响日用必需品的供应。值得注意的是,《韩非子·五蠹》"其商工之民,修治苦窳之器,聚弗靡之财,蓄积待时而侔农夫之利",⑤相较此前,对商工危害扩大化之,更为突出他们与农人的利益矛盾。顾颉刚对《商君书·农战》及《礼记·王制》贱工思想有所质疑:"其反对手工业则甚可异。……夫农固需要工业品加以应用者也。"⑥考虑到秦向来重视对国有资源掌控及官府手工业管理,"技艺之士""商贾之士"当偏重指个体经营群体。

"处士",《韩非子·诡使》有"岩居非世者",《韩非子·五蠹》提到"智士退处岩穴,归禄不受"。⑦ 商鞅对这一群体自不重视。⑧ 赵良建议他"劝秦王显岩穴

---

① 裘锡圭:《读简帛文字资料札记》(原刊《简帛研究》第一辑,法律出版社,1993年),收入《裘锡圭学术文集》第二卷《简牍帛书卷》,复旦大学出版社,2012年,第220页。
② [汉]刘向撰,向宗鲁校证:《说苑校证》卷二〇,中华书局,1987年,第519页。
③ 高亨:《商君书注译》,第159页。
④ 高亨:《商君书注译》,第159页。
⑤ [清]王先慎撰,钟哲点校:《韩非子集解》卷一九,第456页。
⑥ 顾颉刚:《顾颉刚全集》之《顾颉刚读书笔记》卷八《汤山小记》,中华书局,2011年,第378页。
⑦ [清]王先慎撰,钟哲点校:《韩非子集解》卷一七、卷一九,第412、451页。
⑧ 《韩非子·外储说左上》李疵语赵主父曰:"夫好显岩穴之士而朝之,则战士怠于行阵者;上尊学者,下士居朝,则农夫惰于田。战士怠于行阵者,则兵弱也;农夫惰于田者,则国贫也。"[清]王先慎撰,钟哲点校:《韩非子集解》卷一一,第281页。

之士","商君弗从"。①

"勇士",《韩非子·人主》称"私剑之士",②《韩非子·五蠹》称"游侠私剑之属","带剑者,聚徒属,立节操,以显其名而犯五官之禁",③《韩非子·六反》还提到"行剑攻杀,暴憿之民也,而世尊之曰'磏勇之士'"。④ 他们对应"儒侠"之"侠","以武犯禁"。⑤

"士农工商,四民有业",⑥且"四民者,国之石民也"。⑦ 然商鞅从国家利益出发,欲抟民于"农战"而已。蔡泽言商鞅变法,"以静生民之业而一其俗,劝民耕农利土,一室无二事,力田稸积,习战阵之事"。⑧ 所谓"以静生民之业","便是要把流动的社会,使其在职业上稳定安静下来"。⑨《商君书·垦令》还提到"使民无得擅徙,则诛愚乱农之民,无所于食,而必农;愚心躁欲之民壹意,则农民必静。农静诛愚,则草必垦矣"。⑩ 后一材料,少人留意,今特予举之,以相参照。而除奖劝之外,刑罚在其中发挥了突出作用。《商君书·开塞》"治国刑多而赏少,故王者刑九而赏一",⑪倡导重罚轻赏。《商君书·壹言》言:"富者废之以爵,不淫;淫者废之以刑,而务农。"⑫此背景下,今复审视《商君书·农战》"上作一,故民不偷营,则国力抟。……国待农战而安。主待农战而尊。夫民之不农战也,上好言而官失常也。常官则国治。一务则国富。国富而治,王之道也。故曰:王

---

① 《史记》卷六八《商君列传》,第2235页。又可参见徐复观《两汉思想史(一)》,第116页。
② [清]王先慎撰,钟哲点校:《韩非子集解》卷二〇,第470页。
③ [清]王先慎撰,钟哲点校:《韩非子集解》卷一九,第450、456页。
④ [清]王先慎撰,钟哲点校:《韩非子集解》卷一八,第415页。
⑤ 战国以来"侠"群体的出现,又参见顾颉刚《史林杂识初编》一四"武士与文士之蜕化",中华书局,1963年,第85—91页。
⑥ 《汉书》卷二四上《食货志上》,第1117—1118页。
⑦ 《管子·小匡》。黎翔凤撰,梁运华整理:《管子校注》卷八,中华书局,2004年,第400页。"石",有"正""硕""右""碩"诸种训解,参见同书第405页注9引。
⑧ 《史记》卷七九《范雎蔡泽列传》,第2422页。
⑨ 徐复观:《两汉思想史(一)》,第111页。
⑩ 高亨:《商君书注译》,第25页。
⑪ 高亨:《商君书注译》,第78页。
⑫ 高亨:《商君书注译》,第83页。

道作外,身作一而已矣","圣人知治国之要,故令民归心于农。归心于农……信可以守战也 。……夫民之亲上死制也,以其旦暮从事于农",①《商君书·算地》"主操名利之柄,而能致功名者,数也。……故圣人之为国也,入令民以属农,出令民以计战。……利出于地,则民尽力。名出于战,则民致死"②,其中所涉"上—民""主""尊""民—上""主—民"等对应关系表述,不宜忽视。这实际反映国家意志对民众需求的一种强力压制,君主帮助民众做出选择。

侯旭东对秦汉时期北方民众的渔采狩猎谋生进行过集中探讨。他认为"将民众的基本职责限定在耕织,是春秋战国以来官府长期不懈努力的目标与历史结果,不少民众力农并非自愿","战国秦汉以来的历代统治者采取各种办法将民众束缚在土地上,使之成为为国家持续创造财富与劳力的工具","就国家而言,战国时期为维持国力,逐鹿称霸,开始确立耕织为本的策略,针对民众不乐农耕、轻易迁徙而采取各种办法驱之务农,并将其束缚在土地上,促使其耕织为生,为国家持续提供物资与人力,这一思想落实为具体的法律与政策措施,成为塑造民众的利器。作为一个群体的农民与定居农耕社会正是在此背景下逐步形成的"。③ 而依据前面的分析、论述,某种意义上,商鞅"农战"政策下的"君—民"联结及"农战之士"的集中出现,也是国家着力塑造的结果。

不过,问题并不至此而止。进一步需要追索的是,秦国民众的实际感受如何,他们对商鞅的态度又是怎样呢?本传虽称新法"行之十年,秦民大说,道不拾遗,山无盗贼,家给人足。民勇于公战,怯于私斗,乡邑大治",但赵良称商鞅所行"畜百姓之怨","太史公曰"又以"卒受恶名于秦,有以也夫"④为结。《战国策·秦一》"期年之后,道不拾遗,民不妄取,兵革大强,诸侯畏惧"下,紧接交代"然刻深寡恩,特以强服之耳";叙孝公去世后,商鞅的人生悲剧:"商君归还,惠王车裂之",又以"而秦人不怜"终章。⑤ 章末四字,可谓字字千钧。《新序·善

---

① 高亨:《商君书注译》,第35、37页。
② 高亨:《商君书注译》,第64—65页。
③ 侯旭东:《渔采狩猎与秦汉北方民众生计》,《近观中古史:侯旭东自选集》,第32、58、63页。
④ 《史记》卷六八《商君列传》,第2231页。
⑤ 《战国策》卷三,第75、77页。

谋》"及孝公死,国人怨商君",①《盐铁论·非鞅》文学曰"今秦怨毒商鞅之法,甚于私仇,故孝公卒之日,举国而攻之"②等表述,并可参考。民众普遍对商君并不感戴。他本人显然也意识到这点,赵良曾提到"君之出也,后车十数,从车载甲,多力而骈胁者为骖乘,持矛而操闟戟者旁车而趋。此一物不具,君固不出"。③《韩非子·和氏》也指出"秦行商君法而富强……然而……车裂商君者何也?大臣苦法而细民恶治"。④ 国"富强"而民"恶治"的情形,尤当留意。这也是秦国在随后发展中,始终需要面临的问题。

四 "士大夫""官人百吏"考辨
——兼论秦君对"官—民"关系的制约

《史记》卷六八《商君列传》记商鞅第一次变法,于"举以为收孥"下,最后提到:

> 宗室非有军功论,不得为属籍。明尊卑爵秩等级,各以差次名田宅,臣妾衣服以家次。有功者显荣,无功者虽富无所芬华。⑤

介绍完与民众有关举措后,始涉及对宗室、大臣、官吏群体的交代。整体顺序呈现出先"民"后"官"。前论"农战"政策通过爵、官与农、战逐渐形成联系。"宗室非有军功论,不得为属籍",又进一步将宗室贵戚纳入"农战",未予例外。"明尊卑爵秩等级"之"爵秩",一般认为即"爵禄"之意,对应官爵、俸禄。然而,如果考虑到此句是在"宗室"之后而言及的,参考《荀子·强国》"君享其成,群臣享其功,士大夫益爵,官人益秩,庶人益禄",⑥"爵秩"实际应分指"爵""秩",涉及"士大夫""官人百吏"等官僚。"爵"对应"士大夫","秩"对应"官人百吏"。"有功者显荣",宗室贵戚、官僚群体均被统括。新的政治结构由此缔造。

---

① 石光瑛校释,陈新整理:《新序校释》卷九,中华书局,2001年,第1166页。
② 王利器:《盐铁论校注》(定本)卷二,中华书局,1992年,第96—97页。
③ 《史记》卷六八《商君列传》,第2235页。
④ [清]王先慎撰,钟哲点校:《韩非子集解》卷一三,第97页。
⑤ 《史记》,第2230页。
⑥ 梁启雄:《荀子简释》,第211页。

我们不禁要问:新的"君—官—民"政治结构中,"官"的情况如何,"官—官""君—官""官—民"关系呈现怎样的特征呢?

《荀子·强国》记荀子入秦:

> 应侯问孙卿子曰:入秦何见?孙卿子曰:其固塞险,形埶便,山林川谷美,天材之利多,是形胜也。入境,观其风俗,其百姓朴,其声乐不流污,其服不挑,甚畏有司而顺,古之民也。及都邑官府,其百吏肃然,莫不恭俭敦敬忠信而不楛,古之吏也。入其国,观其士大夫,出于其门,入于公门;出于公门,归于其家,无有私事也;不比周,不朋党,偶然莫不明通而公也,古之士大夫也。观其朝廷,其朝闲,听决百事不留,恬然如无治者,古之朝也。①

荀子游观秦地风俗,称"其固塞险,形埶便,山林川谷美,天材之利多,是形胜也"。所谓"入境",参"塞险,形埶便""形胜"等语,当主要指入函谷关而至关中秦地。荀子游秦的时间,钱穆倾向于黄式三《周季编略》中的看法,以为在"周赧王五十一年",②即秦昭襄王四十三年(前264)。梁涛考订为秦昭襄王四十一年(前266)。③ 是时,秦已置上郡、蜀郡、汉中、南郡、河东、河内、南阳等郡,这里所言大体对应秦内史区域。"及都邑官府",杨倞注:"及,至也。至县邑之廨署。"④故"肃然,莫不恭俭敦敬忠信而不楛"之"百吏",主要指地方县级属吏。"入其国"之"国",指国都。《吕氏春秋·士容论·上农》:"是故当时之务,农不见于国,以教民尊地产也。"高诱注:"当启蛰耕农之务,农民不见于国都也。"⑤《乐毅报燕惠王书》提到"济上之军受命击齐,大败齐人。轻卒锐兵,长驱至国。齐王遁而走莒,仅以身免"。⑥"长驱至国"即指燕军长驱而至,攻入齐国国都临淄。汉初定都选择,留侯张良曾曰:"雒阳虽有此固,其中小,不过数百里,田地薄,四

---

① 梁启雄:《荀子简释》,第217页。
② 钱穆:《荀卿赴秦见昭王应侯考》,《先秦诸子系年》卷四,第475页。
③ 梁涛:《荀子行年新考》,《陕西师范大学学报》(哲学社会科学版)2000年第4期,第80页。
④ 梁启雄:《荀子简释》,第217页。
⑤ 许维遹撰,梁运华整理:《吕氏春秋集释》卷二六,中华书局,2009年,第684页。辨析又参见陈奇猷《吕氏春秋新校释》卷二六,上海古籍出版社,2002年,第1724页。
⑥ 《史记》卷八〇《乐毅列传》,第2431页。

面受敌,此非用武之国也。"①"非用武之国",指作为都城考虑的雒阳地区。本传记商鞅初行变法,"已乃立三丈之木于国都市南门","秦民之国都言初令之不便者以千数",②用语更为常见。"入其国"而"观其士大夫","士大夫"与"百吏"相对,主要指中央官吏。此段最后提到"观其朝廷,其朝闲,听决百事不留",指君主及朝臣处理政务。荀子叙其所观,依由外而内的顺序,具体可作如下表示:

境(内史)——百姓;

都邑官府(县)——百吏(地方官吏);

国(国都)——士大夫(中央官吏);

朝廷——朝。

前引《荀子·强国》"君享其成,群臣享其功,士大夫益爵,官人益秩,庶人益禄",作"君—群臣—士大夫—官人—庶人"序列,情形多与上同。《荀子·王霸》又云"朝廷必将隆礼义而审贵贱,若是则士大夫莫不敬节死制者矣。百官则将齐其制度,重其官秩,若是则百吏莫不畏法而遵绳矣",③作"(朝廷)士大夫—(百官)百吏"。"百官"与"百吏"呼应,以"官秩"为重。他们又是与居朝廷之"士大夫"相对称的。《荀子》还出现"士大夫—官人百吏""天子诸侯—士大夫—百吏官人—众庶百姓""臣下—百吏—庶人""人主—卿相辅佐—士大夫官师—官人使吏"④等表述用法。《商君书·垦令》有"大臣—诸大夫",《商君书·境内》"爵吏而为县尉""爵大夫而为国治",作"大夫—吏",《商君书·修权》有"(奸)臣—秩官之吏"。成篇略晚的《商君书·赏刑》有"卿相将军—大夫—庶人""守法守职之吏"。⑤《韩非子·有度》"大臣务相尊,而不务尊君;小臣奉禄养交,不以官为事"⑥之"大臣""小臣",实即"群臣—百吏"。

此外,睡虎地秦简《秦律十八种·传食律》提到:

其有爵者,自官士大夫以上,爵食之。(一八〇)

---

① 《史记》卷五五《留侯世家》,第 2043—2044 页。

② 《史记》卷六八《商君列传》,第 2231 页。

③ 梁启雄:《荀子简释》,第 156—157 页。

④ 《荀子·荣辱》《君道》。梁启雄:《荀子简释》,第 38、166、167、173 页。有些又见于他篇,不赘举。

⑤ 高亨:《商君书注译》,第 26、64—65、114、130 页。

⑥ [清]王先慎撰,钟哲点校:《韩非子集解》卷二,第 34 页。

整理小组注:"官士大夫,指秦爵第五级大夫和第六级官大夫。"①然此解之下,"士"字尚无着落。凌文超就说"此注解忽略了'士'的含义,显然是不准确的。'官士大夫'之'官',其含义当为官方、官府。由于秦代乡里编户民大多也拥有士、大夫级爵(详后),这些人平时显然无法享用传食,除非受到官方的派遣。因此,'官士大夫'旨在强调只有为官府任职的士大夫才可以'爵食之',只拥有士、大夫级爵的普通民众则没有这项权益",②提供了一种解读线索。联系上面的讨论,我们认为,《传食律》规定所提到的"士大夫",可能并非指二十等侯爵中侯、卿、大夫、士一类爵位分层,而是与"官人百吏"对称。律文实际是说,为官属"士大夫"以上的有爵者,传食依爵位高低供给。换言之,为官属"百人百吏"一类的有爵者,就不按这一规定执行了。

综上,秦"君—官—民"之"官",可初步分为:宗室贵戚、公卿大臣—士大夫—官人百吏。

其中,"士大夫"与"官人百吏"的区分,颇为重要。③ 具体关涉问题有三。

其一,二者以何进行区分?《荀子·强国》"士大夫益爵,官人益秩"明确提到,奖赐分别以"爵""秩"。《韩非子·和氏》又云"不如使封君之子孙三世而收爵禄,绝减百吏之禄秩","封君""子孙"与"百吏"均有俸禄,以"爵""秩"为别。《荀子·荣辱》"是士大夫之所以取田邑也","是官人百吏之所以取禄秩也",④具体以"田邑""禄秩"为分。故阎步克说"战国等级管理,对'士大夫'主要用'爵',对'官人百吏'主要用'秩'"。⑤

其二,既然二者以"爵""秩"为分,"士大夫"又是否有"秩"?与"百吏"的具体等级关系为何?睡虎地秦简《法律答问》记:

---

① 睡虎地秦墓竹简整理小组:《睡虎地秦墓竹简》,释文注释第60页。
② 凌文超:《秦汉魏晋编户民社会身份的变迁——从"士大夫"到"吏民"》,《文史哲》2015年第2期,第76页。
③ 阎步克较早关注此问题,并将其置于士大夫政治演生的背景下进行考察,指出后世"'士大夫—胥吏'格局,正是荀子'士君子—官人百吏'设计的实现"。《荀子论"士君子"与"官人百吏"之别及其意义》(原刊《学人》第3辑,江苏文艺出版社,1992年),收入《阎步克自选集》,广西师范大学出版社,1997年,第240—261页。
④ 梁启雄:《荀子简释》,第38页。
⑤ 阎步克:《从爵本位到官本位:秦汉官僚品位结构研究》上编第二章,第51页。

可(何)谓"宦者显大夫?"·宦及智(知)于王,及六百石吏以上,皆为"显大夫"。(一九一)①

整理小组指出"《法律答问》所引用的某些律文的形成年代是很早的",有些"律文应形成于秦称王以前,很可能是商鞅时期制订的原文"。② 李学勤、傅荣珂、黄盛璋等学者大体认同是说。③ 此简文可用于探讨相关问题。"宦及智(知)于王"当连读,④ 与《惠帝纪》"宦皇帝而知名者"对应,具体包括中大夫、郎官、舍人等侍从之官。所谓"宦及智(知)于王,及六百石吏以上,皆为'显大夫'",主要包括"宦皇帝者"与"六百石吏以上"两个群体,也即"宦""吏"两个职类。岳麓书院藏秦令新见"●制诏丞相斯∟:所召博士得与议者∟,节(即)有逮告劾∟,吏治者辄请之,尽如宦显大夫逮∟。斯言:罢博士者,请辄除其令"(1129/87、1130/88)。⑤ "宦显大夫",或与"宦者显大夫"同义。⑥《韩非子·有度》"远在千里外,不敢易其辞;势在郎中,不敢蔽善饰非。朝廷群下直凑单微,不敢相踰越",⑦ 将与"远在千里外"相对的中央官吏,分为"郎中""朝廷群下"两个类别。《韩非子·三守》"国无臣者,岂郎中虚而朝臣少哉",⑧ 以"郎中"与"朝臣"对称,恐怕也是这一原因。不过,《法律答问》最初所问乃是"可(何)谓'宦者显大夫'",再

---

① 整理小组注:"《汉书·惠帝纪》:'爵五大夫、吏六百石以上,及宦皇帝而知名者,有罪当盗械者皆颂系。'与本条可参看。"睡虎地秦墓竹简整理小组:《睡虎地秦墓竹简》,释文注释第 139 页。

② 《法律答问》"说明"。睡虎地秦墓竹简整理小组编:《睡虎地秦墓竹简》,释文注释第 93 页。

③ 陈伟主编,彭浩、刘乐贤等撰著:《秦简牍合集(壹)》(释文注释修订本),武汉大学出版社,2016 年,第 180—181 页引。

④ 阎步克:《从爵本位到官本位:秦汉官僚品位结构研究》下编第四章,第 384 页。

⑤ 陈松长:《岳麓秦简中的令文格式初论》,《上海师范大学学报》(哲学社会科学版)2017 年第 6 期,第 46 页;陈松长主编:《岳麓书院藏秦简(伍)》,上海辞书出版社,2017 年,第 68 页。

⑥ 岳麓书院藏秦令还见"令曰:治狱有逮宦者显大夫若或告之而当征捕者,勿擅征捕,必具以其逮告闻,有诏乃以诏从事"(J22/304),陈松长主编:《岳麓书院藏秦简(伍)》,第 199 页。

⑦ [清]王先慎撰,钟哲点校:《韩非子集解》卷二,第 36 页。

⑧ [清]王先慎撰,钟哲点校:《韩非子集解》卷五,第 114 页。

次提及已有省略。故"显大夫"在严格意义上,主要指禄秩六百石以上的"吏"。

关于此问题,还有一则旁证。《商君书·境内》篇文字多有错简、脱简。我们曾尝试一种复原思路:

……行间之吏也,故爵公士也,就为上造也。故爵上造,就为簪褭。〔故爵簪褭,〕就为不更。故爵〔不更,就〕为大夫。爵吏而为县尉,则赐虏六,加五千六百。①(爵大夫而为国治,)

〔故爵大夫,〕就为〔官〕大夫。故爵〔官〕大夫,就为公大夫。〔故爵公大夫,〕就为公乘。〔故爵公乘,〕就为五大夫。爵大夫而为国治,则税邑三百家。

故爵五大夫,就为大庶长。故大庶长,就为左更。故四更也,就为大良造。皆有赐邑三百家,有赐税三百家。(爵五大夫,)有税邑六百家者,受客。②

其中出现有"爵吏而为县尉""爵大夫而为国治"语。"吏""大夫"恐非爵位,"吏"指"官人百吏","大夫"指"士大夫"。具体来说,这两句是以相关爵位为吏而做县尉、为士大夫而担任中央官吏之意。"商鞅变法,重新规划地方行政组织,普遍立县,所谓'并诸小乡聚,集为大县,县一令,四十一县'。而至秦惠文王初年,秦尚未设郡。'县'实与《境内》下一段表示中央的'国'(即'邦')相对言。县尉实际就是地方武职的代表。"③此时,秦已设县令,秩级为千石至六百

---

① 高亨按:"加疑当作化,形似而误。化借为货,古币铭文以化字为货字。货者,钱币之称。"《商君书新笺·境内》,《商君书注译》,第238页。

② 参见孙闻博《爵官转移与文武分职:秦国相将的出现》(原刊袁行霈主编《国学研究》第三十五卷,北京大学出版社,2015年,修订稿收入所著《秦汉军制演变史稿》第一章第一节,2018年2印修订,第52页。车新亭、古贺登也做过相关工作。参见《试说卫鞅"强国之法"中的爵制》,第4—5页;《商君書境内篇校訂譯註》,收入《東洋史論叢:鈴木俊先生古稀記念》,山川出版社,1975年,第181—197页。

③ 孙闻博:《秦汉军制演变史稿》第一章第一节,第53页。

石。① 这里不言"爵吏而为县令"而作"爵吏而为县尉",反映此类"吏"禄秩在六百石以下。"爵大夫而为国治"在"就为五大夫"后,参考《惠帝纪》"爵五大夫、吏六百石以上",五大夫与秩级六百石吏大体对应,②应指在中央担任秩级六百石以上吏。至于《境内》条与《法律答问》近似,不称"士大夫"而称"大夫",应当注意阎步克的意见:战国的"士大夫"一词,并非是"士"与"大夫"的合称。"'士'字是修饰'大夫'的……'士大夫'主要就'大夫'而言,'官人百吏'对应着原先的'士'等级。"③这是很精当的分析,对于理解这里"大夫"与"士大夫"的关系,多有帮助。"士大夫"以上还有公卿一类。④ 阎步克又曾指出,"在战国史料中,我们考得了千石、八百石、七百石、六百石、五百石、三百石、二百石、百石、五十石共9个秩级。……最高的是千石"。⑤ 这9个秩级,大致可分吏、官、令三类。⑥ 吏、官与令的分界同样在六百石。综上可知,"士大夫"实际是有"秩"的,当时大体为千石至六百石。"士大夫"与"官人百吏"以六百石作为等级分界。⑦

《史记》卷九八《傅靳蒯成列传》记靳歙在楚汉战争中:

> 略梁地,别将击邢说军菑南,破之,自身说得尉二人,司马、候十二人,降吏卒四千一百八十人。

---

① 邹水杰:《简牍所见秦汉县禄秩等级演变考》(原刊《北大史学》第12辑,北京大学出版社,2007年),收入所著《两汉县行政研究》第一章,湖南人民出版社,2008年,第28、33页;阎步克:《从爵本位到官本位:秦汉官僚品位结构研究》下编第二章,第328—330页;孙闻博:《商鞅县制的推行与秦县乡关系的确立——以称谓、禄秩与吏员规模为中心》,《出土文献的世界:第六届出土文献青年学者论坛论文集》,第71页。

② 杜正胜:《编户齐民——传统政治社会结构之形成》附录十四"五大夫与六百石",第457—458页。

③ 阎步克:《从爵本位到官本位:秦汉官僚品位结构研究》上编第二章,第54页。

④ "'大夫'之上为'卿'。劳榦先生认为'秦之三公为丞相、太尉、御史大夫,而九卿则为中二千石';'是在西汉时,凡中二千石皆卿也'"。阎步克:《从爵本位到官本位:秦汉官僚品位结构研究》下编第二章,第339页。

⑤ 阎步克:《从爵本位到官本位:秦汉官僚品位结构研究》上编第二章,第51—52页。

⑥ 阎步克:《从爵本位到官本位:秦汉官僚品位结构研究》下编第二章,第328页。

⑦ 相关又参看阎步克《从爵本位到官本位:秦汉官僚品位结构研究》上编第二章,第55页。

> 别攻破赵军,得其将司马二人,候四人,降吏卒二千四百人。①

"吏卒"之"吏"高于卒,然与军官都尉、司马、候有所区分。按都尉、司马、候秩二千石、千石、六百石,"吏卒"之"吏"当为禄秩低于六百石的低级军吏。军官、军吏同样以六百石为分界。"吏民""吏卒"之吏的称谓及界定习惯,或许可以上溯至战国"士大夫""官人百吏"的官吏分层时期,是"官人百吏"发展的结果。

其三,"士大夫"既然属中高级官吏,与"官人百吏"同有禄秩,且以秩级为分界,又为何称爵而不称官?学者指出,"由商鞅变法时的'吏禄'看,'吏'群体已向上扩张到了千石左右,侵入了士大夫'爵禄'的传统领地。秦统一的前夕,领取月俸的'吏'进而跨入'二千石'层次"。② "秦国商鞅变法后出现了千石之令、八百石之令、七百石之令、六百石之令。这个层次相当于昔日的大夫。……说明'大夫'这个官职层次,也被'吏职'取代了"。③ 这种情形下,《商君书》《荀子》《法律答问》等仍多使用"士大夫""大夫"语。《商君书·境内》"爵吏而为县尉,则赐虏六,加五千六百","爵大夫而为国治,则税邑三百家",提到入官为吏,在地方做县尉,另赐臣妾六人、钱五千六百;而在中央做士大夫,"掌管国家一种政务",可享受三百户食邑的租税。《商君书·赏刑》"周官之人,知而讦之上者,自免于罪,无贵贱,尸袭其官长之官爵田禄",④又提到揭发同僚,不仅免于连坐,而且可获被揭发官吏的"官、爵、田禄"。"田禄"与《荀子·荣辱》"是士大夫之所以取田邑也"可相参照,指获得相应田地耕种的租税。阎步克说:"战国士大夫当然也领取俸禄,但他们最终以晋身封君、占有田邑为安身立命之所,我觉得这依然有'爵禄'色彩;同时日益普及中的俸禄则针对于'官人百吏',可称'吏禄'。我们认为,先秦的年俸与汉代的月钱各有不同来源。年俸来自士大夫的封邑。"⑤一般而言,士大夫与封君在"爵禄"权益上,应存在不小的差距。尽管如此,"士大夫"依靠"爵秩"所获经济利益,依然较"禄秩"要丰厚得多。故此阶段,相对"官人百吏",六百石以上官吏尚多称爵而不称官。

---

① 《史记》,第2709、2710页。又见《汉书》卷四一《靳歙传》,第2087页。"四千一百八十人"作"四千六百八十"。

② 阎步克:《品位与职位——秦汉魏晋南北朝官阶制度研究》第一章,第31页。

③ 阎步克:《从爵本位到官本位:秦汉官僚品位结构研究》上编第二章,第54页。

④ 高亨:《商君书注译》,第130页。

⑤ 阎步克:《品位与职位——秦汉魏晋南北朝官阶制度研究》第一章,第30—31页。

"农战"政策在确立"君—民"联结基础上,爵制自下而上由商鞅爵制向二十等爵发展,①禄秩自下而上也由官人百吏向士大夫、卿、公延伸。战国"士大夫""官人百吏"分层,对"吏民""吏卒"概念的出现、秦汉官民爵分界的形成,有直接影响。"吏民""吏卒"之"吏",指六百石以下的低级"吏",是"官人百吏"发展的结果。而官、民爵分层以五大夫为分界,在战国秦汉应当没有调整。相关称谓及分界,均可溯源至战国"士大夫""官人百吏"的官吏分层。②

　　那么,秦君对"官—民"层面的关系,又持怎样的态度呢?"士大夫"与"官人百吏"的划分,除显示二者分别以"爵""官"为重以及依六百石形成禄秩分界之外,秦国还多用以对应中央与地方官吏(偏重地方佐官、属吏)。前引《商君书·境内》"爵吏而为县尉""爵大夫而为国治",《荀子·强国》"入秦……及都邑官府,其百吏……入其国,观其士大夫",有所体现。此外,《商君书·修权》云:"夫废法度而好私议,则奸臣鬻权以约禄,秩官之吏隐下而渔民。""秩官之吏"以隐瞒下情、侵夺财利为特征,与"奸臣"相对,当指地方亲民之吏。而"秩官之吏"表述本身或即指"有秩吏",在秦代属秩级三百石以下的少吏。睡虎地秦简《为吏之道》,③岳麓书院藏秦简《为吏治官及黔首》是关涉任职优劣,官务处理的吏学手册。④ 其中,"为吏治官及黔首"是自题篇名,"为吏之道"是开篇出现之语,结合两篇的具体内容,"为吏"之"吏"偏向指"下层吏员"。⑤ 这些"吏"参与地方治理,广泛接触民众,应当就是前论与"士大夫"对言的"官人百吏"群体。

---

① 孙闻博:《秦汉军制演变史稿》第三章第一节,第 220—225 页。
② 考述参见孙闻博《"士大夫""官人百吏"考辨——兼论"吏民"的出现》,《人文杂志》2020 年第 8 期。
③ 近年学者认为此篇当更名为《语书》。陈侃理:《睡虎地秦简"为吏之道"应更名"语书"——兼谈"语书"名义及秦简中类似文献的性质》,《出土文献》第六辑,中西书局,2015 年,第 247—252 页。
④ 近年研究有肖永明:《读岳麓书院藏秦简〈为吏治官及黔首〉札记》,《中国史研究》2009 年第 3 期;许道胜:《岳麓秦简〈为吏治官及黔首〉的取材特色及相关问题》,《湖南大学学报》(社会科学版)2011 年第 2 期;林素清:《秦简〈为吏之道〉与〈为吏治官及黔首〉研究》,《简帛》第八辑,上海古籍出版社,2013 年,第 279—307 页;于洪涛:《岳麓秦简〈为吏治官及黔首〉研究》,花木兰出版社,2015 年,等等。
⑤ 陈侃理:《睡虎地秦简"为吏之道"应更名"语书"——兼谈"语书"名义及秦简中类似文献的性质》,第 255—256 页。

关于公卿大臣、士大夫等中央官吏，秦君限制他们影响、侵扰地方百姓。《商君书·垦令》云：

> 国之大臣诸大夫，博闻、辨慧、游居之事，皆无得为，无得居游于百县，则农民无所闻变见方。①

居处都城的中央大臣、士大夫，禁止前往地方闲居游逛，以免对民众产生各种影响。《垦令》复云：

> 声服无通于百县，则民行作不顾，休居不听。休居不听，则气不淫。行作不顾，则意必壹。意壹而气不淫，则草必垦矣。②

"声服"，王时润谓"淫声异服也"，③高亨按："声服当作声技，技服形近而误。声即音乐。技即今语所谓'杂技'"，"声服义不可通。服当作技，形近而误，或原作肢，借为技，肢误为服也。声者音乐也。技者技艺也，即今语所谓杂技也，如舞蹈及优人奏演等是也。"④这一解释，存在疑问。"声服"如为"淫声异服也"，不仅"无通于百县"，也不当行于国都才是。以"服"为"技"形近而误，或本作"肢"字，皆属改字为训，似应谨慎。而"技者技艺也"，在《商君书》中实际对应"技艺之士""技艺之民"，是否"即今语所谓杂技也"，恐怕也需斟酌。又，于鬯案"服盖训法"，并引俞樾《尚书平议》以《尚书·盘庚》"先王有服"之"服"有"制"义，"制亦法也"，解"声服"为"声乐"。⑤从训诂学分析，"服"确有"制"义。不过，就《垦令》而言，"声服无通于百县"，涉及"行作不顾""休居不听"两种情形，而非一种。"声乐"主要对应"休居不听"。实际上，"声服"用例，文献中固然少见，但并非没有。《管子·侈靡》有"然则人君声服变矣，则臣有依驷之禄"⑥语。《左传》"昭公元年"记："三月甲辰，盟。楚公子围设服、离卫。叔孙穆子曰：'楚公子美哉，君哉！'"⑦《国语·鲁语下》又提到："虢之会，楚公子围二人执戈先

---

① 高亨：《商君书注译》，第26页。
② 高亨：《商君书注译》，第22页。
③ 蒋礼鸿：《商君书锥指》卷一，第10页引。
④ 高亨：《商君书注译》，第22页；《商君书新笺·垦令》，《商君书注译》，第214页。
⑤ ［清］于鬯著，张华民点校：《香草续校书·商君书》，中华书局，2013年第2版，第453页。
⑥ 黎翔凤撰，梁运华整理：《管子校注》卷一二，第746页。
⑦ 杨伯峻：《春秋左传注》，中华书局，1990年第2版，第1202页。

焉。……今大夫而设诸侯之服,有其心矣。若无其心,而敢设服以见诸侯之大夫乎?将不入矣。夫服,心之文也。如龟焉,灼其中,必文于外。"①所记应为一事,侧重略有不同。《周礼·春官·都宗人》"正都礼与其服",郑玄注"服谓衣服及宫室车旗",《正义》"此皆以命数为差等"。② 由此,"声"指乐声,"服"指服饰,可与"行作不顾,休居不听"分别对应。此言朝廷之声乐、服饰不得在地方传播,令民众闻见而竞欲侈靡。

秦廷对"官—民"层面中的地方官吏并不信任,注意通过统一政令、规范制度、强化效率等措施加强管理,以防范攫取私利行为的发生。《商君书·垦令》称:"无宿治,则邪官不及为私利于民,而百官之情不相稽。百官之情不相稽,则农有余日。邪官不及为私利于民,则农不敝。农不敝而有余日,则草必垦矣。""宿治",高亨以为"此言朝廷有事,马上就办","朝廷没有拖延的政务"。③ 疑义未安。这里,"官""百官"更偏重指地方小吏。"宿治"一语又见《商君书·靳令》"以五里断者王,以十里断者强,宿治者削",④以及《韩非子·饬令》"行法曲断,以五里断者王,以九里断者强,宿治者削"。⑤ 所言不是强调简政放权,而当如王先慎曰"此谓行法之速也"。⑥ 地方行政当依制度要求而高效运行,并规避地方小吏谋求私利的可能,以免民计民生受到侵扰。《垦令》又说:"訾粟而税,则上壹而民平。上壹则信,信则臣不敢为邪。民平则慎,慎则难变。上信而官不敢为邪,民慎而难变,则下不非上,中不苦官。下不非上,中不苦官,则壮民疾农

---

① 徐元诰撰,王树民、沈长云点校:《国语集解》,中华书局,2002 年,第 186—187 页。

② [清]孙诒让撰,王文锦、陈玉霞点校:《周礼正义》卷五三,中华书局,1987 年,第 2225 页。

③ 参见高亨《商君书注译》,第 19 页。

④ 高亨:《商君书注译》,第 103 页。"强",高亨按"强当作弱,盖传写之误",《商君书新笺·靳令》,《商君书注译》,第 231 页。

⑤ [清]王先慎撰,钟哲点校:《韩非子集解》卷二〇,第 472 页。学界一般均认为此篇袭自《商君书·靳令》,而非反之。《靳令》的撰写有认为商鞅亲著,有认为商鞅学派续作;成篇年代有认为在"正式变法期间",有认为在秦昭王二年至秦王政十四年之间。高亨:《商君书作者考》,《商君书注译》,第 9—10 页;郑良树:《商鞅及其学派》前编第三章,第 151—152 页;仝卫敏:《出土文献与〈商君书〉综合研究》上编小结,第 226 页。鉴于所讨论文字在《垦令》中已出现,此部分内容当属商鞅的政治思想。

⑥ [清]王先慎撰,钟哲点校:《韩非子集解》卷二〇,第 472 页。

不变。壮民疾农不变,则少民学之不休。少民学之不休,则草必垦矣。"①"臣",俞樾以为当作"官"。② 这里强调君主确立明确而统一的制度,从而使处于"君—民"上下之"中"的"官","不敢为邪"。《垦令》所追求的,乃是"百县之治一形,则从,迁者不饰,代者不敢更其制,过而废者不能匿其举。过举不匿,则官无邪人。迁者不饰,代者不更,则官属少而民不劳。官无邪则民不敖,民不敖则业不败。官属少,征不烦,民不劳,则农多日。农多日,征不烦,业不败,则草必垦矣"。③ 在划一、规范的制度之下,地方官吏不敢玩弄花样或变更旧制。因过失而致官事废弛者,也无法掩盖错误的行为。

阎步克在艾森斯塔得研究的基础上,于官阶制度的"运作考虑与身份考虑"层面,提出"服务取向"(service orientation)和"自利取向"(self orientation)概念。④ 他认为一般而言,"强悍的专制皇权与工具性的、'服务取向'的官僚,往往同时出现;软弱的皇权与贵族化了的、'自利取向'的官僚,往往同时出现"。⑤ 在君权强悍,"百吏肃然,莫不恭俭敦敬忠信而不楛"的秦国,官吏的"服务取向"自然突出且典型。不过,《商君书·禁使》却说:"夫吏专制决事于千里之外,十二月而计书以定,事以一岁别计,而主以一听,见所疑焉,不可蔽,员不足。"⑥"蔽",《周礼·天官·小宰》郑注、《小尔雅·广言》皆曰"蔽,断也"。⑦ 官吏自作决定于千里之外,君主仅凭每岁上计,不足断定是非曲直,准确了解地方政情。而出现对这一状况的忧虑,源于"上与吏也,事合而利异者也"。⑧ 国君与地方官吏看似共同治民,职责相连,然利益实相矛盾。《韩非子·孤愤》"万乘之患大臣太重,千乘之患左右太信,此人主之所公患也。……臣主之利与相异者也",⑨ 主要探讨中央近臣的"自利取向"及君臣矛盾。在这里,我们又看到了秦对地方官吏

---

① 高亨:《商君书注译》,第20页。
② 蒋礼鸿:《商君书锥指》卷一,第6—7页。
③ 高亨:《商君书注译》,第27—28页。引文据注释引孙诒让说补。
④ 阎步克:《中国古代官阶制度引论》第十章,第355—362页。
⑤ 阎步克:《中国古代官阶制度引论》第十章,第358页。
⑥ 高亨:《商君书注译》,第175页。
⑦ 诸家训释参见迟铎《小尔雅集释·广言第二》,中华书局,2008年,第159—160页。
⑧ 高亨:《商君书注译》,第176页。
⑨ [清]王先慎撰,钟哲点校:《韩非子集解》卷四,第84页。

"自利取向"的警惕。

由上言之,"士大夫"与"官人百吏"的划分,在秦国还多用以对应中央与地方官吏(偏重地方佐官、属吏)。就"官—民"层面的联结而言,君主既反对中央官吏影响、侵扰地方百姓,又对地方官吏并不信任,希望加强制度建设与运作管理,防范后者作奸谋私。在官僚组织"服务取向"明显突出的秦国,君主对官吏的"自利取向"仍多有顾忌及应对。

五 惠文王以降"农战"政策调适及"资人臣""徕民"问题

商鞅变法举措,多为后世秦君所循。李斯上《谏逐客书》称"孝公用商鞅之法,移风易俗,民以殷盛,国以富强……至今治强",①非全为夸饰之辞。不过,商鞅主政时曾以"法之不行,自上犯之",对太子犯法不予优容,"刑其傅公子虔,黥其师公孙贾",②"宗室多怨鞅",以致孝公过世不久,即被告以谋反,而遭车裂之诛。那么,惠文王以后"农战"政策的推行,是否一仍其旧呢?学界以往很少从动态角度进行思考,③而多沿袭成说。相关认识主要来自众所周知的一则史料:《韩非子·定法》云"及孝公、商君死,惠王即位,秦法未败也"。④ 然揆之当时政治情势,问题似非如此简单。

相较变法提倡及确立的原则,商鞅自身作为却在两个方面形成反差。《韩非子·诡使》云"而战斗有功之士贫贱,而便辟优徒超级"。⑤"便辟"即"便嬖",指君主左右受宠幸的小臣。法家对"便辟"群体多予贬斥。《商君书·君臣》"民

---

① 《史记》卷八七《李斯列传》,第2542页。
② 《史记》卷六八《商君列传》,第2231页。
③ 好并隆司对此有所留意,然论证重点及所得判断不尽相同,可参看。《商君書徠民、算地兩篇よりみた秦朝權力の形成過程》,《東洋史研究》44-1,1985年。
④ [清]王先慎撰,钟哲点校:《韩非子集解》卷一七,第398页。《史记》卷一三〇《太史公自序》又云"鞅去卫适秦,能明其术,强霸孝公,后世遵其法",第3313页;同书卷六《秦始皇本纪》引贾谊《过秦论》"孝公既没,惠王、武王蒙故业,因遗册",第279页。
⑤ [清]王先慎撰,钟哲点校:《韩非子集解》卷一七,第413页。

去农战而为之，或谈议而索之，或事便辟而请之，或以勇争之。故农战之民日寡，而游食者愈众"，①谈到与"农战之民"相对的三类游食者，其中就有"事便辟而请之"，指依靠国君宠幸小臣而请托求官的游士。然而，商鞅本身恰由此途径实现仕宦。不仅赵良批评"今君之见秦王也，因嬖人景监以为主，非所以为名也"，太史公也提到"且所因由嬖臣……卒受恶名于秦"。② 这与《韩非子·和氏》"商君教秦孝公……塞私门之请"，③形成有趣的对照。此外，"农战"政策强调"君—民"联结，贬抑宗室大臣。商鞅自身却位极人臣，权势显赫。赵良有"君又南面而称寡人"④语。《战国策·秦一》"卫鞅亡魏入秦"章又记孝公病重，"疾且不起，欲传商君，辞不受"。⑤ 联系战国一度盛行的"禅让"政治思潮，所记或较为可信，⑥上述可视作对孝公晚年商鞅政治地位的重要反映。孝公殁后，人有说惠文王"大臣太重者国危，左右太亲者身危。今秦妇人婴儿皆言商君之法，莫言大王之法。是商君反为主，大王更为臣也。"⑦近似吊诡情形的出现，为商鞅之后的命运埋下了伏笔。

而当商鞅展开对秦宗室大臣的压制时，贵戚权臣自会不满尤甚。稍早进行的吴起变法，也曾着力打击宗室大臣。《韩非子·和氏》记吴起言楚"大臣太重，

---

① 高亨：《商君书注译》，第 171 页。《君臣》成篇时代，郑良树认为属商鞅学派第四期，成篇在始皇廿六年秦统一后，仝卫敏认为在"正式变法期间"。《商鞅及其学派》前编第三章，第 155 页；《出土文献与〈商君书〉综合研究》上编小结，第 226 页。

② 《史记》卷六八《商君列传》，第 2234、2237 页。《报任安书》又云"商鞅因景监见，赵良寒心"，《汉书》卷六二《司马迁传》，第 2727 页。稍后，甘茂"因张仪、樗里子而求见秦惠王"。《史记》卷七一《樗里子甘茂列传》，第 2310 页。

③ ［清］王先慎撰，钟哲点校：《韩非子集解》卷四，第 97 页。《战国策·秦三》"蔡泽见逐于赵"章曰"吴起为楚悼罢无能，废无用，损不急之官，塞私门之请……使驰说之士无所开其口"。《战国策》卷五，第 216 页。此又见《史记》卷七九《范雎蔡泽列传》，第 2423 页。文字略有出入。

④ 《史记》卷六八《商君列传》，第 2234 页。《史记》卷八七《李斯列传》载赵高劝李斯拥立胡亥即位，有"君听臣之计，即长有封侯，世世称孤，必有乔松之寿，孔、墨之智"，第 2550 页。

⑤ 《战国策》卷三，第 77 页。

⑥ 相关探讨参见晁福林《商鞅史事考》，《中国史研究》1994 年第 3 期，第 126—127 页；仝卫敏《"孝公欲傳商君"说释疑》，《北京师范大学学报》（社会科学版）2010 年第 1 期。

⑦ 《战国策》卷三，第 77 页。

封君太众",①《吕氏春秋·开春论·贵卒》又记"于是令贵人往实广虚之地,皆甚苦之。荆王死,贵人皆来。尸在堂上,贵人相与射吴起"。②"贵人",《史记》卷六五《孙子吴起列传》作"贵戚""宗室大臣":"故楚之贵戚尽欲害吴起。及悼王死,宗室大臣作乱而攻吴起"。③ 此外,《史记》卷七九《范雎蔡泽列传》提到"吴起为楚悼王立法,卑减大臣之威重",④《淮南子·泰族》称"吴起为楚减爵禄之令,而功臣畔矣"。⑤ 先后出现的表述有"大臣""封君""贵人""贵戚""宗室大臣""功臣"等多种,不仅涉及宗室、贵戚,也提到了大臣、功臣。

关于商鞅变法,《秦本纪》曰:"鞅之初为秦施法,法不行。太子犯禁。鞅曰:'法之不行,自于贵戚。'"⑥《商君列传》作:"秦民之国都言初令之不便者以千数。于是太子犯法。卫鞅曰:'法之不行,自上犯之。'"⑦两次均提到太子犯法事,"自于贵戚"又作"自上犯之"。太子即为贵戚的总代表。学者考订"太子犯法当在秦孝公十六年"。⑧ 太子不可施刑,太子傅公子虔被处以劓刑。⑨ 从司马迁的记叙中不难看出,变法遭遇各方势力阻挠时,太子集团最有能力向商鞅发起挑战,是反对力量的代表。而集团领军人物是太子傅公子虔。值得注意的是,公子虔本人又是秦公子,具有"宗室+大臣"的身份特征。赵良批评商鞅"君又南面而称寡人,日绳秦之贵公子……公子虔杜门不出已八年矣。君又杀祝懽而黥公孙贾",⑩树敌甚多。所谓"日绳秦之贵公子",当以公子虔为代表,下文"公子虔杜门不出已八年矣"并有呼应。我们看到,待惠文王即位,诬鞅谋反而率先发

---

① [清]王先慎撰,钟哲点校:《韩非子集解》卷四,第96页。
② 许维遹撰,梁运华整理:《吕氏春秋集释》卷二一,第597—598页。
③ 《史记》,第2168页。
④ 《史记》,第2423页。
⑤ 何宁:《淮南子集释》卷二〇,第1430页。《文子·微明》云"减爵之令张,则功臣叛"。王利器:《文子疏义》卷七,中华书局,2000年,第312页。
⑥ 《史记》卷五《秦本纪》,第205页。
⑦ 《史记》卷六八《商君列传》,第2231页。
⑧ 杨宽:《战国史》第五章,第211页注1。
⑨ 《史记》卷六八《商君列传》作"公子虔复犯约,劓之",第2232页。有意见认为此与秦孝公七年"刑其傅公子虔"为一事。钱穆:《商鞅考》,《先秦诸子系年》卷三,第239页;晁福林:《商鞅史事考》,第129页。
⑩ 《史记》卷六八《商君列传》,第2234—2235页。

动攻击者,恰恰是公子虔的党羽势力:"后五月而秦孝公卒,太子立。公子虔之徒告商君欲反,发吏捕商君。"①"及孝公卒,太子立,宗室多怨鞅""商君相秦十年,宗室贵戚多怨望者"中,②"宗室""宗室贵戚"当主要指公子虔等人。《商君列传》最后称"秦惠王车裂商君以徇,曰:'莫如商鞅反者!'遂灭商君之家",③相关反攻是得到惠文王支持的。相较以往"秦惠王与商鞅之间并没有太深的积怨"的认识,④《战国策·秦一》"且夫商君,固大王仇雠也,愿大王图之"⑤的表述,仍须留意。

新君即位,原太子集团公子虔等人已获胜利。秦政此后应有所变化,秦策也应有所调整。爵制即为一例。商鞅爵制向二十等爵发展过程中,秦至惠文王始称王,爵制序列却并未在士、大夫、卿爵基础上进而出现公爵,而使用了"侯"号并有分封。这与商鞅爵制依军功拜赐的原则有异,多是因亲封君传统的恢复与体现。⑥商鞅"农战"政策下被压制之宗室大臣势力,有了恢复与发展。贾谊《过秦论》虽言"延及孝文王、庄襄王,享国日浅,国家无事",⑦然本纪对二君即位的有限记录,仍透露出较孝公执政时有所不同的信息:

孝文王元年(前250),赦罪人,修先王功臣,褒厚亲戚,弛苑囿。

庄襄王元年(前249),大赦罪人,修先王功臣,施德厚骨肉而布惠于民。⑧

两则史料彼此对照:"赦罪人"即"大赦罪人","褒厚亲戚"与"施德厚骨肉"相对,"弛苑囿"与"布惠于民"有关。可以看到,首末所言均偏重民,中间特别提到"先王功臣"和"骨肉""亲戚"两类群体,将此与孝公"于是布惠,振孤寡,招战

---

① 《史记》卷六八《商君列传》,第 2236 页。
② 《史记》卷五《秦本纪》,第 205 页;《史记》卷六八《商君列传》,第 2233 页。
③ 《史记》卷六八《商君列传》,第 2237 页。
④ 晁福林:《商鞅史事考》,第 129 页。
⑤ 《战国策》卷三,第 77 页。
⑥ 孙闻博:《秦汉军制演变史稿》第三章第一节,第 222 页。
⑦ 《史记》卷六《秦始皇本纪》,第 279 页。
⑧ 《史记》卷五《秦本纪》,第 219 页。又见《史记》卷六《秦始皇本纪》引《秦记》,第 290 页。孙楷辑入《秦会要》"修先代功臣"条,仅此二则。[清]孙楷著,杨善群校补:《秦会要》卷五,上海古籍出版社,2004 年,第 303 页。

士,明功赏"举措并观,反映惠文王、庄襄王对宗室大臣的重视与依靠。这是对商鞅"君—官—民"政治结构的重要调适。① 战国末期,郑国为韩入间,作渠疲秦,后被发觉,《史记》卷八七《李斯列传》称"秦宗室大臣皆言秦王","请一切逐客"。②

伴随着惠文王以降相关势力重振,"农战"政策遭遇新的状况。问题之一是权臣窃夺胜果。《韩非子·初见秦》初步指出:

> 是故秦战未尝不剋,攻未尝不取,所当未尝不破,开地数千里,此其大功也。然而兵甲顿,士民病,蓄积索,田疇荒,囷仓虚,四邻诸侯不服,霸王之名不成,此无异故,其谋臣皆不尽其忠也。③

"农战"政策推行后,秦兵强天下,军事优势明显,在与关东诸国作战中夺取了大片疆土。不过,这些胜利未能使国内民生改善,也未在对外关系上转化为强力的政治资本。个中缘由,在于"谋臣皆不尽其忠"。后文具体列举了四次"失霸王之道"。一为鄢郢之战后,有望一举灭楚,"是一举而霸王之名可成也,四邻诸侯可朝也。而谋臣不为,引军而退,复与荆人为和"。二为昭襄王时,秦击败诸侯

---

① 前人唯缪钺注意到其中"庄襄王元年"一则材料,解释为"此种儒家色彩之政治设施,盖出于不韦之意"。《〈吕氏春秋〉撰著考》(原刊《中国文化研究汇刊》第六卷,1946年),收入缪钺著,缪元朗编《读史存稿》(增订本),北京大学出版社,2017年,第49页。又,这里使用"调适"而非"倒退""反动"语,也考虑到商鞅创制从长远看虽符合发展趋势,但在当时也有矫枉过正及超前之处。唯变法欲收成效,实施者一般认为矫枉必须过正,并非没有自觉。

② 《史记》,第2541页。逐客令固然与吕不韦免相一事关系密切。参见黄永年《李斯上书谏逐客事考辨》,《文史存稿》,三秦出版社,2004年,第37—40页;辛德勇《秦汉直道研究与直道遗迹的历史价值》(原刊《中国历史地理论丛》2006年第1辑),修订稿收入所著《秦汉政区与边界地理研究》,中华书局,2009年,第294页;〔英〕崔瑞德、鲁惟一编,杨品泉等译《剑桥中国秦汉史:公元前221—公元220年》第1章(卜德撰),第59—60页。然而,上述表述仍可注意。

③ 〔清〕王先慎撰,钟哲点校:《韩非子集解》卷一,第4页。此篇的作者,容肇祖、刘汝霖、钱穆倾向蔡泽或蔡泽之徒,郭沫若倾向吕不韦,高亨、陈奇猷、蒋重跃仍倾向韩非本人。参见钱穆《李斯韩非考》,《先秦诸子系年》卷四,第495—496页;郭沫若《青铜时代》之《〈韩非子·初见秦篇〉发微》,《郭沫若全集·历史编》第一卷,第573—584页;高亨《韩非子〈初见秦〉篇作于韩非考》,罗根泽编著:《古史辨》第四册,上海古籍出版社,1982年(初印于1941年),第686—687页;蒋重跃《韩非子的政治思想》绪论,北京师范大学出版社,2000年,第20—25页。

联军,进围大梁,"而谋臣不为,引军而退,复与魏氏为和"。三为"穰侯之治秦也,用一国之兵,而欲以成两国之功"。① 最后,该篇还谈到长平之战及邯郸之围,"大王垂拱以须之,天下编随而服矣,霸王之名可成。而谋臣不为,引军而退,复与赵氏和","乃取欺于亡国,是谋臣之拙也"。② 面临重大决策之时,秦"臣"未以国家利益为重。

《韩非子·定法》所论更为直接:

> 公孙鞅之治秦也……故其国富而兵强。然而无术以知奸,则以其富强也资人臣而已矣。……诸用秦者,皆应、穰之类也。故战胜则大臣尊,益地则私封立,主无术以知奸也。商君虽十饰其法,人臣反用其资。故乘强秦之资,数十年而不至于帝王者,法不勤饰于官,主无术于上之患也。③

"农战"政策已使秦国富兵强。不过,这些成果没有被用于推进国家实际发展,而更多地被张仪、甘茂、穰侯、应侯等"人臣"窃取,成为经营私利的资本。"富强也资人臣而已矣","战胜则大臣尊,益地则私封立",帝业由此被一再推迟。解决之道,韩非认为在重"法"之外,还应重"术""以知奸",用"术"控御大臣。从孝公、惠文王至孝文王、庄襄王,秦对宗室大臣,经历了普遍压制、逐步纳入"君—民"秩序,到恢复倚重、承认其地位作用,再至考虑以"术"加强控驭的过程。"君—官"层面的调适及波动,在秦王政、始皇帝与二世不同阶段还将继续发生与发展。

《韩非子·定法》复云:

---

① [清]王先慎撰,钟哲点校:《韩非子集解》卷一,第5、7页。梁启雄引旧注"穰侯营私邑谋秦,故云'两国'"。《韩子浅解》,中华书局,1960年,第6页。按马王堆帛书《战国纵横家书》"秦客卿造谓穰侯"章"攻齐之事成,陶为万乘,长小国,卫(率)以朝,天下必听,五伯之事也"(二〇二),马王堆汉墓帛书整理小组编:《马王堆汉墓帛书〔叁〕》,文物出版社,1983年,第63页。《长沙马王堆汉墓简帛集成》释文注释(中华书局,2014年,第3册,第243页)沿袭原著。《战国策·秦三》"以朝"下有"天子"二字。《战国策》卷三,第171页。《史记》卷七二《穰侯列传》载范雎语,也提到"穰侯擅权于诸侯",第2329页。

② [清]王先慎撰,钟哲点校:《韩非子集解》卷一,第9—10页。

③ [清]王先慎撰,钟哲点校:《韩非子集解》卷一七,第398—399页。卢文弨曰:"'不',或改'虽'。"顾广圻曰:"'不'当作'虽'。"

商君之法曰:"斩一首者爵一级,欲为官者为五十石之官;斩二首者爵二级,欲为官者为百石之官。"官爵之迁与斩首之功相称也。……今治官者,智能也;今斩首者,勇力之所加也。以勇力之所加而治智能之官,是以斩首之功为医匠也。①

此"商君之法"不见于今本《商君书》。《商君书·境内》作"能得(爵)〔甲〕首一者,赏爵一级,益田一顷,益宅九亩,一除庶子一人,乃得人兵官之吏"。②《定法》详于为官秩级,《境内》综述诸种权益,而兼及为吏。"乃得人兵官之吏"句,高亨引朱师辙说"得人当作得入",并认为"兵指军队。官指行政衙门"。③仝卫敏认为"意即拜爵后才可以在军队中担任官吏"。④按"兵官"见于银雀山汉简《守法守令十三篇·库法》"邑啬夫与兵官之吏啬夫、库上币、库吏□□□善时为之"(八四四、八四五),⑤整理小组注:"邑啬夫当指县或乡的主管者……吏啬夫之称见《管子·君臣上》,但此处之'吏啬夫'也可能应读为'吏、啬夫',即吏与啬夫之意。"⑥从岳麓书院藏秦简、张家山汉简律文表述看,"吏啬夫"或当作"吏、啬夫",而与库工师、库吏并列。"兵官"不宜断读,指军事组织机构。《汉书》卷七四《魏相传》"今(霍)光死,子复为大将军,兄子秉枢机,昆弟诸婿据权势,在兵官",⑦《续汉书·礼仪志下》"大丧"条"群臣百官罢,入成丧服如礼。兵官戎。三公、太常如礼",⑧《晋书》卷二四《职官志》"武帝甚重兵官,故军校多选朝廷清望之士居之",⑨材料时代稍晚,也均以"兵官"为一词,指军事组织机构及军官军吏。此外,"兵吏"是秦及汉初诏书中的常用语汇。秦初并天下,秦王政令丞相、御史议帝号,称"……魏王始约服入秦,已而与韩、赵谋袭秦,秦兵吏诛,遂破之

---

① [清]王先慎撰,钟哲点校:《韩非子集解》卷一七,第399—400页。
② 高亨:《商君书注译》,第152页。
③ 高亨:《商君书注译》,第152页。
④ 仝卫敏:《出土文献与〈商君书〉综合研究》上编第四章、下编第一章,第192、248页。
⑤ 银雀山汉墓竹简整理小组编:《银雀山汉墓竹简〔壹〕》,释文注释134页。
⑥ 银雀山汉墓竹简整理小组编:《银雀山汉墓竹简〔壹〕》,释文注释135页。
⑦ 《汉书》,第3135页。
⑧ 《后汉书》,中华书局,1965年,第3143页。
⑨ 《晋书》,中华书局,1974年,第741页。《晋书》卷四〇《杨骏传》又云"帝重兵官,多授贵戚清望,济以武艺号为称职",第1181页。

……燕王昏乱,其太子丹乃阴令荆轲为贼,兵吏诛,灭其国。齐王用后胜计,绝秦使,欲为乱,兵吏诛,虏其王,平齐地"。① 文帝后二年(前162)诏,称匈奴"驱保塞蛮夷,令不得居其故,陵轹边吏",而"边臣兵吏又不能谕吾内志,以重吾不德也"。② "兵吏"为"兵官之吏"之省。由此而言,商鞅变法以军功入官为吏,最初主要对应军事系统职官。不过,《商君书》涉及者还多简作"官爵",《韩非子·定法》本详于军功入仕一项,也未作区分界定,推想军功入仕虽以"军职"为基础,但很快扩展至日常行政职官系统。就《定法》全篇主旨而言,上引本例举以证商鞅、申不害"二子之于法术皆未尽善也",然从一侧面揭示出,军功任官对"官—民"层面、日常行政系统存在一定的不利影响。③

自惠文王以后,特别至昭襄王统治时期,列国战争规模扩大,战事频率增加,持续时间延长,对兵员需求也愈来愈多。战国后期,随着秦领土扩张,关中秦民不断以"赦罪人迁之""募徙""赐爵"等方式,向"新地"迁移,④影响秦国故地农业生产,进而冲击农、战平衡关系。《商君书·徕民》云"夫秦之所患者,兴兵而伐,则国家贫;安居而农,则敌得休息。此王所不能两成也"。⑤ 原有"农战"政策由此面临"君—民"层面的考验。如何调动民众而不影响农、战关系,是统治者需加考虑的问题。"徕民"之策,由是而出:

> 今秦之地……又不尽为用,此人不称土也。秦之所与邻者三晋也……彼土狭而民众……今利其田宅,而复之三世,此必与其所欲,而不使行其所恶也。然则山东之民无不西者矣。……今以故秦事敌,而使

---

① 《史记》卷六《秦始皇本纪》,第235—236页。
② 《史记》卷一〇《孝文本纪》,第425、431页。
③ 军功入仕的局限性分析,又参见〔日〕守屋美都雄《中国古代的家族与国家》国家篇第一章,第44页;黄留珠《秦汉仕进制度》第三章,西北大学出版社,1985年,第26—27页。
④ 杜正胜:《编户齐民:传统政治社会结构之形成》第八章,第352—353页;于振波:《秦律令中的"新黔首"与"新地吏"》,《中国史研究》2009年第3期;孙闻博:《秦汉帝国"新地"与徙、戍的推行——兼论秦汉时期的内外观念与内外政策》(原刊《古代文明》2015年第2期),修订稿收入所著《秦汉军制演变史稿》第二章第三节,第174—177页;王子今:《秦兼并战争中的"出其人"政策——上古移民史的特例》(原刊《文史哲》2015年第4期),修订稿收入所著《秦汉交通史新识》,中国社会科学出版社,2015年,第16—26页。
⑤ 高亨:《商君书注译》,第121页。《吕氏春秋·士容论·上农》:"夺之以兵事,是谓厉,祸因胥岁,不举铚艾。"许维遹撰,梁运华整理:《吕氏春秋集释》卷二六,第686页。

新民作本……令故秦〔民事〕兵,新民给刍食。①

此出《商君书·徕民》。唐人杜佑云:"鞅以三晋地狭人贫,秦地广人寡,故草不尽垦,地利不尽出。于是诱三晋之民,利其田宅,复三代无知兵事,而务本于内,而使秦人应敌于外。……数年之间,国富兵强,天下无敌。"②认为"徕民"施行于商鞅时期。这一判断曾经对后世影响很大,然而近代以来已被质疑。学界对成篇时代综合考订后,意见较为一致,倾向于昭襄王晚期。③

"徕民"策提出的具体背景,有几点值得注意。惠文王至昭襄王中期,秦在东进兼并战争中,曾实行"取其地而出其人"政策。④一般推测,这"与被占领地区人民反抗情绪特别强烈有关"⑤,"体现新占领区居民与秦人极端敌对的情绪"。⑥《徕民》有云:"若此而不服,秦能取其地,而不能夺其民也。"⑦至昭襄王晚期,穰侯魏冉、应侯范雎先后主政,是时战争规模不断扩大,秦对外作战大量杀伤敌人,"毋独攻其地,而攻其人也"⑧。《徕民》提到"周军之胜。华军之胜、秦斩首而东之。……而吏犹以为大功,为其损敌也。"⑨不过,胜利的代价过于高昂。这也导致秦民伤亡与农业荒废:"秦所亡民者几何? 民客之兵,不得事本者几何?"欲实现"能夺其民",又冀望"民无一日之繇,官无数钱之费,其弱晋强秦,

---

① 高亨:《商君书注译》,第117、120—121页。

② 〔唐〕杜佑撰,王文锦等点校:《通典》卷一《食货一》,中华书局,1988年,第6页。

③ 钱穆:《商鞅考》,《先秦诸子系年》卷三,第240页;郭沫若:《十批判书》之《前期法家的批判》,《郭沫若全集·历史编》第二卷,第325页;郑良树:《商鞅及其学派》前编第三章,第147、149页;仝卫敏:《〈商君书·徕民篇〉成书新探》(原刊《史学史研究》2008年第3期),收入所著《出土文献与〈商君书〉综合研究》上篇第三章,第168—178页。

④ 于振波:《秦律令中的"新黔首"与"新地吏"》,第69—70页;王子今:《秦兼并战争中的"出其人"政策——上古移民史的特例》,《秦汉交通史新识》,第16—20页。

⑤ 于振波:《秦律令中的"新黔首"与"新地吏"》,第70页。

⑥ 王子今:《秦兼并战争中的"出其人"政策——上古移民史的特例》,《秦汉交通史新识》,第16页。

⑦ 高亨:《商君书注译》,第118页。

⑧ 《战国策·秦三》,《战国策》卷三,第200页。此为秦攻韩国陉地时,范雎针对前任而提出的主张,然魏冉时或已实行。相关辨析参见孙闻博《范雎"远交近攻"与秦对外战略的北移》,《西北大学学报》(哲学社会科学版)2020年第1期。

⑨ 高亨:《商君书注译》,第122页。

有过三战之胜","徕民"之策恐怕就是在这样的历史背景下出现的。

"徕民"实际推行的情形,前引杜佑《通典》及《新唐书》卷二一五上《突厥传上》"又以秦地旷而人寡,晋地狭而人夥,诱三晋之人耕而优其田宅,复及子孙,使秦人应敌于外,非农与战不得入官",①皆以为确切无疑。② 不过,也有学者认为,限于各种客观条件,此策最终并未付诸实践。③ 鉴于《商君书》以外的直接材料有限,这里更关注措施实施的可行性问题。"自春秋末起,各国社会已成为非常流动的社会","各国的人民正在大流动之中,因而可随各国政治的善否,可来可去"。④《徕民》在"今使复之三世,而无知军事"前,有"今王发明惠,诸侯之士来归义者"⑤语。东方民众西向投秦,是当时存在的现象。⑥ 而三晋在官制、法制上与秦更为接近,加之地狭人众,应有相当数量人口流入关中。

秦王政初年,吕不韦被尊为相邦,"亦招致士,厚遇之,至食客三千人"。⑦ 待吕不韦因受嫪毐谋反事牵连,"饮鸩而死",本纪记"十二年,文信侯不韦死,窃葬。其舍人临者,晋人也逐出之;秦人六百石以上夺爵,迁;五百石以下不临,迁,勿夺爵。"⑧舍人群体在秦人外,包括各国人士。⑨《史记》卷一三〇《太史公自

---

① 《新唐书》,中华书局,1975 年,第 6025 页。

② 最新探讨参见〔韩〕琴载元《战国时期秦领土扩张及置郡背景》,《首都师范大学学报》(社会科学版)2016 年第 4 期。

③ 欧阳凤莲:《〈商君书·徕民〉篇的移民思想及其实践》,《史学月刊》2008 年第 6 期。

④ 徐复观:《两汉思想史(一)》,第 108—109 页。

⑤ 高亨:《商君书注译》,第 120 页。

⑥ 岳麓书院藏秦简《为狱》所录十七则案例中,有两则还提到楚地民众"归义"秦国。《尸等捕盗疑购案》"●治等曰:秦人,邦亡荆;阆等曰:荆邦人,皆居京州。相与亡,来入秦地,欲归羛(义)。行到州陵界中,未诣吏,悔。谋言:治等巳(已)有辠(罪)秦,秦不□归羛(义)"(1468/033、1472/034、0922 + 残 142/035),《同、显盗杀人案》"●同曰:归义。就〔就一僦〕日未尽,为人庸(佣),除芰。●潜(潜)讯同归义状及邑里居处状,改(改)曰:隶臣,非归义"(1824 + 残 340/143)。整理者注:"羛,《说文·我部》'义'字异体。归义,归附正义,即归附秦国之谓。"朱汉民、陈松长主编:《岳麓书院藏秦简(叁)》,上海辞书出版社,2013 年,第 113—114、179、117 页。

⑦ 《史记》卷八五《吕不韦列传》,第 2510 页。

⑧ 《史记》卷六《秦始皇本纪》,第 231 页。

⑨ 辛德勇:《秦汉直道研究与直道遗迹的历史价值》,《秦汉政区与边界地理研究》,第 292 页。

序》云"结子楚亲,使诸侯之士斐然争入事秦。作《吕不韦列传》第二十五。"①当时已为客卿的李斯,此前也曾为吕不韦舍人。有鉴于此,这里却以"秦人""晋人"为别,反映出三晋民众入秦依托私门的状况,较他国突出。思考"徕民"政策施行的可能性,也可从中获得启示。王子今结合《徕民》篇内容指出:"'徕民'政策是在秦统一战争中提出并得到实施",而"'出其人'、'归其人'史例后来不再出现,或许体现了'徕民'政策的逐步成功。"②

六 吕不韦、《吕氏春秋》与"农战"政策波动

秦惠文王以来"君—官"层面的波动,至秦王政初年发展至新阶段。吕不韦执政期间,是商鞅"农战"政策面临最大调整的时期。前引《韩非子·初见秦》《定法》已言惠文王时张仪、武王时甘茂、昭襄王时魏冉、范雎等权臣势力增长,并在国家对外扩展中谋取私利。由于论议者所处历史时段的原因,没有涉及此后事件。《史记》卷六《秦始皇本纪》记:

> 年十三岁,庄襄王死,政代立为秦王。……吕不韦为相,封十万户,号曰文信侯。招致宾客游士,欲以并天下。李斯为舍人。蒙骜、王齮、麃公等为将军。王年少,初即位,委国事大臣。③

我们此前指出:庄襄王三年五月丙午卒,秦王政即位。吕不韦继续执政,权势日增。本纪不言秦王欲并天下,而言"吕不韦为相……招致宾客游士,欲以并天下"。"李斯为舍人",乃为吕不韦舍人。依秦任举将帅传统,"为将军"之"蒙骜、王齮、麃公等",也当主要由吕不韦所拔选。庄襄王时,蒙骜、王齮等已负责对外领兵作战,反映在吕不韦连续主政下,秦王政初年相、将权力构成保持了延续性。文末所谓"委国事"之"大臣",正指吕不韦。④ 马王堆帛书《战国纵横家书》秦客

---

① 《史记》,第3315页。
② 王子今:《秦兼并战争中的"出其人"政策——上古移民史的特例》,《秦汉交通史新识》,第25页。
③ 《史记》,第223页。
④ 参见孙闻博《东郡之置与秦灭六国——以权力结构与郡制推行为中心》,《史学月刊》2017年第9期。

卿造谓穰侯"秦封君以陶,假君天下数年矣",①《战国策·秦三》作"藉君天下数年矣"。②《战国策·秦五》载甘罗与张唐对话"应侯之用秦也,孰与文信侯专?""应侯不如文信侯专"。③ 而吕不韦不仅"封十万户",④还谋求"攻赵以广河间"。《战国策·秦五》记吕不韦"使刚成君蔡泽事燕三年,而燕太子质于秦。文信侯因请张唐相燕,欲与燕共伐赵,以广河间之地"。在甘罗的斡旋之下,"赵王立割五城以广河间,归燕太子"。⑤ 此外,秦兵器题铭还出现:

  三年相邦吕不韦造。上郡段(假)守定,高工龠丞甲(申)工□(正面)徒淫(背面)⑥

  七年相邦不韦造,参川左工丞嬋、工□⑦

  九年相邦吕不韦造,蜀守宣,东工守文,丞武,工极。成都(正面)蜀东工(背面)⑧

秦郡兵器,向来实行郡守监造之制,题"○年○郡守○造"。唯吕不韦以相邦执政时,地方诸郡兵器题吕不韦监造。稍后崛起的嫪毐更被"封为长信侯。予之山阳地,令毐居之。宫室车马衣服苑囿驰猎恣毐。事无小大皆决于毐。又以河西太原郡更为毐国"。⑨ 故"富强也资人臣而已矣","战胜则大臣尊,益地则私封

---

① 马王堆汉墓帛书整理小组编:《马王堆汉墓帛书〔叁〕》,第 63 页。
② 《战国策》卷五,第 171 页。
③ 《战国策》卷七,第 283 页。又见《史记》卷七一《樗里子甘茂列传》,第 2319 页。
④ 《史记》卷八五《吕不韦列传》作"庄襄王元年,以吕不韦为丞相,封为文信侯,食河南雒阳十万户","秦封君河南,食十万户",第 2509、2513 页。《战国策·秦五》"濮阳人吕不韦贾于邯郸"章作"子楚立,以不韦为相,号曰文信侯,食蓝田十二县",《战国策》卷七,第 281 页。相关辨析参见王子今《论吕不韦及其封君河南事》(原刊《洛阳工学院学报》2002 年第 1 期),修订稿收入所著《战国秦汉交通格局与区域行政》,中国社会科学出版社,2015 年,第 16—17 页。
⑤ 《战国策》卷七,第 282—285 页。此又见《史记》卷七一《樗里子甘茂列传》,第 2319—2320 页。"文信侯使刚成君"作"秦始皇帝使刚成君","文信侯因请张唐相燕"作"秦使张唐往相燕"。
⑥ 王辉、王伟编著:《秦出土文献编年订补》,三秦出版社,2014 年,第 116 页。
⑦ 山东农夫山房孙永行藏。资料及释读得到熊长云、董珊帮助,特此致谢。
⑧ 释文参据黄家祥《四川青川县出土九年吕不韦戈考》,《人民日报》1988 年 10 月 8 日;《文物》1992 年第 11 期,第 93—95 页。
⑨ 《史记》卷六《秦始皇本纪》,第 227 页。

立",在秦王政初年依然发展,并呈加剧之势。

商鞅"农战"政策着力塑造"农战之士",对"商贾之士"排斥压制。《吕氏春秋·士容论·上农》实际秉承这种精神:"古先圣王之所以导其民者,先务于农。民农非徒为地利也,贵其志也。民农则朴,朴则易用,易用则边境安,主位尊。民农则重,重则少私义,少私义则公法立,力专一。民农则其产复,其产复则重徙,重徙则死其处而无二虑。民舍本而事末则不令,不令则不可以守,不可以战。民舍本而事末则其产约,其产约则轻迁徙,轻迁徙则国家有患皆有远志,无有居心。民舍本而事末则好智,好智则多诈,多诈则巧法令,以是为非,以非为是。"①此强调"导其民者,先务于农";甚至连倡导初衷"民农则朴,朴则易用,易用则边境安,主位尊。民农则重,重则少私义,少私义则公法立,力专一。民农则其产复,其产复则重徙,重徙则死其处而无二虑",也与《商君书》颇为近似;末尾并用"民舍本而事末"排比再三,以揭旨味。前论商鞅及其学派反对弃农从商,《上农》"野禁有五:……农不敢行贾"②同样涉及。至于《上农》所谓"凡民自七尺以上属诸三官:农攻粟,工攻器,贾攻货。时事不共,是谓大凶",③似乎不应如有些学者理解为"也鼓励工商",并将之作为秦国此前未曾采取、而属吕不韦与秦王政格格不入的政策之一。④ 前引《商君书·弱民》有"农、商、官三者,国之常食官也。农辟地。商〔致〕物。官法民",对商贾的实际社会贡献,已有承认。循此脉络,《上农》所言并非新见。不过,这里仍要看到,吕不韦本人正是"往来贩贱卖贵,家累千金"的富商大贾,而且"是中国历史上以个人财富影响政治进程的第一人","以富商身份参政,并取得非凡成功,就仕进程序来说,也独辟蹊径"。⑤上农除末的"农战"推行者,不仅以末求富,而且由商问政。产生的示范作用,十分特别,不应忽视。

《史记》卷一二九《货殖列传》提到:"乌氏倮畜牧……秦始皇帝令倮比封君,

---

① 许维遹撰,梁运华整理:《吕氏春秋集释》卷二六,第682—684页。
② 许维遹撰,梁运华整理:《吕氏春秋集释》卷二六,第685页。
③ 许维遹撰,梁运华整理:《吕氏春秋集释》卷二六,第686页。
④ 张双棣等:《吕氏春秋译注》(修订本)前言,北京大学出版社,2011年2版,第2页;洪家义:《吕不韦评传》第五章,南京大学出版社,1995年,第254页,等等。
⑤ 王子今:《论吕不韦及其封君河南事》,《战国秦汉交通格局与区域行政》,第11页。

以时与列臣朝请。而巴寡妇清……秦皇帝以为贞妇而客之,为筑女怀清台。"①按嬴政即位至秦并六国的二十六年,一般称秦王政;统一之后议帝号,称皇帝(后人称始皇帝、秦始皇帝,甚至称秦始皇、始皇)。不过,《史记》数处应作"秦王政"者,书作了"秦始皇帝"。《史记》卷五《秦本纪》"五月丙午,庄襄王卒,子政立,是为秦始皇帝",乃用后来名号代指。《史记》卷二七《天官书》"秦始皇之时,十五年彗星四见,久者八十日,长或竟天",②属追记,而以后来名号泛称之。《史记》卷七九《范雎蔡泽列传》"卒事始皇帝,为秦使于燕",③与《战国策·秦三》"蔡泽见逐于赵"章,④史源相近,情形同前。《战国策·秦五》"文信侯欲攻赵以广河间,使刚成君蔡泽事燕三年,而燕太子质于秦。文信侯因请张唐相燕",⑤《史记》卷七一《樗里子甘茂列传》记作"秦始皇帝使刚成君蔡泽于燕,三年而燕王喜使太子丹入质于秦。秦使张唐往相燕"。⑥严格意义上,这些均当书作"秦王政"。《史记》卷七八《春申君列传》记楚考烈王去世,李园发动棘门之变,杀死春申君,拥立楚幽王,"是岁也,秦始皇帝立九年矣",⑦及《白起王翦列传》《蒙恬列传》所记,均当作"秦王政"。由此言之,乌氏倮、巴寡妇清以富商大贾身份得嬴政礼遇事,也可能发生在秦王政时期。《史记会注考证》引中井积德曰:"虽称始皇帝,而是事盖在未并吞之时,故军兴有资于其力也,非徒嘉其富厚。"⑧《吕氏春秋译注》认为"这些事都发生在吕不韦执政时期","无疑是吕不韦鼓励工商的经济政策带来的结果"。⑨"军兴有资于其力"的提法,启人思考。倘若上述推断可取,二人可能直接提供"马牛""丹"等军用物资,或以富厚财力,使"军兴有资于其力"。这类富商与国家发生密切联系,在帝国建立前已然出现,是否与吕不

---

① 《史记》,第 3260 页。
② 《史记》,第 1348 页。
③ 《史记》,第 2425 页。
④ 《战国策》卷五,第 220 页。
⑤ 《战国策》卷七,第 282 页。
⑥ 《史记》,第 2319 页。
⑦ 《史记》,第 2398 页。
⑧ 〔日〕泷川资言考证,杨海峥整理:《史记会注考证》卷一二九,上海古籍出版社,2015年,第 4272 页。
⑨ 张双棣等:《吕氏春秋译注》(修订本)前言,第 2 页。

韦执政存在联系，也值得考虑。

"游宦者""游宦之民""游宦之士"，是与农战之士、农战之民对称的群体。《韩非子·和氏》"官行法则浮萌趋于耕农，而游士危于战阵"，①又将"浮萌""游士"与农战者对言。投寄私门而求官避役，秦国向不鼓励。而吕不韦却在秦地聚集了罕有的舍人群体。他因战国四公子"皆下士喜宾客以相倾"，"以秦之强，羞不如，亦招致士，厚遇之，至食客三千人"。② 除了欣羡仿效、着意攀比之外，本纪"招致宾客游士，欲以并天下"，表明这一行为浓厚的政治意味。吕不韦由此构建了"一个实力可观的人才群体"，"凝聚在一起，至少保持着比较密切的关系"，而吕不韦去世时"'窃葬'事的发生，暴露了这一集团的存在"。③ "一字千金"之典，后人习引高诱《吕氏春秋序》"暴之咸阳市门，悬千金其上，有能增损一字者与千金"。④ 然而，"有能增损一字者"句，《史记》卷八五《吕不韦列传》实作"延诸侯游士宾客有能增损一字者予千金"，⑤显示出对所聚人才的自信自得。除了顾问谋议之外，他们具有相当的政治影响："王欲诛相国……及宾客辩士为游说者众，王不忍致法"，⑥"岁余，诸侯宾客使者相望于道，请文信侯。秦王恐其为变"。⑦ 招聚"游宦者""游宦之民""游宦之士"并开展政治活动，与商鞅"农战"政策的理念，同样背离。

吕不韦执政时期，秦在政治、军事、经济诸方面对东方六国形成强大战略优势。帝业前景较为光明，政策探索提上日程。吕不韦汇集宾客撰写《吕氏春秋》一书，就有这样的政治考虑。"农战"政策崇尚法术之士，排斥《诗》《书》辩慧者"等儒士群体。《韩非子·和氏》并有"商君教孝公……燔诗书而明法令"⑧

---

① ［清］王先慎撰，钟哲点校：《韩非子集解》卷四，第96页。
② 《史记》卷八五《吕不韦列传》，第2510页。
③ 王子今：《论吕不韦及其封君河南事》，《战国秦汉交通格局与区域行政》，第18页。
④ 许维遹撰，梁运华整理：《吕氏春秋集释》，第3页。缪钺"窃疑悬诸市门一字不易之事，不但非悬全篇，乃仅悬各篇要旨"。《〈吕氏春秋〉撰著考》，《读史存稿》（增订本），第45页。
⑤ 《史记》，第2510页。
⑥ 《史记》卷八五《吕不韦列传》，第2512页。
⑦ 《史记》卷八五《吕不韦列传》，第2513页。
⑧ ［清］王先慎撰，钟哲点校：《韩非子集解》卷四，第97页。

语。不韦本传"乃使其客人人著所闻",①高诱概括为"不韦乃集儒书,使著其所闻"。②"儒书"一语,或有讹误。《意林》注"吕不韦,始皇时相国,乃集儒士为……",③《北堂书钞》引《吕氏春秋序》作"吕不韦为相国,乃集儒士为……",④《太平御览》引《吕氏春秋》作"吕不韦为秦相国,集诸儒,使著其所闻",⑤《礼记·月令》孔颖达疏"按吕不韦集诸儒士,著为十二月纪"。⑥ 这些记述较为一致,参与群体以儒士为多。

就具体篇章内容而言,徐复观称《吕氏春秋》"里面的政治思想,乃是以儒家为主,并可谓摄取了儒家政治思想的精华。而在泛采诸子百家之说中,独没有采用法家思想","在吕不韦的三千门客中,实际是以儒、道、阴阳三家为主干,并且是由儒家总其成的一部著作",⑦"《吕氏春秋》全书,系统合儒、道、墨、阴阳四家思想而成;因含有反对秦国当时所行法家之治的深刻意味,故一字不提法家","全书援引各家学说,广博丰富,独无一言援引当时盛行的法家之言,其用心可以概见"。⑧ 其中,"独没有采用法家思想","故一字不提法家","独无一言援引当时盛行的法家之言",所言略显绝对。《汉书》卷三〇《艺文志》明确提到"杂家者流,盖出于议官。兼儒、墨,合名、法,知国体之有此,见王治之无不贯",⑨《吕氏春秋·慎大览·察今》《先识览·正名》及《审分览》八篇均吸收了法家"法""术""势"三派中的一些学说。只不过,如《艺文志》置"兼儒、墨"于"合名、法"之上,《吕览》全书强调德治为主、赏罚为辅的政治方针。因是之故,清人陈澧言

---

① 《史记》卷八五《吕不韦列传》,第 2510 页。
② 《吕氏春秋序》。许维遹撰,梁运华整理:《吕氏春秋集释》,第 2 页。
③ 王天海、王韧:《意林校释》卷二,中华书局,2014 年,第 247 页。
④ 《北堂书钞》卷九九,学苑出版社影印光绪十四年南海孔氏三十有三万卷堂影宋刊本,1998 年,第 378 页上栏。
⑤ 《太平御览》卷六〇二《文部一八》"著书下"条,中华书局据商务印书馆影宋本缩印,1960 年,第 2709 页上栏。
⑥ 《礼记正义》卷一四。[清]阮元校刻:《十三经注疏》,中华书局影印清嘉庆二十至二十一年江西南昌府学本,2009 年,第 2927 页上栏。
⑦ 徐复观:《两汉思想史(一)》,第 117—118 页。
⑧ 徐复观:《两汉思想史(二)》,第 2 页、第 49—50 页。
⑨ 《汉书》,第 1742 页。

诸子之书中,"《吕氏春秋》多采古儒家之说,故可取者最多"。① 郭沫若说"《吕氏》书中的关于政治理论的系统大体是因袭儒家"。② 缪钺指出"吕不韦宾客兼备诸家,而儒、墨、道三家之徒尤盛,故吕书中采三家学说及记诸先师言行者最多"。③ 杨宽提到"《吕氏春秋》从巩固统治出发,在政治上偏重采用儒家学说"。④ 张双棣等归纳为《吕氏春秋》的政治思想是以儒家思想为主导,以被改造了的道家思想为基础,兼采各家对它有用的成分融合而形成的吕氏独特的政治思想"。⑤ 此外,佐藤将之、李锐认为"《吕氏春秋》在综合了老子、庄子等的德,和儒墨的义之后,提出以理义来治国"。⑥

王充云:"《吕氏》《淮南》,悬于市门,观读之者,无訾一言。……《淮南》《吕氏》之(文)〔不〕无累害,所由出者,家富官贵也。……观读之者,惶恐畏忌,虽见乖不合,焉敢谴一字?"⑦前引"一字千金"事例,东汉高诱又言"时人无能增损者。诱以为时人非不能也,盖惮相国畏其势耳",⑧"无敢增损一字者,明畏不韦之势耳"。⑨ 循此线索,宋人高似孙谓"不韦何为若此者也。不亦异乎?……此所以讥始皇也",明人方孝孺分析所著诸篇,以为"切中始皇之病"。⑩ 钱穆提到,"方孝孺亦称其书诋訾时君为俗主,至数秦先王之过无所惮。……余疑此乃吕家宾

---

① 〔清〕陈澧著,钟旭元、魏达纯校点:《东塾读书记》卷一二《诸子书》,上海古籍出版社,2012年,第252页。
② 郭沫若:《十批判书》之《吕不韦和秦王政的批判》,《郭沫若全集·历史编》第二卷,第417页。
③ 缪钺:《〈吕氏春秋〉撰著考》,《读史存稿》(增订本),第59页。
④ 杨宽:《战国史》第九章,第447页。相关又参见杨宽《吕不韦和〈吕氏春秋〉新评》(原刊《复旦学报》1979年第5期),收入所著《古史探微》卷九,上海人民出版社,2016年,第836—843页。
⑤ 张双棣等:《吕氏春秋译注》(修订本)前言,第17页。
⑥ 〔日〕佐藤将之:《荀子礼治思想的渊源与战国诸子之研究》,台大出版中心,2013年;李锐:《诸子百家的治术争鸣》,《国学学刊》2018年第1期,第60页。
⑦ 《论衡·自纪》。黄晖:《论衡校释》卷三〇,中华书局,1990年,第1199—1200页。
⑧ 《吕氏春秋序》。许维遹撰,梁运华整理:《吕氏春秋集释》,第3页。
⑨ 《吕氏春秋·季夏纪·制乐》。许维遹撰,梁运华整理:《吕氏春秋集释》卷六,第144页。
⑩ 参见萧公权《中国政治思想史》第十章,第309—310页引。

客借此书以收揽众誉,买天下之人心。俨以一家春秋,托新王之法,而归诸吕氏。……当时秦廷与不韦之间,必有猜防冲突之情,而为史籍所未详者",①郭沫若也说"读《吕氏春秋》,你可以发觉它的每一篇每一节差不多都是和秦国的政治传统相反对,尤其和秦始皇后来的政见和作风作正面的冲突"。② 张双棣等学者认为"《吕氏春秋》提出了以德治为主以赏罚为辅的方针。这是对当时在秦国根深蒂固的法家思想的针锋相对的挑战"。③ 缪钺更径言"不韦思想,兼崇儒道,对于秦国政治,诸多不满。……吕不韦在政治上有一种抱负,欲兼采儒道之长,改革秦国专尚刑法之弊。……吕书中颇有讴歌禅让之言……惟吕书论及治国之理、君人之道,态度如此鲜明,必深触始皇之忌"。④ 秦国儒士抑或法术之士先后活跃背后,乃是吕不韦与秦王政政治斗争的呈现与反映。

吕不韦主政为统一奠定基础,同时也呈现出新问题:大臣势力膨胀突出,"君—官"关系失衡;富商身份参政;招聚游士,壮大私门;提倡儒学,反对法术。秦王政亲政,粉碎嫪毐政变,褫夺不韦相权,大力巩固君权,"农战"政策波动后复摇摆向前。

七 "事皆决于法""外攘四夷":
始皇帝前后期政治的两次转向

秦王政二十六年(前221),秦并六国,完成了统一帝业,嬴政立号为皇帝。"农战"政策由商鞅肇创,不断发展向前,至此完成了政治目标。帝国建立后,"农战"政策开始在一统政治体下寻求转向。始皇帝、秦二世的举措变动,影响着帝国兴衰的历史走向。旧有探讨往往将帝国建立后始皇帝至二世的政治理念

---

① 钱穆:《吕不韦著书考》,《先秦诸子系年》卷四,第504—505页。相关又参见萧公权《中国政治思想史》第十章,第310页。
② 郭沫若:《十批判书》之《吕不韦和秦王政的批判》,《郭沫若全集·历史编》第二卷,第404页。
③ 张双棣等:《吕氏春秋译注》(修订本)前言,第14页。
④ 缪钺:《〈吕氏春秋〉撰著考》,《读史存稿》(增订本),第48—50页。

综而论之,①略显宽泛。下面注意依历史发展进程,划分为更细致的阶段。

劳榦提到"秦始皇仍然多少受到吕不韦的影响。吕不韦希图兼容并包,秦始皇初期的政策似乎也多少有些兼容并包的企图"。② 此就秦统一后所行制度有东方六国因素而论。萧公权还具体指出"然吕氏书中有一端非为秦发,而旋为始皇所采用者,则五德终始之说是也"。③ 萧氏意在表达,邹衍说为吕氏所袭,秦水德而王的政权理论根据"即本之吕氏"。按《吕氏春秋》以十二纪居首,内容最为重要。"十二纪的首篇,和《礼记·月令篇》相同,它是战国后期阴阳五行家为即将出现的统一王朝制定的行政月历。"④该书对秦统一后采用阴阳五行学说可能产生了一定影响。⑤ 此外,秦王政令丞相、御史议帝号,众大臣称"今陛下兴义兵,诛残贼",之罘刻石作"义诛信行,威燀旁达,莫不宾服",会稽刻石作"义威诛之,殄熄暴悖,乱贼灭亡"。⑥ "虎狼"之秦在宣述发动兼并战争因由时,特别使用了"义""义兵"语。相应的,之罘刻石称"六国回辟,贪戾无厌,虐杀不已",会稽刻石更称"六王专倍,贪戾慠猛,率众自强。暴虐恣行,负力而骄,数动甲兵。阴通间使,以事合从,行为辟方。内饰诈谋,外来侵边,遂起祸殃"。⑦ 六国完全被划入非正义一边。柯马丁提到"在铭文文本理想化的历史叙述中,武力征服自始至终都表现为惩罚性的,而非攻击性的远征:铭文的字里行间回荡着,不是

---

① 〔日〕淺野裕一:《黃老道の成立展開》第二部第十一章,創文社,1992年,第306—322页。

② 劳榦:《秦的统一与其覆亡》(原刊《历史语言研究所集刊》第48本第2分,1977年),收入所著《古代中国的历史与文化》,中华书局,2006年,第102页。

③ 萧公权:《中国政治思想史》第十章,第315页。

④ 杨宽:《战国史》第九章,第446—447页。又参见郭沫若《十批判书》之《吕不韦和秦王政的批判》,《郭沫若全集·历史编》第二卷,第406—410页。

⑤ 传统理解如"自齐威、宣之时,驺子之徒论著终始五德之运。及秦帝而齐人奏之,故始皇采用之"。《史记》卷二八《封禅书》,第1368页;《汉书》卷二五上《郊祀志上》,第1203页。

⑥ 《史记》卷六《秦始皇本纪》,第236、249、261页。秦刻石体例、形制、拓本流传参见容庚《秦始皇刻石考》,《燕京学报》第十七期,1935年,第125—171页;陈梦家《秦刻石杂考》,收入《陈梦家学术论文集》,中华书局,2016年,第633—650页;吴福助《秦始皇刻石考》,文史哲出版社,1994年。

⑦ 《史记》卷六《秦始皇本纪》,第249、261页。

暴力带来了统一,而是源自正义的合法性——确切地说,是政治正义、道德正义,而不是法律正义"。① 我们发现,"义兵"思想及用法不见于《商君书》《韩非子》,也非始皇帝独创,而习见于《吕氏春秋》。在《吕氏春秋·孟秋纪·荡兵》《振乱》《禁塞》《怀宠》,《仲秋纪·论威》《简选》,《孝行览·长攻》诸篇中,"义兵"一语多次出现并得阐说。② 秦对兼并战争的合法性包装,某种程度上借鉴了《吕氏春秋》。③

自商鞅变法以来,法家思想的推行在秦国是一以贯之的,区别主要在于执行的程度差异。而"法"与"术"也是一以贯之的,差别主要在不同阶段的侧重程度。相对吕不韦及《吕氏春秋》提出的政治思路,帝国建立后的政治军事体制及治理思想,对法家学说着力强调。始皇帝在作制垂范上,不期而然地面临与当年商鞅类似的形势。"当时法家有讲究'法''术''势'三派。《吕氏春秋》对这三派也是有所选择的。它忽视'法'而重视'术'和'势'。"④而始皇帝对商鞅重"法"的一面,尤为重视,实践突出。这个意义而言,始皇帝重走商君路。《史记》卷六《秦始皇本纪》"刚毅戾深,事皆决于法,刻削毋仁恩和义……于是急法,久者不赦"⑤中,无论"事皆决于法""刻削毋仁恩和义",还是"急法,久者不赦",都较为切合商鞅的思想主张。丞相李斯言"今天下已定,法令出一",⑥"明法度,定律令,皆以始皇起"。⑦ 会稽刻石称"秦圣临国,始定刑名,显陈旧章"。⑧ 及侯

---

① 〔美〕柯马丁著,刘倩译,杨治宜、梅丽校:《秦始皇石刻:早期中国的文本与仪式》第四章,上海古籍出版社,2015年,第121页。

② 《吕氏春秋》相关思想分析,还可参见杨宽《战国史》第九章,第448—449页;杨宽《吕不韦和〈吕氏春秋〉新评》,《古史探微》卷九,第835—836页;王子今《秦始皇议定"帝号"与执政合法性宣传》,《人文杂志》2016年第2期,第78页。后文统计"义兵"说在《吕氏春秋》"出现凡14次"。

③ 学者又指出,稍后"'义兵'之说又曾为刘邦所用。……可知秦汉之际,所谓'义兵'作为战争正义性质的宣传方式已经深入人心。考察这一现象,不妨理解为秦帝国政治宣传实现的某种成功"。王子今:《秦始皇议定"帝号"与执政合法性宣传》,第77页注8。

④ 杨宽:《战国史》第九章,第447页。

⑤ 《史记》,第238页。

⑥ 《史记》卷六《秦始皇本纪》,第255页。

⑦ 《史记》卷八七《李斯列传》,第2546页。

⑧ 《史记》卷六《秦始皇本纪》,第261页。

生、卢生评论始皇帝"专任狱吏,狱吏得亲幸。……丞相诸大臣皆受成事,倚辨于上。上乐以刑杀为威……天下之事无小大皆决于上,上至以衡石量书,日夜有呈,不中呈不得休息"。① 这些反映出帝国核心政治理念的施行面貌。始皇帝执政,呈现出以"法"为主、为重的特征。

始皇帝重视"君—民"层面的联结。除了琅邪刻石"皇帝之功……黔首是富。忧恤黔首,朝夕不懈……黔首安宁"、之罘刻石"皇帝哀众……振救黔首"一类偏重"皇帝—黔首"的表述外,李斯廷议有"今海内赖陛下神灵一统,皆为郡县,诸子功臣以公赋税重赏赐之,甚足易制"语;②"望夷之变"中,二世曾向赵高婿阎乐要求"愿与妻子为黔首,比诸公子"。③ 这与惠文王以来权臣势力的发展呈现出一定的差异。④ 商鞅第二次变法的重要内容是推行县制,始皇帝"分天下以为三十六郡,郡置守、尉、监"。商鞅"平斗桶权衡丈尺",始皇帝"一法度衡石丈尺"。实施的先后次序,也相接近。著名的商鞅方升左侧原刻"十八年,齐遴卿大夫众来聘,冬十二月乙酉,大良造鞅,爰积十六尊(寸)五分尊(寸)一为升",⑤至此在底部加刻"廿六年皇帝尽并兼天下诸侯"的统一度量衡诏书。因此,郭沫若说"始皇之法多沿商鞅,兵制刑名固不用说,就是度量衡的统一也是

---

① 《史记》卷六《秦始皇本纪》,第258页。学者指出"不中呈不得休息"与泰山刻石"不懈于治,夙兴夜寐","却不一定符合韩非的思想,因为韩非说过明君当'治不足而日有余'(《韩非子·有度》),明君不当'事无大小皆决于上',而应该'事在四方,要在中央,圣人执要,四方来效。'"(《韩非子·扬权》)张纯、王晓波:《韩非思想的历史研究》第五章,中华书局,1986年,第168页。

② 《史记》卷六《秦始皇本纪》,第239页。

③ 《史记》卷六《秦始皇本纪》,第274页。

④ 《史记》卷六三《老子韩非列传》:"人或传其书至秦。秦王见《孤愤》《五蠹》之书,曰:'嗟乎,寡人得见此人与之游,死不恨矣!'"(第2155页)学者提到,"秦王嬴政为何对韩非子的《孤愤》《五蠹》篇章产生浓厚的兴趣,倒是一个耐人寻味的话题。《韩非子·孤愤》的主旨在于阐述法术之士与当涂重臣不可两存之仇……韩非子入木三分地刻画当权重臣以权谋私的内在政治肌理,警醒国君防备当权重臣的危害,加强手中的权势,重用远见明察、公正廉洁的法术之士。《韩非子·孤愤》通篇都在探讨加强君权、严防重臣的政治道理和治吏思路",也可参考。宋洪兵:《韩学源流》第一章,法律出版社,2017年,第3页。

⑤ 中国社会科学院考古研究所编:《殷周金文集成》(修订增补本)10372,中华书局,2007年,第5590页。"逯",释文原作"遺",据图版及前人研究改,通"率"。

以商鞅之法为标准的"。① 至于商鞅"燔诗书而明法令",与始皇焚去《诗》《书》、以吏为师,也可对照。

不过,统一毕竟已经完成。相关政策转型,乃时势所趋。我们认为,始皇帝统治前期与后期的政治规划是存在差别的。前期注重守成,后期继续开边。具体而言,廿六年(前221)至卅二年(前215)碣石刻石为始皇帝前期,卅二年北击匈奴至卅七年(前210)为始皇帝后期。后世汉武帝与之有类似处。武帝北击匈奴,征伐四夷,并于元封年间举行封禅,宣告了汉家政治的成功盛德。在此之后,刘彻也面临转入"守文"还是继续征伐、控制"西北外国"的选择。② 他本人曾一度倾向于"守文",随后坚持用兵,晚岁有所中止。至昭宣世,相关进取之业获得承继,并有发展。③

下文探讨,注意将始皇帝统治分为前后两期。这里首先分析始皇帝前期的"农战"政策转型。

始皇帝前期对"农战"政策有所调整,帝国依然以农为重。琅邪刻石云"皇帝之功,勤劳本事。上农除末,黔首是富"。④ 李斯议行焚书,"今天下已定,法令出一,百姓当家则力农工,士则学习法令辟禁",⑤还将"农""工"百姓与"士"并

---

① 郭沫若:《十批判书》之《吕不韦和秦王政的批判》,《郭沫若全集·历史编》第二卷,第448页。

② 《史记》卷一二三《大宛列传》:"天子既闻大宛及大夏、安息之属皆大国……其北有大月氏、康居之属……且诚得而以义属之,则广地万里,重九译,致殊俗,威德偏于四海",第3166页。

③ 田余庆:《论轮台诏》(原刊《历史研究》1985年第1期),收入所著《秦汉魏晋史探微》(重订本),中华书局,2004年,第30—62页;陈苏镇:《〈春秋〉与"汉道":两汉政治与政治文化研究》第三章,中华书局,2011年,第272—297页;辛德勇:《汉武帝晚年政治取向与司马光的重构》,《清华大学学报》(哲学社会科学版)2014年第6期,增订稿题《制造汉武帝:由汉武帝晚年政治形象的塑造看〈资治通鉴〉的历史构建》,生活·读书·新知三联书店,2015年;杨勇:《再论汉武帝晚年政治取向———种政治史与思想史的联合考察》,《清华大学学报》(哲学社会科学版)2016年第2期;孙闻博:《轮台诏与武帝的西域经营》,《西域研究》2021年第1期。

④ 《史记》卷六《秦始皇本纪》,第245页。相关又参见《顾颉刚全集》之《顾颉刚读书笔记》卷八"汤山小记""秦刻石重视农业生产"条,第362—363页。

⑤ 《史记》卷六《秦始皇本纪》,第255页。

举谈论。随着战争结束,始皇帝明确对和平的守护,表示不复征伐。除坚持郡县制,不立诸侯,所谓"天下共苦战斗不休,以有侯王。赖宗庙,天下初定,又复立国,是树兵也,而求其宁息,岂不难哉",及"收天下之兵,聚之咸阳,销以为钟镰",①"郡县城,销其兵刃,示不复用。使秦无尺土之封,不立子弟为王、功臣为诸侯者,使后无战攻之患"②外,始皇廿八、廿九年刻石还多次表达致力和平、不再兴兵的意向。琅邪刻石作"黔首安宁,不用兵革。六亲相保,终无寇贼",东观刻石作"阐并天下,甾害绝息,永偃戎兵"。③ 太史公交代撰作《秦始皇本纪》的缘由,也特别提及"销锋铸镰,维偃干革"。④ 此为"农—战"一面。

帝国建立后,始皇帝对大臣利益仍多予考虑。二世时,李斯于狱中上书称,秦不仅在统一前夕"尊功臣,盛其爵禄",统一后依然"尊大臣,盛其爵位,以固其亲"。⑤ 此表述又见北京大学藏汉简《赵正书》,作"尊大臣,盈其爵禄"(一一、三一),"尊大臣,盈其爵禄,以固其身者"(三四)。⑥ 赵高议诛大臣,也提到"先帝之大臣,皆天下累世名贵人也,积功劳世以相传久矣"。⑦ 章太炎谓"世以秦皇为严,而不妄诛一吏也"。⑧

"君—官"之外,再看"君—民"层面。始皇帝前期最后一次出巡,"刻碣石门",文辞有"地势既定,黎庶无繇,天下咸抚。男乐其畴,女修其业,事各有序。惠被诸产,久并来田,莫不安所",⑨表示爱惜民力,欲使百姓安居。李斯狱中上书有"缓刑罚,薄赋敛,以遂主得众之心,万民戴主,死而不忘"⑩语,《赵正书》作"緃(缓)刑罚而薄赋敛,以见主之德,众其惠,故万民戴主,至死不忘者"(三六、

---

① 《史记》卷六《秦始皇本纪》,第239页。
② 《史记》卷八七《李斯列传》,第2546页。
③ 《史记》卷六《秦始皇本纪》,第245、250页。
④ 《史记》卷一三〇《太史公自序》,第3302页。
⑤ 《史记》卷八七《李斯列传》,第2561页。
⑥ 北京大学出土文献研究所编:《北京大学藏西汉竹书(叁)》,上海古籍出版社,2015年,第190、192页。
⑦ 《史记》卷六《秦始皇本纪》,第268页。
⑧ 章太炎:《秦政记》,《章太炎全集·太炎文录初编》,第65页。
⑨ 《史记》卷六《秦始皇本纪》,第252页。
⑩ 《史记》卷八七《李斯列传》,第2561页。

三七)。① 这些表述以往常被忽视,对于理解帝国初期的"君—官""君—民"联结,或有帮助。②

随着始皇卅二年秦北击匈奴,略取百越,开展南北拓边,统治转入后期,帝国进入"外攘四夷"③阶段。秦王政廿六年东破六国至卅二年之前,帝国北部边界情况大体为"北据河为塞,并阴山至辽东"。④ 秦"在河套附近地区的边境界限,应与战国时代的赵国相同",以阴山(今乌拉前山和大青山)南侧赵武灵王长城为界。⑤ 南部边界自王翦南征百越,秦军分五路,驻守在与越人相接触的地带,以南岭、武夷山为界。⑥ "三十二年,始皇之碣石"后,复"巡北边,从上郡入",⑦ 显然有视察北边,抚慰士卒之意。本纪还提到燕人卢生"因奏录图书",出现"亡秦者胡也"⑧语。当年,蒙恬率三十万大军北击匈奴,略取河南地。⑨ 次年,在南

---

① 北京大学出土文献研究所编:《北京大学藏西汉竹书(叁)》,第192页。

② 学者指出"'秦初并天下'时政治文告中的执政合法性宣传,最有力的可能是'黔首'的态度",也可参考。王子今:《秦始皇议定"帝号"与执政合法性宣传》,第79页。

③ 《史记》卷六《秦始皇本纪》"天下已定,外攘四夷以安边竟",第271页。同卷又作"外抚四夷",第269页。前种表述出现略多,又见《史记》卷二七《天官书》、卷八七《李斯列传》,第1346、2547页;《汉书》卷二六《天文志》、卷六三《武五子传》,第1301、2771页。

④ 《史记》卷六《秦始皇本纪》,第239页。

⑤ 参见辛德勇《阴山高阙与阳山高阙辨析——并论秦始皇万里长城西段走向以及长城之起源诸问题》(原刊《文史》2005年第3辑),修订稿收入所著《秦汉政区与边界地理研究》下篇第一章,中华书局,2009年,第199—201页。

⑥ 《淮南子·人间》。何宁:《淮南子集释》卷一八,第1289—1290页。相关辨析参见辛德勇《王翦南征百越战事钩沉》(原刊《徐苹芳先生纪念文集》,上海古籍出版社,2012年),收入所著《旧史舆地文录》,中华书局,2013年,第81—85、91—93页。

⑦ 《史记》卷六《秦始皇本纪》,第252页。

⑧ 《史记》卷六《秦始皇本纪》,第252页。此又见《淮南子·人间》,何宁:《淮南子集释》卷一八,第1288页。

⑨ "河南地"地域范围探讨,参见辛德勇《阴山高阙与阳山高阙辨析——并论秦始皇万里长城西段走向以及长城之起源诸问题》,《秦汉政区与边界地理研究》,第202—208页。

边原驻军基础上,①"发诸尝逋亡人、赘壻、贾人略取陆梁地,②为桂林、象郡、南海,以適遣戍"。与之同时,"西北斥逐匈奴。自榆中并河以东,属之阴山,以为(三)〔四〕十四县,城河上为塞。又使蒙恬渡河取高阙、(陶)〔阳〕山、北假中,筑亭障以逐戎人。徙適,实之初县"。③ 此后,適戍南北边与构筑军事工事仍在持续:"三十四年(前213),適治狱吏不直者,筑长城及南越地"。三十五年(前212),"益发谪徙边"。三十六年(前211),"迁北河榆中三万家,拜爵一级"。④ 可以看到,相关动员组织一直进行,成为始皇帝后期统治的常态。这一阶段,秦拓边呈现出鲜明特征,惜既往似多未予揭示,那就是:南北并重,同步开展。

这种政治转向的历史动力来自哪里呢?此恐非决定于秦国奖励耕战的社会结构,而与秦统一之后的历史惯性及君主帝业追求的政治理念变动有关。需要指出,"天下"观念随历史发展,前后有所变化。秦统一初涉及的"天下",如统一度量衡诏版"尽并兼天下诸侯"、《史记》卷一六《秦楚之际月表》"至始皇乃能并冠带之伦"⑤所云,主要指包括秦在内的战国七雄,也就是《史记》卷一三〇《太史公自序》"卒并诸夏"之"诸夏"。⑥ 这种情形并延续至汉初,"孝文即位,将军陈武等议曰:'南越、朝鲜自全秦时内属为臣子,后且拥兵阻阨,选蠕观望。……宜及士民乐用,征讨逆党,以一封疆。'"对此,文帝开言即道"朕能胜衣冠,念不到

---

① 此前王翦南征百越及秦军驻防五岭、武夷山区域的情况,参见辛德勇《王翦南征百越战事钩沉》,《旧史舆地文录》,第79—95页。
② "陆梁地"涵义及所指地域的最新探讨,参见辛德勇《陆梁名义新释——附说〈禹贡〉梁州与"治梁及岐"之梁》(原刊《历史地理》第26辑,上海人民出版社,2012年),收入所著《旧史舆地文录》,第96—129页。
③ 参见《史记》卷六《秦始皇本纪》,第253页。
④ 参见《史记》卷六《秦始皇本纪》,第253、第258—259页。
⑤ 《史记》,第759页。《史记》卷一一〇《匈奴列传》"当是之时,冠带战国七,而三国边于匈奴",第2886页。又见《汉书》卷九四上《匈奴传上》,第3748页。
⑥ 《史记》,第3303页。雷戈还提到"始皇刻石提及了'四极''天下''宇县''宇内''疆内',显然都是一个意思。在这里,蛮夷已被明确排除在天下之外。秦始皇虽然相信自己能够做到'惠论功劳,赏及牛马,恩肥土域',但却并不认为夷狄也应该成为自己赐恩的对象。在这个意义上,夷狄似乎还不如那些被皇恩'泽及'的'牛马'。因为'牛马'仍然属于天下"。《秦汉之际的政治思想与皇权主义》第三章,第274页。

此"。① 至始皇卅二年(前215)以降,秦北伐匈奴,南越五岭,"天下"大致扩展至包括北边河南地、南边桂林、南海、象郡等原为蛮狄所据的新占领区域。② 秦应是在"尽并兼天下诸侯"的"天下—诸侯"范畴之上,进而冀望扩展为"天下—诸侯·蛮夷"的新秩序。③ 于上述举措"皆有力焉"的李斯在狱中上书时,将之作为自己参与兼并六国外的第二项功绩。具体表述作"地非不广,又北逐胡、貉,南定百越,以见秦之强",④北大藏汉简《赵正书》作"地非不足也,北驰胡幕,南入定巴蜀,入南海,击大越,非欲有其王,以见秦之疆者"(三三、三四)。⑤ 南北拓土,"外攘四夷以安边竟",秦在扩展疆域、驱逐敌国的同时,更进一步在政治上彰显帝国功业之伟。

秦帝国直道、阿房宫等大型工程的修建、营作,始自始皇三十五年,⑥同属始皇帝统治后期。因为骊山陵墓的持续建造,集中京师的隐官、徒刑之人达70余万,北伐匈奴以30万计,长驻南边以50万计,加之不断谪戍、募徙的民众,总规模当在150万以上。此较秦统一前夕战略决战时所动员民众规模,还要略高。加之帝国幅员广阔,供输补给成本远超先前,赋敛调发愈加繁重,农业及民众生计由此受到严重影响。始皇帝后期唯一一次东巡,刻石会稽,偃武兴文、黔首安居的宣言,已不复出现。《淮南子·人间》"当此之时,男子不得修农亩,妇人不得剡麻考缕,羸弱服格于道,大夫箕会于衢,病者不得养,死者不得葬"⑦一类著名议论,汉及后世颇为习见。不过,被猛烈抨击之秦帝国"头会箕敛"及始皇帝"暴政",甚至"焚书坑儒"等行为,实际主要发生在始皇帝统治后期。

后一阶段的"外攘四夷",实际将已逐渐转向和平建设的"农战"政策重新推

---

① 参见《史记》卷二五《律书》,第1242页。
② 参见本书第二章。
③ 《盐铁论·诛秦》文学曰:"秦任战胜以并天下,小海内而贪胡、越之地,使蒙恬击胡,取河南以为新秦,而忘其故秦,筑长城以守胡,而亡其所守。"王利器:《盐铁论校注》(定本)卷八,第489页。
④ 《史记》卷八七《李斯列传》,第2561页。
⑤ 北京大学出土文献研究所编:《北京大学藏西汉竹书(叁)》,第192页。
⑥ 《史记》卷一五《六国年表》系"为阿房宫"于始皇二十八年,第757页。学界有采是说,而将相关建造时间提前。然而,《通鉴》等书实际均以本纪为是。辨析参见[清]梁玉绳《史记志疑》卷九,中华书局,1981年,第452页。
⑦ 何宁:《淮南子集释》卷一八,第1290页。

入战国。不过,昔日"农—战"间的充分结合,这时却无法实现。战国时期,秦与六国攻战,一方面可获取土地财富,以奖赐军功;另一方面又可吸引六国民众入秦,提供农作方面的补充。然此种做法在帝国阶段对匈奴、百越用兵时,均遇困境。无论攻战所获资源,还是招揽外族入秦,皆无法实现原有"农战"政策的平衡与调节。太史公云"秦二世宿军无用之地,连兵于边陲","结怨匈奴,绖祸于越",①相关情形实际始于始皇帝统治后期。由此言之,"农战"之"战",不逊往昔,而无民可徕;"农战"之"农",赋役日重,而民入山林。曾经的"君—民"联结,开始面临严峻局面。

晁错曾经有这样的著名议论:"凡民守战至死而不降北者,以计为之也。故战胜守固则有拜爵之赏,攻城屠邑则得其财卤以富家室,故能使其众蒙矢石,赴汤火,视死如生。今秦之发卒也,有万死之害,而亡铢两之报,死事之后不得一算之复,天下明知祸烈及己也。"②所言特别指向"农战"政策在南北拓边中面临的困境,从而揭示此前未有之危局。

八 始皇帝后期事业的继续:二世"更始"诏书与"用法益刻深"

始皇三十七年(前 210 年),嬴政在"巡狩"③途中去世,胡亥袭位为二世皇帝。湖南益阳兔子山遗址 9 号古井出土有《秦二世元年十月甲午诏》,今参诸家校释,重新迻录如下:

---

① 《史记》卷二五《律书》,第 1241—1242 页。
② 《汉书》卷四九《爰盎晁错传》,第 2284 页。
③ 始皇帝曾五次出巡,以往研究很多。相关活动一般称"巡行""巡游""东巡""巡""行""游"等。不过,学者已注意到嬴政出巡与先古圣王"巡狩"传说的联系。王子今:《"巡狩":文明初期的交通史记忆》,《中原文化研究》2016 年第 6 期。可以补充的是,《史记》卷八七《李斯列传》"明年,又巡狩,外攘四夷,斯皆有力焉"(第 2547 页),明确出现有"巡狩"语。此种联系可以成立。具体参见本书第二章。

天下失
　　始皇帝,皆遽恐悲哀甚,朕奉遗诏,今宗庙吏(事)及箸(书)以
　　明,至治大功德者具矣,律令当除定者毕矣。以元年与黔
　　首更始,尽为解除故罪,令皆已下矣。朕将自抚天下。(正)
　　吏、黔首其具行事,毋以䌛(徭)赋扰黔首,毋以细物苛
　　勶县吏。亟布。
　　以元年十月甲午下,十一月戊午到守府。(背)(J9③1)①

木牍长23厘米,宽2.4厘米,厚0.2厘米,重10.8克。孙家洲就相关内容与《史记》叙述的抵牾,已做分析与解释。② 今对照图版,牍背末行"以元年"与正面第三行"以元年","甲午下"之"下"与正面第四行"令皆已下""自抚天下"之"下",基本一致,可视为一次书写。整理者认为"兔子山遗址是战国楚益阳公(县)治所在"。③ 里耶秦简出现有"益阳",属秦苍梧郡或南郡。④ 背面末行"以元年十月甲午下,十一月戊午到守府",显示郡太守收到中央诏书后,进行了誊录,并根据封检等有关信息,同时写明诏书下达时间及抵达太守府时间。木牍性质可初步判断为秦益阳县收到上级所下诏书后,保存于县廷的郡文书原档或誊录副本。

---

① 资料介绍及图版、释文参见《益阳兔子山遗址出土简牍(一)》,湖南考古网,2014年12月10日,http://www.hnkgs.com;张春龙、张兴国《湖南益阳兔子山遗址九号井出土简牍概述》,《国学学刊》2015年第4辑;湖南省文物考古研究所、益阳市文物处《湖南益阳兔子山遗址九号井发掘简报》,《文物》2016年第5期。录文改释参见陈伟《〈秦二世元年十月甲午诏书〉校读》,简帛网,2015年6月14日,http://www.bsm.org.cn/show_article.php?id=2259;何有祖《〈秦二世元年十月甲午诏书〉补读》,简帛网,2015年11月24日,http://www.bsm.org.cn/show_article.php?id=2373。陈伟《〈秦二世元年十月甲午诏书〉通释》(原刊《江汉考古》2017年第1期),收入所著《秦简牍校读及所见制度考察》第十四章,武汉大学出版社,2017年,第356—362页。今句读略有调整。

② 孙家洲:《兔子山遗址出土〈秦二世元年文书〉与〈史记〉纪事抵牾释解》,《湖南大学学报》(社会科学版)2015年第3期。相关又参见辛德勇《一件事 两支笔:胡亥继位的是与非》《一样的史实,不同的写法》,《澎湃新闻》2018年12月27日、2019年1月4日。

③ 湖南省文物考古研究所、益阳市文物处:《湖南益阳兔子山遗址九号井发掘简报》,第47页。

④ 庄小霞:《〈里耶秦简(壹)〉所见秦代洞庭郡、南郡属县考》,卜宪群、杨振红主编:《简帛研究二〇一二》,广西师范大学出版社,2013年,第51—63页;游逸飞:《战国至汉初的郡制变革》第二章,博士学位论文,台湾大学文学院历史学系,2014年,第134页。

相较自称"朕"而顺次书写,"始皇帝"使用了提格。此种文书制度虽渊源甚早,①但目前尚不宜简单以秦代概括,且无法溯至始皇帝时期,而主要在秦二世时期有部分行用。②"朕奉遗诏"及"今宗庙吏及箸以明",表达即位的合法性。"至治大功德者具矣,律令当除定者毕矣",称良好统治应承载的功业与德行,已完全呈现;律令应当去除与确定的内容,已全部完成,体现二世即位承续旧统的一面。下文"以元年与黔首更始",开始强调除旧布新。"与黔首"可与始皇度量衡诏书"黔首大安"对观,显示对"君—民"联结的重视。"尽为解除故罪","故",原释作"流",陈伟改释,可从。此又可与《史记》卷一五《六国年表》"十月戊寅,大赦罪人"、③《赵正书》"王死而胡亥立……大赦(赦)罪人"(一六、一七),④形成呼应。如句读可取,"毋以繇(徭)赋扰黔首""毋以细物苛劾县吏",与"吏、黔首其具行事"之"黔首""吏",依次对应,显示关注、抚恤对象的重心所在。

二世统治为时虽短,前后不过三年,但据政治思想变动,也可分期。前期为二世元年(前209)至二年(前210)冬陈胜农民军攻秦失败,吴广被杀。后期自李斯上书献"督责之术"至三年(前211)胡亥遇害。前后统治策略有所差异,进而产生不同的影响及结果。前期政策导致关东反秦战争爆发。后期政策变化又进一步瓦解了关中故秦之地的统治基础,帝国最终覆灭。

胡亥袭位之初,依然遵奉始皇帝重"法"路线,并以更严酷的方式施行,引发了"君—官—民"秩序危机。胡亥师从赵高,《史记》卷八八《蒙恬列传》云"秦王

---

① 王国维《秦阳陵虎符跋》提到,"行文平阙之式,古金文中无有也。惟琅邪台残石则'遇始皇帝成功盛德及制曰可'等字皆顶格书,此为平阙之始。此符左右各十二字,分为二行,皇帝二字适在第二行首,可知平阙之制,自秦以来然矣"。《观堂集林》卷一八,彭林整理,河北教育出版社,2001年,第562页。许同莘也认为秦朝创造了奏章中遇皇帝等字必须提行的"颂圣之体"。《公牍学史》,商务印书馆,1949年,第27页。相关又参见林剑鸣《秦史稿》第十三章,第290页。

② 上海博物馆藏、中国国家博物馆藏两诏铜椭量(三分之一斗量、一斗量)中,二世诏书两次遇"始皇帝"均使用提格。国家计量总局、中国历史博物馆、故宫博物院主编:《中国古代度量衡图集》,文物出版社,1984年,第65、67页。不过,因受形制限制等原因,秦量诏书中使用提格的现象,目前还不是很多。

③ 《史记》,第758页。

④ 北京大学出土文献研究所编:《北京大学藏西汉竹书(叁)》,第190页。

闻高强力,通于狱法,举以为中车府令。高即私事公子胡亥,喻之决狱"。① "通于狱法""喻之决狱",体现出赵高知识背景偏重"势""术""法"之"法"。本纪称"于是二世乃遵用赵高,申法令"。② 赵高始为胡亥谋划,曾特别提出:

> 今时不师文而决于武力,愿陛下遂从时毋疑,即群臣不及谋。明主收举余民,贱者贵之,贫者富之,远者近之,则上下集而国安矣。③

这则材料,大家虽然不算陌生,但是很少细究其意。重"力"思想见于《韩非子》。《韩非子·心度》"好力者其爵贵,爵贵则上尊,上尊则必王",《韩非子·五蠹》"上古竞于道德,中世逐于智谋,当今争于气力"。④ 然而,阐说更集中者,乃是《商君书》。《商君书·去强》"国好力,日以难攻;国好言,日以易攻",⑤ "刑生力,力生强,强生威,威生惠,惠生于力。举力以成勇战,战以成知谋",⑥《商君书·算地》"故圣人之治也,多禁以止能,任力以穷诈",《商君书·弱民》"法明治省,任力言息。治省国治,言息兵强",《商君书·慎法》"自此观之,国之所以重,主之所以尊者,力也"。⑦ 赵高"遂从时毋疑,即群臣不及谋"语,可与《商君书·更法》"疑行无(成)〔名〕。疑事无功","各当时而立法,因事而制礼。礼法以时而定","成大功者不谋于众",⑧ 参照对读。至于赵高最后所言"明主收举余民,贱者贵之,贫者富之,远者近之,则上下集而国安矣",又见《史记》卷八七《李斯列传》赵高曰"贫者富之,贱者贵之",⑨ 也非无源之水。《商君书·去强》就提到"贫者使以刑则富,富者使以赏则贫,治国能令贫者富、富者贫,则国多力,多力者王",《商君书·说民》又云"故贫者益之以刑则富;富者损之以赏则贫。治国

---

① 《史记》,第 2566 页。
② 《史记》卷六《秦始皇本纪》,第 268 页。
③ 《史记》卷六《秦始皇本纪》,第 268 页。
④ 〔清〕王先慎撰,钟哲点校:《韩非子集解》卷二〇,第 475、445 页。
⑤ 此又见《商君书·说民》"国好力(日)〔曰〕以难攻,国好言(日)〔曰〕以易攻",《商君书·靳令》"国好力,此谓以难攻。国好言,此谓以易攻"。高亨:《商君书注译》,第 54、107 页。
⑥ 此又见《商君书·靳令》"圣君之治人也,必得其心,故能用力。力生强,强生威,威生德,德生于力"。高亨:《商君书注译》,第 109 页。
⑦ 高亨:《商君书注译》,第 45、49、57、68、160、182 页。
⑧ 高亨:《商君书注译》,第 14、17 页。
⑨ 《史记》,第 2552 页。

之举,贵令贫者富,富者贫。贫者富,富者贫,国强,三官无虱。国久强而无虱者必王"。① 赵高的提议或源自商鞅及其学派。至少,他在这一阶段的进言,偏于法家重"法"一派。

商鞅变法改制,太子、宗室、贵戚是其对立面,双方矛盾尖锐。惠文王至秦王政初期,宗室、大臣同样得到尊重与重视,关系有所缓和。待始皇帝亲政,开始重新抑制公子、贵戚、大臣。不过,措施虽严,尚不尽酷烈。二世即位,担心"大臣不服,官吏尚强,及诸公子必与我争",遂与赵高合谋,对相关群体大肆诛戮,严重摧折"君—官"联结。近人吕思勉"案二世赵高之所为,一言蔽之曰:一切因循始皇,而又加以杀戮大臣、诸公子而已"。②《史记》卷六《秦始皇本纪》载赵高建议"今上出,不因此时案郡县守尉有罪者诛之","乃行诛大臣及诸公子,以罪过连逮少近官三郎……宗室振恐。群臣谏者以为诽谤,大吏持禄取容,黔首振恐"。③ 以"守尉"称"郡县",实际偏重指郡。张家山汉简《二年律令·秩律》所见汉初郡守、郡尉侧列中央诸卿之中,均秩二千石:"郡守、尉……秩各二千石。"④此建议与"行诛大臣"关系密切。"行诛"主要针对大臣、诸公子两类群体,同时延及"近官三郎"。前论《韩非子》有将"郎中"与"朝廷群下","郎中"与"朝臣",进行区分。就"吏""宦"职类而言,郎中属"宦皇帝者"。可以看到,相关迫害越过原本界限,呈现扩大化趋势。

《史记》卷八七《李斯列传》又载赵高曰"严法而刻刑,令有罪者相坐诛,至收族,灭大臣而远骨肉",将"大臣"与"骨肉"并举,强调"严法而刻刑"的一面。下文云"二世然高之言,乃更为法律。于是群臣诸公子有罪,辄下高……相连坐者不可胜数","法令诛罚日益刻深,群臣人人自危,欲畔者众"。⑤ "乃更为法律""法令诛罚日益刻深",与《秦二世元年十月甲午诏》"律令当除定者毕矣",形成反差;又与《赵正书》三次言及"燔其律令"(一八、四〇、四四)、⑥《盐铁论·忧

---

① 高亨:《商君书注译》,第 46、56 页。
② 吕思勉:《秦汉史》第二章,上海古籍出版社,2005 年,第 22 页。
③ 《史记》,第 268 页。
④ 彭浩、陈伟、〔日〕工藤元男主编:《二年律令与奏谳书——张家山二四七号汉墓出土法律文献释读》,上海古籍出版社,2007 年,第 258 页。
⑤ 《史记》,第 2552 页。
⑥ 北京大学出土文献研究所编:《北京大学藏西汉竹书(叁)》,第 191、193 页。

边》"赵高增累秦法以广威",①可相联系。这些显示,"行诛""诛罚"是以更定的律令为法理依凭。二世此时仍主要依靠"法"而非"术",来实施行动。而"法令诛罚日益刻深"又与"严法而刻刑"呼应,反映"法"愈益急苛的状况。上述内容在北大藏汉简《赵正书》中也有反映:"因夷其宗族,擽(坏)其社禝(稷)……子婴进间(谏)曰:'……而内自夷宗族,诛群忠臣'……斯且死,故曰:'……今自夷宗族,坏其社禝(稷)……咸(灭)其先人及自夷宗族,坏其社禝(稷)。'"(一七至一八,四〇至四四)②所叙以"宗族""忠臣"对举,且偏重前者。二世、赵高对"君—官"联结的摧抑,较商鞅走得更远,严重动摇了政治结构的稳定性,削弱了统治基础。

那么,"农战"政策赖以依靠的"君—民"联结,情况又怎样呢? 前论始皇帝后期改行"外攘四夷",将前期已转为和平建设的"农战"政策重新推入战国。民众兵役、徭役、赋税繁重,严重冲击"君—民"联结。二世甫登帝位,本是改作良机,"天下莫不引领而观其政。夫寒者利裋褐而饥者甘糟糠,天下之嗷嗷,新主之资也"。③ 胡亥本人虽也做出一些调整姿态,但随后又坚奉始皇帝后期政治路线,并与赵高谋划,推行了更为严酷的重"法"举措。《史记》卷六《秦始皇本纪》称二世"复作阿房宫。外抚四夷,如始皇计。……用法益刻深"。④ 山东纷起反秦后,右丞相冯去疾、左丞相李斯、将军冯劫进谏,提到"盗多,皆以戍漕转作事苦,赋税大也。请且止阿房宫作者,减省四边戍转"。⑤ 因由列举,以"戍漕转作事苦"居前,而"赋税大也"次之;解决方案以"止阿房宫作者"对应"作事",以"减省四边戍转"对应"戍、漕、转"事,显示秦役、赋皆重,且徭役、兵役繁苦问题尤为突出。无论"戍漕转作",还是"阿房宫作者""四边戍转",均与"复作阿房

---

① 王利器:《盐铁论校证》(定本)卷二,第163页。
② 北京大学出土文献研究所编:《北京大学藏西汉竹书(叁)》,第190—191、193页。此数言"坏其社禝(稷)",贾谊《过秦》称二世"坏宗庙,与民更始"。《史记》卷六《秦始皇本纪》,第284页;阎振益、钟夏校注:《新书校注》卷一,中华书局,2000年,第15页。句读从北大汉简整理小组意见。
③ 《史记》卷六《秦始皇本纪》引贾谊《过秦》,第283页。又见阎振益、钟夏校注《新书校注》卷一,第14页。
④ 《史记》,第269页。
⑤ 《史记》卷六《秦始皇本纪》,第271页。

功。外抚四夷"可以呼应。《史记》卷八七《李斯列传》也谈到"又作阿房之宫,治直〔道〕、驰道,赋敛愈重,戍徭无已"。①

二世推行始皇帝后期"外攘四夷"路线,却同样无法实现商鞅以来"内(农)—外(战)"间的较好结合,实际加剧了"农—战"彼此破坏。此种形势下,尚竭力谋求民众提供最大限度的"赋—役"供应,只会将"君—民"联结推向崩溃。于是,陈胜、吴广首义,压迫深重的山东民众因"苦秦吏,皆杀其守尉令丞反"。"张楚"政权建立后,一度形成攻秦高潮。周章以偏师兵锋至戏,而吴广进围荥阳。伴随章邯成功反击,周章、吴广等接连被杀,秦兵东抵荥阳,二世统治转入后期。

九 以"术"辅"法":二世后期的政治特征与帝国覆亡

二世统治后期,山东"新地"反秦,秦控制范围以关中为主,辅以兼并战争之前所据区域,形势渐归战国末叶。这似乎有利于原"农战"政策发挥效能。不过,始皇帝后期"外攘四夷",已对"农战"关系造成破坏;二世除极致推行重"法"举措外,因赵高建议、李斯迎合,又注重并不适宜的"术"的内容,②削弱了统治基础,反至速亡。

《史记》卷六《秦始皇本纪》载"赵高说二世曰:'先帝临制天下久,故群臣不敢为非,进邪说。今陛下富于春秋,初即位,奈何与公卿廷决事?事即有误,示群

---

① 《史记》,第2553页。
② 有学者认为"秦始皇晚年的统治方法及活动,其实是以黄老的恬淡和长生为目标,具体统治术是申子的'术',君无为而臣有为","虽然决事,但是已经自称真人,隐匿自己的所在,后来又'使博士为仙真人诗',追求以恬惔(淡)之法治天下"。李锐:《诸子百家的治术争鸣》,第62、61页。倘此说成立,始皇帝晚年求仙称真人、隐匿所在、以黄老恬淡为目标等相关个人变化,或不属于政治转向的主要特征体现,也未延续至二世即位之后。

臣短也。天子称朕,固不闻声。'于是二世常居禁中,与高决诸事"。① 事又见《史记》卷八七《李斯列传》,所记稍详:

> 初,赵高为郎中令,所杀及报私怨众多,恐大臣入朝奏事毁恶之,乃说二世曰:"天子所以贵者,但以闻声,群臣莫得见其面,故号曰'朕'。且陛下富于春秋,未必尽通诸事,今坐朝廷,谴举有不当者,则见短于大臣,非所以示神明于天下也。且陛下深拱禁中,与臣及侍中习法者待事,事来有以揆之。如此则大臣不敢奏疑事,天下称圣主矣。"二世用其计,乃不坐朝廷见大臣,居禁中。赵高常侍中用事,事皆决于赵高。②

《通鉴》将李斯上书进"督责之术"系于二世二年(前208)冬十一月,此处赵高说二世事系于二世二年八月下,秦以十月为岁首,晚于前者。细读司马光所撰,相关事件排序显然受到《李斯列传》的影响。然而,《史记》本传虽以李斯一则居前,赵高一则居后,但相较《通鉴》"郎中令赵高恃恩专恣……乃说二世曰",上引《李斯列传》"赵高为郎中令"前有"初"字,属追记。而本传赵高事前交代"李斯数欲请间谏,二世不许",与赵高事后李斯言"吾欲言之久矣。今时上不坐朝廷,上居深宫,吾有所言者,不可传也,欲见无间";及赵高事前"李斯子由为三川守,群盗吴广等西略地,过去弗能禁。章邯以破逐广等兵,使者覆案三川相属,诮让斯居三公位,如何令盗如此",与赵高事后言二世"丞相长男李由为三川守……过三川,城守弗肯击","二世以为然。欲案丞相,恐其不审,乃使人案验三川守与盗通状。李斯闻之",前后恐皆一事。后者复作交代,正因中间插入了对赵高事的追叙。追叙紧接于督责之术后,相关发生似应在前。至于《通鉴》"二年八月"的具体系年,应来自对《秦本纪》所载形成的判断。本纪记"赵高说二世曰"在"二年冬"后,紧接书于"章邯乃北渡河,击赵王歇等于钜鹿"下,左右丞相冯去疾、李斯及将军冯劫下狱前。然细按文意,前述更主要是与后面大臣下狱连叙,

---

① 《史记》,第271页。《索隐》:"一作'固闻声'。言天子常处禁中,臣下属望,才有兆朕,闻其声耳,不见其形矣。"第272页。王念孙认同此说,并引《李斯列传》"但以闻声"、《潜夫论·明闇》"固但闻声"以证。《读书杂志》之《史记杂志》,徐炜君等点校,上海古籍出版社,2014年,第194页。泷川资言反对此说,王叔岷表示赞同。参见《史记斠证》卷六,中华书局,2007年,第226页。又,《通鉴》取《李斯列传》,作"但以闻声"。《资治通鉴》卷八《秦纪三》"二世皇帝二年"条,中华书局,1956年,第276页。

② 《史记》,第2558页。

二者时间也基本衔接。中间出现赵高进言,同样旨在提示背景,且赵高进言后二世责问大臣称引韩子语,也见于本传李斯上督责之术前。故本纪"赵高说二世曰",情形与本传有近似处。既然据本传"章邯已破逐广等兵",李斯随后上督责之术在二年十一月,赵高进言应较此稍早一些。本纪"赵高说二世曰"下紧接言"盗贼益多,而关中卒发东击盗者无已","盗贼益多"可对应周文兵败后,《陈涉世家》所谓"当此之时,诸将之徇地者,不可胜数";①"而关中卒发东击盗者无已",言"发""关中卒"而非"骊山徒、人奴产子生",对应本纪"遂杀章曹阳。二世益遣长史司马欣、董翳佐章邯击盗",故赵高事当在十一月稍早。本纪记"二年冬,陈涉所遣周章等将西至戏,兵数十万。二世大惊,与群臣谋曰……乃大赦天下",赵高说二世深居禁中,又不当早过此时。综上,《通鉴》有关赵高进言、李斯书对系年,应系于二世二年冬十月至十一月为宜。赵高进言在前,李斯书对稍后。

赵高这次进言,建议二世"深拱禁中","不坐朝廷见大臣",即所谓"天子称朕,固(不)闻声"。相较之前诸多重"法"主张,所言"与臣及侍中习法者待事,事来有以揆之。如此则大臣不敢奏疑事,天下称圣主矣",呈现出新特征。《韩非子·外储说右上》引申子曰"上明见,人备之;其不明见,人惑之。其知见,人惑之;不知见,人匿之。其无欲见,人司之;其有欲见,人饵之。故曰:吾无从知之,惟无为可以规之",复引申子曰"慎而言也,人且知女;慎而行也,人且随女。而有知见也,人且匿女;而无知见也,人且意女。女有知也,人且臧女;女无知也,人且行女。故曰:惟无为可以规之"。②清人陈澧云:"申不害之术,于此可见其略矣。其所谓无为者,本于老子,因而欲使人主自专自秘,臣下莫得窥其旨",并推言"赵高说秦二世,所谓'天子称朕,固不闻声',秦之亡,由此术也。"③

陈直曾经提到"秦国虽杀非,然甚重韩非之书,二世与李斯皆屡引韩子曰,可为证明"。④《史记》卷六《秦始皇本纪》载二世曰"吾闻之韩子曰"云云,同书卷八七《李斯列传》"而二世责问李斯曰:'吾有私议而有所闻于韩子也,曰

---

① 《史记》卷四八《陈涉世家》,第1956页。
② [清]王先慎撰,钟哲点校:《韩非子集解》卷一三,第317—318页。"其不明见,人惑之"下,先慎曰:"'惑'字失韵,疑误。"
③ [清]陈澧著,钟旭元、魏达纯校点:《东塾读书记》卷一二《诸子书》,第235页。
④ 陈直:《史记新证》,中华书局,2006年,第118页。

……'",对话情景或有不同,所引内容却大体接近。二世称引意在表达"凡所为贵有天下者,得肆意极欲,主重明法,下不敢为非,以制御海内矣","彼贤人之有天下也,专用天下适己而已矣,此所以贵于有天下也。……故吾愿赐志广欲,长享天下而无害"。① 这些均非对重"法"一派思想的强调。本传称"李斯恐惧,重爵禄,不知所出,乃阿二世意,欲求容,以书对曰",进而提出下列建议:

> 夫贤主者,必且能全道而行督责之术者也。督责之,则臣不敢不竭能以徇其主矣。此臣主之分定,上下之义明,则天下贤不肖莫敢不尽力竭任以徇其君矣。是故主独制于天下而无所制也。能穷乐之极矣,贤明之主也,可不察焉!
>
> 故申子曰"有天下而不恣睢,命之曰以天下为桎梏"者,无他焉,不能督责,而顾以其身劳于天下之民,若尧、禹然,故谓之"桎梏"也。夫不能修申、韩之明术,行督责之道,专以天下自适也,而徒务苦形劳神,以身徇百姓,则是黔首之役,非畜天下者也,何足贵哉!……而尧、禹以身徇天下者也,因随而尊之,则亦失所为尊贤之心矣夫!可谓大缪矣。谓之为"桎梏",不亦宜乎?不能督责之过也。
>
> 故韩子曰"慈母有败子而严家无格虏"者,何也?则能罚之加焉必也。故商君之法,刑弃灰于道者。夫弃灰,薄罪也,而被刑,重罚也。彼唯明主为能深督轻罪。夫罪轻且督深,而况有重罪乎?故民不敢犯也。是故韩子曰"布帛寻常,庸人不释,铄金百溢,盗跖不搏"者,非庸人之心重,寻常之利深,而盗跖之欲浅也;又不以盗跖之行,为轻百镒之重也。搏必随手刑,则盗跖不搏百溢;而罚不必行也,则庸人不释寻常。是故城高五丈,而楼季不轻犯也;泰山之高百仞,而跛牂牧其上。夫楼季也而难五丈之限,岂跛牂也而易百仞之高哉?峭堑之势异也。明主圣王之所以能久处尊位,长执重势,而独擅天下之利者,非有异道也,能独断而审督责,必深罚,故天下不敢犯也。今不务所以不犯,而事慈母之所以败子也,则亦不察于圣人之论矣。夫不能行圣人之术,则舍为天下役何事哉?可不哀邪!

---

① 参见《史记》卷六《秦始皇本纪》,第271页;《史记》卷八七《李斯列传》,第2553—2554页。

> 且夫俭节仁义之人立于朝,则荒肆之乐辍矣;谏说论理之臣间于侧,则流漫之志诎矣;烈士死节之行显于世,则淫康之虞废矣。故明主能外此三者,而独操主术以制听从之臣,而修其明法,故身尊而势重也。凡贤主者,必将能拂世磨俗,而废其所恶,立其所欲,故生则有尊重之势,死则有贤明之谥也。是以明君独断,故权不在臣也。然后能灭仁义之涂,掩驰说之口,困烈士之行,塞聪揜明,内独视听,故外不可倾以仁义烈士之行,而内不可夺以谏说忿争之辩。故能荦然独行恣睢之心而莫之敢逆。若此然后可谓能明申、韩之术,而修商君之法。法修术明而天下乱者,未之闻也。故曰"王道约而易操"也。唯明主为能行之。若此则谓督责之诚,则臣无邪,臣无邪则天下安,天下安则主严尊,主严尊则督责必,督责必则所求得,所求得则国家富,国家富则君乐丰。故督责之术设,则所欲无不得矣。群臣百姓救过不给,何变之敢图?若此则帝道备,而可谓能明君臣之术矣。虽申、韩复生,不能加也。①

相较于"法",李斯为迎合二世,明确提出重"术"主张,②今中华书局点校本《史记》细分作上述四段。因内容特别,除稍有节略外,这里尽量引录,并依次解读。

第一段开篇鲜明提出"行督责之术者也"。下文"督责之",强调"君—官"层面的以君制臣,冀以满足二世"穷乐之极"的诉求。

第二段先引"术"派代表人物申子语,复点出"督责"。此段提出"修申、韩之明术,行督责之道,专以天下自适",一方面响应胡亥对韩非的称述,另一方面也交代与商鞅重"法"有别的思想资源。这里,"以身徇百姓""以身徇天下者也"被明确反对,视作"黔首之役","可谓大缪矣",显示相对"君—民"层面的联结,"能督责"更重视"官—民"层面的统治意义。

第三段实际可分作两小段。首小段先引韩非语,复引商鞅法,在表明有罪必罚、轻罪重罚的重"法"思想后,紧接着说道"彼唯明主为能深督轻罪。夫罪轻且

---

① 《史记》卷八七《李斯列传》,第2554—2557页。
② 先秦法家"术"一派的思想理论分析,参看冯友兰《中国哲学史》第十三章,华东师范大学出版社,2000年,第237—239、241—242页;萧公权《中国政治思想史》第七章,第229—238页;侯外庐、赵纪彬、杜国庠《中国思想通史》(第一卷)下篇第十六章,第596—599、610—612页;王晓波《申不害的重术思想研究》(原刊《大陆杂志》第51卷第4期,1975年),收入所著《先秦法家思想史论》,联经出版事业股份有限公司,1991年,第195—230页;等等。

督深,而况有重罪乎?故民不敢犯也",指出重"术""能深督",方可实现重"法"。次小段举"是故城高五丈,而楼季不轻犯也;泰山之高百仞,而跛牂牧其上。夫楼季也而难五丈之限,岂跛牂也而易百仞之高哉?峭堑之势异也",表达"明主圣王之所以能久处尊位,长执重势,而独擅天下之利者,非有异道也,能独断而审督责,必深罚,故天下不敢犯也"的意见,指出重"术","能独断而审督责",方可实现重"法";"术""法"得行,才能最终实现重"势"。王叔岷案《韩子·外储说右上》引《申子》曰:'能独断者,故可以为天下主'"。① 在李斯看来,"势""法""术"的综合并重及实际实践中,"术"的作用尤为关键。故此段分成两个方面,依次论述了"术"对"法"、"术"对"势"的意义。

第四段首先列举"俭节仁义之人""谏说论理之臣""烈士死节之行"三类群体,下文"仁义之涂""驰说之口""烈士之行"及"仁义烈士之行","谏说忿争之辩"与之对应,当即《韩非子·五蠹》中曾提到的"学者""言古(谈)者""带剑者"。"塞聪揜明,内独视听",王叔岷案"《韩子·外储说右上》引《申子》曰:'独视者谓明,独听者谓聪'"。② 李斯主张,君主应排斥这三类群体,而坚持重"术":"独操主术以制听从之臣",辅以重"法":"而修其明法",从而实现"势"的目标:"身尊而势重"。他把这称作"能明申、韩之术,而修商君之法"。③ 这实际与《韩非子·定法》"申不害、公孙鞅,此二家之言""不可一无,皆帝王之具也"④有类似处。不过,"督责之诚,则臣无邪,臣无邪则天下安"中,"臣"即"群臣","天下"或指"百姓"。相对首段偏重"君—官",第二段偏重"官—民",此段更系统叙述了"君—官""官—民"基础上的"君—官—民"整体结构。李斯将"督责之术"视作"帝道"核心、申韩"君臣之术"的精髓。

本传紧接着提到施用情形:

> 书奏,二世悦。于是行督责益严,税民深者为明吏。二世曰:"若此则可谓能督责矣。"刑者相半于道,而死人日成积于市。杀人众者为忠臣。二世曰:"若此则可谓能督责矣。"⑤

---

① 王叔岷:《史记斠证》卷八七,中华书局,2007年,第2639页。
② 王叔岷:《史记斠证》卷八七,第2640页。
③ 萧公权将之概括为"恣睢之术"。《中国政治思想史》第八章,第248页。
④ [清]王先慎撰,钟哲点校:《韩非子集解》卷一七,第397页。
⑤ 《史记》卷八七《李斯列传》,第2557页。

二世统治前期,坚持重"法"一派,严酷对待宗室、大臣。而本应强调的"君—民"联结,在加剧推行始皇帝后期政治举措之下,也遭破坏。今李斯为迎合二世,建议在重"法"之外,更须重"术","行督责益严"。需要指出,申不害、韩非所言之"术",主要偏重"君—官"层面,如《韩非子·定法》"术者,因任而授官,循名而责实,操杀生之柄,课群臣之能者也,此人主之所执也",①《韩非子·外储说右下》"故明主治吏不治民"。② "法"不能离"术"而行。而李斯所重之"术",即"督责之术",内涵及关涉范围有新的特征。"督责"运用,在"君—官"之外,也触及"官—民"。从"税民深者为明吏","杀人众者为忠臣",二世由此称"若此则可谓能督责矣"可知,实际施行在注重"君—官"督责外,也同样强调"官—民"层面。李斯议行"督责之术",不仅未能缓和此前困境,反致雪上加霜。牟宗三言"此言出口,可谓昏极恶极"。③ 参以"臣无邪则天下安,天下安则主严尊","官—民"关系破裂背后,实将"君—民"联结推向崩溃。是时,关东多已反秦西向,政治局面重回战国。此"君—民"之"民",主要对应关中秦民,本为帝国最坚定的支持者。然行"督责之术"后,《通鉴》卷八《秦纪三》"二世皇帝二年"条"……而死人日成积于市"下,曰:"秦民益骇惧思乱。"④

吕思勉撰《秦汉史》,对汉记秦史多有怀疑。⑤ 他提到"汉时,简策之用尚少,行事率由口耳相传,易致讹谬;汉人又多轻事重言,率意改易;故其所传多不足信,秦与汉初事尤甚",并进言"且如《李斯列传》:二世问赵高责李斯,及斯上书,皆以行督责恣睢广意为言。此乃法家之论之流失。世有立功而必师古者矣,有图行乐而必依据师说者乎?故知《李斯列传》所载赵高之谋、二世之诏、李斯之

---

① [清]王先慎撰,钟哲点校:《韩非子集解》卷一七,第397页。
② [清]王先慎撰,钟哲点校:《韩非子集解》卷一四,第332页。
③ 牟宗三:《秦之发展与申韩》(原刊《民主评论》第4卷第5期,1953年),收入《牟宗三先生全集》9《历史哲学》第二部第三章,联经出版事业股份有限公司,2003年,第159页。
④ 《资治通鉴》,中华书局,1956年,第267页。
⑤ 《秦汉史》第二章"秦代事迹"中,吕氏对引述的一些文献记载,先后表示"皆失实","未可概据为信史也","亦不审之谈也","盖后人所附会,非当时语事如是也","必非其实也",第13、17、20页。

书,皆非当时实录也",①明确指出"此篇为伪造文件之例"。② 汉世对前朝统治合法性,多有攻击和否定。我们在利用相关史料时,确应采取谨慎、批判的态度。不过,在没有史料依据下,轻易否定《史记》诸多记载,同样应予审慎。阎步克分析认为"其语之毫无掩饰,确实有点骇人视听;但是我们来看商鞅、韩非对道德仁义的公然抹杀,《盐铁论》中法家代表对财富、权势的津津乐道,那么胡亥、李斯发言之悚人听闻,也就非无可能了。即令其中有汉人的有意增益,但大致上仍可反映秦政的倾向性"。③ 西方学界既往对《史记》"窜改增添部分"多有审查,然未及此条;在探讨"帝国时期的思想潮流"时,还数次称引李斯"行督责之术"。④

其实,吕氏对文献史料真实性的质疑,并不限于《史记》。《淮南子·人间》记秦人南征百越一事,不见于《太史公书》,为探讨相关问题提供了线索。吕氏认为"古载籍少,史记又非民间所有,称说行事,率多传闻不审之辞。淮南谏书,自言闻诸长老,明非信史。严安、伍被之辞,盖亦其类",不仅质疑《淮南子》所载,并兼及《汉书·严助传》引淮南王《谏伐闽越书》、严安上书及《史记·淮南衡山列传》伍被谏王之辞,以为"明非信史","盖亦其类"。⑤ 辛德勇指出"上述论证,看似很有道理,实际却存在着严重问题",仔细辨析后,"各种不同的记载,正可相互印证,并不混乱"。⑥ 目前,我们尚不宜简单否定《史记·李斯列传》的相关记载。

秦亡之因,历来多强调胡亥、赵高的因素。1977 年 8 月甘肃玉门花海汉代

---

① 吕思勉:《秦汉史》第二章,第 22 页。

② 吕思勉:《吕著史学与史籍》,华东师范大学出版社,2002 年,第 122 页。近年探讨又见安子毓、王绍东《李斯"督责之书"系伪作辨》(原刊《史学月刊》2013 年第 7 期),收入中国秦汉史研究会编《秦汉史论丛》(第十三辑),郑州大学出版社,2014 年,第 53—63 页。

③ 阎步克:《士大夫政治演生史稿》第六章,第 243—244 页。

④ 参见〔英〕崔瑞德、鲁惟一编,杨品泉等译《剑桥中国秦汉史:公元前 221—公元 220 年》第 1 章(卜德撰),第 112—116、90、93、99—100 页。

⑤ 参见吕思勉《〈秦代初平南越考〉之商榷》(原刊《国学论衡》第四期,1934 年),收入所著《吕思勉论学丛稿》,上海古籍出版社,2006 年,第 34—35 页;吕思勉《秦平南越上》,《吕思勉全集》9《读史札记(上)》"乙帙　秦汉",上海古籍出版社,2016 年,第 541—544 页。

⑥ 参见辛德勇《王翦南征百越战事钩沉》,《旧史舆地文录》,第 93—94 页。

烽燧遗址出土的七面棱形觚,录有西汉皇帝遗诏。① 其中有云"胡佫(亥)自汜(恣),灭名绝纪"(1448)。②《盐铁论·非鞅》大夫曰"及二世之时,邪臣擅断,公道不行,诸侯叛弛,宗庙隳亡。……今以赵高之亡秦,而非商鞅,犹以崇虎乱殷,而非伊尹也",《相刺》文学曰"昔赵高无过人之志,而居万人之位,是以倾覆秦国而祸殃其宗"。③ 近人章太炎言"周继世而得胡亥者,国亦亡;秦继世而得成王者,六国亦何以仆之乎?如贾生之《过秦》,则可谓短识矣"。④ 从商鞅"农战"政策演进、波动的轨迹来看,注意二世统治的政治特征,突出"邪臣擅断"的严重危害,从而归纳出"赵高之亡秦","周继世而得胡亥者,国亦亡",是大体符合历史状况的分析。不过也要看到,二世统治可分为前后两期。统治前期,赵高所行实上接商鞅重"法"之统,只是前者在政治施行上更为恶劣。统治后期,赵高说以"天子称朕,固(不)闻声",强调"术"的运用。李斯议"行督责之术",更是对"术"思想的系统阐述与发展。⑤ 萧公权曾将李斯政治主张归纳为四则:"一曰尊君""二曰集权""三曰禁私学""四曰行督责",⑥其中特别提到"行督责"。需要指出,上述四则之中,末则是唯一在二世、特别二世后期特予强调及推行的内容。

---

① 关于遗诏颁布的时代,学界之前一直倾向为武帝晚年。近年学者倾向于此遗诏是汉高祖临终前留给惠帝刘盈的遗言。胡平生:《写在木觚上的西汉遗诏》(原刊《文物天地》1987年第6期),收入所著《胡平生简牍文物论稿》,中西书局,2012年,第230—233页;辛德勇:《制造汉武帝:由汉武帝晚年政治形象的塑造看〈资治通鉴〉的历史构建》第三章,第61—65页。此意见又被采入李宝通、黄兆宏主编《简牍学教程》第四章,李迎春撰,甘肃人民出版社,2011年,第114页。上述之外,董珊研究认为是文帝遗诏。

② 甘肃省文物考古研究所编:《敦煌汉简》,中华书局,1991年,下册,第274页;吴礽骧、李永良、马建华释校:《敦煌汉简释文》,甘肃人民出版社,1991年,第150页。

③ 王利器:《盐铁论校注》(定本)卷二、卷五,第94、255页。

④ 章太炎:《秦政记》,《章太炎全集·太炎文录初编》,第66页。

⑤ 以往研究很少注意秦帝国政治思想的前后变化,如在讨论商鞅、申不害相关影响时,西方学界认为"当我们考察推行的统治方法时,它几乎没有表现出两人之间被假设的那种明显的差别。例如,李斯载其前209年关于督责的有名的奏疏中,同样称颂商鞅的法和申不害的术,并没有发现两者之间的矛盾。在陈述以上的意见时,他引了最伟大的法家理论家韩非(死于公元前233年)的话:商鞅之法,申不害之术,'皆帝王之具也'"。〔英〕崔瑞德、鲁惟一编,杨品泉等译:《剑桥中国秦汉史:公元前221—公元220年》第1章(卜德撰),第90—91页。

⑥ 萧公权:《中国政治思想史》第八章,第248—249页。

太史公曰"人皆以斯极忠而被五刑死,察其本,乃与俗议之异",①议论依然发人深省。萧氏对此虽有留意,惜未展开分析,也未揭示相关主张的政治意义及历史影响。在关东群起反秦的严峻形势下,新措施行进一步破坏了关中故秦之地"君—官—民"结构,加速了帝国覆亡。

唐人柳宗元著名的"议论"文章《封建论》曾经写道:

> 失在于政,不在于制,秦事然也。②

所言本就唐代封建诸侯而发,后人推而广之。从"政""制"两分视角来看,无论玉门花海遗诏、《盐铁论·非鞅》,还是章太炎《秦政记》,都在强调秦"失在于政,不在于制"。就"农战"政策推行与秦政兴衰而言,商鞅确立的"农战"之策及"君—官—民"政治结构对于认识秦自孝公至始皇帝、二世的政治演进发展,提供了重要线索。"农战"政策波动及"君—官—民"结构调整,可以为秦国实现统一又短祚而终,提供相对整体性解释。当然,从这个层面分析,我们也可看到,简单从"失在于政,不在于制,秦事然也"的角度进行归纳,以秦制无咎,乃二世治政之罪,又失之片面。③ 制度由人而创,为人服务,虽具有巨大惯性,但因受到不同时期、不同阶段相关政治的巨大影响,发展中时呈现摆动。伴随由战国进入帝国,原有政策又面临重新规划的历史机遇。从"制"的角度观照,二世政治上的严重失措,直接导致了帝国崩溃。前人所言,仍富启迪。然从"政"的角度观照,"农战"政策转向,未能在始皇帝统治后期顺利完成;在面临实际险境下,又未明确继任集团的政治路线与政策转变方向,故"二世三世至于万世,传之无穷"的目标,自难实现。

---

① 《史记》卷八七《李斯列传》,第 2563 页。
② 《柳宗元集》卷三,中华书局,1979 年,第 73 页。相关分析又参见管东贵《柳宗元〈封建论〉读后——兼论中国皇帝制的生态》(原刊《龙宇纯先生七秩晋五寿庆论文集》,台湾学生书局,2002 年),收入所著《从宗法封建制到皇帝郡县制的演变:以血缘解钮为脉络》,中华书局,2010 年,第 113—126 页。
③ 阎步克指出"秦帝国的政治成败与其'法治'之间,依然存在着并非外在的关系","秦之'政'与秦之'制',又并非可截然划分为二者"。《士大夫政治演生史稿》第六章,第 240—242 页。而"政—制"之外,我们似乎还应关注"政—法"关系。大的治国理政路线之争与法律督责吏民一类自由裁量的小节,呈现怎样的互动? 从制度、特别具体法律制度层面,怎样去理解政治生活? 它们彼此又是怎样的理论关系? 这些也需要未来思考。

最后,这里将探讨所获认识,归纳如下:

1. 商鞅变法,"内务耕稼,外劝战死之赏罚"。所推行的政治军事政策,可称为"农战"政策。"农"对应赋税,"战"对应兵役及徭役。"农战"是君主为使民众提供最大限度的赋役而做出的政策设计。赋、役各自在供给上均需相当的时间成本,而"农战"政策注重"内(农)—外(战)"间的充分结合,从而使"赋—役"呈现出最大的供应效能。这是秦国家体制"战国模式"构建思路的重要组成。秦"君—官—民"的政治结构,包括君—官、官—民、官—官、官—民诸层面;各层分类,官包括宗室贵戚、公卿大臣、士大夫、官人百吏,民包括农、工、商、儒、言说者、侠、处士等。自商鞅变法至始皇帝、二世时期,秦政治军事实践不断进行,国家由东周诸侯走向帝制新邦,由此导致秦自商鞅确立的"农战"政策在之后历史发展中并非直线前行,也随之出现一定幅度的波动。秦"农战"政策在战国崛起至帝业肇创中的推行及变化,可增进对秦帝国兴衰、秦君主制发展的认知,并有望提供一种相对系统性的解释。

2. 商鞅第一次变法,行什伍连坐之制。而秦县制推行及县、乡关系确立,却发生在第二次变法时期。秦在循序渐进规划地方行政制度之前,已开始全面加强对民众的管控。此主要通过军法控御,着意构建"君—民"关系。"农战"与"赏罚"对应,"武爵武任","粟爵粟任",从而逐渐形成一种整体性关联。"赏罚"之柄在君,"农战"更多体现秦国"君—民"联结。"官爵""名利之柄""操"之在"主"。"农战"政策下,民众"为上忘生而战""亲上死制",以实现"尊主安国"。西嶋定生强调"秦汉帝国的基本结构是由皇帝施行的对农民的个别人身支配","二十等爵制,就是秦汉帝国的具体的秩序结构"。而强调"君—民"关系的"农战"政策,在更广阔层面建立起新的国家秩序。

3. 《商君书》依所务之业,将民众划分为不同群体,主要包括"《诗》《书》辩慧者""技艺之士""商贾之士"及"处士""勇士"等。"辩慧""辩知"有聪明、机敏义,进而有善言辞、长于论辩义。"《诗》《书》辩慧者",以"文学""言语"为特征,主要指儒士,进而指以儒生为代表的诸士,以与"法术之士"相对。随着时代发展,韩非"五蠹"之"言古(谈)者"较为活跃。他们始与纵横家相近。"游宦者",由他国入秦,没有固定户籍,多投寄私门而求官避役。秦"君—民"之"民",主要指勤勉而为的农战之民。"士农工商,四民有业",然商鞅欲抟民于"农战"而已。"以静生民之业",反映国家意志对民众需求的强力压制,君主帮助民众做出选择。某种意义上,商鞅"农战"政策下的"君—民"联结,商鞅"农战"政策下的"农战之士",也是国家着力塑造的结果。

4.《商君列传》记第一次变法,在民众举措外,始涉及对宗室、大臣、官吏群体的交代。叙述先"民"后"官",并通过爵、官,将宗室贵戚、官僚群体纳入"农战",由此缔造新的"君—官—民"政治结构。秦"君—官"之"官",包括"士大夫""官人百吏"。他们分别以"爵""秩"进行等级管理。"士大夫"仍然有"秩",大体为千石至六百石。"士大夫"与"官人百吏"并以六百石作为等级分界。士大夫依靠"爵秩"所获权益,仍较"禄秩"为丰厚,尚多称爵而不称官。"士大夫—官人百吏"划分,是战国秦汉禄秩序列纵向伸展的阶段反映。"吏民""吏卒"概念的出现、官民爵分界的形成,均可溯源至此。"士大夫"与"官人百吏",在秦国还多用以对应中央和地方官吏(偏重地方佐官、属吏一类)。就"官—民"层面而言,君主既反对中央官吏影响、侵扰地方,又对地方官吏不尽信任,防范其作奸谋私。在官僚组织"服务取向"明显突出的秦国,君主对官吏的"自利取向"仍多有警惕。

5.《韩非子·定法》虽云"及孝公、商君死,惠王即位,秦法未败也",但惠文王以降"农战"政策推行,并非一仍其旧。具有"宗室—大臣"身份特征的太子傅公子虔,是变法反对势力的代表。惠文王车裂商鞅,原太子集团在斗争中获得胜利。此后秦国政治形势应有变化。惠文王至庄襄王对宗室大臣的重视与依靠,可视作对"君—官—民"政治结构的重要调适。伴随大臣、宗室势力重振,秦逐渐出现"富强也资人臣而已矣","战胜则大臣尊,益地则私封立"的状况,帝业由此被一再推迟。伴随秦领土东向扩张,秦民不断迁徙"新地",原有"农战"政策又面临农、战平衡的考验。昭襄王晚年,东方特别是三晋民众存在向关中流动的状况,"徕民"之策因时提出。吕不韦主政为秦统一六国奠定了重要基础,但也呈现出新的问题:大臣势力膨胀,"君—官"关系失衡;招聚游士,壮大私门;提倡儒学,反对法术。"吕不韦的插曲"可视作"农战"政策推行的较大波动阶段。

6.始皇帝统治可分为前后两期:二十六年至三十二年碣石刻石为始皇帝前期,三十二年北击匈奴至三十七年为始皇帝后期。前、后期的政治规划,存在差别。前期注重守成,后期继续开边。西汉武帝统治与之有类似处。"元封"以后,刘彻也面临转入"守文"抑或继续征伐、控制西北远国的选择。帝国建立后,始皇帝作制垂范,不期而然地面临与当年商鞅类似的形势。相对于"术""势",

始皇帝"事皆决于法",重走商君路。同时,始皇帝前期对"农战"政策进行调整:"农""工"并称,倡言和平,尊重大臣,安抚黔首。三十二年秦北击匈奴,略取陆梁,开展南北拓边,始皇帝统治转入后期,"外攘四夷"。修作直道、阿房等工程,赋役繁重,"焚书坑儒",主要集中于始皇帝后期。"农战"政策在新形势下效能不再,"君—民"联结遭遇挑战。

7. 二世统治为时虽短,但根据其政治思想变动,也可分为前后两期:二世元年至二年冬陈胜农民军攻秦失败、吴广被杀为前期,李斯上书献"督责之术"至三年胡亥遇害为后期。二世统治前期,"用法益刻深",诛戮宗室大臣,摧折"君—官"联结,较商鞅所行愈远;又继续始皇"外攘四夷"事业,破坏"农战"关系,将"君—民"联结推向崩溃。山东"新地"民众由此掀起反秦浪潮。二世统治后期,以"术"辅"法"。赵高提出"天子称朕,固(不)闻声"。李斯献"督责之术",对"术"的思想进行系统阐说,视作"帝道"核心。在山东反秦形势下,相关措施进一步破坏故秦之地"君—官—民"政治结构,"秦民益骇惧思乱",帝国终至覆亡。

8. 学者多借柳宗元《封建论》议论,以秦制无咎,乃二世治政之罪。"农战"政策推行不断受到各阶段秦政的影响,呈现出一定的摇摆波动。由战国进入帝国,原有政策又面临重新调整的历史机遇。从"制"的角度观照,二世政治严重失措,直接导致了帝国崩溃。然从"政"的角度观照,始皇帝后期未能顺利完成"农战"政策转向,又未明确继任集团的政治路线与政策转变方向,"至于万世,传之无穷"的目标,终难完成。

第二章 "并天下":秦君统一功业的
　　　历史定位与政治表述

一　问题的提出:"大一统"观念
　　与上古帝王世系建构

秦统一后所确立的政治体制模式,无论历史学界抑或考古学界均习惯使用"'大一统'专制主义中央集权帝国"的表述。相关概括基本符合我们对历史状况的认识。① 当然,这里"大"主要作为形容词使用。我们习知,历史上"大一统"

---

① 关于"专制主义"的主要探讨,参见梁启超《中国专制政治进化史论》,《饮冰室文集点校》,吴松等点校,云南教育出版社,2001年,第1648—1667页;甘怀真《皇帝制度是否为专制?》(原刊《钱穆先生纪念馆馆刊》4,1996年),收入所著《皇权、礼仪与经典诠释:中国古代政治史研究》"附录",第381—391页;许兆昌、侯旭东《阎步克著〈乐师与史官〉读后》,《中国史研究》2003年第4期,第162—165页;侯旭东《中国古代专制说的知识考古》(原刊《近代史研究》2008年第4期),增补稿收入《近观中古史:侯旭东自选集》,中西书局,2015年,第310—343页;王文涛《中国古代"专制"概念解读》,《中国史研究》2006年第4期;王文涛《中国古代"专制"概念述考》,《思与言》第44卷第4期,2006年;王文涛《"专制"不是表述中国古代"君主专制"的词语》,《史学月刊》2012年第8期;黄敏兰《质疑中国古代专制说依据何在》,《近代史研究》2009年第6期;阎步克《政体类型学视角中的"中国专制主义"问题》;阎步克《中国传统政体问题续谈》;孟彦弘《代后论:中国从农业文明向工业文明的过渡——对中国资本主义萌芽及相关诸问题研究的反思》"编校附记",收入所著《出土文献与汉唐典制研究》,北京大学出版社,2015年,第352—354页;李振宏《秦至清皇权专制社会说的法制史论证》,《古代文明》2016年第3期;李振宏《秦至清皇权专制社会说的经济史论证》,《河南师范大学学报》2016年第6期;李振宏《从政治体制角度看秦至清社会的皇权专制属性》,(转下页)

的较早表述见于《春秋公羊传》：

> 元年，春，王正月。元年者何？君之始年也。春者何？岁之始也。王者孰谓？谓文王也。曷为先言王而后言正月？王正月也。何言乎王正月，大一统也。①

参考西汉路温舒上言"臣闻《春秋》正即位，大一统而慎始也"；②董仲舒所论"《春秋》大一统者，天地之常经，古今之通谊也"；③及王吉"《春秋》所以大一统者，六合同风，九州共贯也"④的阐发，当时用语中，"大"实际均作动词，为尊重、尊大之义。何休注："统者，始也。揔系之辞。夫王者，始受命改制，布政施教于天下，自公侯至于庶人，自山川至于草木昆虫，莫不一一系于正月，故云政教之始。"⑤颜师古注董仲舒语，也说"一统者，万物之统皆归于一也。《春秋公羊传》：'隐公元年，春王正月。何言乎王正月？大一统也。'此言诸侯皆系统天子，不得自专也"。⑥周良霄指出"一开始就标明周历的正月，以尊崇一统，即周统。由此可见，正名的用意也就是尊王，即尊奉周天子。孔子《春秋》大一统的思想原是为维护西周模式的周天子权威而服务的"。⑦"'大一统'一词在本传中虽然只出

（接上页）《中国史研究》2016 年第 3 期；李振宏《秦至清皇权专制社会说的思想史论证》，《清华大学学报》2016 年第 4 期；马克垚《古代专制制度考察》，北京大学出版社，2017 年。"大一统"的主要探讨，参见杨向奎《大一统与儒家思想》，中国友谊出版社，1989 年；刘家和《论汉代春秋公羊学的大一统思想》（原刊《史学理论研究》1995 年第 2 期）、《先秦时期天下一家思想的萌生》，均收入所著《史学、经学与思想：在世界史背景下对于中国古代历史文化的思考》，北京师范大学出版社，2005 年，第 369—384、305—316 页；刘泽华《先秦士人与社会》，天津人民出版社，2004 年，第 251—266 页；王子今《权力的黑光》第七章，陕西人民出版社，2006 年，第 144—164 页；李零《两次大一统（上、中、下）》（原刊《东方早报·上海书评》2010 年 4 月 18 日—6 月 13 日），收入所著《我们的中国》第一编《茫茫禹迹：中国的两次大一统》，生活·读书·新知三联书店，2016 年，第 7—75 页。

① 《春秋公羊传注疏》卷一，[清]阮元校刻：《十三经注疏》，第 4765—4766 页。
② 《汉书》卷五一《路温舒传》，第 2369 页。
③ 《汉书》卷五六《董仲舒传》，第 2523 页。
④ 《汉书》卷七二《王吉传》，第 3063 页。
⑤ 《春秋公羊传注疏》卷一，[清]阮元校刻：《十三经注疏》，第 4766—4767 页。
⑥ 《汉书》卷五六《董仲舒传》，第 2523 页。
⑦ 周良霄：《皇帝与皇权》第十四章，上海古籍出版社，2006 年，第 338 页。

现一次,但该思想是贯彻全传始终的",①且"《公羊传》的大一统思想虽然未必就等于《春秋》的同类思想,但它总是《春秋》中一统思想的发展"。② 综上言之,儒家所尊大的"一统",所指较为宽泛,主要是系之于一的涵义。③ "大一统"这一理念的提出,最初主要在标举以周天子为核心所确立的"天子—诸侯"政治模式,且侧重政治理念与政治文化的层面,即周天子声教"辐射"诸侯与诸侯尊奉王室而"会聚"四周的"一统"。

紧接的问题是,有关周"大一统"认知的出现,是仅属后续发展形成的经学叙述,还是也属于史学叙述?《诗·商颂·玄鸟》"古帝命武汤,正域彼四方。方命厥后,奄有九有。……邦畿千里,维民所止,肇域彼四海。四海来假,来假祁祁",④有"正域彼四方""肇域彼四海"及"奄有九有"的表述。⑤《诗·商颂·长发》"相土烈烈,海外有截。……帝命式于九围。……武王载旆……九有有截",⑥也谈到"海外有截"及"九围""九有"。⑦《书·盘庚》还见有"绍复先王之大业,厎绥四方"语。⑧ 而叙说周代,有《诗·周颂·执竞》"奄有四方,斤斤其明",《书·洛诰》"奉答天命,和恒四方民",《书·君奭》"丕冒海隅出日,罔不率俾",《书·立政》"方行天下,至于海表,罔有不服"等内容出现。⑨ 一般认为,大

---

① 刘尚慈译注:《春秋公羊传译注》,中华书局,2010 年,第 3 页。

② 刘家和:《论汉代春秋公羊学的大一统思想》,《史学、经学与思想:在世界史背景下对于中国古代历史文化的思考》,第 373 页。

③ 刘家和引《说文》段注"别丝者,一丝必有其首,别之是为纪;众丝皆得其首,是为统",指出"这个'一统'不是化多(多不复存在)为一,而是合多(多仍旧在)为一……词义的重心在'一'。但此'一'又非简单地合多为一,而是要从'头'、从始或从根就合多为一"。《论汉代春秋公羊学的大一统思想》,《史学、经学与思想:在世界史背景下对于中国古代历史文化的思考》,第 370—371 页。

④ 《毛诗正义》卷二〇,[清]阮元校刻:《十三经注疏》,第 1344 页上栏。

⑤ 其中,"四方"用语在传世文献外,也多见于甲骨、金文等出土文献,为当时实际所使用。前人已多指出。

⑥ 《毛诗正义》卷二〇,[清]阮元校刻:《十三经注疏》,第 1351—1353 页。

⑦ 相关解释可参看童书业《春秋左传考证》第一卷《春秋地理之部》"九州"条,童书业著、童教英校订:《春秋左传研究》(校订本),中华书局,2006 年,第 200—202 页。

⑧ 《尚书正义》卷九,[清]阮元校刻:《十三经注疏》,第 357 页。

⑨ 《毛诗正义》卷一九、《尚书正义》卷一五、卷一六、卷一七,[清]阮元校刻:《十三经注疏》,第 1270、458、479、495 页。

体自西周初期以来,"天下"用语开始出现;延至东周,相关使用就更显普遍了。①学者还指出"'禹迹'或'九州',有出土发现为证,不仅绝不是战国才有的概念,可以上溯于春秋时代,而且还藉商、周二族的史诗和书传可以上溯到更早,显然是一种'三代'相承的地理概念"。② 相关情形为理解和把握秦统一后帝国的历史定位与文辞表述,提供了必要参照。③

而上古"大一统"帝王世系的逐渐建构,更对秦统一的政治表达产生了直接影响。近代以来,这一问题为古史辨派学者顾颉刚所关注。他在论说"层累地

---

① 学术史梳理及代表性探讨参见童书业《春秋左传考证》第一卷《春秋地理之部》"春秋时人之'天下'观念"条,童书业著、童教英校订:《春秋左传研究》(校订本),第200页;〔日〕安部健夫《元代史の研究》附录一《中国人の天下觀念——政治思想史的試論》,創文社,1972年,第425—526页;〔日〕渡边信一郎著,徐冲译《中国古代的王权与天下秩序:从日中比较史的视角出发》,中华书局,2008年;邢义田《从古代天下观看秦汉长城的象征意义》(原刊《燕京学报》新13,2002年),订补稿收入所著《天下一家:皇帝、官僚与社会》,中华书局,2011年,第84—135页;高明士《天下秩序与文化圈的探索:以东亚古代的政治与教育为中心》,上海古籍出版社,2008年;甘怀真编《东亚历史上的天下与中国观念》,台大出版中心,2007年;甘怀真《"天下"观念的再检讨》,吴展良编《东亚近世世界观的形成》,台大出版中心,2007年,第85—110页;甘怀真《天下概念成立的再探索》,《北京大学中国古文献研究中心集刊》第9辑,北京大学出版社,2010年,第333—349页;游逸飞《四方、天下、郡国——周秦汉天下观的变革与发展》,硕士学位论文,台湾大学文学院历史学系,2009年。又,王子今《论战国晚期河洛地区成为会盟中心的原因》(原刊《中州学刊》2006年第4期),收入所著《战国秦汉交通格局与区域行政》,中国社会科学出版社,2015年,第7—9页;《〈汉书〉的海洋纪事》(原刊《史学史研究》2012年第4期),增补稿收入所著《东方海王:秦汉时期齐人的海洋开发》,中国社会科学出版社,2015年,第316—319页;《略论秦始皇的海洋意识》,《光明日报》2012年12月13日11版;《上古地理意识中的"中原"与"四海"》,《中原文化研究》2014年第1期;《秦汉时期的海洋开发与早期海洋学》,《社会科学战线》2013年第7期,等等。

② 李零:《考古发现与神话传说》(原刊《学人》第5辑,江苏文艺出版社,1994年),收入《李零自选集》,广西师范大学出版社,1998年,第74页;《中国古代地理的大视野》(原刊《九州》第一辑,中国环境科学出版社,1997年,收入所著《中国方术续考》,东方出版社,2001年),又收入所著《我们的中国》第四编《思想地图:中国地理的大视野》,第15页。笔者按,收入文集时文字实有修订。

③ 刘家和对先秦时期"天下一家"思想进行了考述,将商周、春秋战国分别划为萌芽、发展阶段。《先秦时期天下一家思想的萌生》,《史学、经学与思想:在世界史背景下对于中国古代历史文化的思考》,第305—316页。

造成的中国古史"时,指出"疆界日益大,民族日益并合,种族观念渐淡而一统观念渐强,于是许多民族的始祖的传说亦渐渐归到一条线上,有了先后君臣的关系,《尧典》《五帝德》《世本》诸书就因此出来"。① 顾氏就相关问题进行考证的同时,并对战国秦汉人地域观念的扩展与统一意识的产生进行了论说。② 随着此后简帛文献的出土问世,特别是上博简《容成氏》《子羔》的刊布,战国古史传说研究的材料得到有益扩充。裘锡圭、郭永秉由此对相关问题重作审视,并评骘顾氏早年所论,且多予肯定。③ "在较晚的古史传说中归为黄帝之臣的容成、仓颉等人,在《容成氏》中和'轩辕氏'并列,都是远古时代先后'有天下'的古帝王。"④此种情形,恰反映出司马迁撰写《史记·五帝本纪》所参据、今收入《大戴礼记》的《帝系》,正是"今天所能看到的集中反映以黄帝为始祖的大一统帝王世系的最早作品"。⑤ "而最早明确表述黄帝、颛顼、帝喾之间的世代关系的,仍然

---

① 顾颉刚:《答刘胡两先生书》(原刊《读书杂志》第 11 期,1923 年,又刊《古史辨》第一册,上海古籍出版社,1982 年,初印于 1926 年),收入《顾颉刚全集》之《顾颉刚古史论文集》卷一,中华书局,2010 年,第 202 页。相关又参见顾颉刚《五德终始说下的政治和历史》(原刊《清华学报》第 6 卷第 1 期,1930 年,修订稿又刊《古史辨》第五册,上海古籍出版社,1982 年),收入《顾颉刚全集》之《顾颉刚古史论文集》卷二,第 249—306 页;《史林杂识初编》"黄帝"条,中华书局,1963 年,第 180 页;《中国上古史研究讲义》,中华书局,2002 年,第 7—11、77—101 页。

② 顾颉刚:《秦汉统一的由来和战国人对于世界的想像》(原刊《孔德旬刊》第 34 期,1926 年,又刊《国立中山大学语言历史学研究所周刊》第 1 集第 1 期,1927 年),顾颉刚、童书业:《汉代以前中国人的世界观念与域外交通的故事》(原刊《禹贡半月刊》第 5 卷第 3、4 期合刊,1936 年),均收入《顾颉刚古史论文集》卷五,第 33—41、82—117 页;顾颉刚:《周官辨非序——周公制礼的传说和周官一书的出现》(原刊《文史》第 6 辑,中华书局,1979 年),收入《顾颉刚古史论文集》卷十一,第 394—404 页。

③ 裘锡圭:《新出土先秦文献与古史传说》(原刊《李珍华纪念集》,北京大学出版社,2003 年,又刊《北京大学中国古文献研究集刊》第 4 辑,北京大学出版社,2004 年),收入所著《中国出土古文献十讲》,复旦大学出版社,2004 年,第 18—45 页;郭永秉:《帝系新研:楚地出土战国文献中的传说时代古帝王系统研究》,北京大学出版社,2008 年。近期推进及反思又见郭永秉《近年出土战国文献给古史传说研究带来的若干新知与反思》,《出土文献与古文字研究》第七辑,上海古籍出版社,2018 年,第 215—247 页。

④ 郭永秉:《帝系新研:楚地出土战国文献中的传说时代古帝王系统研究》,第 221 页。

⑤ 裘锡圭:《新出土先秦文献与古史传说》,《中国出土古文献十讲》,第 26 页。

只有《帝系》这篇文献。我们认为这种世代关系应当是配合大一统帝王世系的最终形成而产生的,其形成时间可能也不会早于战国晚期。"①这些充实了顾氏的论证,并提供了更精细的认识。李锐近年在前人基础上,认为从古训来看很多古史传说很早即有,周人是选用并统合为古史系统,并指出"周人的古史系统有三次建构,存在三阶段差别"。其中,第三阶段古史系统"是以炎黄为主体的多元系统,可以称为炎黄主体型古史系统。从目前的资料看,其时代序列大体上是黄帝、少皞、颛顼、帝喾、尧、舜、禹、夏、商、周",时代在平王东迁后的春秋时期。至"战国时期,由于姜齐被陈氏所代,炎帝后裔不存,许多人又创建了以黄帝为中心的古史系统"。② 可以看到,相关问题以往多为古史传说研究者所关注。而所涉材料,实际反映了上古以来的叙事模式与历史记忆。

二 帝王世系背景下"一统"观念在上古史的扩展

集中而系统反映战国后期上古帝王世系的历史叙述,是司马迁采据《五帝德》《帝系》《尚书》等材料编撰而成的《史记》。具体包括下启秦史的《五帝本纪》《夏本纪》《殷本纪》《周本纪》诸篇。这里,我们将之纳入相关论述,却采取不同于以往的视角,而更关注此种帝王世系建构作为重要背景对秦统一的历史定位与政治表述的影响。这似乎是以往古史研究者关注及论述不多的一个方面。

《史记》卷一《五帝本纪》记黄帝:

轩辕之时,神农氏世衰。诸侯相侵伐,暴虐百姓,而神农氏弗能征。于是轩辕乃习用干戈,以征不享,诸侯咸来宾从。……而诸侯咸尊轩辕为天子,代神农氏,是为黄帝。天下有不顺者,黄帝从而征之,平者去之……东至于海,登丸山,及岱宗。西至于空桐,登鸡头。南至于江,登

---

① 郭永秉:《帝系新研:楚地出土战国文献中的传说时代古帝王系统研究》,第222页。
② 参见李锐《上古史研究之反思——兼论周人古史系统的转变与礼制之变化》,《河北学刊》2015年第6期,第67页;李锐《上古史新研——试论两周古史系统的四阶段变化》,《清华大学学报》2016年第4期,第99、110、112页。

熊、湘。北逐荤粥,合符釜山……置左右大监,监于万国。万国和,而鬼神山川封禅与为多焉。……有土德之瑞,故号黄帝。①

本纪记颛顼:

帝颛顼高阳者……北至于幽陵,南至于交阯,西至于流沙,东至于蟠木。动静之物,大小之神,日月所照,莫不砥属。②

本纪记帝喾:

帝喾高辛者……修身而天下服。……帝喾溉执中而徧天下,日月所照,风雨所至,莫不从服。③

本纪记帝尧时帝舜:

于是帝尧老,命舜摄行天子之政,以观天命。……岁二月,东巡狩,至于岱宗,柴,望秩于山川。遂见东方君长,合时月正日,同律度量衡,修五礼五玉三帛二生一死为挚,如五器,卒乃复。五月,南巡狩;八月,西巡狩;十一月,北巡狩:皆如初。……五岁一巡狩,群后四朝。……于是舜归而言于帝,请流共工于幽陵,以变北狄;放驩兜于崇山,以变南蛮;迁三苗于三危,以变西戎;殛鲧于羽山,以变东夷:四罪而天下咸服。④

---

① 《史记》,第3、6页。

② 《史记》卷一《五帝本纪》,第11—12页。《大戴礼记·五帝德》作"乘龙而至四海,北至于幽陵,南至于交趾,西济于流沙,东至于蟠木。动静之物,大小之神,日月所照,莫不祇励",文字略有出入。[清]王聘珍著,王文锦点校:《大戴礼记解诂》卷七,中华书局,1983年,第120页。

③ 《史记》卷一《五帝本纪》,第13—14页。《大戴礼记·五帝德》作"执中而获天下,日月所照,风雨所至,莫不从顺"。[清]王聘珍撰,王文锦点校:《大戴礼记解诂》卷七,第121页。

④ 《史记》卷一《五帝本纪》,第24、28页;又见同书卷二八《封禅书》,第1355—1356页。此采据《书·尧典》"岁二月,东巡守,至于岱宗,柴。望秩于山川,肆觐东后,协时月正日,同律度量衡。修五礼、五玉、三帛、二生、一死、贽。如五器,卒乃复。五月南巡守,至于南岳,如岱礼。八月西巡守,至于西岳,如初。十有一月朔巡守,至于北岳,如西礼。归格于艺祖,用特。五载一巡守。群后四朝"。《尚书正义》卷三《〈舜典〉》,[清]阮元校刻:《十三经注疏》,第268页上栏。又,《大戴礼记·五帝德》作"(帝尧)流共工于幽州,以变北狄;放驩兜于崇山,以变南蛮;杀三苗于三危,以变西戎;殛鲧于羽山,以变东夷",后且有"其言不贰,其行不回,四海之内,舟舆所至,莫不说夷"。[清]王聘珍撰,王文锦点校:《大戴礼记解诂》卷七,第121、122页。

本纪记帝舜：

> 舜……年五十摄行天子事，年五十八尧崩，年六十一代尧践帝位，践帝位三十九年……舜之践帝位，载天子旗。①

本纪记帝舜时禹：

> 唯禹之功为大，披九山，通九泽，决九河，定九州，各以其职来贡，不失厥宜。方五千里，至于荒服。南抚交阯、北发，西戎、析枝、渠廋、氐、羌，北山戎、发、息慎，东长、鸟夷，四海之内咸戴帝舜之功。②

又，《史记》卷二《夏本纪》记帝舜时，禹治水成功：

> 东渐于海，西被于流沙，朔、南暨：声教讫于四海。于是帝锡禹玄圭，以告成功于天下。天下于是太平治。③

上述内容作为不可信据的史料，在以往历史研究中向少用作讨论。然而，若视作秦帝国政治定位及皇帝政治实践的历史背景加以关注，④相关叙事所建构的"史实"传统又具有一定的参考意义。《五帝本纪》"黄帝"条"诸侯相侵伐，暴虐百姓，而神农氏弗能征"，与秦初统一，时任廷尉李斯反对丞相王绾等建议分封诸公子，所言"诸侯更相诛伐，周天子弗能禁止"，⑤在叙述模式上颇显近似；又与群

---

① 《史记》卷一《五帝本纪》，第44页。

② 《史记》卷一《五帝本纪》，第43页。《大戴礼记·五帝德》作"（帝舜）南抚交趾、大教，鲜支、渠廋、氐羌，北山戎、发、息慎，东长、鸟夷羽民"，"（禹）巡九州，通九道，陂九泽，度九山。……履四海，据四海，平九州，戴九天，明耳目，治天下。……四海之内，舟车所至，莫不宾服"。[清]王聘珍，王文锦点校：《大戴礼记解诂》卷七，第123、124—125页。

③ 《史记》，第77页。

④ 《尧典》的成书问题复杂。顾颉刚因《尧典》有十二州而非九州，初以"取事实于秦制"，后以"武帝时之伪造《尧典》"；陈梦家认为《尧典》为秦官本尚书，包括"五载一巡守"等内容，可能是"当时齐、鲁的儒者为了给秦始皇的新制度找文献的根据，局部的修订他们的经文传本"。陈梦家：《尚书通论》，中华书局，2005年，第132—142、342—348页。然而，《尧典》因有甲骨卜辞所见四方风名，又确实当有特别早的文献来源。依目前战国简出土情况来看，很多过去认为是秦汉以后成书的作品，形成时代还当溯至战国中期左右。故相对于"大一统""巡守"为秦以后对前代历史书写建构的说法，秦实际继承、发展、延续春秋战国以来相关观念的认识，或更可取。

⑤ 《史记》卷六《秦始皇本纪》，第239页。

臣议帝号所言"昔者五帝地方千里,其外侯服夷服,诸侯或朝或否,天子不能制",①可对照联系。而上引"天子""帝位""诸侯""天下"的多次出现,又与《史记》卷二《夏本纪》"禹于是遂即天子位,南面朝天下",②同书卷三《殷本纪》"于是诸侯毕服,汤乃践天子位,平定海内",③及同书卷四《周本纪》"成王少,周初定天下……故成康之际,天下安宁,刑错四十余年不用",④在表述上存在较多一致性。东周建构的五帝政治叙事,与以周代为代表的三代事迹有类似处,呈现某一层面的延续。它们皆属以"天子—诸侯"联结而成的"天下"模式。而此种模式下的政治成功的表述,如黄帝时"诸侯咸来宾从","万国和";帝颛顼时"日月所照,莫不砥属";"天下服。……帝喾溉执中而徧天下,日月所照,风雨所至,莫不从服";帝舜时,禹治水成功,"四海之内咸戴帝舜之功","天下于是太平治",特别是帝舜"摄行天子之政",东巡狩"遂见东方君长,合时月正日,同律度量衡,修五礼五玉三帛二生一死为挚",及禹完成治水,使"声教讫于四海",与前引经学叙述中"始受命改制,布政施教于天下"的"一统"在政治理念与政治目标上是很近似的。

此外,《五帝本纪》中另一引人注目的叙述,在于这些帝王不仅施政声望广及"天下""海内",而且多有远及东西南北四至的巡狩活动及政治举措:

表1 《史记·五帝本纪》所见古帝王巡狩及政治举措表

	东	南	西	北
黄帝	东至于海,登丸山,及岱宗	南至于江,登熊、湘	西至于空桐,登鸡头	北逐荤粥,合符釜山
帝颛顼	北至于幽陵	南至于交阯	西至于流沙	东至于蟠木

---

① 《史记》卷六《秦始皇本纪》,第236页。
② 《史记》,第82页。
③ 《史记》,第96页。
④ 《史记》,第132、134页。

续表

	东	南	西	北
（帝尧时）舜	岁二月,东巡狩,至于岱宗,柴,望秩于山川	五月,南巡狩	八月,西巡狩	十一月,北巡狩
	请流共工于幽陵,以变北狄	放驩兜于崇山,以变南蛮	迁三苗于三危,以变西戎	殛鲧于羽山,以变东夷
（帝舜时）禹	东长、鸟夷	南抚交阯、北发	西戎、析枝、渠廋、氐、羌	北山戎、发、息慎
	东渐于海	南	西被于流沙	朔

就实际情形而言,所论自可怀疑。① 不过,作为东周以来建构形成的古史叙事,却很可能成为统一后君主采取相关政治行为的"历史"参照。② 学界以往对秦帝国建立后始皇帝五次巡行及汉武帝巡行的研究,多在历史地理研究的基础上,从国家祭祀、地域巡视及执政风格、交通实践等方面来加以评述。③ 然如近年学者指出,"秦皇帝巡游与先古圣王'巡狩'在形式上的继承关系是明显的"。④ 这里可以补充的是,"《史记》中有关秦史的记录中称'巡'、称'行'、称'游'"⑤外,《史记》卷八七《李斯列传》还记载有:

> 明年,又巡狩,外攘四夷,斯皆有力焉。⑥

明确出现有"巡狩"语,故此种联系可以成立。始皇帝在帝国建立后的系列"巡

---

① 近年来有学者注意到相关"'巡狩'故事反映了交通实践与执政能力的关系。秦汉时期经儒学学者经典化了的'巡狩'传说,其实可能部分反映了远古交通进步的真实历史"。王子今:《"巡狩":文明初期的交通史记忆》,《中原文化研究》2016 年第 6 期,第 5 页。

② 黄帝系统的五帝说外,当时还有少皞系统的五帝说,以五帝配五方五色,属于平面系统,比前者更具大一统色彩。李零:《帝系、族姓的历史还原——读徐旭生〈中国古史的传说时代〉》,《文史》2017 年第 3 辑,第 23—24 页。

③ 最新探讨参见田天《秦汉国家祭祀史稿》第一、二章,生活·读书·新知三联书店,2015 年,第 75—81、179—197 页;李凯:《先秦巡狩研究》,北京师范大学出版社,2017 年。

④ 王子今:《"巡狩":文明初期的交通史记忆》,第 10 页。

⑤ 王子今:《"巡狩":文明初期的交通史记忆》,第 9 页。

⑥ 《史记》,第 2547 页。

狩",并非孤立的开创性举动,应在上述"历史"背景下加以审视。积极的远距离交通实践背后,包含着对上古帝王政治行为的仿效。而此类政治举措作为秦帝国执政者参考的重要"史实",也一并构成了商周发展并在春秋战国逐渐重构的"一统"历史图景的要素。此前古史研究者曾使用"大一统帝王世系"的表述。而构建以黄帝为始祖的一以贯之的帝王世系同时,周"大一统"政治理念及政治文化,也被作为五帝以来上古帝王所共有的政治特征。

三 "并天下":秦超迈前代的用语选择及其内涵

当然,此种"大一统帝王世系"内部又存在阶段性。上古以降,大体为"五帝—三王—五伯"的序列。即便《史记》文本对"五帝""三王"政治成就的差异,也有委婉表达。五帝、夏、商诸君主基本使用原属天神范畴的"帝"称,而作"帝某"。按"帝"一般用作称呼已死君王。《礼记·曲礼下》云"天王登假,措之庙,立之主,曰帝",①《大戴礼记·诰志》又云"天子崩,步于四川,代于四山,卒葬曰帝"。②清人黄生即言:"三代天子之号称王。然夏自帝启以下俱曰帝某,商则《易》称'帝乙归妹',《书》称'自成汤至于帝乙'。初疑其说,后读《礼记·曲礼》云'措之庙,立之主,曰帝',始解。"③裘锡圭进一步指出:"从卜辞看,商王只把死去的父王称为帝,旁系先王从不称帝。"④不过是否遵从一般认识,将"帝"理解为"三代称已死的君主",⑤还可斟酌。《史记》卷三《殷本纪》云:

---

① 《礼记正义》卷四,[清]阮元校刻:《十三经注疏》,第2728—2729页。
② [清]王聘珍撰,王文锦点校:《大戴礼记解诂》卷九,第183页。
③ [清]黄生撰,[清]黄承吉合按,包殿淑点校:《字诂义府合按》"三代称帝"条,中华书局,1984年,第149页。
④ 裘锡圭:《关于商代的宗族组织与贵族和平民两个阶级的初步研究》(原刊《文史》第17辑,中华书局,1983年),收入《裘锡圭学术文集》第五卷《古代历史、思想、民俗卷》,复旦大学出版社,2015年,第123页。相关问题辨正、补充,又见李零《考古发现与神话传说》,《李零自选集》,第73页。
⑤ 《汉语大词典》第三卷,汉语大辞典出版社,1989年,第707页。

> 于是周武王为天子。其后世贬帝号,号为王。①

司马贞《索隐》:"按:夏、殷天子亦皆称帝,代以德薄不及五帝,始贬帝号,号之为王,故本纪皆帝,而后总曰'三王'也。"②此与"禅让—革命—争霸"的政治实现方式密切相关,强调了军事争斗下后世王朝政治权威的日益衰微。

那么,秦处在这一"历史叙事"背景下,如何对统一的政治军事成就加以历史定位与政治表达呢?《吕氏春秋·孟秋纪·荡兵》云:

> 古圣王有义兵而无有偃兵。兵之所自来者上矣,与始有民俱。……兵所自来者久矣,黄、炎故用水火矣,共工氏固次作难矣,五帝固相与争矣。递兴废,胜者用事。人曰"蚩尤作兵",蚩尤非作兵也,利其械矣。未有蚩尤之时,民固剥林木以战矣,胜者为长。长则犹不足治之,故立君。君又不足以治之,故立天子。天子之立也出于君,君之立也出于长,长之立也出于争。争斗之所自来者久矣,不可禁,不可止,故古之贤王有义兵而无有偃兵。……兵诚义,以诛暴君而振苦民,民之说也,若孝子之见慈亲也,若饥者之见美食也,民之号呼而走之,若强弩之射于深豁也,若积大水而失其壅隄也。③

相较当时流行的偃兵说,此阐述了生民以来即有兵事,战争的由来相当久远。自炎、黄及五帝以来的政治变动,"固相与争矣。递兴废,胜者用事"。古代贤王只主张正义的战争,而从未废止战争。前论秦统一后宣述战争之由,特别使用了"义""义兵"语。相关思想及用法不见于《商君书》④《韩非子》,也非始皇独创,而习见于《吕氏春秋》。秦对兼并战争做合法性包装,强调所为乃"诛暴君而振

---

① 《史记》,第108—109页。
② 《史记》,第109页。
③ 许维遹撰,梁运华整理:《吕氏春秋集释》卷七,第157—159、162页。
④ 《商君书·画策》云"昔者昊英之世……神农之世,男耕而食,妇织而衣,刑政不用而治,甲兵不起而王。神农既没,以强胜弱,以众暴寡,故黄帝作为君臣上下之义,父子兄弟之礼,夫妇妃匹之合;内行刀锯,外用甲兵。故时变也。由此观之,神农非高于黄帝也,然其名尊者,以适于时也。故以战去战,虽战可也。以杀去杀,虽杀可也。以刑去刑,虽重刑可也。……是以知仁义之不足以治天下也。……圣王不贵义而贵法,法必明,令必行,则已矣"。高亨:《商君书注译》,第136—144页。此言"甲兵不起而王"的神农,较"内行刀锯,外用甲兵"的黄帝,更显"名尊",认为战争从无到有,而身处不同时代,实现政治的手段有别。篇末贬斥仁义,并以"不贵义而贵法"作结。上述与《吕氏春秋》所见"义兵"论说,明显有所不同。

苦民",某种程度上借鉴了《吕氏春秋》。① 由此而言,上述论说,从某种意义上尝试消解"五帝—三王—五伯"序列下相关政治军事成就日益倒退的逻辑链条,为秦比肩前代功业提供了理论支持。②

秦的统一,首先包含对上古君王,特别是对周室政治成就的继承,如始皇帝语"天下大定""天下初定""天下已定",③琅邪刻石"普天之下,抟心揖志""方伯分职,诸治经易""皇帝之德,存定四极"等,④皆可与上古文献记载及古史叙述相联系。灭六国前,李斯所言"足以灭诸侯,成帝业,为天下一统,此万世之一时也";⑤灭六国后,"丞相绾、御史大夫劫、廷尉斯等皆曰:'……平定天下,海内为郡县,法令由一统'","廷尉李斯议曰:'……今海内赖陛下神灵一统,皆为郡县'",⑥均明确使用了"一统"语。参考前论,这里的"一统",包含着接续五帝、三王的政治成就。

然而在此基础上,秦并不满足于承续前代并再次实现"一统"。"秦代周德"⑦之外,更远溯五帝,宣扬帝国成立所具有的跨越式、变革性政治成功。处于新的历史时期,秦在"大一统"基础上,更强调的乃是"并天下"。《史记》卷五《秦本纪》、卷六《秦始皇本纪》、卷一五《六国年表》三处叙及秦统一,实际均书作:

初并天下。⑧

---

① 相关论说又参见本书第一章。

② 另有学者从秦统一后宣布六国"暴乱",斥责对方"倍盟""畔约"的角度切入,开展论证。参见崔建华《秦统一合理化宣传策略的形成及改进——以初并天下诏为中心的探讨》,《人文杂志》2015 年第 11 期。

③ 《史记》卷六《秦始皇本纪》,第 236、239、255 页。

④ 《史记》卷六《秦始皇本纪》,第 245 页。

⑤ 《史记》卷八七《李斯列传》,第 2540 页。

⑥ 《史记》卷六《秦始皇本纪》,第 236、239 页。

⑦ 《史记》卷六《秦始皇本纪》,第 237—238 页。《史记》卷二八《封禅书》作"今秦变周,水德之时",第 1366 页。《吕氏春秋·有始览·应同》云"凡帝王之将兴也,天必先见祥乎下民。黄帝之时……及禹之时……及汤之时……及文王之时……代火者必将水,天且先见水气胜"。许维遹撰,梁运华整理:《吕氏春秋集释》卷一三,第 284 页。

⑧ 《史记》,第 220、235、757 页。

依记事体例,"初○"强调首次实现。李斯上奏,称"并有天下"。① 岳麓书院藏秦简提到"丞相臣状、臣绾受制相(湘)山上:自吾以天下已并,亲抚晦(海)内"(056/1001－1＋1020),②秦刻石材料中,泰山刻石有"初并天下……既平天下",琅邪刻石附记有"兼有天下""并一海内",东观刻石有"阐并天下",碣石刻石有"德并诸侯,初一泰平",会稽刻石有"平一宇内……皇帝并宇"等。③ 秦铸金人铭文有"初兼天下",④著名的秦度量衡诏版,作"尽并兼天下诸侯,黔首大安,立号为皇帝","并天下"且是"皇帝"名号确立的参据。我们还注意到,不仅《史记》其他篇章涉及秦统一时,基本均使用此类用语,⑤而且后世凡论及秦帝国建立一事,也普遍使用"并天下"的表述,⑥相关例证尤多,不复赘举。按秦的统一,实际是在"天子已绝"⑦的情势下,通过攻灭东方诸侯而建立起来的。⑧ 相较汤武革命

---

① 《史记》卷六《秦始皇本纪》、卷八七《李斯列传》,第 255、2546 页。
② 陈松长主编:《岳麓书院藏秦简(伍)》,第 57 页。
③ 《史记》卷六《秦始皇本纪》,第 243、246、250、252、261、262 页。
④ 《汉书》卷九九下《王莽传下》、卷三一《项籍传》颜注引《三辅黄图》,第 4169、1824 页。此又见《水经注·河水》。相关资料整理、分析,还可参见李零《翁仲考》,收入所著《入山与出塞》,文物出版社,2004 年,第 42—46 页。
⑤ 战国末期,探讨秦未来政治实践的用语中,"吞天下""并天下"大致就已出现。《战国策·秦一》"苏秦始将连横"章"说秦惠王曰:'可以并诸侯,吞天下,称帝而治。'""苏秦曰:'……今欲并天下,凌万乘,诎敌国,制海内,子元元,臣诸侯,非兵不可!'"《战国策》卷三,第 78、81 页;《史记》卷六《秦始皇本纪》"吕不韦为相……欲以并天下",第 223 页。
⑥ 甚或时代稍早的《战国策·韩三》"或谓韩王曰"章称"秦之欲并天下而王之,不与古同"。《战国策》卷二八,第 1009 页。
⑦ 《吕氏春秋·有始览·谨听》"今周室既灭,而天子已绝。乱莫大于无天子。……今世当之矣";《孟秋纪·振乱》"当今之世,浊甚矣。黔首之苦,不可以加矣。天子既绝,贤者废伏,世主恣行,与民相离,黔首无所告愬"。许维遹撰,梁运华整理:《吕氏春秋集释》卷一三、卷七,第 296、162 页。《太平御览》卷八六《皇王部一一》"始皇帝"条引《古史考》"王赧卒后,天下无主四十九年,以岁所在纪之",第 407 页下栏。
⑧ 甘怀真指出,"战国以至西汉(中期),当时人所谓的'天下'是指战国时的华夏,再加上楚国与秦国",《"天下"观念的再检讨》,吴展良编:《东亚近世世界观的形成》,第 90—91 页。晏昌贵认为战国后期"'天下'即指六国诸侯","'天下'不包括秦国在内"。《秦简"十二郡"考》(原刊北京大学中国古代史研究中心主编《舆地、考古与史学新说——李孝聪教授荣休纪念论文集》,中华书局,2012 年,收入陈伟等著《秦简牍整理与研究》,经济科学出版社,2017 年),收入所著《秦简牍地理研究》第一章,武汉大学出版社,2017 年,第 55—56 页。(转下页)

以小邦而克大邑,秦的政治军事功绩似乎尚不突出。不过,帝国君臣皆一致认为缔造统一之业的秦君"功盖五帝,泽及牛马","自上古以来未尝有,五帝所不及",①主要原因恐怕正在于包括前面已提及的这些表述中:"平定天下,海内为郡县,法令由一统","今海内赖陛下神灵一统,皆为郡县","仆射周青臣进颂曰:'……平定海内,放逐蛮夷,日月所照,莫不宾服。以诸侯为郡县'",及琅邪刻石"六合之内,皇帝之土。西涉流沙,南尽北户。东有东海,北过大夏。人迹所至,无不臣者。……莫不受德,各安其宇",附记"今皇帝并一海内,以为郡县,天下和平",②太史公述撰作《六国年表》缘起"以至于秦,卒并诸夏,灭封地,擅其号"。③ 秦以"法令"使政治理念重系于一。④ 更重要的是,秦再造"一统",突破了五帝以来所谓的"帝—诸侯"政治秩序。"尽并兼天下诸侯"后,又一度"以诸侯为郡县",确立了较"五帝地方千里"远为突出的成就。而"并天下"最初本重在强调以武力兼并外部诸侯,随着之后对自秦惠文王以降内部政治秩序中"郡县/诸侯"复合模式的正式取消,⑤从而首次实现了君主对所统地域较为单一而有效的直接控制。换言之,秦君统一功业最后得以赶超五帝,不仅在"尽并兼天下诸侯",还体现在君主与地方政治联结层面的"郡县制"全面彻底推行。"皇帝—郡县"作为新的"天下"政治模式,由此实现了对五帝三王以来"天子—诸侯"政治模式的取代。可以看到,这一发展并非简单线性的前后更替,中间实多曲折,涉及原有内、外部政治秩序的变动。或因此故,在上古史发展脉络下,作为对长久以来"分天下"历史传统的取代与突破,"并天下"而非"大一统",更能凸显秦统一的军事成就与帝国建立的政治伟绩。

除此之外,另一个问题也呈现出来。"大一统"在系之于一的涵义下,相关

(接上页)我们认为,"天下"概念随历史发展,前后有所变化。秦统一初所提到的"天下",主要指包括秦在内的战国七雄等华夏诸国;至始皇三十二年(前215)秦北伐匈奴,南越五岭,"天下"大致扩展至包括北边河南地、南边桂林、南海、象郡等相关新占领区域。

① 《史记》卷六《秦始皇本纪》,第245、236页。
② 《史记》卷六《秦始皇本纪》,第236、239、254、245、247页。
③ 《史记》卷一三〇《太史公自序》,第3303页。
④ 《荀子·儒效》"法后王,一制度,隆礼义而后杀《诗》《书》……是雅儒者也"。梁启雄:《荀子简释》,第93页。据此,"雅儒近于法家"。杨向奎:《大一统与儒家思想》,第34页。
⑤ 战国秦君名号变更与内外部政治秩序的发展,参见本书第三章。

政治理念具有包容性:不仅对应周代甚或五帝、夏商时代的"天子—诸侯"政治模式,而且涵盖秦以降的"皇帝—郡县"政治模式。①《史记》卷一六《秦楚之际月表》序言中曾谈到这样的内容,以往似乎少人留意:

> 昔<u>虞、夏之兴</u>,积善累功数十年,德洽百姓,摄行政事,考之于天,然后在位。<u>汤、武之王</u>,乃由契、后稷修仁行义十余世,不期而会孟津八百诸侯,犹以为未可,其后乃放弑。<u>秦起襄公</u>,章于文、缪、献、孝之后,稍以蚕食六国,百有余载,<u>至始皇乃能并冠带之伦</u>。以德若彼,用力如此,盖<u>一统若斯之难也</u>!②

末句以"一统"涵括,不仅包括虞、夏,含有商、周,而且是将秦纳入其中一并而言的。换言之,虞夏、商周以德,嬴秦以力,虽依凭途径有异,然在实现"一统"的政治目标上,恰前后相续,构成连续发展的序列。

四 复归"大一统":汉承秦制到上接周统的再次转变

秦末汹涌的反抗浪潮中,陈胜、项羽、刘邦先后崛起,并由后者再造帝业,完成了又一次统一,所谓"拨乱诛暴,平定海内,卒践帝祚,成于汉家",③"天下属汉"。④ 田余庆指出,"当渊源于楚的汉王刘邦东向与诸侯盟主楚王项羽交锋之时,他确实是不期而然地居于当年秦始皇灭六国的地位。客观形势要求居关中的刘邦之楚消灭居关东的项羽之楚,步秦始皇的后尘,再造帝业。这又出现了反秦而又不得不承秦的问题,出现了以后的汉承秦制,首先而又最根本的是承秦帝制","非承秦不能立汉"。⑤ 这里可以补充的是,义帝早先被项羽放杀,汉同样是在"天子已绝"的形势下,通过攻灭包括西楚在内的东方诸侯而肇建新功。因

---

① "并天下"偏重事实意义的揭示,"大一统"更偏重理念和文化层面的界定。后者的包容性某种程度上反映了名称与所对应功能的疏离。
② 《史记》,第759页。
③ 《史记》卷一六《秦楚之际月表》,第759页。
④ 《史记》卷一五《六国年表》,第758页。
⑤ 田余庆:《说张楚——关于"亡秦灭楚"问题的探讨》(原刊《历史研究》1989年第2期),收入所著《秦汉魏晋史探微》(重订本),中华书局,2004年,第27、29页。

此,就所创功业而言,汉帝国一如秦而使用"并天下"。《史记》卷九九《刘敬叔孙通列传》记"汉五年,已并天下,诸侯共尊汉王为皇帝于定陶,叔孙通就其仪号"。① 北京大学藏汉简《苍颉篇》出现"汉兼天下,海内并厕",②时代在西汉武帝时期。流传至今的汉瓦中时见有"汉并天下"的文字。③ 后世并有"秦吞列国,汉并天下"④语。不过,李开元研究刘邦集团的发展与汉帝国的建立时也指出,西汉立国之初,刘邦皇权是有限皇权,"在西汉初年,汉帝国是一个在汉朝的政治主导下的有统一的法制的四级制国家联合体","这样一种形式和内容的政治体制,是不同于秦始皇所开创的全面郡县制的统一帝国的"。⑤ 因此,汉"承秦"仍称"并天下",但"海内为郡县""皆为郡县""以诸侯为郡县"的超迈前代之语,无复得见。

日本学界历来关注战国秦汉时期的"天下"观与"大一统"问题。近年,阿部幸信在谷中信一等学者研究基础上,⑥探讨了"天下一统"与汉的"天下安定","天下安定"下的秩序特征,以及从"天下安定"到"中国一统"的发展。他指出"尽管司马迁将汉高祖的功业,与秦始皇一样称作'并天下',但却从未使用描绘秦代的'一统'词汇,在这一点,秦与汉正可作为对比。取而代之的是,《史记》在记述汉初朝廷与诸侯王国的整体秩序时,屡屡使用'天下安定'一词","自武帝

---

① 《史记》,第2722页。

② 北京大学出土文献研究所编:《北京大学藏西汉竹书(壹)》,上海古籍出版社,2015年,释文注释77页。

③ 俞伟超:《汉长安城西北部勘查记》,《考古》1956年第5期,第22页;冉云艳:《中国古代瓦当研究》第二章,博士学位论文,中国社会科学院研究生院考古学系,2002年,第67页。冉云艳提到,目前发现的相关瓦当"当心乳钉外有凸弦纹一周,边轮内亦有凸弦纹一周。双线界格将当面分为四区,每区内各饰一字,阳文篆书'汉并天下'。多为传世品,考古发现较少,仅在汉长安城建章宫遗址出土一件"。因建章宫始筑于武帝太初元年,毁于新莽地皇元年,俞伟超指出"瓦当的年代在武昭之际的可能最大,晚至宣帝以后的可能性极为微小"。

④ 《魏书》卷九五"序",中华书局,1974年,第2041页。

⑤ 李开元:《汉帝国的建立与刘邦集团:军功受益阶层研究》结语,生活·读书·新知三联书店,2000年,第249—250、254页。

⑥ 〔日〕谷中信一:《戰國時代後期における"大一統"思想の展開》,收入《日本中国学五〇年記念論集》,汲古书院,1998年,又收入《斉地の思想文化展開と古代中国の形成》,汲古书院,2008年,转引自〔日〕阿部幸信《论汉朝的"统治阶级"——以西汉时期的变迁为中心》,王安泰译,《台大东亚文化研究》2013年第1期,第65页。

元朔年间(西元前128—123年)至元封年间(西元前110—105年)前后,汉朝剥夺了诸侯王国名实的独立性,完成'海内一统'"。① 稍后,阿部氏又略微修正了相关意见,认为"经历对匈奴战争之前的汉所主导的'一统'范围,被称为'中国'","武帝封禅后的汉被描摹为'一统海内'的存在。在以上两种表现有别的'一统'之间,持续推进的乃是与诸侯王国内诸侯化相关的制度改革……这些措施无疑导致了'海内一统'局面的出现"。②

在此基础上,我们还注意到,相较上古以来的历史传统,汉人观念中的"一统"涵义,恐怕未多更新。陆贾《新语·怀虑》云:"故管仲相桓公,诎节事君,专心一意,身无境外之交,心无歆斜之虑,正其国如制天下,尊其君而屈诸侯,权行于海内,化流于诸夏,失道者诛,秉义者显,举一事而天下从,出一政而诸侯靡。故圣人执一政以绳百姓,持一概以等万民,所以同一治而明一统也。"③王利器注转引《文选》曹植《求自试表》李善注"《尚书大传》曰:'周公一统天下,合和四海。'然一统,谓其统绪"。④《说苑·指武》言:"是以《春秋》先京师而后诸夏,先诸华而后夷狄。及周惠王,以遭乱世,继先王之体,而强楚称王,诸侯背叛。欲申先王之命,一统天下。"⑤《汉书》卷九九中《王莽传中》"天无二日,土无二王,百王不易之道也。汉氏诸侯或称王,至于四夷亦如之,违于古典,缪于一统。其定诸侯王之号皆称公,及四夷僭号称王者皆更为侯"⑥,虽比附周制,但从一侧面仍反映出"一统"的内涵。故汉帝国之建立,仍然可称"一统"。⑦ 至若《史记》卷九七《郦生陆贾列传》陆贾出使南越,以语赵佗"皇帝起丰沛,讨暴秦,诛强楚,为天下兴利除害,继五帝三王之业,统理中国。…… 政由一家,自天地剖泮未始有

---

① 〔日〕阿部幸信:《漢初"郡国制"再考》,《日本秦漢史学会会報》第9号,2008年,第57—65、69—75页;〔日〕阿部幸信:《论汉朝的"统治阶级"——以西汉时期的变迁为中心》,第67—70、79—83页。

② 〔日〕阿部幸信著,徐冲译,吕静校:《汉初天下秩序考论》,《史林挥麈:纪念方诗铭先生学术论文集》,上海古籍出版社,2015年,第130—131页。

③ 王利器:《新语校注》卷下,中华书局,1986年,第132页。

④ 王利器:《新语校注》卷下,第134页。

⑤ [汉]刘向撰,向宗鲁校注:《说苑校证》卷一五,中华书局,1987年,第369—370页。

⑥ 《汉书》,第4105页。

⑦ 依此理解,汉初以来固然可称"一统",然"并天下"表述习惯是否早至汉初,抑或晚至武帝始多见,反而有待考量。

也"，①"统理中国"，《汉书》卷四三《陆贾传》作"统天下，理中国"，②相应而不会使用"并天下"一语。

武帝统治时期，西汉进入盛世。汉廷不仅征伐四夷，拓展疆域，而且"罢黜百家，表章六经"，行封禅，改制度。周"大一统"的旧有理念，在儒学复起后反而更得尊崇。武帝时，董仲舒言："《春秋》大一统者，天地之常经，古今之通谊也。今师异道，人异论，百家殊方，指意不同，是以上亡以持一统。"③他在《三代改制质文》中释《春秋》"王正月"，称："王者必受命而后王。王者必改正朔，易服色，制礼乐，一统于天下，所以明易姓，非继人，通以己受之于天也。"④武帝以来"一统"较"并天下"使用渐多，是值得注意的现象。《史记》史例为《太史公自序》："是岁天子始建汉家之封，而太史公留滞周南，不得与从事……太史公执迁手而泣曰：'……今汉兴，海内一统，明主贤君忠臣死义之士，余为太史而弗论载，废天下之史文，余甚惧焉，汝其念哉。'"⑤"是岁"指武帝元封元年（前110）。又，《建元以来侯者年表》："况乃以中国一统，明天子在上，兼文武，席卷四海，内辑亿万之众，岂以晏然不为边境征伐哉。"⑥《汉书》较早用例之一为《武帝纪》元朔六年（前123）六月诏"今中国一统而北边未安，朕甚悼之"。⑦更值得注意的，乃是班固撰《汉书》卷一三《异姓诸侯王表》。序文前半部分对前引《史记》卷一六《秦楚之际月表》序，多有参择：

> 昔《诗》《书》述虞夏之际，舜禹受禅，积德累功，洽于百姓，摄位行政，考之于天，经数十年，然后在位。殷周之王，乃繇高稷，修仁行义，历十余世，至于汤武，然后放杀。秦起襄公，章文、缪、献、孝、昭、严，稍蚕食六国，百有余载，至始皇，乃并天下。以德若彼，用力如此其(艰)〔囏〕难也。……古世相革，皆承圣王之烈，今汉独收孤秦之弊。……故据汉受命，谱十八王，月而列之，天下一统，乃以年数。讫于孝文，异姓

---

① 《史记》，第2698页。
② 《汉书》，第2112页。
③ 《汉书》卷五六《董仲舒传》，第2523页。
④ 苏舆撰，钟哲点校：《春秋繁露义证》，中华书局，1992年，第185页。
⑤ 《史记》卷一三〇《太史公自序》，第3295页。
⑥ 《史记》卷二〇《建元以来侯者年表》，第1027页。
⑦ 《汉书》卷六《武帝纪》，第173页。

尽矣。①

对照之下,内容基本一致,唯文字略有增减。其中,《秦楚之际月表》叙秦之事后,"以德若彼,用力如此,盖一统若斯之难也"句,《异姓诸侯王表》作"以德若彼,用力如此其(艰)〔囏〕难也"。可以看到,这里删去了"一统"语。而在随后叙秦暴政速亡而汉创未有之奇业后,交代制作体例:"故据汉受命,谱十八王,月而列之,天下一统,乃以年数。"此较《秦楚之际月表》,结构相近,却又添增有"天下一统"语。东汉初年,儒学思想已占据统治地位。在鼓吹儒学思想的班固等人眼中,虞夏、殷周之后的秦政虽历史影响巨大,或不符合周"大一统"的理念。② 在主流政治叙述之中,汉才是接续五帝三王之业而实现"一统"的盛朝。③

秦灭六国、完成统一后,在上古"大一统"古史叙事下欲"功盖五帝",称"并天下"。它或许不曾想到,"承秦"而复称"并天下"的汉,在随后的历史演进中不仅转而重视"一统"的政治表达,而且还将秦从这一政治谱系中排除了出去。

汉代以来,"大一统"政治理念相沿不衰,影响深远。而这一理念在早期历史发展中看似明晓,然个中委婉曲折,晦暗不明。相关辨析探讨,或有助于增进对秦统一及帝国建立的认识,也希望能为周秦变革及汉政转变的相关研究,提供一些新的启示。

---

① 《汉书》卷一三《异姓诸侯王表》,第363—364页。

② 目前所见汉代唯《焦氏易林》对秦使用了"一统"语,《焦氏易林》卷二《大畜之第二十七》"离"卦、《坎之第二十九》"剥"卦、卷四《旅之五十六》"泰"卦,均作"延陵适鲁,观乐太史。车轔白颠,知秦兴起。卒兼其国,一统为主",丛书集成初编据学津讨原本排印,中华书局,1985年,第121、134、261页。后世《旧唐书》卷二八《音乐志》有"及始皇一统,傲视百王"语,中华书局,1975年,第1039页。

③ 《史记》卷一三〇《太史公自序》"维我汉继五帝末流,接三代(统)〔绝〕业",第3319页;《汉书》卷二五下《郊祀志下》"赞曰:'……刘向父子以为帝出于《震》,故包羲氏始受木德,其后以母传子,终而复始,自神农、黄帝下历唐虞三代而汉得火焉。故高祖始起,神母夜号,著赤帝之符,旗章遂赤,自得天统矣。昔共工氏以水德间于木火,与秦同运,非其次序,故皆不永。'"第1270—1271页;《汉书》卷二一下《律历志下》"太昊帝"条《祭典》曰:'共工氏伯九域。'言虽有水德,在火木之间,非其序也。任知刑以强,故伯而不王。秦以水德,在周、汉木火之间。周人迁其行序,故《易》不载",第1012页。而新莽定五德,秦同样被列入闰统。参见顾颉刚《五德终始说下的政治和历史》,《顾颉刚全集》之《顾颉刚古史论文集》卷二,第401—405页。

第三章 秦君名号变更与"皇帝"的出现

一 学术史回顾与问题所在

秦中央政治体制的确立及演生,相关探讨应始自君主,①并注意名号变动背后君主政治军事角色特征的发展。政治名号是传统政治史探讨中的名实之"名",过去对它的政治意义重视尚有不足。甘怀真指出"这类讨论多认为作为意识形态或国家正当性的文化只是真实的物质利益与权力关系的反映,或作为工具与装饰品。即统治者借由一些文化符号以装饰并传达己身的权力","然而,许多研究也证明文化本身即蕴涵权力,不只是权力的工具而已"。②他特别提到"礼制中的诸符号不只是政治权力的反映、工具与装饰,其本身就是权力","权力是必须借由礼仪符号以展示"。③

学界以往对战国君主名号变动及皇帝名号成立史的研究,成果丰富,多有推进,但也存在一些问题。下面择要加以评述,在呈现前人工作成绩同时,提示可

---

① 侯旭东指出:"制度史研究中直接、间接受马克思·韦伯(Max Weber)一些论著的影响,多侧重于分析官僚制或其中某些机构与侧面,往往将皇帝弃置一边,制造出皇帝缺席的官僚制"。《告别线性历史观》(原刊《理论与史学》2,中国社会科学出版社,2016年),以"代序"收入所著《宠:信—任型君臣关系与西汉历史的展开》,北京师范大学出版社,2018年,第13页。

② 甘怀真:《自序:兼论中国政治史研究的展开》,《皇权、礼仪与经典诠释:中国古代政治史研究》,华东师范大学出版社,2008年,第3、4页。

③ 甘怀真:《自序:兼论中国政治史研究的展开》,《皇权、礼仪与经典诠释:中国古代政治史研究》,第4页。

以重新审视、考辨及有待深化、拓展之处。下文涉及某些更具体问题的论证时，同样先特别交代相关学术史情况，再引用基本史料，进而谈一些自己的看法。

现代学术研究中，雷海宗较早对战国君主名号与秦汉皇帝号进行集中探讨，分"列国称王""合从连横与东帝""帝秦议""秦始皇帝""汉之统一与皇帝之神化""废庙议与皇帝制度之完全成立"几节，历时性地分析了王、帝、秦皇帝、汉皇帝号及皇帝制度的最终确立。① 这一研究有开创之功，或可视作现代西方学术范式下对中国古代颇为重要的皇帝名号成立史的第一次系统论述。不过在雷文中，秦统一前采取的是诸国并提的宽泛议论，没有涉及战国君主称公、称伯、称君的分析。由于跨越时段超过八百年，文章以论说为主，对关键性结论得出所依据的史料，较少进行辨析与考订。关于"列国称王"的意义，作者认为"各国都暗示想吞并天下，因为'王'是自古所公认为天子的称号"。然而，战国诸侯竞相称王时，是否有吞并天下意图？称王之后又是否使用过"天子"之号？ 实际均需搜集史料，加以验证。作者又认为"帝"号出现与天下统一的理念密切相关，对应着"王天下"，因此秦昭王、齐湣王的"两帝并立是一个不通的名词"。然而，战国出现"帝"号后，时人理念抑或政治秩序是否倡导天下统一？这种统一又是否是秦灭六国形式的统一？两帝并立是否确是不通的名词？战国末叶"帝秦议"究竟对应怎样的政治秩序，是否就是"秦并六国"？这些也均需结合基本史料，重新审视。作者也讨论了秦统一后的"其议帝号"，但战国帝号与统一后皇帝号是否可简单等同？二者所对应的政治秩序又是否存在差别？并应如何理解与把握？皆未能涉及。吕思勉对古史所见"三皇五帝"资料进行了系统搜集和考辨，其中涉及对皇帝号的溯源研究。② 吕氏分析了先秦"帝""皇"各自出现的情况及其含义，理清较"王"后出的二者的发展脉络。但他在皇帝号出现的相关史料辨析中，又认为"皇之与王，文虽殊而义则一"，尝试调和《史记》所见"三王"与张晏等后人所言"三皇"的差别。这一理解恐怕存在偏差，对相关史料的搜集也尚未完备，从而未能实现对当时政治生活中"皇帝"号出现的有效解释。

---

① 雷海宗：《皇帝制度之成立》，《清华学报》1934年第4期。
② 吕思勉：《三皇五帝考》，收入吕思勉、童书业编著《古史辨》第七册中编，上海古籍出版社，1982年（初印于1941年），第341—345页。其中，《三皇五帝考》之"皇帝说探源"部分，又收入所著《读史札记上》"甲帙先秦"，《吕思勉全集》9，上海古籍出版社，2006年，第144—147页。

此后,邢义田对中国皇帝制度的出现、运作、继承、转移、发展以至结束,进行了更为通贯的考察,并从名号、权力来源及性质、权力及地位的转移、皇帝角色及与人民、社会文化传统的关系等方面,将秦汉帝国皇帝与西方同时期的罗马帝国皇帝做了比较,在时空关照与问题思考上更显开阔。① 甘怀真从近代以来专制说是否成立的角度,对皇帝制度重新反思,并将中国古代皇帝号与日本天皇号,作了对照研究。② 甘氏从基本史料的分析出发,注意"'帝位'与'皇帝号'是不同的概念与指涉。王之上为'帝位',应是为当时普遍的观念。但'皇帝'作为一种帝号却是专属于秦始皇及其嗣位的子孙。……义帝,即称帝,但不称皇帝",以及汉代学者曾"通过语言诠释,重塑了皇帝一词的意义"。这些认识重要而富有启发性,较前人研究同样多有推进。除白钢《中国皇帝》,徐连达、朱子彦《中国皇帝制度》等通论性著作涉及对皇帝号出现的论述外,③雷戈在讨论秦汉政治思想与皇权主义时,对皇帝观念的思想史意义、概念转换情形及与皇权的关系进行了新的思考。④ 近年,王子今在称谓研究、秦史研究中对皇帝称谓的出现重予审视,其中包括对《史记·秦始皇本纪》所载"议帝号"史料的重新解读与再分析;对皇帝名号与执政合法性宣传的联系及其关系,也有所阐说。⑤

日本学界对相关问题的关注更多、讨论集中。最有代表性者,首推西嶋定生。西嶋氏对"皇帝"名号产生经过、"皇帝"语意及其特征、"皇帝"出现的思想背景,"皇帝"观念在秦末以后的发展变化,汉代"皇帝"与"天子"的功能差别及

---

① 邢义田:《中国皇帝制度的建立与发展》(原刊《中国文化新论——制度篇》,1982年;修订稿收入所著《秦汉史论稿》,东大图书公司,1987年)、《从比较观点谈谈秦汉与罗马帝国的"皇帝"》(原刊《人文及社会科教学通讯》1卷4期,1990年),订补稿均收入所著《天下一家:皇帝、官僚与社会》,中华书局,2011年,第1—49、202—215页。

② 甘怀真:《皇帝制度是否为专制?》(原刊《钱穆先生纪念馆馆刊》4,1996年)、《中国古代的皇帝号与日本天皇号》,均收入所著《皇权、礼仪与经典诠释:中国古代政治史研究》,华东师范大学出版社,2008年,第381—391、341—361页。

③ 白钢:《中国皇帝》,天津人民出版社,1993年;徐连达、朱子彦:《中国皇帝制度》,广东教育出版社,1996年。

④ 雷戈:《秦汉之际的政治思想与皇权主义》,上海古籍出版社,2006年。

⑤ 王子今:《秦制与"皇帝"称谓发明》,收入所著《秦汉称谓研究》,中国社会科学出版社,2014年,第5—10页;王子今:《秦始皇议定"帝号"与执政合法性宣传》,《人文杂志》2016年第2期。

帝玺制度、皇帝制度确立与东亚世界的形成，做了系统论说，①奠定了此后日本学界对"皇帝"名号研究的基础。在辨析"皇帝"号时，作者对战国"帝"称有所涉及。此外，"皇帝"为神格的上帝，即主宰宇宙的上帝、人间的上帝的说法，也提出得相对较早。关于此点，其实还可以进一步讨论。后来学者对西嶋氏皇帝制度的论说，又从不同方面加以深化。尾形勇结合魏晋隋唐史料，对汉代以降出现的"皇帝"与"天子"之别及其意义，有新的分析。② 平势隆郎对战国、秦及秦楚之际的君主名号做了梳理讨论，较"皇帝"号有所拓展。③ 阿部幸信主要围绕"皇帝"、"天子"六玺如何形成，加以考述。④

栗原朋信早年在开展对《史记·秦始皇本纪》的基础研究时，已对"始皇帝"名号有所讨论。他特别对各类型史料有关"始皇帝""始皇""皇帝""二世皇帝""二世"的使用差异，多有注意，颇显难得。此后，栗原氏还对秦"皇帝"与"天"、秦"皇帝"与"天子"称谓、汉初"皇帝"与"天"的关系，做更进一步的对比论述。⑤ 后续如金子修一对皇帝号、皇帝祭祀的研究，多可追溯至此。⑥ 淺野裕一对秦帝国及汉帝国的皇帝概念、权力特征，开展分时段研究，注意揭示秦汉不同历史阶段的皇帝特征差异。⑦ 此外，栗原氏、淺野氏对"皇帝"号为"煌煌上帝"涵义，持不同看法。大栉敦弘重新梳理战国后期的政治秩序，对"王"、"帝"秩序特征，结

---

① 〔日〕西嶋定生：《皇帝支配の成立》（原刊《岩波講座世界歷史》第四卷，岩波書店，1970年），收入所著《中国古代国家と東アジア世界》第一篇第二章，東京大学出版会，1983年，第55—60页。

② 〔日〕尾形勇著，张鹤泉译：《中国古代的"家"与国家》，中华书局，2010年。

③ 〔日〕平势隆郎：《史記二二〇〇年の虚実——年代矛盾の謎と隠された正統観》，講談社，2000年。

④ 〔日〕阿部幸信：《皇帝六璽の成立》，《中國出土資料研究》8，2004年，第63—87页。

⑤ 〔日〕栗原朋信《史記の秦始皇本紀に関する二·三の研究》，收入所著《秦漢史の研究》，吉川弘文館，1960年，第14—24页；〔日〕栗原朋信：《秦と漢初の"皇帝"号について》，收入所著《上代日本対外関係の研究》，吉川弘文館，1978年，第321—329页。

⑥ 〔日〕金子修一著，肖圣中、吴思思、王曹杰译：《古代中国与皇帝祭祀》，复旦大学出版社，2017年。

⑦ 〔日〕淺野裕一：《秦帝國の皇帝概念》，收入所著《黃老道の成立と展開》第二部第十章，創文社，1992年，第306—322页。

合马王堆帛书等资料,进行概括与归纳。① 近年杉村伸二对此前日本学界研究史又有较为系统的梳理,辨析战国中期以来的"王"、"帝"与"天子"号、始皇帝创立的"皇帝"号及汉代"皇帝"号与"天子"关系的新变化。②

就上述研究而言,战国至秦统一的君主名号研究一般习惯采用"多维"视角。这固显全面、系统,但某种程度上忽视了战国诸侯在许多层面存在的差异,忽视实际存在不同的发展模式与发展道路问题。"皇帝"号最终得以出现,实际乃是对应自战国秦崛起、东争至完成帝业的历史演进主线。因此,这里探讨对象较既往相对聚焦,集中于秦君名号的变动发展。

战国至秦统一的历史,作为政治实体决策者的君王,名号屡有变化。而秦君名号的变换序次较为清晰,史籍记载也基本完整。而且,有关"王""帝"等名号的使用,秦君也表现出先导性的作用。战国献公、孝公以降,秦君政治名号经历称公、称君、称王、称帝的多次变化,及至帝国建立,还创制了"皇帝"名号。

名号变更背后涉及的问题很多,如礼仪制度、君臣关系、政务运行等。最为直接而重要的,乃是政治秩序的演进与发展。③ 因此,这里选择以战国至秦统一政治秩序的演进,作为探讨秦君名号变更的中心问题。梳理秦君政治名号,有助于体察战国至秦统一政治秩序的发展过程,并重新认知"皇帝"号出现的历史意义。

需要指出,以往战国政治秩序的分析,注重名、实之"实",这固然不误。但是,过于重视名、实之"实",容易忽视名号变更的政治意义,错失对背后一些微妙政治变动与调整的体察。因此,关于政治秩序演进的分析,应在"实"外,而兼顾"名",注意"名""实"并重。不过,要对名号的解析更为深入,还需做进一步的努力。这具体又涉及研究方法的思考与调整。我们认为,名号一方面对应政治

---

① 〔日〕大櫛敦弘:《統一前夜—戦国後期の"国際"秩序—》,《名古屋大学東洋史研究報告》19,1995 年,第 1—25 頁;《斉王に見せた夢—〈戦国縱横家書〉における覇権のかたち—》,《人文科学研究》8,2001 年,第 17—30 頁。
② 〔日〕杉村伸二:《秦漢初における"皇帝"と"天子"—戦國後期~漢初の國制展開と君主号—》,《福岡教育大學紀要》60,第二分冊,2011 年,第 1—17 頁。
③ "政治史研究的核心关怀为秩序与权力,其课题之一为探究历史上某个时代之人如何理解权力,并藉由行动以创造出当代的政治秩序"。甘怀真:《"天下"观念的再检讨》,吴展良编:《东亚近世世界观的形成》,台大出版中心,2007 年,第 85 页。

体内部的秩序形式,另一方面又参与外部"国际"政治秩序的构成。因此,不同于以往的讨论,这里将政治秩序作内部秩序、外部秩序的区分。如果说西周及春秋宗法封建制下,诸侯国内、外部政治秩序基本同构;那么世入战国,在周室日衰、诸侯竞起、县制—郡县制又日渐推行之下,诸侯国内、外部政治秩序实际均发生着调整与变动。以诸侯国为中心探讨政治秩序,在名实兼顾的同时,做内、外部的区分就显得颇有必要,而且更有助于对名号变更下相关秩序特征的把握。①

战国时期秦国发展史中,秦孝公任商鞅变法,惠文君称王,昭襄王一度称帝,及秦王政最终立号为"皇帝"事,向为人所熟知。然细按史料,并将名号变更的发展线索与战国、秦政治秩序的演进相结合,可以发现,虽然中、日学者已做出很多研究贡献,但是仍有诸多基础性问题有待探求,这具体包括:称公至称王中间所出现的献公"称伯"、"致伯"孝公事,应如何解释,又有何意义;惠文王称王前的"君"称怎样认识,称王后的内部政治秩序有何新的调整与变动;"昭襄业帝"应如何理解,"帝"与"皇帝"的概念是否一致,战国"帝"号下的秩序形态究竟怎样;"皇帝"名号产生过程及其含义究竟为何,所确立的政治秩序与"帝"制又是否可相等同? 下面对秦君自战国称公直至称皇帝的名号变动过程重作梳理考察,并对发展脉络之中上述研究尚有不足而又关键的节点重做探讨,尝试提供更为系统性的解释。

二 "公""王"之间:说"周致伯于秦孝公"

司马迁《六国年表》序以"太史公读《秦记》"启篇,下自以秦之发展为主线。

---

① 需要指出,西方政治学所使用的"政治秩序",更多是立足于西方当代的知识体系。如福山认为政治发展的理想形态应是国家能力、法治和责任制政府相辅相成的理想制度,并进而追溯它们的形成过程,探讨如何发展至今。关于中国政治的研究,西方政治学有时会作名、实区分:对帝国统治的讨论,特别是实际权力分配关系,多使用"中地关系"(又分"直接统治""间接统治"两种);讨论名号,多使用"政治秩序"。这里使用的"政治秩序",从历史学的角度出发,立足中国古代文献所反映的实际状况,而加以调适,具体用以指称各政体内部及外部的政治格局形态。由于东周至秦存在着"天子—诸侯""皇帝—郡县"的发展变化,以及"郡县/诸侯"的复合制形态,相较"结构",这里更侧重使用"秩序"的表述。

从"秦襄公始封为诸侯","及文公踰陇,攘夷狄","而穆公修政,东竟至河",①秦在东进中不断壮大。然入战国初叶,秦因君臣乖乱,政局不稳,在诸国外交关系中较为沉寂。迨至献公主政,是时有周太史儋见献公事:

> (周)烈王二年,周太史儋见秦献公曰:"始周与秦国合而别,别五百载复合,合十七岁而霸王者出焉。"②

此预言在当时颇为瞩目,不仅明载于上引《史记》卷四《周本纪》,复见于《秦本纪》《封禅书》《老子韩非列传》。③ "复合"的时间及"霸王"所指,理解向有分歧。"复合"的时间,韦昭、张守节、今人晁福林认为在秦孝公时;应劭、司马贞、今人李零认为在秦昭王时。"霸王"所指,徐广认为指秦昭王;孟康认为"霸"指秦襄公(王),"王"指秦王政;裴骃引韦昭观点认为"霸"指武王、昭王,"王"指秦王政;颜师古、司马贞、日人中井积德及李零认为"霸王"指秦王政;张守节、今人晁福林认为"霸"指孝公,"王"指秦惠文王。④ 今人祝中熹认为指秦献公。⑤

可以看到,相关认识颇不统一,即便选取相对具有代表性意见,周秦"复合"的时间也还主要存在孝公、昭王两种说法。而"复合"时间节点的差别,直接影响之后的相关推算。需要提到,"复合"的大体判断,固然来自时间上溯方面的

---

① 《史记》卷一五《六国年表》,第685页。
② 《史记》卷四《周本纪》,第159页。
③ 《史记》卷五《秦本纪》、卷二八《封禅书》、卷六三《老子韩非列传》,第201、1364、2142页。《封禅书》所云又见《汉书》卷二五上《郊祀志上》,第1199页。其中,《周本纪》《封禅书》"十七岁",《秦本纪》作"七十七岁",《老子韩非列传》《郊祀志》作"七十岁"。所记当作"十七岁"为确,自司马贞、张守节、颜师古以下,系统辨析又见钱大昕著,方诗铭、周殿杰校点《廿二史考异》卷一,上海古籍出版社,2004年,第6页。此后,泷川资言、晁福林、李零续有考证,中华书局点校本、点校修订本校勘整理,也已指出。唯周婴、梁玉绳将"合十七岁而霸王者出焉"之"十七",考作"七十七"与"七十",并在此基础上认为"霸王"指秦王政(《史记志疑》卷三,第112页),或难成立。下文论述不再涉及。
④ 《史记》卷四《周本纪》、卷六《秦本纪》,第159—160、204页引;梁玉绳:《史记志疑》卷三,第111—112页;晁福林:《周太史儋谶语考》,《史学月刊》1993年第6期,第25页;〔日〕泷川资言考证,杨海峥整理:《史记会注考证》卷四,第223页;李零:《两次大一统(上)》,《我们的中国》第一编《茫茫禹迹:中国的两次大一统》,第10页。
⑤ 祝中熹:《春秋秦史三考》(原刊《丝绸之路》1999年学术专辑),收入所著《秦史求知录》,上海古籍出版社,2012年,第53—55页。

计量,不过在很大程度上,仍源自对"复合"用语本身涵义的理解。这具体是指,孝公时"复合"说,"合"实际指周秦亲和、联合;昭王时"复合"说,"合"实际指秦合并、兼并周。按"复合"与"合"呼应,我们注意到,即便认同昭王时"复合"说的学者,对此前的"始周与秦国合",也表述为"周人住在周原上,秦人住在汧渭之会,两国是邻居"。① 由此言之,"别五百载复合",是否指"秦灭周";换言之,"合"之语意是否随即由前种理解而转换为吞并、兼并义,尚需斟酌。周太史儋见秦献公,所言当立足于周王室本身的政治利益。无论三代以降,还是周初分封,中原地区基本均是"诸侯盟主—诸侯"的政治秩序。殷商末期与西周,相关也可表示作"王—诸侯"秩序。生长其中并熟稔既往政治传统的周太史儋,不仅无法预知此后秦立号为"皇帝"事,而且也不太会料想到,未来将有一日,三代恒法的贵族封建制将寿终正寝,并天下而尽统于皇帝的集权君主制将现于人间。在周太史儋的知识背景中,"合""别""复合",应当都是强调在旧有政治秩序下他国与周的亲和、联合与否;"霸王",也仍应指称分封体系下的诸侯之雄、诸侯之主;②"霸王者出焉",乃为拱卫周室。如若理解为预见周室将为秦所灭、周天子将为秦所废黜,与言说者身份及具体言说场合,就不甚相符了。周太史儋见秦献公,而讲述此预言,有晓谕秦兴起后当致力于周秦亲和之意。此外,这类预言历史早期多有出现,参据秦穆公因梦预见"(晋)献公之乱,文公之霸,而襄公败秦师于殽而归纵淫",赵简子因梦预见攻灭范氏、中行氏,子嗣将攻取代地,并及后世革政胡服来看,③预见事件均涉及且主要发生于梦者在世及稍后不久的历史时期,不会完全独立地跨越较久的岁月。《秦记》载"惠文王生十九年而立。立二年,初行钱。有新生婴儿曰'秦且王'",④也是如此。而《周本纪》记周太史儋见秦献公事下,紧接着即书"显王五年,贺秦献公,献公称伯。……二十六年,

---

① 李零:《两次大一统(上)》,《我们的中国》第一编《茫茫禹迹:中国的两次大一统》,第10页。

② 《新论·王霸》云"赏善诛恶,诸侯朝事,谓之王;兴兵众,约盟誓,以信义矫世,谓之霸。……五帝以上久远,经传无事,唯王霸二盛之美,以定古今之理焉"。[汉]桓谭撰,朱谦之校辑:《新辑本桓谭新论》,中华书局,2009年,第3页。

③ 《史记》卷四三《赵世家》,第1786—1788页。部分记载又见《史记》卷一〇五《扁鹊仓公列传》,第2786—2787页。

④ 《史记》卷六《秦始皇本纪》,第289页。

周致伯于秦孝公。……四十四年,秦惠王称王",①《年表》序也说"至献公之后常雄诸侯"。②《太史公自序》又云"鞅去卫适秦,能明其术,强霸孝公"。③ 由此言之,"复合"在孝公时,"霸、王"当指孝公、惠文王,较为妥当。而周太史预言发生在秦献公世,本身也值得注意。这在某种程度上已暗示:献公以降,秦的发展将实现突破,与周的联系也较此前更为密切。

以往探讨战国秦的崛起,多集中于孝公继献公之志、任商鞅而行变法的叙述主线。然而,秦君名号自称公至称王变动中间,有献、孝称霸事,同样不宜忽略。文献实数次提到,今并前引,迻录于下:

> 显王五年,贺秦献公,献公称伯。九年,致文武胙于秦孝公。二十五年,秦会诸侯于周。二十六年,周致伯于秦孝公。三十三年,贺秦惠王。三十五年,致文武胙于秦惠王。(《史记》卷四《周本纪》)

> (献公)二十一年,与晋战于石门,斩首六万,天子贺以黼黻。……(孝公)二年,天子致胙。……十九年,天子致伯。二十年,诸侯毕贺。秦使公子少官率师会诸侯逢泽,朝天子。……(惠文君)二年,天子贺。……四年,天子致文武胙。齐、魏为王。(《史记》卷五《秦本纪》)

> (显王五年)贺秦。……(九年)致胙于秦。……(二十六年)致伯秦。(三十三年)贺秦。(《史记》卷一五《六国年表》"周"栏)

> (献公二十一年)章蟜④与晋战石门,斩首六万,天子贺。……(孝公二年)天子致胙。……(十九年)天子致伯。(二十年)诸侯毕贺。会诸侯于泽。朝天子。……(惠文君二年)天子贺。……(四年)天子致文武胙。(《史记》卷一五《六国年表》"秦"栏)

> 宣王六年,周天子贺秦献公。秦始复强,而三晋益大,魏惠王、齐威王尤强。……威王六年,周显王致文武胙于秦惠王。(《史记》卷四〇《楚世家》)

> (齐)宣王元年,秦用商鞅。周致伯于秦孝公。(《史记》卷四六《田

---

① 《史记》卷四《周本纪》,第160页。
② 《史记》卷一五《六国年表》,第685页。
③ 《史记》卷一三〇《太史公自序》,第3313页。
④ 《集解》引徐广曰:"一云'车骑'。"《史记》,第719页。

敬仲完世家》）①

四年，周天子使卿夫=（大夫）辰来致文武之酢（胙）……（秦封宗邑瓦书）②

所记有几点值得注意：1.周贺秦献公以黻黼事，多次见诸史乘。此缘起于秦在石门之战中取得对魏胜利。需要指出，这是战国以来秦对东方诸侯的首次大胜。③不过，事件虽属重要，但周向诸侯交战获胜者致贺的类似记录，在史书中却并不多见。除此之外，本纪、年表还四次提及秦惠文君二年（前336）周天子贺秦君事，较他国同样少见。2.《周本纪》在"贺秦献公"下，即书"献公称伯"，④然此却不见于《秦本纪》等篇章。相较稍后所谓"致伯"，这里"称伯"偏于自我行为。将此又与春秋诸侯争霸获胜后盟诸侯、朝天子对观，"贺秦献公"并不构成"献公称伯"的充分条件。3.孝公、惠文君两世，秦皆获得周王遣使"致文武胙"的礼遇。末次且为出土文献秦封宗邑瓦书所证实，显示史籍旧载并非虚饰之辞。包山楚简以大事纪年，数见"东周之客鄦（繻-盈）至（致）俻（作-胙）于葳郢之戢（岁）"，"至俻"或作"归俻"，⑤时为楚怀王十二年（前317），当秦惠文王更元八年，与秦事近似且基本相接。⑥ 由此，周当时靠传统嘉礼维护与大国之间的关系，进而向诸侯致胙，应当也包括其他国家。虽然形式大于实际内容，但是本纪、年表五次提及，并且在秦史篇章之外的《周本纪》《楚世家》中特别交代，仍然凸显出秦的兴起之象。4.相较仅《周本纪》记"献公称伯"，周、秦本纪及年表等五次记商鞅变法后"周致伯于秦孝公"，且三处提到"诸侯毕贺"及"秦使公子少官

---

① 《史记》，第201、203、205—206、719—727、1720—1721、1893页。

② 王辉、王伟：《秦出土文献编年订补》，第34页。

③ 参见杨宽《战国史》第七章，第300—301页。

④ 杨宽云"这（石门之战）是秦国第一次大胜利，挂名的天子周显王为此向秦祝贺，秦献公有了'伯'的称号"。《战国史》第七章，第301页。

⑤ 朱晓雪：《包山楚简综述》第三章，福建人民出版社，2014年，第345—348页。

⑥ 吴荣曾指出，此后"由于周天子已经寄人篱下，不具备多少自主权力，故凡属向大国赐胙等事一般都须假手于二周的君主"。《东周西周两国史研究》，收入所著《先秦两汉史研究》，中华书局，1995年，第143页。相关分析又见吴良宝《战国楚简地名辑证》第一章，武汉大学出版社，2010年，第16—17、28—30页；杨华《楚礼研究刍议》（原刊《学鉴》第五辑，武汉大学出版社，2012年），收入罗家祥主编《华中国学》第二卷，华中科技大学出版社，2014年，第62—70页。

率师会诸侯逢泽,朝天子"。① 此某种意义上可视作对秦崛起的集中书写体现。

5. "天子致伯"次年的"逢泽之会",上引虽两次提到秦会诸侯并朝觐天子事,但此次盟会实为魏所召集组织,而并非秦。②

在上述辨析与归纳基础上,这里有两点需要进一步指出。一方面,不难看出,这些记录特征在某种程度上明显受到史料来源的影响。太史公依凭焚书后以《秦记》为主的战国史料,自然在叙事中容易凸显秦的活动。历史上,包括周向诸侯致胙等活动,除秦国之外,实际也涉及其他国家。不过,另一方面,一个有趣的现象也浮现出来。相较《秦本纪》对西周时秦先人事迹不吝夸赞,作"西巡狩,乐而忘归。徐偃王作乱,造父为缪王御,长驱归周,一日千里以救乱",③《周本纪》仅记"(周穆)王遂征之,得四白狼四白鹿以归。自是荒服者不至",④战国献、孝之世,周秦互动远为密切。《周本纪》记此阶段史事,尊秦倾向明显,甚至出现《秦本纪》不书,而《周本纪》特记献公称霸的情形。这在从前,恐怕是不太可能出现的。从秦封宗邑瓦书等材料看,司马迁在参据相关材料编纂周、秦历史时,记战国秦兴起,记周秦亲和,当仍可信据,而不仅仅只有书写的涂抹。联系前论周太史儋周秦预言,稍后苏代为周说楚有"周秦"之谓,⑤情况更是如此。这种记录特征反映献、孝谋求扩张之时,秦在外交战略层面对式微周室曾多予联络倚重。周也感受到秦的主动,双方一度迅速走近。秦孝公时政治秩序可表示为:外部:天子(王)—伯(公)—诸侯;内部:公—县(/封君)。

---

① 《后汉书》卷八七《西羌传》又记"秦孝公雄强,威服羌戎,孝公使太子驷率戎狄九十二国朝周显王",第2876页。《西羌传》的史料价值,前人已多言及。近年辛德勇还指出《后汉书》之《西羌传》《东夷传》《南蛮传》等应当利用了一些具有独自渊源的史料,包括对《竹书纪年》等出土文献的采录。《〈后汉书〉对研究西汉以前政区地理的史料价值及相关文献学问题》(原刊《史念海先生百年诞辰纪念学术论文集》,陕西师范大学出版社,2012年),收入所著《旧史舆地文编》,中西书局,2015年,第242页。当然,"具有独自渊源的史料"并不意味着所记一定可靠。《后汉书·西羌传》的史料问题,还有待进一步研究。

② 参见杨宽《战国史》第八章,第343—344页。

③ 《史记》卷五《秦本纪》,第175页。又见《史记》卷四三《赵世家》,第1779页。

④ 《史记》卷四《周本纪》,第136页。此本《国语·周语上》"穆公将征犬戎"。徐元诰撰,王树民、沈长云点校:《国语集解》,第1—9页。

⑤ 《索隐》:"周、秦相近,秦欲并周而睦于周,故当时诸侯咸谓'周秦'。"《史记》卷四《周本纪》,第161—162页。

三 "秦惠文君"辨
——兼论战国的君称分类

此种情势发展至秦惠文君世,出现进一步变化。《秦本纪》记"孝公卒,子惠文君立",①并非如秦襄公以来作"公",似有不同。先秦君主称谓复杂,有泛称、具称,有自称、他称,有生称、谥称。具体到君的使用对象,可以较为宽泛:宗法封建制下,各级主从之间可用君、臣;战国封君制下,公孙鞅可称商君;②戎狄君长也可称君,如义渠君。此外,卫国君主在战国贬号之事,也应予以注意。卫康叔为武王同母少弟,周初封建伊始,地位较高。西周至春秋时期,卫国君主先称伯,后称公。迨至战国日衰:

> 慎公四十二年卒,子声公训立。声公十一年卒,子成侯遫立。成侯十一年,公孙鞅入秦。十六年,卫更贬号曰侯。……平侯八年卒,子嗣君立。嗣君五年,更贬号曰君,独有濮阳。四十二年卒,子怀君立。③

"训",《索隐》:"训亦作'驯',同休运反。《系本》作'圣公驰'。""遫",《索隐》:"音速。《系本》作'不逝'。按:上穆公已名遫,不可成侯更名则《系本》是。"④目前《世本》辑本中,秦嘉谟辑补本在祁承㸁、洪饴孙辑本基础上完成,⑤于诸本中篇目最多,内容也最为丰富。秦氏辑补本《世本》有《谥法》篇,其中提到:

> 卫侯驰谥圣公。
>
> 卫侯不逝谥成侯。
>
> 卫侯　谥怀君。⑥

---

① 《史记》卷五《秦本纪》,第 205 页。
② 相关又参见《顾颉刚全集》之《顾颉刚读书笔记》卷八《汤山小记》"战国称侯曰君"条,第 12—13 页。
③ 《史记》卷三七《卫康叔世家》,第 1603—1604 页。
④ 《史记》卷三七《卫康叔世家》,第 1604 页。
⑤ 参见王玉德《秦嘉谟〈世本辑补〉述评——兼论秦氏的剽窃之嫌》,《文献》1997 年第 1 期。
⑥ [汉]宋衷注,[清]秦嘉谟等辑:《世本八种》,商务印书馆,1957 年,第 365、384、402 页。

据世家,卫成侯十六年(前356)贬公号为侯,嗣君五年(前330)又贬侯号为君。①复参《世本·谥法》,战国后期卫国君主于周天子名号秩序内皆作"卫侯"。而"圣公""成侯""怀君"与世家"声公"及"成侯……十六年,卫更贬号曰侯","更贬号曰君……四十二年卒,子怀君立",逐一对应。概而言之,卫国君主在周名号秩序内始终称"侯";作为一般宽泛意义的他称,可以用"君";自拟名号又先后经历了"公—侯—君"的变化,去世后并在"公—侯—君"前,依谥法添增圣、成、怀等谥号。《史记》卷四《周本纪》记立二周君事:"考王封其弟于河南,是为桓公,以续周公之官职。桓公卒,子威公代立。威公卒,子惠公代立,乃封其少子于巩以奉王,号东周惠公。"《索隐》"按:《系本》'西周桓公名揭,居河南;东周惠公名班,居洛阳'是也"。② 而秦氏辑补本《世本·谥法》提到"西周君 谥桓公。东周君班谥桓公"。③ 东、西周君主在周天子名号秩序内称"君",自拟名号为"公"。

卫国国君"贬号"主要涉及对自拟名号的调整,也是对自身地位的重新界定。换言之,这意味着从政治层级而言,"君"乃低于公、侯,为较末的一个等次。类似变化还见于望夷宫之变后,赵高欲立子婴为新君:"今以六国复自立,秦地益小,乃以空名为帝,不可。宜为王如故,便。"④名号变动与"秦地益小"关系密切。就"嗣君五年,更贬号曰君"而言,世家谈到秦不断东侵下,卫是时"独有濮阳"。下文且云"元君十四年,秦拔魏东地,秦初置东郡,更徙卫野王县,而并濮阳为东郡",⑤进一步交代卫由濮阳越河而西迁至河内野王的变化。战国末叶,卫国势衰颓,唯保有国都,也即前后不过仅据有一县之地罢了。故卫贬号为"君",是自拟名号的降低,且有封君部分涵义的体现。⑥

至于秦惠文君之"君",显与卫嗣君、怀君之"君"有别。"惠文即位后,国势

---

① 有意见认为"贬号曰君",发生在卫嗣君末年,而非五年。刘卓异:《战国卫国纪年三考》,《中国史研究》2018年第4期。

② 《史记》,第158页。

③ [汉]宋衷注,[清]秦嘉谟等辑:《世本八种》,第395页。

④ 《史记》卷六《秦始皇本纪》,第275页。

⑤ 《史记》卷三七《卫康叔世家》,第1604页。

⑥ 《史记》卷三七《卫康叔世家》"卫君黔牟立八年……卫君起元年",第1594、1603页。此"君"为春秋以降的泛称,性质不同。

正盛,恐怕没有贬称'君'的道理。"① 这里先将《史记》涉及秦、韩、燕、魏、赵、齐诸国史料,整理如下:

> 孝公卒,子惠文君立。……惠文君元年……三年,王冠。四年,天子致文武胙。齐、魏为王。……十三年四月戊午,魏君为王,韩亦为王。……十四年,更为元年。……五年,王游至北河。(《史记》卷五《秦本纪》)

> 秦惠文王元年……(三年)王冠。……(十三年)四月戊午,君为王。(《史记》卷一五《六国年表》"秦"栏)

> 韩宣惠王元年……(十年)君为王。(《史记》卷一五《六国年表》"韩"栏)

> 子宣惠王立。宣惠王五年……十一年,君号为王。(《史记》卷四五《韩世家》)

> 燕易王元年……(六年)君为王。(《史记》卷一五《六国年表》"燕"栏)

> 太子立,是为易王。易王初立……十年,燕君为王。(《史记》卷三四《燕召公世家》)

> 武灵王元年……八年……五国相王,赵独否,曰:"无其实,敢处其名乎!令国人谓己'君'。"(《史记》卷四三《赵世家》)

> 齐威王元年……二十六年……十月,邯郸拔,齐因起兵击魏,大败之桂陵。于是齐最强于诸侯,自称为王,以令天下。(《史记》卷四六《田敬仲完世家》)②

称王诸侯先后为齐、秦及韩、燕、赵。后三国对应公孙衍组织合纵时,于公元前323年所发起的"五国相王"。③ 相较史实,这里首先关注书写体例。④ 就年表、

---

① 李学勤:《秦孝公、惠文王时期铭文》(原刊《中国社会科学院研究生院学报》1992年第5期),收入所著《缀古集》,上海古籍出版社,1998年,第138页。

② 《史记》,第205—207、727、730、728、730、1869、728、730、1554—1555、1803—1804、1888、1892页。

③ 参见杨宽《战国史》第八章,第350页。

④ 杨宽认为《田敬仲完世家》所记并不可信,当时"最强于诸侯"还不是齐而是魏,齐称王晚至"会徐州相王"。《战国史》第八章,第347页注2。该说可从,但不影响利用相关记述进行体例分析。

世家而言,上述诸侯虽皆属在位中途称王,但元年实际均写作所更之号,且是谥号,如"齐威王元年""秦惠文王元年""韩宣惠王元年""燕易王元年""武灵王元年"。唯《秦本纪》作"惠文君元年",与之不同。而"三年,王冠"所记,与年表本相一致,但因出现于本纪"惠文君元年"之下,故梁玉绳云"虽是追书,然于史例不合"。① 此文字之后又有"十三年四月戊午,魏君为王,韩亦为王",梁玉绳、钱穆、王叔岷对此皆有辨析。② 相较而言,杨宽以"《秦本纪》原来或作'秦君为王,魏韩亦为王'",③较他说稍胜。若此说可参,综校他例,"虽是追书,然于史例不合"者,反是本纪"惠文君元年"的书写方法了。且细加寻检,史籍称秦惠文王更元前为"君",除本纪两处之外,并不多见,远少于"王"的表述。④ 那么,进一步追问:在体例相对明确下,《史记》于"秦惠文王元年"外,仍偶现"惠文君元年"的表述,且书于本纪的原因为何?这恐怕与秦君相较韩、燕,是在位中途称王后逾年改元有关。目前所见战国秦兵器题铭中,惠文王称王前纪年作"〇年",称王后作"王〇年"。武王以降秦王未有更元,纪年一般不出现"王"字,仍作"〇年"。⑤ 即使统一后秦王政由"王"而号曰"皇帝",同样没有更元。由此说来,后世虽习称"秦惠文王",但涉及称王更元前纪年时,确感为难。"秦惠文王元年",实不足以清晰表明具体所指。这也是上述其他诸侯国君所不曾遇到的。⑥ 或因此故,

---

① 梁玉绳:《史记志疑》卷四、卷九,第 141、420 页。

② 梁玉绳:《史记志疑》卷三、卷四、卷九,第 113、143、425 页;钱穆:《秦始称王考》《韩始称王考》,《先秦诸子系年》卷三,第 340—342 页;王叔岷:《史记斠证》卷五,第 178—179 页。

③ 杨宽:《战国史》第八章,第 349 页正文及注 1。

④ 《史记》卷六《秦始皇本纪》附《秦记》"惠文王享国二十七年。葬公陵。生悼武王","惠文王生十九年而立。立二年,初行钱",第 288—289 页。

⑤ 陈平提到"在秦惠文王称王前后的几年中,战国七雄之君全部称王,'王'号也就失去了它的尊隆地位而流于一般了。所以,在惠文王去世后,称王之事已经淡漠,而在记年文辞前要冠以王字的规定或习惯大概也就自行废止了"。《试论战国型秦兵的年代及有关问题》,《中国考古学研究论集——纪念夏鼐先生考古五十周年》,三秦出版社,1987 年,第 315—316 页。

⑥ 魏惠王二十六年(前 344)年称王,未更元;至三十六年更元,未逾年而称元年。后者或与魏、齐"徐州相王"有关。不过,《史记》卷四四《魏世家》将更元二年至十六年,归入襄王世,原属襄王归入哀王。此虽需订正,但史迁原记"三十六年,复与齐王会甄。是岁,惠王卒,子襄王立。襄王元年,与诸侯会徐州,相王也。追尊父惠王为王"(第 1848 页),故不涉及魏惠王称号与纪年的可能变化。

不同于其他称王诸侯,秦惠文王称王前使用了宽泛性的他称名号"君"。①

考虑到诸君在位可称"公",又可称"君",诸侯称王前,应当多用"公"称才是。然而,《史记》年表、世家在记述秦、韩、燕名号变更时,书写体例多作"君为王"(或"君号为王")。这主要因为在不涉更元的情况下,称王前纪年随后皆可追记为〇王〇年,生称死谥且从变更之后名号,相应也就不好再写作"〇公"了。② 由此,涉及名号变更时,相关为标识此前身份,就使用了宽泛性的他称名号"君"。当然,上述尚属追记用"君",《赵世家》还提到赵武灵王在"五国相王"时未完全施行"王"号:"令国人谓己曰'君'。"由于年表、世家未提及之后称王事,又均作"武灵王元年",秦嘉谟辑补本《世本·谥法》且作"赵侯雍谥武灵王",③赵武灵王当时对外可能已更名号,但未在国内使用,④而仍用"君"称。

---

① 有意见认为"'商君'之号距离秦公仅有一步之遥,'君'的政治地位已非一般人臣可比。关于这一点,秦惠文王即位前期的称号是个有力佐证:一国之主弃'公'号而用'君',可见,当时秦国的'君'号已被国主格外垂青,大概已被其垄断"。崔建华:《秦统一进程中的分封制》,《陕西师范大学学报》2017年第1期,第52页。此为一说,权列于此。

② 目前所见唯一一则反例为秦嘉谟辑补本《世本·谥法》"秦伯驷谥惠文公"(第368页)。细检是书,"秦伯驷"实两出,《谥法》"惠"字条下作"秦伯驷谥惠文王"(第397页)。《谥法》相关又见"秦伯侧谥昭王"(第388页)、"秦伯柱谥孝文王"(第368、381页)、"秦伯子楚谥庄襄王"(第400页)及"秦伯□谥武公"(第370页)。相较前引"卫侯",秦似在周名号秩序下始终称伯,作"秦伯",且称王后均谥〇王。至于"秦伯□谥武公",参"秦伯□谥德公。小字:宁公子"(第375页)、"秦伯□谥成公。小字:德公子"(384页)、"秦伯谥襄公"(376页),早期秦君之名多佚而不传,彼此在书写体例上对应性高;再考虑武王有名(本纪"惠王卒,子武王立",《索隐》"名荡",第209页),而宪公(本纪作"宁公")长子武公名佚,此当对应武公而非武王。由此言之,"惠文公"之"公"为"王"字之误。

③ [汉]宋衷注,[清]秦嘉谟等辑:《世本八种》,第407页。

④ 梁玉绳推测赵武灵王在八年或十一年始称王。钱穆认为"似武灵于其国内实未称王"。魏建震赞同钱说,并举《水经注·河水》引《虞氏春秋》称灵王为武侯,以在世未称王,乃是后世尊称。梁玉绳:《史记志疑》卷三、卷二三,第114、1062页;钱穆:《五国相王考》,《先秦诸子系年》卷三,第350—351页;沈长云等撰:《赵国史稿》第七章,中华书局,2000年,第156—157页。按《水经注·河水》引《虞氏记》云"赵武侯自五原河曲筑长城,东至阴山。……武侯曰:此为我乎? 乃即于其处筑城,今云中城是也"。[北魏]郦道元著,陈桥驿校证:《水经注校证》卷三,中华书局,2007年,第78—79页。《史记》所记赵烈侯弟武公,《通鉴》作"武侯"。此处"武侯"当指赵武灵王。参前引《世本·谥法》"赵侯雍谥武灵王",称侯并无问题,尚不足以否定在世称王事。

1975年冬,陕西西安北沈家桥村杨东锋在平整土地时捡拾杜虎符,后为陕西历史博物馆征集。此器时代在惠文王称王以前,①错金文有"右才(在)君,左才(在)杜。……必会君符"的内容。不过,是否如不少学者所言定为秦惠文君时(前337—前325)物,仍可讨论。李学勤早年认为"'君'即君臣之君,系泛指,秦君不管称公称王,都是君,不能据此一点确定时代"②。他将断代扩展至惠文王更元后历代秦王,虽难成立,但"系泛指"的提示,仍应重视。秦自武公"十一年,初县杜、郑",③至秦称王以前,兵符题铭中秦君或皆可作"君"。目前此符被定为惠文君时物,主要还是铭文字体与秦封宗邑瓦书、诅楚文接近。④ 除此以外的其他论据,尚有待充实。

四 "君为王"的内外政治秩序变动
—— 兼论"王"与"天子"称谓

《史记》卷四《周本纪》云:

(周显王)四十四年,秦惠王称王。其后诸侯皆为王。⑤

此记惠文君称王事,并指出相关举动引领时代风潮,所谓"其后诸侯皆为王"。下将论及,记述同样与实际情形有违。然恰因如此,今在《周本纪》内,于周王系年下叙诸侯称王事,再次凸显了秦的崛起。不过这一上升,实际又颠覆了此前周

---

① 参见马非百《关于秦国杜虎符之铸造年代》,《文物》1982年第11期;陈昭容:《战国至秦的符节——以实物资料为主》(原刊《历史语言研究所集刊》第六十六本第一分,1995年),收入所著《秦系文字研究:从汉字史的角度考察》第二部分第五章《秦甲兵之符》,历史语言研究所专刊之一〇三,2003年,第252—256页;王辉、王伟:《秦出土文献编年订补》,第35—36页。

② 李学勤:《秦孝公、惠文王时期铭文》,《缀古集》,第138页。

③ 《史记》卷五《秦本纪》,第182页。

④ 参见陈昭容《秦系文字研究:从汉字史的角度考察》第二部分第五章《秦甲兵之符》,第255—256页。

⑤ 《史记》,第160页。

秦"蜜月期"中后者的形象。① 战国诸侯中,除南方之楚较为特殊外,率先称王者为魏,时在公元前 344 年。稍后于公元前 334 年,魏惠王与齐威王"会徐州相王",田齐也称王。② 前引秦惠文君十三年"四月戊午,君为王",时已至公元前 325 年,故《周本纪》叙说并不确切。不过,魏率先称王,迅即衰落。齐、魏"徐州相王",又受到楚、赵坚决抵制。③ 惠文君称王虽嫌稍晚,但秦展现出的进取之势更为强劲,较孝公所为也具有更广泛的"国际"影响。之后,公孙衍虽于公元前 323 年发起魏、韩、赵、燕、中山"五国相王",但未获齐、楚认可,且出现前引"赵独否,曰:'无其实,敢处其名乎!令国人谓己曰'君'"的状况,成就当是有限的。

秦君由称公、伯而称王后,内部政治秩序的较大变化,恐是可行分封。④ 按"秦汉爵制并非一次形成。从商鞅创制到二十等爵确立,有一个逐步发展的过程","商鞅时爵制大体有卿、大夫、士三个分层,而二十等爵不仅有驷车庶长等卿爵,还出现了关内侯、列侯。后者的晚出,自然与商鞅时君主尚且称公有关。

---

① 联系《史记》卷一五《六国年表》序"至犬戎败幽王,周东徙洛邑,秦襄公始封为诸侯,作西畤用事上帝,僭端见矣。《礼》曰:'天子祭天地,诸侯祭其域内名山大川。'今秦杂戎翟之俗,先暴戾,后仁义,位在藩臣而胪于郊祀,君子惧焉"(第 685 页),不知是否可为"古人作史有不待论断而于序事之中即见其指者,惟太史公能之"([清]顾炎武著,[清]黄汝成集释,栾保群、吕宗力校点:《日知录集释》卷二六,上海古籍出版社全校本,2006 年,第 1429 页)又一注脚?此外,梁云还指出"秦用周礼与秦废周礼,耐人寻味",秦曾"利用周礼整合当地人群,并标榜自己的华夏族血统",而"在战国中期从根本上废除了周礼,使陶礼器和石圭在墓葬中锐减。《战国时代的东西差别——考古学的视野》结语,第 269、262 页。
② 杨宽:《战国史》第八章,第 343—344、346—347 页。
③ 相关史料整理参见杨宽《战国史》第八章,第 343—348 页。
④ 杨宽认为马端临对秦"罢"封建的考证,不能成立,并曾对秦行分封制有所论述。不过,他认为"战国时代赵、秦、齐等国分封制的性质已发生变化,世袭的封君在其封国内具有征收居民租税的特权,但是执政的'相',常由国君直接派遣,并须奉行统一的法令,更要纳贡税于国君"。董珊提到"战国各诸侯国先后称'王',于是又在国内仿效西周分封,重建封君制度","各国的封君大量出现,都有'侯''君'二等,'侯''君'一般由国王封建,'侯'也可以在其领地内再封建'君'"。并认为"(侯,君)二者不但有别,而且可以进退升降",且"汉代二等爵制(按:王、侯)以及'推恩分封'的做法,都承袭战国封建制度而来"。《论秦汉的分封制》(原刊《中华文史论丛》1980 年第 1 期)、《从分封制到郡县制的发展演变》,均收入《古史探微》卷二,上海人民出版社,2016 年,第 140—147、90 页;《读珍秦斋藏吴越三晋铭文札记》,《珍秦斋藏金—吴越三晋篇》,澳门基金会,2008 年,第 298 页。

但按内爵称,卿爵上应该是公爵的","秦至惠文王始称王,而爵制序列并没有在卿爵上进而出现公爵",①应与称王之后可封侯有关。惠文王后元九年(前316),司马错灭蜀,"贬蜀王更号为侯,而使陈庄相蜀"。② 这是目前所见秦境出现"侯"号的较早史例。后元十一年(前314),"公子通封于蜀",③后公子恽、公子绾次第封为蜀侯,④更属封侯的显例。⑤ 昭襄王时,又有"封公子市宛,公子悝邓,魏冉陶,为诸侯"事。⑥ 稍后,范雎、吕不韦、嫪毐等也先后得以封侯。⑦ 此与"魏公子劲、韩公子长为诸侯"类似,"别封之邑,比之诸侯"。⑧ 西汉初年,汉廷"赐爵列侯",尚且称"与诸侯剖符,世世勿绝",⑨列侯并曾持有虎符。⑩

战国秦在军事扩张所据关东地域,更多时候是设置秦郡。商鞅变法,主要在

---

① 孙闻博:《秦汉军制演变史稿》第三章第一节,第 235、221 页。
② 《史记》卷七〇《张仪列传》,第 2284 页。
③ 《史记》卷五《秦本纪》,第 207 页。《史记》卷一五《六国年表》"通"作"繇通",第 733 页。《华阳国志·蜀志》"通"又作"通国"。[晋]常璩著,任乃强校注:《华阳国志校补图注》卷三,上海古籍出版社,1987 年,第 128 页。
④ 《史记》卷五《秦本纪》,第 210 页。《华阳国志·蜀志》"恽"作"恽"。[晋]常璩著,任乃强校注:《华阳国志校补图注》卷三,第 128—129 页。
⑤ 泷川资言、蒙文通、蒋家骅、杨宽、孙华等学者认为秦封三蜀侯为蜀王子弟。《史记》卷一五《六国年表》《索隐》"繇音由。秦之公子",第 733 页;《华阳国志·蜀志》反映公子恽可能是惠文王子,公子绾为恽子。孙闻博:《秦汉军制演变史稿》第三章第一节,第 222 页。
⑥ 《史记》卷五《秦本纪》,第 212 页。《史记》卷七二《穰侯列传》作"乃封魏冉于穰,复益封陶,号曰穰侯",第 2325 页。此应即《索隐》"述赞"所云"再列封疆",第 2330 页。
⑦ 相关梳理还可参考朱绍侯《军功爵制考论》上编,商务印书馆,2008 年,第 49—50 页。
⑧ 《史记》卷五《秦本纪》《索隐》,第 210 页。详细讨论参见杨宽《战国史料编年辑证》卷一三,上海人民出版社,2001 年,第 665—666 页。又,燕昭王"封乐毅于昌国,号为昌国君",《乐毅报燕惠王书》曰"故裂地而封之,使得比小国诸侯"。《史记》卷八〇《乐毅列传》,第 2431 页。
⑨ 《史记》卷五四《曹相国世家》、卷九五《樊郦滕灌列传》,第 2028、2657、2661 页;《汉书》卷三九《曹参传》,第 2017 页。相关又参见本书第四章。
⑩ 孙闻博:《两汉的郡兵调动:以"郡国""州郡"的行政变化为背景》(原刊《中华文史论丛》2014 年第 3 期),修订稿收入《秦汉军制演变史稿》第二章第二节,2018 年 2 印修订,第 154 页注 4;本书第四章。

境内普遍推行县制。① 而秦郡首郡即上郡之置,主要发生在惠文王统治时期。秦郡设置于新据他国疆土之上,并行武装殖民,最初实相当于以内史为中心横向平行扩展的军事管理区。② 郡的长官称"大守",省称为"守",当有代君主管辖相关区域的意味。从里耶秦简更名木方等材料看,秦王政称帝改制前,"所设郡地,相当于一封国。故郡早期也称邦"。③ 陕西西安相家巷所出秦封泥新见有"南阳邦尉",④里耶秦简又新见"☐洞庭邦尉府☐☐☐"(9-430)简文。⑤ 此外,《史记》卷六《秦始皇本纪》载望夷宫之变,二世曾向赵高婿长安令阎乐请求免死,有"吾愿得一郡为王"语。⑥

---

① 管东贵:《秦帝国"速崩"问题的检讨》,收入所著《从宗法封建制到皇帝郡县制的演变》,中华书局,2010年,第166页;孙闻博:《商鞅县制的推行与秦县乡关系的确立——以称谓、禄秩与吏员规模为中心》,《出土文献的世界:第六届出土文献青年学者论坛论文集》,第63—78页。

② 参见孙闻博《秦汉军制演变研究》第一、二章,博士学位论文,北京大学历史学系,2013年,第55—57、115—116页;《秦汉"内史—诸郡"武官演变考——以军国体制向日常行政体制的演变为背景》(原刊《文史》2016年第1辑)、《两汉的郡兵调动:以"郡国""州郡"的行政变化为背景》,修订稿收入所著《秦汉军制演变史稿》第一章第四节、第二章第二节,第99—102、151—152页。还有意见认为"昭王晚期以前的秦郡无权控制县的人事、司法与财政,当时的郡县关系可谓郡不辖县","战国秦郡郡守最早拥有的权力应为军事权"。游逸飞:《从军区到地方政府——简牍及金文所见战国秦之郡制演变》,《台大历史学报》第56期,2015年,第1—19页。

③ 孙闻博:《秦汉太尉、将军演变新考——以玺印资料为中心》(原刊《浙江学刊》2014年第3期),修订稿收入所著《秦汉军制演变史稿》第一章第二节,第60页。郭永秉2018年5月31日来信:"郡"之得名或许应当就是来自"邦国"之可以"君临",后来秦郡长官自然称守了。

④ 许雄志:《鉴印山房藏古封泥菁华》,河南美术出版社,2011年,著录号69。又可参见王伟《秦玺印封泥职官地理研究》第五章、附录一、附录二,中国社会科学出版社,2014年,第264、515、575页。

⑤ 湖南省文物考古研究所编著:《里耶秦简〔贰〕》,文物出版社,2017年,图版59页、释文19页,出土登记号7-427。

⑥ 《史记》,第274页。学者指出,"秦汉承两周封建之后,地方大吏犹古诸侯,君临一邦而为之主,故郡府有朝廷之称","汉人一般皆视郡为国为邦。汉人不但视郡如国,也称国为郡","汉代通例,除了中央朝廷之外,郡府也是可以称'朝'的,因为汉人视郡如邦国,视郡守如'君'"。严耕望:《中国地方行政制度史——秦汉地方行政制度》第二章,上海古(转下页)

秦上郡设置的年代,学界意见不一。谭其骧、马非百、李晓杰主秦惠文君十年(前328)说。① 陈平、董珊倾向秦惠文王改元前后说。② 杨宽主秦昭襄王三年(前304)说。③ 史念海主昭襄王十一年至二十年之间说。④ 昭襄王三年说所据《水经注·河水》条,或属孤证,且材料时代偏晚。而《水经注》言秦诸郡设置时代,依我们此前研究利用来看,多不尽可靠。再考虑到目前发现秦上郡戈戟有惠文王时物。因而,此说可排除。惠文君十年说为此前主流认识,史料依据也相对丰富,如《史记》卷五《秦本纪》"十年,张仪相秦。魏纳上郡十五县",同书卷一五《六国年表》"秦"栏"(十年)魏纳上郡","魏"栏"入上郡于秦",同书卷四四《魏世家》"七年,魏尽入上郡于秦",同书卷七〇《张仪列传》"秦惠文王十年……魏因入上郡、少梁,谢秦惠王"。⑤ 不过,三晋设郡的实际状况,已引起一些学者怀疑。吴良宝指出:"一些战国史著作认为三晋各国普遍设置了郡(诸如河东郡、大宋郡、安平郡等),我们对此持谨慎态度。从司马迁的记史笔法来看,《史记》中三晋的地名多为县名,与我们能见到的考古资料基本相符,说明史迁并非以秦

(接上页)籍出版社,2007年,第77页;杨鸿年:《汉魏制度丛考》"郡"条,武汉大学出版社,2005年,第323页;阎步克:《汉代乐府〈陌上桑〉中的官制问题》,《北京大学学报》(哲学社会科学版)2004年第2期,第54—55页。而史料方面尚可增补。《盐铁论·除狭》大夫曰"今守、相亲剖符赞拜,莅一郡之众,古方伯之位也。受命专制,宰割千里,不御于内",王利器:《盐铁论校注》(定本)卷六,第410页;《后汉书》卷五六《陈球传》"太守分国虎符,受任一邦",第1831页。

① 谭其骧:《秦郡新考》(原刊《浙江学报》第二卷第一期,1947年),收入所著《长水集》,人民出版社,1987年,第2页;马非百:《秦集史·郡县志上》,中华书局,1982年,第578页;周振鹤、李晓杰:《中国行政区划通史·总论、先秦卷》之《先秦卷》第九章(李晓杰撰),复旦大学出版社,2009年,第444—445页。

② 陈平:《试论战国型秦兵的年代及有关问题》,《中国考古学研究论集——纪念夏鼐先生考古五十周年》,第316—317页;董珊:《战国题铭与工官制度》第六章,博士学位论文,北京大学中国语言文学系,2002年,第225页。

③ 杨宽:《战国史》附录一《战国郡表》,第680页。

④ 史念海:《直道和甘泉宫遗迹质疑》(原刊《中国历史地理论丛》1988年第3辑),收入所著《河山集》四集,陕西师范大学出版社,1991年,第460页。所论主要据赵惠文王三年,赵灭中山,迁其君于肤施,及秦昭襄王二十年,"王之上郡北河"。学界接受甚少,下文不纳入讨论。

⑤ 《史记》,第206、729、1848、2284页。

或西汉时的建置去追述历史,那么出现于三晋世家中的郡名(如上郡、上党郡、代郡等)也应如是观。仅根据一些有歧义的字面立论,就得出了魏国有河西郡、河东郡等,是不足以服人的。"① 土口史记对传世文献所记战国魏国置郡情况,做了逐一检讨与反思,也表示怀疑。② 因资料所限,魏国是否曾设上郡还可探讨,上述怀疑也非定论。不过,秦在接收魏所纳十五县同时是否随即置郡,也需思考。依此后秦东进历程,秦控据县邑后并非能立即设置新郡,二者在时间上不一定完全同步。而表述取地设郡,径言"置〇郡"者,也更多一些。张仪本传随后还提到"仪相秦四岁,立惠王为王。居一岁,为秦将,取陕。筑上郡塞"事。③ 再考虑上郡兵器题铭资料虽较丰富,但主要集中在秦惠文王五年至秦王政时期。秦郡制的推行,主要始于惠文君称王前后不久。

战国官僚制发展过程中,地方行政制度变化虽以推行郡县制为主,但并非线性的简单演进。④ 秦在扩张所据区域虽多设置郡县,但也以封君、封侯作为补充。相关发展并非厉行单一制,而是呈现出一种复合性特征。⑤ 秦惠文王后元九年(前316),司马错伐灭蜀国。秦初始贬蜀王为侯,后封公子于蜀,置相以佐

---

① 吴良宝:《战国文字所见三晋置县辑考》,《中国史研究》2002年第4期,第20页。
② 〔日〕土口史记:《先秦時代の領域支配》第四章,京都大学学術出版会,2011年,第148—164页。
③ 《史记》卷七〇《张仪列传》,第2284页。张仪取陕事,又见《史记》卷五《秦本纪》、卷一五《六国年表》,第206、730页。
④ 池田雄一曾谈到,"在商鞅被处死之后,被统合到县制之中的采邑有一部分重新恢复为采邑,反映了从商鞅县制发展到秦汉郡县的过程中,仍有很多的曲折"。《商鞅の県制——商鞅の變法(一)——》(原刊《中央大学文学部紀要》史学科22,1977年),收入所著《中国古代の聚落と地方行政》(地方行政编)第二章,汲古書院,2002年。今据《中国古代的聚落与地方行政》,郑威译,复旦大学出版社,2017年,第415页。
⑤ 管东贵提到"周被并灭后……而东方各国在维持封建制的同时,也颇有兼采县制的",并引顾颉刚《春秋时代的县》以证。《秦汉时期的一国两制——政治体制的冲突与统合》,收入所著《从宗法封建制到皇帝郡县制的演变》,第194页。卜德说"吕不韦的权势可以从子楚封他为侯之事中看出,据说食邑10万户。这一事件表明,甚至在这么晚的时期,旧的内部分封制是继续与新的郡县行政制度同时并存的"。〔英〕崔瑞德、鲁惟一编,杨品泉等译:《剑桥中国秦汉史:公元前221—公元220年》第1章,第58页。惜皆一笔带过,未展开分析。

之。蜀侯的相由中央任命，故蜀部分地区改设为郡，另置郡守。① 若此说成立，倘稍做追溯，《史记》卷五《秦本纪》"(惠文君)十一年，县义渠。归魏焦、曲沃。义渠君为臣"中，②县令也与戎翟君公同时并存，前后二者或有类似处。此后，秦东向仍以置郡为主，但不排斥分封的可能。穰侯陶邑可以收为秦郡，河西、太原郡又可更为毐国。彼此相互转化，且属自然之事。秦并天下后，"丞相(王)绾等言：'诸侯初破，燕、齐、荆地远，不为置王，毋以填之。请立诸子，唯上幸许'"。待"始皇下其议于群臣"后，除李斯之外，"群臣皆以为便"，③恐非偶然。这应是惠文王以来郡县为主、封建为辅的地方行政复合制背景下，朝臣对地方治理的普遍思维。

吴荣曾指出："春秋时期，尽管周的疆土狭小，但周王仍为有土之君。战国时则不然，特别在二周分立之后，天子无地无民，只好寄食于二周。《战国策·赵策三》引鲁仲连之语曰：'周贫且弱，诸侯莫朝。'"④《吕氏春秋》《韩非子》都以"周分为二"标志周亡。⑤ 秦骃祷病玉版又有"周世既没，典法蘚(散)亡"语，言

---

① 谭其骧：《秦郡新考》，《长水集》，第2页；蒙文通：《巴蜀史的问题》(原刊《四川大学学报》1959年第5期)，修订稿收入所著《巴蜀古史论述》，四川人民出版社，1987年，第58—59页；杨宽：《战国史》第六章，第261页；杨宽：《战国史料编年辑证》卷一〇，第519页；马非百：《秦集史·郡县志上》，第610页；任乃强校注：《华阳国志校补图注》卷三，第129—130页注1；胡大贵、冯一下：《蜀郡设置和第一任蜀守考》，《四川师范大学学报》(社会科学版)1993年第2期；王子今：《秦兼并蜀地的意义与蜀人对秦文化的认同》(原刊《四川师范大学学报》1998年第2期)，收入所著《秦汉区域文化研究》上编"八 巴蜀文化及其与关中文化的特殊关系"，四川人民出版社，1998年，第158—177页；童珊：《战国题铭与工官制度》第六章，第236—237页；晏昌贵：《秦简"十二郡"考》，《秦简牍地理研究》第一章，第33—36、57页。另有学者对此持保留意见，相关参见崔建华《蜀地入秦初期的管理体制再探讨》，《四川师范大学学报》(社会科学版)2014年第1期。

② 《史记》，第206页。

③ 《史记》卷六《秦始皇本纪》，第238—239页。

④ 吴荣曾：《东周西周两国史研究》，《先秦两汉史研究》，第143页。

⑤ 李家浩：《秦骃玉版铭文研究》(原刊北京大学古文献研究中心编《北京大学古文献研究中心集刊》第二辑，北京燕山出版社，2001年)，收入《安徽大学汉语言文字研究丛书·李家浩卷》，安徽大学出版社，2013年，第291页。

"周王朝已到尽头"。① 此种背景下,周天子在战国后期仅具有象征意义,似已为学界共识,"周王""周天子"之号仅属虚名,在当时实际政治秩序中,已不具有多少实质意义了。这些认识的着眼点,主要在名号的"名实"之"实"。不过,名号的"名实"之"名"在政治秩序中的意义,同样不是可有可无的。我们认为今诸侯竞相称王、周室愈加衰微下,秦君及东方诸侯称王后与周王之关系,实际仍显微妙。秦氏辑补本《世本·谥法》记"周王喜谥烈王"。② 相较"卫侯""秦伯",战国周室在传统秩序中的"周王"身份仍然得到强调。此外,无论传世文献还是出土文献,周室在称"王"外,诸侯谓周更多使用"天子"。前引秦封宗邑瓦书"周天子使卿夫=(大夫)辰来致文武酢",也是如此。以往熟知的魏惠王召集逢泽之会、并率诸侯朝周事,同样具有特殊意味。《战国策·秦四》作:

> 魏伐邯郸,因退为逢泽之遇,乘夏车,<u>称夏王,朝为天子</u>,天下皆从。③

此处的"夏王",向有多种解释。范祥雍参考日人新城新藏《战国秦汉之历法》指出,"盖惠王始改用夏正,自称夏王,谓用夏正之王也"。④《战国策·齐五》虽言"魏王说于卫鞅之言也,故身广公宫,制丹衣柱,建九斿,从七星之旗。此天子之位,而魏王处之",⑤但前引《战国策·秦四》魏、周间"夏王""天子"的表述,仍有差别。王念孙案:"'为'与'于'同。谓魏惠王朝于天子而天下皆从也。《秦策》又曰:'梁君驱十二诸侯,以朝天子于孟津。'《齐策》曰:'魏王从十二诸侯朝天子。'皆其证也。鲍读'朝'为'朝夕'之'朝',而于'朝'上增'一'字,谓魏王一朝

---

① 郭永秉:《秦骃玉版铭文考释中的几个问题》(原刊《古代中国——传统与变革》第一辑,复旦大学出版社,2005年),收入所著《古文字与古文献论集》,上海古籍出版社,2011年,第39—41、54页。秦骃玉版研究,学界成果很多。据李家浩、李学勤、郭永秉分析,器主为秦惠文王,所作时期大致为惠文王在位晚年。牍文自称"王室",并有因病而祭祷"天地、四极、三光、山川、神祇、五祀"的超高规格仪节。

② [汉]宋衷注,[清]秦嘉谟等辑:《世本八种》,第404页。

③ 《战国策》卷三"或为六国说秦王"章,第259页。

④ [汉]刘向集录,范祥雍笺证,范邦瑾协校:《战国策笺证》,上海古籍出版社,2006年,第430页。

⑤ 《战国策》卷一二"苏秦说齐闵王"章,第442页。

为天子,而天下皆从,其失甚矣。"① 如依上引,魏君已然称王,后世观之显与周王平起而坐。可在僭越更号后,魏仍率诸侯朝周,以"王"的身份参拜"天子"。相关名号关系,值得注意。学界或有推测魏惠侯在逢泽之会后称王。我们注意到的是,前引诸史料,唯周王称天子。《吕氏春秋·孟秋纪·振乱》云"当今之世,浊甚矣。黔首无所告愬";《有始览·谨听》又云"今周室既灭,而天子已绝。乱莫大于无天子。……今世当之矣"。② 战国时代,"天子"之号仍只对应周王,称王诸侯只是"世主"。即便"天子既绝""天子已绝",称王诸侯仍然不能接替而称"天子",当时政治秩序只可权称为"无天子"。传世及出土文献所见战国史料,目前尚未发现周室以外的地方诸侯,在称王之后,也同时使用"天子"之号。关于这一点,以往研究东周史学者似乎多未注意。迄至秦灭六国,秦君称"皇帝"之后,"天子"称谓方多见使用。《史记》卷八七《李斯列传》载二世时于狱中上书"卒兼六国,虏其王,立秦为天子",③ 北京大学藏汉简《赵正书》作"使秦并有天下,有其地,臣其王,名立于天下,埶(势)有周室之义,而王为天子"(一一、一二),"尽咸(灭)其国而虏其王,立秦为天子者"(三二)。④ 进言之,虽"春秋时,犹宗周王,而七国则绝不言王矣",⑤ 但战国各诸侯称王后无论自称还是他称,基本不使用"天子"之谓。当时"国际"政治秩序下,诸王与周王在身份上应当仍有区别。⑥ 秦惠文王时政治秩序可概括为:外部:(天子—)王—诸侯;内部:王—郡县/诸侯。

---

① [清]王念孙,徐炜君等点校:《读书杂志》之《战国策杂志》,第108页。
② 许维遹撰,梁运华整理:《吕氏春秋集释》卷七、卷一三,第162、296页。
③ 《史记》,第2561页。
④ 北京大学出土文献研究所编:《北京大学藏西汉竹书(叁)》,第190、192页。
⑤ [清]顾炎武著,[清]黄汝成集释,栾保群、吕宗力校点:《日知录集释》卷一三,第749页。
⑥ 杉村伸二注意到"到战国时,周以前的王也被称为'天子'了","战国时'天子'作为'中华世界的统治者'称号也用于称呼周以前君主"。《秦漢初における"皇帝"と"天子"—戦国後期~漢初の国制展開と君主号—》,第3页。不过,杉村氏没有进一步讨论诸侯称"王"后,是否也使用"天子"之号。而在此基础上,这个问题其实更为重要。

五 "分天下":"帝"号下政治秩序新释

至昭襄王世,秦君名号由"王"进而称"帝":

十九年,王为西帝,齐为东帝,皆复去之。(《史记》卷五《秦本纪》)

(十九年)十月为帝,十二月复为王。(《史记》卷一五《六国年表》"秦"栏)

(三十六年)为东帝二月,复为王。("楚"栏)①

杨宽指出"在秦、齐、赵三强鼎立而斗争的形势下,秦相魏冉图谋采用和齐连横的策略,联合五国一举攻灭赵国"。② 此称帝虽为时不长,前后不过两月,但却是秦史上颇为重要之事件。太史公就《秦本纪》撰作,特别提到"昭襄业帝"。③ 旧有断作"昭、襄业帝",④不妥。庄襄王未称帝,且不省作"襄王"。学界一般解释作"昭襄王为秦国日后统一称帝的大业奠定了基础",⑤似显通畅,然将帝业对应"秦国日后统一称帝的大业",恐同样不尽妥当。《史记》卷七九《范雎蔡泽列传》蔡泽言白起,有"又越韩、魏而攻强赵,北坑马服,诛屠四十余万之众,尽之于长平之下,流血成川,沸声若雷,遂入围邯郸,使秦有帝业"语。⑥ "使秦有帝业",《战国策·秦三》作"使秦业帝"。⑦《史记》卷七二《穰侯列传》太史公曰:"而秦所以东益地,弱诸侯,尝称帝于天下,天下皆西向稽首者,穰侯之功也。"《史记》卷八七《李斯列传》载《谏逐客书》又云:"昭王得范雎……蚕食诸侯,使秦成帝业。"⑧按"业"有创始、开始之义。此义项下"业"的使用,多含"事物已为而未

---

① 《史记》,第212、739页。此又见《史记》他篇及《战国策》《韩非子》《吕氏春秋》等。
② 杨宽:《战国史》第八章,第385—386页。
③ 《史记》卷一三〇《太史公自序》,第3302页。
④ [清]郭嵩焘著,贺次君点校:《史记札记》卷五下,商务印书馆,1957年,第461页。
⑤ 韩兆琦:《史记笺证》,江西人民出版社,2004年,第6383页。
⑥ 《史记》,第2423页。
⑦ 《战国策》卷五"蔡泽见逐于赵"章,第216页。
⑧ 参见《史记》,第2330、2542页。

成"的意味,常会在之后交代"未成"或接续为之的情形。①"昭襄业帝"句下,前人疑有脱文,②然可与"使秦有帝业""使秦业帝""使秦成帝业"语对应,本身表意已完结;相关功绩在魏冉等大臣辅佐下,也已实现。此外,"业帝""帝业"的数次称说,均指向昭襄王世,而非之后的秦王政世。

当然,如若细究,昭襄王世重大成就主要发生在去帝号之后,甚至可以看到,"所谓'昭襄业帝',就是说秦昭襄王时代'使秦有帝业'。……大致可以说,'使秦有帝业'的形势,主要是在'太后擅行不顾',而'无王'的条件下生成的"。③前引"而秦所以东益地,弱诸侯,尝称帝于天下,天下皆西向稽首者,穰侯之功也"中,魏冉使昭襄王称帝的时间稍前;与白起相互配合,从而建立重大政治军事业绩的时间稍后。不过,秦"东益地,弱诸侯""蚕食诸侯""遂入围邯郸",一度"天下皆西向稽首"。这使得太史公使用了"尝称帝于天下"的笼统表述,以早期称帝,标识昭襄一世。因为即便后来取消了帝号,名无而实存的"帝—诸侯"政治秩序,仍然在昭襄王中后期较为突出地得以呈现。由此而言,"昭襄业帝"当与《太史公自序》下文"作《高祖本纪》"之"诛籍业帝"情形近似,指昭襄王得魏冉、范雎、白起佐助,接连击败韩、魏、楚、赵,一度成就了事实上的帝业。

那么,"帝"号下的政治军事格局形态,应如何理解与把握呢?关于秦、齐为东西二帝,雷海宗早年提到:"除楚国外,天下由二帝分治。根本讲来,这是一个

---

① "未成",如《孟子·尽心下》"有业屦于牖上,馆人求之弗得",赵岐注"业,织之有次,业而未成也";《晏子春秋·问上十一》"(齐景公)于是令玩好不御,公市不豫,宫室不饰,业土不成,止役轻税,上下行之,而百姓相亲",吴则虞引长孙元龄云"'业土',已筑而未成者,若《孟子》之'业屦'是也",张纯一注"不待土工之成而罢";《后汉书》卷二四《马援传》"间复南讨,立陷临乡,师已有业,未竟而死,吏士虽疫,援不独存"。接续为之,如《史记》卷一三〇《太史公自序》"项梁业之,子羽接之",及"重黎业之,吴回接之"。《孟子注疏》卷一四下,[清]阮元校刻:《十三经注疏》,第6046页上栏;吴则虞:《晏子春秋集释》卷三,中华书局,1962年,第207页;张纯一:《晏子春秋校注》卷三,梁运华点校,中华书局,2014年,第151页;《后汉书》,第847—848页;《史记》,第3302、3309页。

② 郭嵩焘认为"'昭、襄业帝'一句,语未尽,疑下有脱文";崔适表示"下文惟云'昭襄业帝',语不可解"。《史记札记》卷五下,第461页;《史记探源》卷八,张烈点校,中华书局,1986年,第228页。

③ 王子今:《秦史的宣太后时代》,《光明日报》2016年1月20日14版;《卸妆"芈月":宣太后世家》,中国人民大学出版社,2016年,第66页。

矛盾的现象,因为'帝'的主要条件就是'王天下',所以两帝并立是一个不通的名词。"①不过,当时其实还出现有三帝并立的建议。马王堆帛书《战国纵横家书》"二十 谓燕王章"记战国后期术士上书,建言燕王:

> 秦为西帝,燕为北帝,赵为中帝,立三帝以令于天下。韓(韩)、鹳(魏)不听则秦伐,齐不听则燕、赵伐,天下孰敢不听。②

相关内容又见《史记》卷六九《苏秦列传》、《战国策·燕一》,均称苏代遗燕昭王书,文字、文序稍有出入。所言虽未成事实,但具体设想仍可参考。这条建言中,有以下几点值得注意:1. 诸帝并立,征伐不听命之诸侯;2. "帝"制格局下,未言灭国与统一;3. "帝—诸侯(王)"秩序中,同样未包含南方之楚,相应更不涉及"内诸夏而外夷狄"之夷狄了。这与秦汉帝国建立后,政治秩序逐渐由秦及六国旧地而囊括周边蛮夷,③尚有距离。

以往探讨战国以来出现的"王天下"思想,往往与秦统一联系起来;论说"帝业",也往往对应秦王政所建立的帝国。④ 实际上,与此前学者对"帝业"的概括存在较大差别,我们认为:战国至统一前的"帝"制并非是始皇帝并兼天下诸侯后建立起的统一帝国体制。"帝业""帝制"主要是"帝—诸侯"的政治秩序,而非"帝—郡县"。"帝"主要还是王中之主、王中之霸的意味。⑤ 无论战国后期,抑或秦楚之际,甚至西汉前期,凡涉称"帝"之议,多是此义。进言之,"帝"制实际仍

---

① 雷海宗:《皇帝制度之成立》,第858页。

② 湖南省博物馆、复旦大学出土文献与古文字研究中心编纂,裘锡圭主编:《长沙马王堆汉墓简帛集成》第三册,中华书局,2014年,第245页。

③ 参见本书第一、二章。

④ 田余庆:《说张楚——关于"亡秦必楚"问题的探讨》,《秦汉魏晋史探微》(重订本),第24—27页;李开元:《汉帝国的建立与刘邦集团:军功受益阶层研究》第三章,第76—77页。后者并整理概括为"至秦王朝为止的中国政治,可以规范为三种形态类型,即王业、霸业与帝业","所谓帝业,即秦始皇所开创的统一帝国之理念与现实"。

⑤ 大櫛敦弘指出,应对诸"王"争霸中出现的相关新形势,"帝"逐渐被用于称呼"天下之王"。由此,基于新的世界观"天下","帝"领导下诸"王"联合的新秩序被构想出了。《统一前夜—戦国後期の"国際"秩序—》,《名古屋大学東洋史研究報告》第19号,1995年,第1—25页;《斉王に見せた夢—〈戦国縦横家書〉における覇権のかたち—》,《人文科学研究》第8号,2001年,第17—30页。相关探讨又参见〔日〕杉村伸二《秦漢初における"皇帝"と"天子"—戦国後期~漢初の国制展開と君主号—》,第4页。

偏重"分天下",而非"并天下"。

苏秦说魏王"魏,天下之强国也;王,天下之贤王也。今乃有意西面而事秦,称东藩,筑帝宫,受冠带,祠春秋",《史记索隐》"谓为秦筑宫,备其巡狩而舍之,故谓之'帝宫'"。① 长平之战后,秦进围邯郸,"魏王使客将军新垣衍间入邯郸,因平原君谓赵王曰:'秦所为急围赵者,前与齐湣王争强为帝,已而复归帝;今(齐湣)王已益弱。方今唯秦雄天下,此非必贪邯郸,其意欲求为帝。赵诚发使尊秦昭王为帝,秦必喜,罢兵去。'平原君犹预未能有所决",②后来还发生了鲁仲连义不帝秦事。上述虽未施行,然尊秦为帝,有望收退兵解围之效,可使赵暂得保全,实代表当时部分人士的理解。《战国策·秦四》"秦王欲见顿弱"章又记:"顿子曰:'天下未尝无事也,非从即横也。横成,则秦帝;从成,即楚王。秦帝,即以天下恭养;楚王,即王虽有万金,弗得私也。'"③《史记》卷六九《苏秦列传》、《战国策·楚一》"苏秦为赵合从说楚威王"章也出现"故从合则楚王,衡成则秦帝"④语。二者均将"秦帝"与"楚王"作了对照。仔细思量,帝、王的秩序形态实际差别不大。唯"帝"号的政治等级可能略高一些,因为促成因素稍异:一为连横,一为合纵。

秦末战争,陈涉首唱,攻陈称王,号为"张楚"。然组建政权之初,张耳、陈馀曾有一番建议:

> 陈涉问此两人,两人对曰:"……今始至陈而王之,示天下私。愿将军毋王,急引兵而西,遣人立六国后,自为树党,为秦益敌也。敌多则力分,与众则兵强。如此野无交兵,县无守城,诛暴秦,据咸阳以令诸侯。诸侯亡而得立,以德服之,如此则帝业成矣。今独王陈,恐天下解也。"⑤

相较于据陈称王,二人更主张成就"帝业"。所谓"帝业",并非效秦并兼诸侯,立

---

① 《史记》卷六九《苏秦列传》,第2254页。又见《战国策·魏一》"苏子为赵合从说魏王"章,《战国策》卷二二,第787页。

② 《史记》卷八三《鲁仲连邹阳列传》,第2459—2460页。又见《战国策·赵三》"秦围赵之邯郸"章,《战国策》卷二〇,第703页。

③ 《战国策》卷六,第239页。

④ 《史记》,第2261页;《战国策》卷一四,第502页。

⑤ 《史记》卷八九《张耳陈馀列传》,第2573页。

号皇帝,乃是"遣人立六国后",使"诸侯亡而得立,以德服之","据咸阳以令诸侯"。这种对"帝""帝业"的理解,深受战国政治思想观念的影响,仍属"帝—诸侯",而非"帝—郡县"秩序。

陈涉、吴广败亡后,项梁、项羽叔侄继续斗争,立楚怀王孙熊心为王。待入关灭秦后,楚怀王心升为"义帝"。《史记》卷七《项羽本纪》记:

> 项王使人致命怀王。怀王曰:"如约。"**乃尊怀王为义帝**。项王欲自王,先王诸将相。谓曰:"……义帝虽无功,故当分其地而王之。"诸将皆曰:"善。"**乃分天下,立诸将为侯王**。①

"乃尊怀王为义帝",同书卷一六《秦楚之际月表》作"义帝元年诸侯尊怀王为义帝"。② 此为秦楚之际"帝"号的首次实现。相较秦并天下,"义帝虽无功,故当分其地而王之","乃分天下,立诸将为侯王",仍然对应战国时期的"帝"制特征。是时,项羽分封十八诸侯,自立为西楚霸王。本纪云"主命分天下诸侯",③《月表》作"西楚主伯,项籍始为天下主命,立十八王"。④ "项羽称'霸王'的一个前提是先封立了十八个王,然后自己称'霸王',其含义实指诸王之伯,因为在王之上还有'义帝'在。项羽所称'霸王'在实际上和春秋战国时期的侯伯类似"。⑤ 待义帝失势,不久被弑,项羽旋即为实际的首脑。虽然名号较"帝"有所降低,但是在外部政治秩序层面,项羽构建的仍是"分天下"的秩序,前后实际相去不远。而项羽这种"诸王之伯",还可向上追溯。冯唐答文帝问,言"李牧为赵将居边,……是以北逐单于,破东胡,灭澹林,西抑强秦,南支韩、魏。当是之时,赵几霸"。⑥ 所谓"赵几霸",实指近乎成就王中之霸业耳。

吕后时,南越与汉廷关系一度恶化,赵佗由王进而称帝。此虽为人熟知,既

---

① 《史记》,第 315—316 页。
② 《史记》,第 775 页。
③ 《史记》卷六《秦始皇本纪》,第 275 页。
④ 《史记》卷一六《秦楚之际月表》,第 777—778 页。
⑤ 晁福林:《周太史儋谶语考》,第 25 页。
⑥ 《史记》卷一〇二《张释之冯唐列传》,第 2758 页。

往研究不少,①但文献所涉记载实有不少细节,有待重新审视:

> 于是佗乃<u>自尊号为南武帝</u>……佗因此以兵威财物赂遗闽粤、西瓯<u>骆,役属焉</u>。东西万余里。乃乘黄屋左纛,称制,与中国侔。……赐佗书曰:"<u>皇帝谨问南粤王</u>……虽然,<u>王之号为帝</u>。两帝并立,亡一乘之使以通其道,是争也;争而不让,仁者不为也。"……于是下令国中曰:"吾闻两雄不俱立,两贤不并世。<u>汉皇帝为贤天子</u>。自今以来,去帝制黄屋左纛。"因为书称:"蛮夷大长老夫臣佗昧死再拜上书<u>皇帝陛下</u>……<u>故更号为帝,自帝其国,非敢有害于天下也</u>。"……然其居国,窃如<u>故号</u>;其使天子,称王朝命如诸侯。……婴齐嗣立,即臧其<u>先武帝、文帝玺</u>。②

赵佗据岭南称帝,"自尊号为南武帝"或"南越武帝","号为帝",实际并未使用"皇帝"名号。这从后嗣赵婴齐即位后,去除帝号,并封藏先帝玺印,而相关玺印称"武帝、文帝玺",也可看出。后者且为广州南越王墓所出"文帝行玺"证实。南越王墓还出土了"帝印"玉印1枚、封泥2枚,使用"帝"号,但同样不称皇帝。③与之相对,无论文帝赐书自称,还是赵佗称呼文帝(下令国中或报书汉廷),均使用"皇帝"语。二者在名号使用上,存在明显差异。④ 赵佗报书称"故更号为帝,自帝其国,非敢有害于天下也",虽属自我辩解之词,但仍有深意可究。南越更

---

① 〔日〕栗原朋信:《南越の君主号についての小考》,《史観》50、51合册,1957年,中译本《南越君主名号小考》,覃圣敏译,《广西民族研究》1986年第2期;〔日〕栗原朋信:《文献にあらわれたる秦漢璽印の研究》,收入所著《秦漢史の研究》第一章第一节,第174—181页;〔日〕吉開将人:《印から見た南越世界(後篇)——嶺南古璽印考一》,《東洋文化研究所紀要》139,2000年;〔日〕平勢隆郎:《史記二二〇〇年の虚実——年代矛盾の謎と隠された正統観》第一章,第39—63页;刘敏:《"开棺"定论——从"文帝行玺"看汉越关系》,中国秦汉史研究会等编:《南越国史迹研讨会论文选集》,文物出版社,2005年,第23—30页。

② 参见《汉书》卷九五《两粤传》,第3848—3854页。又见《史记》卷一一三《南越列传》,第2969—2971页,文字稍异,如"南武帝"作"南越武帝"等。

③ 广州市文物管理委员会、中国社会科学院考古研究所、广东省博物馆编辑:《西汉南越王墓》第一〇章,文物出版社,1991年,上册,第300—301、305页。整理者理解作"帝印当指皇帝之印",还可斟酌。

④ 前引唯栗原朋信诸文注意到南越在使用"帝""皇帝"名号时的区别,但没有从战国以降政治秩序的演进角度,提供系统性解释。

号为帝后,君临仍为旧辖邦国,无意挑战汉帝国"天下"秩序。南越所称之"帝",对应"以兵威财物赂遗闽粤、西瓯骆,役属焉,东西万余里"的内部政治秩序,与战国"帝—诸侯"秩序近同,且不排斥外部秩序下的"两帝并立"。

景帝时,吴王刘濞联合东方楚、齐、赵地诸侯反汉。七国之乱初期,景帝诛斩晁错,"则遣袁盎奉宗庙,宗正辅亲戚,使告吴如盎策"。然是时刘濞已起兵攻梁,回应有:

我已为东帝,尚何谁拜?①

所言虽属夸饰,但"帝"制特征仍然呼应"帝—诸侯"秩序。由此,秦昭襄王称帝时政治秩序可总结为:外部:帝—诸侯(王);②内部:帝—郡县/诸侯。

此前我们指出,"'大一统'政治理念具有包容性。不仅对应上古'天子—诸侯'政治模式,而且涵盖秦'皇帝—郡县'政治模式"。③ 而"帝"号下政治秩序,同样具有多样性。《战国策·秦一》"苏秦始将连横"章"可以并诸侯,吞天下,称帝而治","今欲并天下,凌万乘,诎敌国,制海内,子元元,臣诸侯,非兵不可!"。④ 此虽称"说秦惠文王",实际议论当发生于昭襄王后期。⑤ 统一前,李斯也提到"足以灭诸侯,成帝业,为天下一统,此万世之一时也"。⑥ "并诸侯""臣诸侯""灭诸侯""吞天下""并天下",也可以对应"称帝而治"。世入战国末叶,相关言

---

① 《史记》卷一〇六《吴王濞列传》,第2831页。又见《汉书》卷三五《荆燕吴传》,第1912页,文字微异。

② 郭永秉2018年5月31日来信提示:"帝"字的含义较为特殊,是从血缘角度而起的一个称号,与"嫡"同源,强调的是直系血缘的关系。天之嫡子为帝,所以当时称帝、立帝,可能已有要代周而起、重获天命的意思。所言与我们认识接近,上列外部政治秩序即未出现"天子"。此外,"帝"号出现与战国后期大一统帝王世系的形成及相关政治观念影响,也颇有关系。

③ 参见本书第二章。

④ 《战国策》卷一,第78、81页。《史记》卷六九《苏秦列传》作"可以吞天下,称帝而治",第2242页。

⑤ 缪文远:《战国策考辨》卷三,中华书局,1984年,第29—30页;缪文远:《战国策新校注》(修订本)卷三,巴蜀书社,1998年第3版,第60—61页;杨宽:《战国史》第一章,第16页注1。

⑥ 《史记》卷八七《李斯列传》,第2540页。《史记》卷二八《封禅书》作"今秦变周,水德之时",第1366页。

说已悄然变化,开始更多涉及后一种格局形态。

六 "并天下"与"皇帝"的登场
——兼论封建之议的实质

　　秦王政二十六年,秦灭六国,划时代的帝国建立起来。秦君名号由"帝""王"进而称"皇帝",相关政治秩序呈现新的变化。关于"皇帝"名号,一般多认为清晰明晓。此号乃取自德兼三皇、功盖五帝之义。① 这种说法出现较早,蔡邕《独断》云"上古天子庖牺氏、神农氏称皇,尧舜称帝,夏殷周称王。秦承周末,为汉驱除,自以德兼三皇,功包五帝,故并以为号",②《史记》卷八《高祖本纪》《集解》引蔡邕曰"上古天子称皇,其次称帝,其次称王。秦承三王之末,为汉驱除,自以德兼三皇、五帝,故并以为号",③文字稍异,反映至汉代已形成这样的认识。④《汉杂事》曰"古者天子称皇,其次称王。秦承百王之末,为汉驱除,自以德兼三皇、五帝,故并为号"。⑤ 李世民《帝范·纳谏第五》"以为德超三皇,材过五

---

① 还有一种意见认为"皇帝"为神格的上帝,即主宰宇宙的上帝、人间的上帝。〔日〕西嶋定生:《皇帝支配の成立》,《中国古代国家と東アジア世界》第一篇第二章,第55—60页。前引栗原朋信、淺野裕一均对此持保留意见。先秦文献偶见"皇帝",多为"煌煌上帝"之义,蒙文通、顾颉刚、杨宽已论。栗原氏之后,邢义田也指出"人君称帝不是秦始皇的创举,战国时代已经如此。……'帝'则显然已经由天上降到人间,变成一个超越'王'的人间尊号"。《中国皇帝制度的建立与发展》,《天下一家:皇帝、官僚与社会》,第3页。

② 〔汉〕蔡邕:《独断》卷上,丛书集成初编据卢文弨校订抱经堂丛书本排印,商务印书馆,1939年,第28册,第1页。四部丛刊三编据上海涵芬楼影印常熟瞿氏铁琴楼藏明弘治癸亥刊本无"并"字,"德兼三皇"作"德兼三王"。

③ 《史记》,第379—380页。

④ 《三国志》卷一三《魏书·王朗传附子肃传》"且汉总帝皇之号,号曰皇帝"(中华书局,1982年2版,第416页),反映汉魏之际人士对汉代"皇帝"名号的理解。

⑤ 〔唐〕欧阳询撰,汪绍楹校:《艺文类聚》卷一一《帝王部一》"总载帝王"条,上海古籍出版社,1999年新2版,第199页引。《汉杂事》又见司马贞《史记索隐》、《后汉书》李贤注引。后世无辑本。《旧唐书》卷四六《经籍志上》、《新唐书》卷五八《艺文志二》皆著录《后汉杂事》十卷"(第1995、1464页),未录撰人。

帝",注云"《史记》秦始皇初并天下,自以为德兼三皇,功过五帝"。① 王叔岷也记作《帝范·纳谏篇》注引《史记》云"。② 其实,注引乃出自《史记集解》引蔡邕曰,并非《史记》正文;李世民所言,也是由"蔡邕曰"而非《史记》变化而来。司马光撰《通鉴》,书作"王初并天下,自以为德兼三皇,功过五帝,乃更号曰'皇帝'"。③ 朱熹、丘濬等多沿袭是说。④

然而,所言同样不无问题。一是《通鉴》所本,应源自蔡邕。而西汉中期儒教运动后,经由儒生的诠释行动,皇帝号的意义与内涵已发生变化。⑤ 从史源角度而言,较蔡邕《独断》更早、更为初始的表述,见《史记》卷六《秦始皇本纪》太史公曰:

> 始皇自以为功过五帝,地广三王,而羞与之侔。⑥

实作"三王",而非"三皇"。"王""皇"虽仅一字之差,区别却是很大。司马迁先言"功过",后叙"地广",所对应的自然是五帝、三王。二是若视作"并以为号","兼'皇帝'之号","皇+帝"的构词形式近似于"帝+王"、"王+霸"。参照"帝王""王霸"的用语习惯,如此构词下的"皇帝"作为专有名号使用,是否适宜?

探讨"皇帝"名号的出现,还应回归文献本身。《史记》卷六《秦始皇本纪》记:

---

① [唐]李世民:《帝范》卷二,丛书集成初编据武英殿聚珍本排印,商务印书馆,1937年,第21页。

② 王叔岷:《史记斠证》卷六,第231页。

③ 《资治通鉴》卷七《秦纪二》"始皇帝二十六年",第234页。

④ "秦之法,尽是尊君卑臣之事,所以后世不肯变。且如三皇称'皇',五帝称'帝',三王称'王',秦则兼'皇帝'之号。只此一事后世如何肯变!"[宋]黎靖德编,王星贤点校:《朱子语类》卷一三四,中华书局,1986年,第3218页。"帝王称号之咸至是无以加矣。盘古以来称'皇'者三,称'帝'者五,称'王'者三。始皇初并天下,自以德兼三皇,功过五帝,乃兼用之。后世袭而称之,而以王封其臣子,遂为万世不可易之制,是亦世变之一初也。"[明]凌稚隆辑校:《史记评林》卷六,明万历吴兴凌氏自刊本,卷内叶十一至十二引丘濬曰。后世至今,类似表述颇为多见,不复赘举。

⑤ 甘怀真:《中国古代的皇帝号与日本天皇号》,《皇权、礼仪与经典诠释:中国古代政治史研究》,第346—355、360页。

⑥ 《史记》,第276页。"地广三王",[唐]魏徵等编:《群书治要》卷一一《史记上》引同,四部丛刊据上海涵芬楼景印日本天明七年刊本,商务印书馆,1924年,叶十八正;《太平御览》卷八六《皇王部一一》"始皇帝"条引《史记》作"地广三皇",第410页下栏。参据文义,当以前者为是。

秦初并天下，令丞相、御史曰："……寡人以眇眇之身，兴兵诛暴乱，赖宗庙之灵，六王咸伏其辜，天下大定。今名号不更，无以称成功，传后世。其议帝号。"丞相绾、御史大夫劫、廷尉斯等皆曰："昔者五帝地方千里，其外侯服夷服，诸侯或朝或否，天子不能制。今陛下兴义兵，诛残贼，平定天下，海内为郡县，法令由一统，自上古以来未尝有，五帝所不及。臣等谨与博士议曰：'古有天皇，有地皇，有泰皇，泰皇最贵。'臣等昧死上尊号，王为'泰皇'。命为'制'，令为'诏'，天子自称曰'朕'。"王曰："去'泰'，著'皇'，采上古'帝'位号，号曰'皇帝'。他如议。"制曰："可。"追尊庄襄王为太上皇。……分天下以为三十六郡。①

此段文字向被反复称引，然其中若干关键性表述，以往尚重视不足。首先是"其议帝号"。雷海宗特别提到"'其议帝号'一句话很可注意。当时秦尚未正式称帝，然而正式的令文中居然有这种语气，有两种可能的解释。一是帝本是公认为'王天下者'的称号；现在秦并六国，当然是帝。第二种解释就是七十年前秦称西帝，始终未正式取消，所以'帝号'一词并无足怪。现在秦王为帝已由理想变成事实，只剩正式规定帝的称号"。② 参上引本纪载赵高语"秦故王国，始皇君天下，故称帝"，前种推测更为可取。③ 雷戈提到"秦始皇一开始就对议立名号作了定性限制，即他要求的是'议帝号'，而非'议王号'，更非泛泛议论一番"。④ 王子今也注意到此问题，指出"关于'名号'的讨论还没有开始，秦王政就说到'帝号'。……'上尊号，王曰"泰皇"'……秦王政身边的几位最高权臣竟然如此迟钝，也使人疑惑秦王政'其议帝号'指示的可能"，⑤ "嬴政以秦王身份指示丞相、

---

① 《史记》，第235—236、239页。《太平御览》卷八六《皇王部一一》"始皇帝"条引《史记》作"有人皇，人皇最贵。臣等昧死上尊号，王为秦皇……去'秦'，著'皇'，采上古帝王位号，号曰'皇帝'"，第408页上栏。按《御览》引《史记》等正史，文字多有出入，非别据他本，乃节略录入，且时有错讹。此前称"人皇"，后作"秦（泰？）皇"，引文且省略"其议帝号"等内容。

② 雷海宗：《皇帝制度之成立》，第860—861页。

③ 甘怀真对此有简要分析。《中国古代的皇帝号与日本天皇号》，《皇权、礼仪与经典诠释：中国古代政治史研究》，第344页。又，《史记》卷一五《六国年表》、卷八五《吕不韦列传》均出现"帝太后"（第755、2513页）的表述，恐为称帝后追述之语。相关又参见[清]梁玉绳《史记志疑》卷五，第174页。

④ 雷戈：《秦汉之际的政治思想与皇权主义》第二章，第78页。

⑤ 王子今：《秦制与"皇帝"称谓发明》，《秦汉称谓研究》，第7页。

御史讨论'名号',然而在讨论之前,所谓'其议帝号'已经表露对于'帝'字的特别热爱和明显的倾心。'丞相绾、御史大夫劫、廷尉斯等'建议'尊号'为'泰皇',似乎没有注意到秦王政指示'其议帝号'的'帝'字。……号曰'皇帝'的最高裁定,体现出秦始皇内心对'上古"帝"位号'的特殊重视"。① 这些探讨提示了重点,并予人启发。在此基础上,我们进一步认为,当时百僚恐知晓秦王下议旨在论证使用何种"帝号"为佳。不过,他们考虑到秦王功业已超迈上古君王,所谓"五帝所不及",于是尝试提出较"帝"更高的"皇",以为"尊号"。从"臣等谨与博士议曰"看,相关拟定集思广益,是做了认真准备的。

那么,紧接的问题是,秦王政为何没有予以采纳呢? 这个问题以往讨论都会涉及,但没有注意到史料群本身所透露的细微而重要的信息。文中先后出现"昔者五帝地方千里……自上古以来未尝有,五帝所不及"等语。按上古大一统帝王世系发展至战国后期,在"五帝"之上复出现"三皇"。顾颉刚说"《吕氏春秋》供给我们的上古史的知识,不仅黄帝之前有神农而已,又有一个最新出、最奇突的名词,便是'三皇、五帝'","'三皇、五帝'这个名词,书中一共提起了三次"。② 有关"三皇"的认知,王鸣盛、星野亘、杨宽、蒙文通、吕思勉、顾颉刚、杨向奎、周予同等学者先后有所考述,③成果丰富。

不过,在当时人看来,"五帝"及"三王"虽可称引,但"三皇"概念所指仍不尽

---

① 王子今:《秦始皇议定"帝号"与执政合法性宣传》,第76页。相关又参见〔日〕淺野裕一《黄老道の成立と展開》第二部第十章,第309—310页。

② 顾颉刚:《中国上古史研究讲义》,第38—39页。

③ 〔清〕王鸣盛,顾美华点校:《蛾术编》卷五一《说人一》"三皇五帝"条,上海书店出版社,2012年,第717—720页;〔日〕星野亘:《三皇五帝考》,《史学雑誌》第20编第5号,1909年;杨宽:《中国上古史导论》第四篇"三皇传说之起源及其演变",《古史辨》第七册上编,第175—188页;蒙文通:《古史甄微》"三皇五帝"条,巴蜀书社,1999年,第15—22页;蒙文通、缪凤林:《三皇五帝说探源》,吕思勉:《三皇五帝考》,均收入《古史辨》第七册中编,第314—380页,《三皇五帝考》之《纬书之三皇说》《儒家之三皇五帝说》,又收入《吕思勉文集》9《读史札记上》"甲帙 先秦",第24—29页;顾颉刚、杨向奎:《三皇考》(原刊《燕京学报》专号之八,哈佛燕京学社,1936年),《古史辨》第七册中编,第20—281页,又收入《顾颉刚全集》之《顾颉刚古史论文集》卷二,第1—248页;周予同:《纬谶中的"皇"与"帝"》(原刊《暨南学报》第1卷第1期,1936年),收入朱维铮编《周予同经学史论著选集》(增订本),上海人民出版社,1996年2版,第422—476页,等等。

确切,似也未被官方及社会普遍接受。仔细观察,当追述史事、评骘功业时,群臣实际仍多溯至五帝。本纪下文言东巡琅邪,刻石云"功盖五帝,泽及牛马","与议于海上。曰:'古之帝者,地不过千里,诸侯各守其封域,或朝或否……古之五帝三王'",①也是如此。《战国策·秦一》"虽古五帝、三王、五伯,明主贤君,常欲坐而致之,其势不能,故以战续之",②《战国策·秦三》载范雎言"五帝之圣而死,三王之仁而死,五伯之贤而死,乌获之力而死,奔、育之勇焉而死",③《史记》卷七九《范雎蔡泽列传》"应侯闻,曰:'五帝三代之事,百家之说,吾既知之'",④《韩非子·五蠹》"超五帝侔三王者,必此法也",⑤《吕氏春秋·季春纪·先己》"五帝先道而后德,故德莫盛焉。三王先教而后杀,故事莫功焉。五伯先事而后兵,故兵莫强焉",《吕氏春秋·有始览·应同》"凡帝王者之将兴也,天必先见祥乎下民。黄帝之时……及禹之时……及汤之时……及文王之时……代火者必将水",《有始览·谕大》"昔舜欲旗古今而不成,禹欲帝而不成,既足以正殊俗矣。汤欲继禹而不成,既足以服四荒矣。武王欲及汤而不成,既足以王道矣。五伯欲继三王而不成,既足以为诸侯长矣",⑥《吕氏春秋·序意》"文信侯曰:尝得学黄帝之所以诲颛顼矣",⑦李斯议论有"五帝不相复,三代不相袭,各以治,非其相反,时变异也",赵高也说"五帝、三王乐各殊名,示不相袭"。⑧桓谭《新论·王霸》云"无制令刑罚,谓之皇;有制令而无刑罚,谓之帝。……五帝以上久远,经传无事,唯王霸二盛之美,以定古今之理焉"。⑨包括前引太史公曰,同样表述作"始皇自以为功过五帝,地广三王"。可以看到,这些均侧重"五帝三王"或"五帝

---

① 《史记》卷六《秦始皇本纪》,第246页。
② 《战国策》卷三"苏秦始将连横"章,第81页。
③ 《战国策》卷五"范雎至秦"章,第185—186页。
④ 《史记》,第2419页。
⑤ [清]王先慎撰,钟哲点校:《韩非子集解》卷一九,第452页。
⑥ 此又见《吕氏春秋·士容论·务大》,作"昔有舜欲服海外而不成,既足以成帝矣。禹欲帝而不成,既足以王海内矣。汤、武欲继禹而不成,既足以王通达矣。五伯欲继汤、武而不成,既足以为诸侯长矣"。许维遹撰,梁运华整理:《吕氏春秋集释》卷二六,第682页。
⑦ 许维遹撰,梁运华整理:《吕氏春秋集释》卷三、卷一三、卷一二,第71—72、284、302、273—274页。
⑧ 《史记》卷六《秦始皇本纪》、卷二四《乐书》,第254、1177页。
⑨ [汉]桓谭撰,朱谦之校辑:《新辑本桓谭新论》,第3页。

三代"的政治叙述,而非"三皇五帝"。①

恐怕正是基于这一原因,当群臣建言"泰皇"时,秦王政仍然考虑原来的设想,"采上古'帝'位号"。这是"号曰'皇帝'"的依凭,且明确指出"皇帝"仍属"'帝'位号"序列。② 而"采上古'帝'位号"与群臣"自上古以来未尝有,五帝所不及"的表述,也可呼应。《剑桥中国秦汉史》表述作"因此当秦始皇在公元前221年称自己为帝时,他正利用了当时已具有浓厚政治色彩,而又保持了与远古的神祇圣哲强烈联想的一个字眼。这个字眼恰当地象征了一个人的政治成就,对他,并且可能对他的臣民来说,这种成就看来几乎是超人的"。③ 秦并天下后,文献有时省称"皇帝"为"帝"。《史记》卷二八《封禅书》"秦始皇既并天下而帝";④嬴政去世后,《史记》卷六《秦始皇本纪》虽称"今始皇为极庙……天子仪当独奉酌祠始皇庙。自襄公已下轶毁。所置凡七庙",下文仍言"群臣以礼进祠,以尊始皇庙为帝者祖庙";赵高弑胡亥后,言"秦故王国,始皇君天下,故称帝。今六国复自立,秦地益小,乃以空名为帝,不可"。⑤ 司马迁《六国年表》序也说"学者牵于所闻,见秦在帝位日浅",《太史公自序》又云"尊号称帝……作《始皇本纪》第六"。⑥ 汉初情形,也可作为旁证。刘邦败项羽,诸侯群臣"相与共请

---

① 及至西汉早期,相关政治议论依然如此。陆贾出使南越,晓谕赵佗"皇帝起丰沛,讨暴秦,诛强楚,为天下兴利除害,继五帝三王之业,统理中国。……政由一家,自天地剖泮未始有也";文帝十五年(前165)举贤良文学士,晁错对策反复举五帝、三王、五伯、秦时事,与汉对观议论。《史记》卷九七《郦生陆贾列传》,第2698页;《汉书》卷四九《晁错传》,第2291—2299页。后世唐人司马贞曾尝试于《史记·五帝本纪》前拟补《三皇本纪》,对此批评又参见〔清〕王鸣盛撰,黄曙辉点校《十七史商榷》卷一"索隐改补皆非"条,上海古籍出版社,2013年,第15—16页。

② 《史记》卷四六《田敬仲完世家》"于是齐去帝复为王,秦亦去帝位",第1899页。秦昭襄王称"西帝"与秦王政立号为"皇帝",均属"帝位"。前引汉文帝赐赵佗书称"两帝并立",也反映"皇帝"仍属"'帝'位号"系列。

③ 〔英〕崔瑞德、鲁惟一编,杨品泉等译:《剑桥中国秦汉史:公元前221—公元220年》第1章(卜德撰),第69页。

④ 《史记》,第1366页。西汉惠帝以降,"袭号为帝""即位为帝""立为帝""为帝"的表述多见,不赘举。

⑤ 《史记》,第266、275页。

⑥ 《史记》卷一五《六国年表》、卷一三〇《太史公自序》,第686、3302页。

尊汉王为皇帝",刘邦以"吾闻帝贤者有也,空言虚语,非所守也,吾不敢当帝位"推让;①众人复劝以"大王德施四海,诸侯王不足以道之,居帝位甚实宜,愿大王以幸天下"。②

《说文·王部》:"皇:大也。从自。自,始也。"③按"皇"有大、光辉、盛美之义,④所谓"皇帝",主要应为与一般"帝"号相区分。一般"帝"号仍对应"分天下"政治模式,而"皇帝"号却确定于"秦初并天下"并一度出现"海内为郡县"之时。秦度量衡诏版作"廿六年,皇帝尽并兼天下诸侯,黔首大安,立号为皇帝"。太史公交代撰作《六国年表》缘起,称"以至于秦,卒并诸夏,灭封地,擅其号"。⑤相对于周广行分封、众建诸侯,强调"分天下",秦刚刚实现从未有过之"并天下"壮举。"皇帝"是在空前盛业之上确立的空前盛号。

关于这点,还可进一步阐说。嬴政发兵攻灭诸侯之前的秦国政治秩序,外部为"王—诸侯(王)",内部为"王—郡县/诸侯"。不过,从前引议帝号时,群臣称"海内为郡县"来看,内部秩序一度变为"王—郡县"。这恐怕与秦王政前期吕不韦势力膨胀以及发生嫪毐专权致使秦郡变为封邦有关。秦王政亲政后,鉴于有关教训,对作为郡县制重要补充的分封制多有限制。后李斯廷议"今海内……皆为郡县,诸子功臣以公赋税重赏赐之",与议帝号"平定天下,海内为郡县"相呼应,反映出至迟在秦并六国时,原国内"诸侯"权益降低,已无治民权,只享租税。循此而论,待"六王咸伏其辜,天下大定""其议帝号"时,外部政治秩序可预见并非"帝—诸侯",而是"尽并兼天下诸侯"之后的"帝(—诸侯已并)"。这也

---

① 《史记》卷八《高祖本纪》,第379页。"吾闻帝贤者有也",《汉书》卷一下《高帝纪》作"寡人闻帝者贤者有也",第52页。

② 《汉书》卷一下《高帝纪》,第52页。

③ 〔汉〕许慎撰,〔宋〕徐铉校定:《说文解字》卷一上,中华书局影印同治十二年陈昌治刊本,1963年,第10页。

④ "'皇'被用来形容一切大、美、光、天含义之事","从秦开始建立的皇帝制,'皇'为'帝'的形容词"。王育民:《秦汉政治制度》,西北大学出版社,1996年,第2页。

⑤ 《史记》卷一三〇《太史公自序》,第3303页。《史记》卷六《秦始皇本纪》又记"三十六年,荧惑守心。有坠星下东郡,至地为石,黔首或刻其石曰'始皇帝死而地分'",第259页。这里主要关注"死而地分"的表述。至于"始皇帝"用语,恐怕是嬴政去世后才会使用的称号。西方学者之前因后一表述而认为此条存在窜改。〔英〕崔瑞德、鲁惟一编,杨品泉等译:《剑桥中国秦汉史:公元前221—公元220年》第1章(卜德撰),第96、115页。

是"并天下"较"五帝地方千里"成就突出的体现。此时,原秦国内部政治秩序相应转化为帝国外部秩序,一度作"帝—郡县"。可以看到,这与惠文王以降秦国地方行政的复合制传统是不完全契合的。如若延续既往传统,相应当作"帝—郡县/诸侯"。不过,无论"帝—郡县",还是"帝—郡县/诸侯",都同样不是"帝—诸侯"秩序。当然,如果仍为"郡县/诸侯"模式,因秦君已由"王"升格为"帝",诸侯也当在"侯"的基础上而出现"王"。

由此,我们可以进一步解释为何立号为"皇帝"后,丞相王绾等群臣提出"诸侯初破,燕、齐、荆地远,不为置王,毋以填之。请立诸子,唯上幸许"的建议了。李斯与王绾等群臣的争论,传统上一直被简单归纳为郡县制与封建制之争。这一观点长期为后人沿用,习焉不察。实际上,相关理解并不妥帖,甚或有所误会。我们认为,群臣建言从来没有要恢复"天子—诸侯"政治秩序之意,而是谋议是否应适当延续既往"王—郡县/诸侯"(内部)政治秩序,进而在东方偏远之地置王,①从而形成升级后的"皇帝—郡县/王侯"秩序。换言之,这是"帝—郡县/诸侯"与"帝—郡县"之争,而非"帝—诸侯"与"帝—郡县"之争。② 是时,唯李斯窥探上意,揣摩主心,反对在"侯"之上进而封"王"。他所要求的,实际是取消旧有"郡县/诸侯"复合制,继续当时一度出现的单一郡县制,并将后者确立为帝国恒制。李斯本传提到"尊主为皇帝"后,"使秦无尺土之封,不立子弟为王、功臣为诸侯者,使后无战攻之患",淳于越进谏称"而子弟为匹夫"。③ 这些过去多被拿来与商鞅变法的举措,进行归类与联系。其实,相关内涵较惠文王以来的内部政治秩序,已发生变化。这一实际调整,应当重新审视。

我们还注意到,在"皇帝"名号业已确立之后,"帝—郡县/诸侯"与"帝—郡

---

① "秦常有将重要封君之食邑,选赐在新夺取要地的习惯"。孙闻博:《秦据汉水与南郡之置——以军事交通与早期郡制为视角的考察》,曾磊、孙闻博、徐畅、李兰芳主编:《飞軨广路:中国古代交通史论集》,中国社会科学出版社,2015年,第46页。秦统一初,面对新控据而遥远之燕、齐、楚地,自然可以有此考虑。而这种应对办法,又或许可以溯至周初。

② 这个意义而言,不同于前人所论([日]杉村伸二:《秦漢初における「皇帝」と「天子」—戦国後期~漢初の国制展開と君主号—》,第9、10、14页),我们进一步认为:刘邦在汉初行郡国并行制,并非仅仅是"从秦继承了统治天下的'皇帝'号……从项羽的楚继承了政治秩序";"皇帝"分封诸侯王的郡国制,也并非"是战国后期构想的'天子'统率'诸侯'秩序的再现",而是实现了秦帝国建立初叶多数朝臣曾经主张的"帝—郡县/诸侯"政治秩序的构建。

③ 《史记》卷八七《李斯列传》,第2546页。后者又见《史记》卷六《秦始皇本纪》,第254页。

县"的廷议,尚可开展;政治秩序的模式、类型,仍可选择。此次廷议之后,始"分天下以为三十六郡",①单一郡县制才真正被确立为帝国的明确制度,加以推行。这意味着,"皇帝"名号最初更主要对应的乃是"并天下",与单一郡县制推行与否并不存在必然联系。换言之,秦"皇帝"名号初始重在强调"尽并兼天下诸侯"的外部成就,随着稍后又特别明确了对原本内部"郡县/诸侯"复合制的取消,由此进一步建立起与战国"帝"制不同的历史新秩序。秦"皇帝—郡县"政治秩序正是在这样的背景下才最终形成的。它的出现,较旧有认识更为复杂。而随后"分天下以为三十六郡"的举措,也因此具有更深刻的历史意义。②

关于"追尊庄襄王为太上皇"事,这里也可稍作辨析。里耶更名木方记"庄王为泰上皇"(8-461),③岳麓书院藏秦简先王之令有"▋泰上皇元年以前隶臣妾及□□□□"(289/0479),"●泰上皇祠庙在县道者……☒"(325/0055(2)-3),"泰上皇时内史言……"(329/0587),④与传世文献记载相合。⑤"追尊"使用"皇"而非"帝",既与"皇帝"可相参照,又与"皇"虽较"帝"为高,却较"帝"号

---

① 《太平御览》卷八六《皇王部一一》"始皇帝"条引《史记》作"分天下之国,以为三十六郡",第408页下栏。

② 《史记》卷五《秦本纪》表述作"初并天下为三十六郡,号为始皇帝",第220页。《说文·邑部》"郡……至秦,初置三十六郡,以监其县"。后一表述又见《史记正义》引《风俗通》、《吕氏春秋·季夏纪》高诱注等。[汉]许慎撰,[宋]徐铉校定:《说文解字》卷六下,第131页下栏;《史记》卷六《秦始皇本纪》,第239页;许维遹撰,梁运华整理:《吕氏春秋集释》卷六,第131页。此属"并天下"基础上的调整,与"帝—诸侯"的"分天下"并不相同。

③ 陈伟主编,何有祖、鲁家亮、凡国栋撰著:《里耶秦简牍校释》(第一卷),武汉大学出版社,2012年,第156页。

④ 陈松长主编:《岳麓书院藏秦简(肆)》,上海辞书出版社,2015年,第190、202、204页。

⑤ 秦简使用"泰"字的情况,参见〔日〕大西克也《从里耶秦简和秦封泥探讨"泰"字的造字意义》,《简帛》第八辑,上海古籍出版社,2013年,第139—141页。近年松柏汉墓M1所出武帝初年《葉书》载秦汉诸君年数,有"昭襄王五十六年死。大上皇帝三年死。始皇帝三十七年死。胡胲三年死"。此初看与上述所论抵牾,然所记缺孝文王,胡亥直书姓名,不作"二世皇帝",性质较为特别。"泰"字作"大";"皇"字从自从王,与秦更名木方"故皇今更如此皇"将从自之"皇"统一为从白之"皇",同样不合。故所记不能完全反映秦代情况,即便置于两汉时期观察,部分表述欠严谨。《越绝书》卷八《越绝外传记地传》还提到"庄襄王更号太上皇帝"。李步嘉校释:《越绝书校释》,中华书局,2013年,第229页。就这条材料而言,所述同样不尽严谨。

虚化,可相联系。① 汉代也有"太上皇"。本纪《集解》曰"汉高祖尊父曰太上皇,亦放此也"。此或本《史记》卷八《高祖本纪》"于是高祖乃尊太公为太上皇"。② 两汉"太上皇"专指刘邦之父,③相较秦"是死而追尊之号","汉则以为生号,而后代并因之矣"。④ 曹魏王肃云:"有别称帝,无别称皇,则皇是其差轻者也。故当高祖之时,土无二王,其父见在而使称皇,明非二王之嫌也。"裴松之并解释道:"……尊父为皇,其实则贵而无位,高而无民,比之于帝,得不谓之轻乎。"⑤此外,方诗铭注意到,《独断》卷下"高祖得天下而父在,上尊号曰'太上皇'。不言帝,非天子也",《汉书》卷一下《高祖纪下》颜注"太上,极尊之称也","不预治国,故不言帝也"等内容,指出"'太上皇'不得称为'太上皇帝',蔡邕熟悉汉制,还明确指出'不言帝,非天子也'。这是可信的"。⑥

此种情形下,文献中有关"秦始皇帝"的表述,也需重做检讨。日本学界认为"始皇"这个称号是在二世即位后才有的称呼,始皇帝在位时的称号就只是皇帝。而"始皇帝"也属驾崩之后的叫法,始皇帝、秦二世在位均只称皇帝,死后才按次序叫二世、三世皇帝。⑦ 关于这一点,《史记》卷六《秦始皇本纪》"皇帝曰:'金石刻尽始皇帝所为也。今袭号而金石刻辞不称始皇帝,其于久远也如后嗣

---

① "秦始皇虽尊其父,却只称皇,而不给以皇帝之全号,实际上隐含其并未真正作过皇帝的意思"。汪受宽:《谥法研究》,上海古籍出版社,1995 年,第 63 页。

② 《史记》,第 382 页。

③ 方诗铭:《拾零集》卷一"'太上皇帝'即'太上老君'"条,《方诗铭文集》(第三卷),上海社会科学院出版社,2010 年,第 306 页。

④ [清]顾炎武著,[清]黄汝成集释,栾保群、吕宗力校点:《日知录集释》卷一四,第 824 页。

⑤ 《三国志》卷一三《魏书·王朗传附子肃传》,第 416 页。

⑥ 方诗铭:《拾零集》卷一"'太上皇帝'即'太上老君'"条,《方诗铭文集》(第三卷),第 306 页。后续学者的进一步论证,还可参看雷戈《秦汉之际的政治思想与皇权主义》第五章,第 396—403 页;王子今、李禹阶《秦汉时期的"太上皇"》(原刊《河北学刊》2009 年第 6 期),收入王著《秦汉称谓研究》,第 30—41 页。

⑦ 〔日〕栗原朋信:《史记の秦始皇本紀に関する二・三の研究》,《秦漢史の研究》,第 14—23 页;〔日〕栗原朋信:《秦と漢初の"皇帝"号について》,《上代日本对外关系の研究》,第 314 页;〔日〕金子修一:《古代中国与皇帝祭祀》第一、二章,第 5、29 页,首章原收入〔日〕谷川道雄主编《魏晋南北朝隋唐史学的基本问题》"皇帝制度",中华书局,2010 年。

为之者,不称成功盛德'",①及二世度量衡诏书"法度量,尽始皇帝为之,皆有刻辞焉。今袭号而刻辞不称始皇帝,其于久远也如后嗣为之者,不称成功盛德",是重要而直接的论据。我们基本赞同这一认识。当然,文献中尚有两则反例。秦王政议帝号时,"自今以来,除谥法。朕为始皇帝",及"三十六年……黔首或刻其石曰'始皇帝死而地分'"②的记叙,仍须检讨并予解释。仔细推敲,前者并非定"皇帝"号时所确认的在世称谓,而恐怕是"除谥法"后对死后的名号设计,以"始""二世""三世"取代旧谥。③ 至于后者,西方学者认为情节、措词均不符合事实,归入"《史记》中的窜改增添部分"。④《史记》卷一五《六国年表》作"石昼下东郡,有文言'地分'",⑤也未提及"始皇帝"。此外,我们还注意到,始皇帝去世后,胡亥即位对前者还多使用"先帝"称谓。而司马迁在《秦本纪》及《史记》其他篇章涉及较为正式记录时,基本称"秦始皇帝"或"始皇帝";⑥在《秦始皇本纪》及其他篇章涉及一般叙事时,有时又作"秦始皇"或"始皇";⑦特别是使用"始皇"的场合,如对应二世皇帝胡亥时,后者又多写作"二世"。两类称谓的比对,还有助于增进对相关史料来源及编撰问题的进一步认识。

战国以降,秦君"公—伯—王—帝—皇帝"的名号变更背后,政治军事角色也在历史前后经历着"征伐—征伐·会盟—会盟·巡狩—巡狩"的发展变化。秦并兼天下、建立帝国后,无论论议、文告,还是刻石所书、诏版所铸,均强调秦统

---

① 《史记》,第 267 页。

② 《史记》卷六《秦始皇本纪》,第 236、259 页。

③ 卜德理解略有不同,认为《史记》存在"秦始皇生前只有他本人使用而其他人写的文告和著作从未使用始皇帝之称这一原则"。〔英〕崔瑞德、鲁惟一编,杨品泉等译:《剑桥中国秦汉史:公元前 221—公元 220 年》第 1 章附录 2,第 115 页。

④ 〔英〕崔瑞德、鲁惟一编,杨品泉等译:《剑桥中国秦汉史:公元前 221—公元 220 年》第 1 章附录 2(卜德撰),第 115 页。

⑤ 《史记》,第 758 页。

⑥ 班固《典引》序文云"小黄门赵宣持《秦始皇帝本纪》问臣等曰:太史迁下赞语中,宁有非耶?"反映《史记》卷六《秦始皇本纪》在早期或题作《秦始皇帝本纪》。〔梁〕萧统编,〔唐〕李善注:《文选》卷四八《符命》,中华书局影印清胡克家本,1977 年,第 682 页上栏。

⑦ 这反映至少西汉中期以来对于"皇帝"名号的理解及使用,较秦已出现一些变化。

一功绩的归属在皇帝及其宗庙,①竭力宣扬皇帝功德。这里面,我们看不到功臣勤吏的身影,更看不到千万民众的贡献。如雷海宗所言"皇帝的地位较前提高,臣民的地位较前降低",②又如冯友兰揭示"法家所做的不是把庶民的地位提高,而是把贵族的地位降低,靠奖惩来统治一切人",③刘泽华并概括为"皇帝至上理论"。④ 在皇帝名号及威权无论在理念还是事实上都远迈五帝、三王、五伯的同时,相关调整实际拉大了君臣距离,着意实现着"集权君主制"⑤下"君权"的帝国构建。

最后,这里在前文探讨的基础上,对相关认识略作归纳:

1. 秦中央政治体制的确立及演生,相关探讨应始自秦君。战国以降,秦君经历了称公、称伯、称君、称王、称帝以至"皇帝"名号的出现。名号一方面对应政治体内部的秩序形式,另一方面又参与外部"国际"政治秩序的构成。

2. 战国秦之崛起,始自献、孝。而献公、孝公谋求扩张之初,秦在外交战略层面对式微周室曾多予联络倚重,双方交好,由此出现"周致伯于秦孝公"事。

3. 本纪"惠文君元年"表述的出现,与秦君相较韩、燕等国君主,于在位中途称王后逾年改元有关。战国君称多样,"君"作为宽泛性的他称与诸侯自拟名号,均有出现。

4. 秦至惠文君始称王,较魏、齐虽嫌稍晚,但展现的进取之势更为强劲。秦君由称公、伯而称王后,内部政治秩序层面恐是可行分封。秦封侯与置郡,主要出现于惠文王更元前后。战国地方行政制度发展中,郡县制推行并非线性简单演进,而是呈现出复合性特征。秦统一前虽以置郡为主,但郡制、诸侯并行互补。

5. 战国周室衰微,诸侯竞相称王,然前者仍强调传统政治秩序中的"周王"身份,诸侯更多谓周王为"天子"。与之相对,称王诸侯自称、他称基本不使用

---

① 鲁惟一还提到,"除了赞颂祖宗神灵之助的几句空话之外,并不涉及任何其他超凡入圣之神灵引导他取得成功时所起的作用之辞"。〔英〕崔瑞德、鲁惟一编,杨品泉等译:《剑桥中国秦汉史:公元前221—公元220年》第13章,第782页。

② 雷海宗:《皇帝制度之成立》,第865页。

③ 冯友兰:《中国哲学简史》第十四章,生活·读书·新知三联书店,2009年,第182页。

④ 刘泽华:《中国政治思想史集》第二卷《秦至近代政治思想散论》第五章第五节,人民出版社,2008年,第9—11页。

⑤ 参见阎步克《政体类型学视角中的"中国专制主义"问题》,第28—40页。

"天子"之号。"国际"政治秩序下,诸王与周王在身份上仍有区别。

6."昭襄业帝"并非指"昭襄王为秦国日后统一称帝的大业奠定了基础",而指昭襄王得魏冉、范雎、白起佐助,接连击败东方诸侯,一度成就了事实上的帝业。战国"帝"制主要是"帝—诸侯"的政治秩序,而非"帝—郡县"。"帝"主要是王中之主、王中之霸的涵义。这种时代特征不仅反映在战国后期,也体现于秦楚之际、甚或西汉前期。"帝"制实际偏重于"分天下",而非"并天下"。

7."皇帝"之号以往多被认为是取德兼三皇、功盖五帝之义。实际上,秦王政"号曰'皇帝'",以"采上古'帝'位号"为依凭,仍属"'帝'位号"序列。群臣考虑秦王功业已超迈上古君王,曾尝试提出较"帝"更高级别的"皇"号。之所以未被采纳,恐在于时人及后人实际均侧重于"五帝三王"或"五帝三代"、而非"三皇五帝"的政治叙述。

8."皇帝"之号,主要应为与一般"帝"号相区分。一般"帝"号仍对应"分天下"政治模式,而"皇帝"号却确定于"秦初并天下"并一度出现"海内为郡县"之时。相对于周广行分封、众建诸侯,强调"分天下",秦刚刚实现从未有过之"并天下"壮举。"皇帝"是在空前盛业之上确立的空前盛号。

9 王绾等群臣与李斯廷议,并非简单的封建、郡县之争。群臣从来没有要恢复"天子—诸侯"政治秩序,而是谋议是否应适当延续既往"王—郡县/诸侯"政治秩序,进而在东方偏远之地置王,从而形成升级后的"皇帝—郡县/王侯"秩序。换言之,这是"帝—郡县/诸侯"与"帝—郡县"之争,而非"帝—诸侯"与"帝—郡县"之争。秦"皇帝"名号初始旨在强调"尽并兼天下诸侯"的外部成就,随着稍后又特别取消了原本内部的"郡县/诸侯"复合制,由此进一步确立与战国"帝"制不同的"皇帝—郡县"历史新秩序。①

---

① 补记:本章初稿于 2018 年 5 月 11 日在中国人民大学历史学院"人大青年史学工作坊"第 91 期进行宣读。辛德勇对议帝号、"秦始皇"名号等问题有所探讨,并引述日本学人成果,还请参考。《生死秦始皇》第四篇,中华书局,2019 年,第 269 页。该篇记作"2019 年 2 月 17 日"。

第四章　兵符、帝玺与玺书：秦君政治信物的行用及流变

秦帝国政治军事体制的形成，是秦汉国家体制构建的重要基础，对于把握秦统一的政治军事实践也具有特殊意义。既往研究一般参照现代军事制度体系，从统御机构入手，顺次论述相关诸层面。而统御机构又多从相、将文武分职切入，由上而下循序展开。① 如前所述，探讨秦中央政治军事体制的确立及演生，实际起点应始自秦君，并注意名号变动背后君主的政治军事角色特征及君臣协作情形。

战国以降，秦君在"公—伯—王—帝—皇帝"的名号变更下，政治军事角色在历史前后也经历了"征伐—征伐·会盟—会盟·巡狩—巡狩"的发展变化。② 然而变动之中，秦君所掌最高政治军事权力不断巩固。秦君政治、军事权力的实现方式多样，主要通过兵符、玺印及命令（后为制诏等诏书）。作为君主的政治信物，兵符、玺印与玺书是秦君行使权力，实现君—臣、中央—地方有效联结的重要依凭。秦在追求"并天下"的政治目标中，在维护"并天下"的政治局面时，往往通过政治信物，以形成中央对地方的支配管控，以造就君主威权对臣民的笼括覆盖。

信物的政治意涵丰富，诠释着秦君在统一过程中的政治军事角色及地位。不过，相关材料尚处积累阶段，数量有限，研究难度大。这里从基本史料的辨析入手，梳理制度源流，揭示政治意涵，力求推进相关认知。

---

① 黄今言：《秦汉军制史论》第 1 章，江西人民出版社，1993 年，第 16—19 页；刘昭祥：《中国军事制度史：军事组织体制编制卷》，大象出版社，1997 年。

② 参见本书第三章。

一 体例与用字:秦栎阳虎符再辨

秦兵符目前发现数种,《秦出土文献编年订补》记:

> 兵甲之符,右才(在)君,左才(在)杜。凡兴士被甲,用兵五十人以上,必会君符,乃敢行之。燔燧之事,虽毋会符,行殴。(杜虎符)

> 甲兵之符,右才(在)王,左才(在)新郪。凡兴士被甲,用兵五十人以上,必会王符,乃敢行之。燔隊(燧)事,虽母(毋)会符,行殴。(新郪虎符)

> 甲兵之符,右才(在)皇帝,左才(在)阳陵。(阳陵虎符)

> 皇帝,左才(在)乐(栎)阳。(栎阳虎符)①

杜虎符、新郪虎符、阳陵虎符为人所熟知,材料真伪、年代研究的学术史梳理及新近探讨,今人陈昭容、洪德荣、王辉、王伟多有涉及。② 唯栎阳虎符"原藏吴大澂。1941年4月英国伦敦富士比拍卖行拍卖",③在此前诸种秦出土文献著作中,未予收录及讨论。④ 关于栎阳虎符的相关情况,《订补》交代"铜质。与阳陵虎符形

---

① 王辉、王伟编著:《秦出土文献编年订补》,第35—36、130、144页。今对句读稍作调整。

② 参见陈昭容《秦系文字研究:从汉字史的角度考察》第二部分第五章,第247—268页;洪德荣:《先秦符节研究》,花木兰出版社,2013年;王辉、王伟编著:《秦出土文献编年订补》,第35—36、130、144页。

③ 近年著录见刘雨、卢岩编著《近出殷周金文集录》1256,中华书局,2002年,第四册,第297页;刘雨、汪涛编著《流散欧美殷周有铭青铜器集录》,上海辞书出版社,2007年,第350页;吴镇烽编著《商周青铜器铭文暨图像集成》19175,上海古籍出版社,2012年,第34册,第549页;王辉、王伟编著《秦出土文献编年订补》,第144页。又承汪涛2018年9月21日来信告知,此虎符原在英国一收藏家处,现下落不明。

④ 容庚:《秦汉金文录》(历史语言研究所专刊之五,1931年),《容庚学术著作全集》,中华书局,2011年,第6册,第13—112页;王辉编著:《秦铜器铭文编年集释》,三秦出版社,1990年,第1—41页;王辉、程学举:《秦文字集证》,艺文印书馆,1999年;王辉:《秦出土文献编年》,新文丰出版公司,2000年;孙慰祖、徐谷富:《秦汉金文汇编》,上海书店,1997年;陈昭容:《秦系文字研究:从汉字史的角度考察》,等等。

状略同","伏虎形,昂首前视,长尾上卷,四足向前平伸。虎背左右各有错金铭文 6 字,共 12 字,现存 6 字","按,此兵符铭文完整的释文应为:甲兵之符,右才(在)皇帝,左才(在)乐(栎)阳"。① 因栎阳虎符仅存左半,相关铭文说明,②似应理解为此左符脊部铭原本只有 1 行 6 字。这与稍后出版的《秦文字通论》中"铭在虎脊两侧,曰:'[甲兵之符,右才(在)]皇帝,左才(在)乐(栎)阳'"③的表述也相统一。此外,《流散》"字数存 6",洪德荣"今仅存左半,铭文存六字",陈林"现存半边虎符 6 字,推测整个虎符共有 2 行 12 字"④,大体也为此意。不过,《集录》作"字数:12",《图像集成》作"虎背左右各有错金铭文 12 字,现存 6 字。"⑤今对照图版,⑥虎符形制与阳陵虎符近似。不过,此左符虽仅摄侧面,但末字"乐阳"已位于伏虎蜷卧后腿上部,与阳陵虎符末两字中"阳"与蜷卧后腿相交、"陵"字仍在后腿部不同,书写相对靠上,从而更为接近背部。换言之,左符脊背部恐已无法容下"甲兵之符右在"六字。这六字很可能是在另一半符上。由此可见,今存栎阳虎符之左符,应当只有 6 字。

简单来看,此符书写体例与阳陵虎符同样近似。诸家所拟"完整的释文",当参据了阳陵虎符。然而,之前学者恐怕多没有注意到,二者尚存在明显差异。阳陵虎符是黏合在一起的两枚兵符,也是现存唯一的秦代合符。⑦ 铭文情况为"脊两侧刻 4 行 24 字,左右刻文同"。换言之,"甲兵之符,右才(在)皇帝,左才(在)阳陵"实际出现了两次,也即左、右符均完整出现了此内容,因此才会形成"4 行 24 字"。从杜虎符、新郪虎符到阳陵虎符,虽然出现"秦兵符形制(从立虎

---

① 王辉、王伟编著:《秦出土文献编年订补》,第 144 页。
② 此表述或参据了吴镇烽《商周青铜器铭文暨图像集成》相关介绍。
③ 王辉、陈昭容、王伟:《秦文字通论》第二章,中华书局,2016 年,第 65 页。
④ 刘雨、汪涛编著:《流散欧美殷周有铭青铜器集录》,第 350 页;洪德荣:《先秦符节研究》上编第三章,第 188 页;陈林:《秦兵器铭文编年集释》第六章,硕士学位论文,复旦大学中国语言文学系,2012 年,第149 页。
⑤ 刘雨、卢岩编著:《近出殷周金文集录》1256,第四册,第 297 页。吴镇烽编著:《商周青铜器铭文暨图像集成》19175,第 549 页。
⑥ 汪涛 2018 年 9 月 21 日来信告知,近年诸种著录实际均使用的是二十世纪四十年代的目录照片。
⑦ 《订补》称新郪虎符"由两片组成"(第 130 页)。参该书体例,所说不尽确切,实际仅存左符。

到伏虎)和铭文方式(由背脊到腹部直书改为由头向尾横书)的演变",①内容前后也有减省趋势(会符、毋会符规定后予减省),但有一点其实并未变化,那就是左、右半符的铭文内容都是完整的,且彼此相同。某种程度上,这种情况至少延续至西汉初年。《史》《汉》多次提到汉初刘邦与诸侯王、列侯"剖符"行封事,如《史记》卷九一《黥布列传》"布遂剖符为淮南王,都六,九江、庐江、衡山、豫章郡皆属布",《史记》卷八《高祖本纪》"乃论功,与诸列侯剖符行封",《史记》卷五四《曹相国世家》"以高祖六年赐爵列侯,与诸侯剖符,世世勿绝"。② 这些与既往为人习知的《史记》卷一〇《孝文本纪》"(二年)九月,初与郡国守相为铜虎符、竹使符"③记载,或许并不矛盾。④ 前者与行封赐爵有关;⑤后者与地方行政运作关系更大,且有整齐制度的意味。目前所见汉列侯虎符如安国侯虎符、临袁侯虎符、堂阳侯虎符,铭文特征与汉诸侯王、郡守虎符有别,仍属半符内容完整的类

---

① 陈昭容:《秦系文字研究:从汉字史的角度考察》第二部分第五章,第 270 页。

② 《史记》,第 2603、384、2028 页。此前,我们曾指出"列侯与关内侯所构成的侯爵,可以世袭,享受'世禄',仍带有一定的传统贵族色彩。它们与源自内爵的卿、大夫、士爵不同,最初是由外爵系统发展而来"《秦汉军制演变史稿》第三章第一节,第 224—225 页。而《史记》《汉书》记汉初赐爵功臣以列侯时,多次使用"与诸侯剖符,世世勿绝"的表述,视列侯为广义诸侯,应予重视。这进一步可以佐证二十等爵上端侯爵的外爵属性特征。

③ 《史记》,第 424 页。又见《汉书》卷四《文帝纪》,第 118 页。

④ 此种怀疑自胡三省至王先谦已多存在。参见陈直《汉书新证》,中华书局,2008 年,第 249—250 页。学者也多注意到《史记》卷五二《齐悼惠王世家》"魏勃绐召平曰:'王欲发兵,非有汉虎符验也'"(第 2001 页),事在文帝二年(前 178)之前(陈昭容:《秦系文字研究:从汉字史的角度考察》第二部分第五章,第 248 页;廖伯源:《使者与官制演变:秦汉皇帝使者考论》卷八,文津出版社,2006 年,第 191 页),怀疑"《史记》这段记载与《孝文本纪》相左,不知孰是"。

⑤ 瞿中溶:《集古虎符鱼符考》,《续修四库全书》1109《子部·谱录类》,上海古籍出版社影印本,1996 年,第 521—522 页。大庭脩还进一步"认为文帝二年九月的记载,《汉书》作'郡守'是正确的,而《史记》作'郡国守相'则不可取",〔日〕大庭脩著,徐世虹等译:《秦汉法制史研究》第三篇第三章,中西书局,2017 年,第 188 页。

型。这些材料的时代相对偏早,①与此前的三种秦兵符书写体例有所衔接。② 反观栎阳虎符,需待左右合符后始可构成完整内容;分之,内容仅存其半。这反映在书写体例上,栎阳虎符与上述三件秦兵符不相一致。一般认为,合符构成完整铭文的做法,大体在西汉景帝以后才开始出现,然采用的是中心内容在左右符上每字各存半边的设计。此即王国维所云"汉符传世者,其文刻于脊上,合之而后可读,如《周官》傅别之制"。③ 然而,这与栎阳虎符的铭文形式,仍不完全近同。因秦兵符半符内容完整,铭文书写方式从由背脊到腹部直书改为由头向尾直书,也更便于在合符时对验文字。今观栎阳虎符的铭文形式,与上述设计考虑,同样异趣。假若资料可信,该符就书写体例而言,体现了一种不同的发展方向。

从铭文字形角度而论,栎阳虎符文字在笔画、构形上似无问题。其中,"皇"字写法据里耶更名木方"故皇今更如此皇"(8-461 正 A Ⅹ Ⅷ 行),与秦统一后更名的写法一致。④ 仔细观察木方照片,⑤更名后"皇"字所从"白"的中间横笔,在严格意义上不与左右竖画相连。⑥ 栎阳虎符"皇"字与阳陵虎符同,属秦更名后

---

① "安国""堂阳""临袁",为高帝六年八月、十一年正月及二月所置侯国。马孟龙:《西汉侯国地理》"附录",上海古籍出版社,2013 年,第 380、391、393 页。

② 罗振玉云:"汉太守以下诸虎符皆书文字于脊,而中分之。古节及秦新郪、阳陵诸符则两侧文字相同,而不中分。即西汉初叶安国、临袁两侯虎符尚沿斯制。知书脊而中判,乃汉中叶以后所改,而前人均不知有左右侧书之例。"《增订历代符牌图录》图序(初由东方学会影印,1925 年),收入《罗雪堂先生全集》七编(二),台湾大通书局,1976 年,第 444—445 页。相关又参见杨桂梅《汉代虎符考略》,《中国国家博物馆馆刊》2013 年第 5 期,第 54 页。

③ 王国维著,彭林整理:《秦阳陵虎符跋》,收入所著《观堂集林》(外二种)卷一八《史林十》,第 561 页。

④ 陈侃理:《里耶秦方与"书同文字"》(原刊《文物》2014 年第 9 期),完整稿收入《简帛文献与古代史——第二届出土文献青年学者国际论坛论文集》,上海古籍出版社,2015 年,第 129 页。

⑤ 湖南省文物考古研究所编著:《里耶秦简〔壹〕》,文物出版社,2012 年,彩版 14 页,图版 68 页。

⑥ 熊长云已注意并指出此点。《秦汉度量衡研究》第三章第四节,博士学位论文,北京大学历史学系,2017 年,第 105—112 页。

的典型写法。① 又,《订补》将"乐阳"注作"乐(栎)阳"。按乐、栎叠韵、准双声,②二字可以通假。十四年相邦冉戈题铭"十四年,相邦冉造。栎工师冢、工禺",③"栎"作"乐"。不过,四年相邦樛斿戈、元年丞相斯戈、栎阳戈、栎阳武当矛等题铭均作"栎阳"。④ 秦玺印有"栎阳乡印"。秦封泥有"栎阳""栎阳丞印""栎阳右工室丞""栎阳左工室""栎阳左工室丞"。秦陶文又有"栎亭""栎市"。⑤ 近年,陕西西安秦汉栎阳城遗址首次发掘出土刻划有"栎阳"的陶器残片及大量"栎市"陶文,明确表明相关遗址为文献所载栎阳。⑥ 而睡虎地秦简《秦律十八种·仓律》、岳麓书院藏秦简《为狱等状四种》、张家山汉简《二年律令·置吏律》、《秩律》也均作"栎阳"。⑦ 由此而言,目前所见秦代城邑的完整称谓,均书作"栎阳",而非"乐阳",连读省称也以"栎"字为主。兵符不同于兵器题铭的"物勒工名",县称为求明确,应用正写,似不当更加草率,也不宜因通假而书作"乐阳"。

----

① 前引《近出殷周金文集录》1256、《商周青铜器铭文暨图像集成》19175 所作"摹本","皇"字摹写不确,可考虑调整。

② 王辉:《古文字通假字典·沃部喻纽》,中华书局,2008 年,第 326 页。

③ 《集录二》1213。刘雨、严志斌:《近出殷周金文集录二编》,中华书局,2009 年,第四册,第 175 页。

④ 《集成》11361;黄盛璋:《秦兵器分国、断代与有关制度的研究》,《古文字研究》第二十一辑,中华书局,2001 年,第 233 页引传世拓本;许玉林、王连春:《辽宁宽甸县发现秦石邑戈》,《考古与文物》1983 年第 3 期;王辉、王伟编著:《秦出土文献编年订补》,第 77 页;《集成》11502。《集成》二器参见中国社会科学院考古研究所编《殷周金文集成》(修订增补本),第 6122、6293 页。

⑤ 封泥、陶文资料的搜集,参见后晓荣《秦代政区地理》第四章,社会科学文献出版社,2009 年,第 136 页;王辉、王伟编著《秦出土文献编年订补》,第 376、516—517、547、548、557页;王伟《秦玺印封泥职官地理研究》附录二,第 616 页。

⑥ 刘瑞、李毓芳、张翔宇、高博:《陕西西安秦汉栎阳城遗址考古取得重要收获:发现三座古城,确定三号古城遗址为秦汉栎阳所在》,《中国文物报》2018 年 2 月 23 日第 8 版。

⑦ 睡虎地秦墓竹简整理小组编:《睡虎地秦墓竹简》,释文注释第 25、73 页,简二六、三八;陈松长主编:《岳麓书院藏秦简(壹—叁)释文修订本》,上海辞书出版社,2018 年,第 158页,简一五六;彭浩、陈伟、〔日〕工藤元男主编:《二年律令与奏谳书:张家山二四七号汉墓出土法律文献释读》,第 178、260 页,简二一八、四四三。

按西汉有"乐阳",在恒山郡绵曼、真定之间。① 秦代是否曾置此县,有待研究。前面论及秦统一更名之事,有学者还认为"栎阳"作"乐阳",有可能是更名下简省所致。乐(樂)字本从木,或原为"栎"之较古写法。② 今变更后一度使用较保守写法的可能性,也不能完全排除。③

由上,栎阳虎符在书写体例与具体用字上,均显特殊,值得进一步研究。

二 用语、格式及省减省称:秦、汉兵符的演变线索

西汉、新莽虎符,过去多有发现与收藏。罗振玉《增订历代符牌图录》《补遗》收录有二十一件、二十种,④为早期集大成之作。1949年以后又陆续发现至少三种,今并择选《增订》所收汉列侯虎符三种、诸侯王虎符二种、郡太守虎符二种、新莽虎符二种,迻录如下,以便作为秦兵符分析的参照:

与安国侯为虎符第三(脊部铭)

与临袁侯为虎符第二(脊部铭)⑤

与堂阳侯为虎符第一(脊部铭)⑥

汉与鲁王为虎符(脊部铭)　鲁左五(肋部铭)⑦

---

① 《汉书》卷二八上《地理志上》,第1576页;谭其骧主编:《中国历史地图集》,中国地图出版社,1982年,第二册,第26页。

② 此承郭永秉2018年9月20日来信提示。

③ 此承郭永秉2018年9月20日来信提示,并指出"秦刻石还有'者(诸)产得宜',就是一种保守现象"。今按:此出泰山刻石。参见陈梦家《秦刻石杂考》,《陈梦家学术论文集》,中华书局,2016年,第640页。

④ 罗振玉:《增订历代符牌图录》卷上、《增订历代符牌图录补遗》,《罗雪堂先生全集》七编(二),第468—482、611页。此外,罗振玉《历代符牌图录后编》补录汉、新莽虎符二种,《增订》已收入。

⑤ 罗振玉:《增订历代符牌图录》卷上,《罗雪堂先生全集》七编(二),第470页。

⑥ 傅振伦:《西汉堂阳侯错银铜虎符考释》,《文物天地》1990年第1期,第42页。

⑦ 时瑞宝:《西汉鲁王虎符》,《考古与文物》1988年第3期,第108页;刘晓华、李晶寰:《鲁王虎符与齐郡太守虎符小考》,《文物》2002年第4期,第81—82页。

与泗水王为虎符(脊部铭)　泗水左一(肋部铭)①
　　　与齐郡太守为虎符(脊部铭)　右二(右肋部铭)　齐郡左二(左肋部铭)②
　　　与西河太守为虎符(脊部铭)　西河左三(肋部铭)③
　　　新与河平□□连率为虎符(脊部铭)　河平郡左二(肋部铭)
　　　新与厌戎□□连率为虎符(脊部铭)　厌戎郡右二(肋部铭)④

这里在前人丰富论证的基础上,⑤就秦兵符的演变线索,做进一步阐说。

1. 用语。"兵甲""甲兵"用语,在东周文献中较为习见。"兵甲"见于《商君书·更法》与睡虎地秦简《为吏之道》。⑥ 不过,相较"兵甲","甲兵"用语在出土文献中更为常见。睡虎地秦简《秦律十八种·工律》、里耶秦简、张家山汉简《二年律令·置吏律》均作"甲兵"。⑦ 由"兵甲"而"甲兵",或反映秦兵符用语习惯的前后时代变化。又,《史记》卷七七《魏公子列传》载信陵君窃符救赵事,一处作"虎符",而三处作"兵符"。⑧ 目前所见秦兵符,无论作"兵甲之符"抑或"甲兵之符",虽强调为诸"符"之一种,但均不自称作"虎符"。⑨ 兵符自铭明确使用

---

① 罗振玉:《增订历代符牌图录》卷上,《罗雪堂先生全集》第七编(二),第471页。
② 景明晨、刘晓华:《咸阳发现汉齐郡太守虎符》,《文博》1990年第6期,第86页;刘晓华、李晶寰:《鲁王虎符与齐郡太守虎符小考》,《文物》2002年第4期,第82页。
③ 王望生:《汉长安城发现西汉西河太守虎符》,《文物》2012年第6期,第95—96页。
④ 罗振玉:《增订历代符牌图录》卷上,《罗雪堂先生全集》七编(二),第478、480页;王国维著,彭林整理:《记新莽四虎符》,《观堂集林》(外二种)卷一八《史林十》,第563页。
⑤ 近年系统研究参见杨桂梅《汉代虎符考略》,第39—58页。
⑥ 陈尊祥:《杜虎符真伪考辨》,《文博》1985年第6期,第28页。
⑦ 睡虎地秦墓竹简整理小组编:《睡虎地秦墓竹简》,释文注释44页,简一〇二;湖南省文物考古研究所等:《湖南龙山里耶战国——秦代古城一号井发掘简报》,《文物》2003年第1期,第33页,简J1(16)6、J1(16)5;彭浩、陈伟、〔日〕工藤元男主编:《二年律令与奏谳书:张家山二四七号汉墓出土法律文献释读》,第176页,简二一六。
⑧ 《史记》,第2380、2382页。
⑨ 目前发现的战国楚、齐、燕诸国所铸符节,学界多定名为某诸侯国之"虎节"。然而,这些符节形制虽为虎形,但实际同样均不自铭为"虎节"。

"虎符"一语,实际主要出现于西汉、新莽及其以后。① 杜虎符、新郪虎符、阳陵虎符分别提到"右才(在)君,左才(在)杜""右才(在)王,左才(在)新郪""右才(在)皇帝,左才(在)阳陵",显示从称君(公)、称王至称皇帝,秦兵符一直都是以右为尊的,且书写顺序为右先左后。② 这与秦及西汉左、右半符向采左牝右牡的榫卯结合方式,行雄内雌外之制,可相联系。彼此在理念上是一致的。③ 传统意见多认为杜虎符、新郪虎符分属秦惠文君与秦惠文王时代。实际上,"秦自武公'十一年,初县杜、郑',至秦称王以前,兵符题铭中秦君或皆可作'君'。目前此符定为惠文君时物,主要还是铭文字体与秦封宗邑瓦书、诅楚文接近"。④ 换言之,称"君"秦兵符的行用时段,可由秦惠文君称王之前上溯扩展。目前所见战国秦兵器题铭中,惠文王称王前纪年作"○年",称王后作"王○年"。武王以降秦王未有更元,纪年一般不出现"王"字,仍作"○年"。⑤ 故以"王"作为秦君君称而言,称"王"兵符的行用时段不必与兵器题铭一致,可晚至秦王政"立号为皇帝"前。因此,称"君"、称"王"兵符的铸造时期,不局限于秦惠文君一世。

2. 格式。秦兵符"右才(在)君""右才(在)王""右才(在)皇帝"的表述方式虽属习见,但若与西汉、新莽虎符加以对照,却呈现自身特征。西汉铸造列侯虎

---

① 《后汉书》卷三一《杜诗传》记杜诗上疏光武帝刘秀,"愚以为军旅尚兴,贼虏未珍,征兵郡国,宜有重慎,可立虎符,以绝奸端。昔魏之公子,威倾邻国,犹假兵符,以解赵围",第1097页。这里也使用了汉"虎符"与战国魏"兵符"的不同表述,呈现出一定的差别。
② 孙闻博:《秦汉军制演变史稿》第一章第一节,第43—44页。
③ 此后,兵符一般均采雄内雌外之制。唯隋代以降,左符为雄符、内符。最新探讨参见贾志刚《甘肃庄浪县出土隋铜虎符再考察》,"区域视野下的中古史研究"国际学术研讨会暨第五届中国中古史前沿论坛会议论文,西安,2017年7月24—27日。唐代情况又参见孟宪实《略论唐朝鱼符之制》,《敦煌吐鲁番研究》第十七卷,上海古籍出版社,2018年,第59—73页。
④ 参见本书第三章。
⑤ 陈平提到,"在秦惠文王称王前后的几年中,战国七雄之君全部称王,'王'号也就失去了它的尊隆地位而流于一般了。所以,在惠文王去世后,称王之事已经淡漠,而在记年文辞前要冠以王字的规定或习惯大概也就自行废止了"。《试论战国型秦兵的年代及有关问题》,《中国考古学研究论集——纪念夏鼐先生考古五十周年》,第315—316页。

符、郡虎符,省略"汉"字;铸造诸侯国虎符,称"汉"或不称;①新莽例称"新"。而相较政权、王朝用语,秦兵符铭文在表述中更凸显了君主角色。我们注意到,"秦并兼天下、建立帝国后,无论论议、文告,还是刻石所书、诏版所铸,均强调秦统一功绩的归属在皇帝及其宗庙,竭力宣扬皇帝功德"。② 为人习知的秦始皇帝统一度量衡诏书作"廿六年,皇帝尽并兼天下诸侯,黔首大安,立号为皇帝"。③ 秦统一之时,嬴政实为秦王,下文也已交代"立号为皇帝"事,然诏书不称"秦尽并兼天下诸侯""秦王尽并兼天下诸侯",而称"皇帝尽并兼",④特有强调之意。著名的里耶更名木方简8-461,重视"皇帝"名号及相关称谓的系列变动,涉及条目达16则左右。⑤ 西汉、新莽虎符居首内容既与"鲁王""齐郡太守""西河太守"等身份对接,却未使用"皇帝与○为虎符"的表述,甚或将"汉"字省略。晋虎符铭文体例与新莽接近,作"晋与○为虎符"。待至十六国北朝,虎符铭文复出现"皇帝"用语,如"皇帝与上党太守铜虎符第三","皇帝与博陵太守铜虎符第二"。⑥ 马衡提到"右虎符八,左右完具,长今尺三寸二分,出山西大同县城东北百余里之贵人村。……此符不著国号,而曰皇帝,与他符不同"。⑦ 这是有趣的

---

① 有意见认为,鲁王虎符"表面鎏金的汉代铜虎符仅此一件,别无他例;同时其脊文在'与'前面加有朝代'汉',是不符合汉符特点的,疑为伪品",杨桂梅:《汉代虎符考略》,第55页。其实,以文帝二年(前178)为界,汉授予诸侯王虎符在此前后很可能存在差异。目前,外表处理与书写体例所存差异,尚不足以作为断为伪品的强证。
② 参见本书第三章。
③ 王辉、王伟编著:《秦出土文献编年订补》,第175—184页。
④ 琅邪刻石作"维秦王兼有天下,立名为皇帝,乃抚东土,至于琅邪"。《史记》卷六《秦始皇本纪》,第246页。
⑤ 陈伟主编,何有祖、鲁家亮、凡国栋撰著:《里耶秦简牍校释》(第一卷),第156—157页。
⑥ 罗振玉:《增订历代符牌图录》卷上,《罗雪堂先生全集》七编(二),第490—491页。
⑦ 马衡:《北魏虎符跋》(原刊《北京社会日报·生春红副刊》第87号,1926年3月1日,又刊《考古通讯》1956年第4期),收入所著《凡将斋金石丛稿》,中华书局,1977年,第128—129页。

现象,①也许可以视作皇权在此阶段复振的部分体现。

3. 省减省称。"左才(在)杜""左才(在)新郪""左才(在)阳陵",与"君""王""皇帝"对举,当指杜令、新郪令、阳陵令。这里使用了职官省称,与张家山汉简《二年律令·秩律》中"栎阳、长安、频阳、临晋……秩各千石,丞四百石"(四四三、四四四),②表述习惯近似;又与岳麓书院藏秦简《奔敬(警)律》"为五寸符,人一,右在【县官】,左在黔首"(177正/1252正)之"左在黔首",③可相联系。西汉中期以后,省称职官的书写习惯使用渐少,西汉、新莽虎符均直接交代诸侯王、列侯、郡守身份。④ 杜虎符、新郪虎符铭文内容,彼此虽小有出入,如前者"燔燧之事",后者作"燔隧事",但因县名相差一字,故总字数实际一致,半符均为四十字。⑤ 此应为有意整齐之举。阳陵虎符半符字数已降至十二字。⑥ 原有"凡兴士被甲,用兵五十人以上,必会君符,乃敢行之。燔燧之事虽毋会符,行殴",不再出现。此段内容涉及会符、毋会符两种情况下的虎符使用规定,稍后已不作特别交代。前引《史记》卷一〇《孝文本纪》云"(二年)九月,初与郡国守相为铜虎符、竹使符"。有趣的是,汉代虎符的书写格式恰作"与○为虎符",⑦文字也更趋

---

① 马衡理解"此符之作当在称帝之后,建国号之前,其后既有国号,或一律改铸,此符遂废欤?"《北魏虎符跋》,《凡将斋金石丛稿》,第129页。何德章认为"颁虎符而不著国号,足见当时国号问题争论不定,致使铸虎符时竟无所适从"。《北魏国号与正统问题》,《历史研究》1992年第3期,第114页。

② 彭浩、陈伟、〔日〕工藤元男主编:《二年律令与奏谳书:张家山二四七号汉墓出土法律文献释读》,第260页。

③ 陈松长主编:《岳麓书院藏秦简(肆)》,第126页。

④ 至于秦郡是否使用兵符,兵符调兵制度下郡、县军事关系应如何理解,因缺乏材料,拟留待将来。

⑤ 始皇廿六年诏量所附统一度量衡诏书,也为四十字。

⑥ 王国维云"此符字数左右各十二字,共二十四字,皆为六之倍数。案《史记·秦始皇本纪》称数以六为纪,故秦一代刻石有韵之文,皆用六之倍数,此符亦同","此符左右各十二字,分为二行,皇帝二字适在第二行首,可知平阙之制,自秦以来然矣"。《记新莽四虎符》,《观堂集林》(外二种)卷一八《史林十》,彭林整理,第562、563页。又见王国维著,胡平生、马月华校注《简牍检署考校注》,上海古籍出版社,2004年,第59—60页。

⑦ 大庭脩云"'与郡守为铜虎符、竹使符'应如何训读?……我之所以想到'汉代之语',是由于注意到了保留在现在著录中的汉铜虎符之句,与此无异",对此已有注意。《秦汉法制史研究》第三篇第三章,徐世虹等译,第188页。

简约。秦兵符铭文所存在的前后变化,从而可与西汉虎符形成进一步的衔接。

秦兵符铭文的书写体例,存在杜虎符铭文方式由背脊到腹部直书,到新郪虎符、阳陵虎符铭文由头向尾直书的发展。这反映合符在内容之外,对文字比照勘验功能的渐予重视。西汉以降,虎符开始采用左右符各存半字、待合符后始构成完整用字及内容的做法。这使得铭文在合符对勘中的功能,进一步加强了。秦、汉兵符在用字演进之外,于书写体例层面也呈现出一条发展线索。

三 史料拟补与秩序构建:也说"皇帝六玺"

关于秦君以玺印发兵,可由汉制溯论。传世文献习见有两则史料:

> 玺皆白玉螭虎纽,文曰"皇帝行玺""皇帝之玺""皇帝信玺""天子行玺""天子之玺""天子信玺",凡六玺。皇帝行玺,凡封之玺赐诸侯王书;信玺,发兵征大臣;天子行玺,策拜外国,事天地鬼神。玺皆以武都紫泥封,青囊白素里,两端无缝,尺一板中约署。皇帝带绶,黄地六采,不佩玺。玺以金银滕组,侍中组负以从。秦以前民皆佩绶,金、玉、银、铜、犀、象为方寸玺,各服所好。奉玺书使者乘驰传。其驿骑也,三骑行,昼夜千里为程。(《续汉书·舆服志下》刘昭注补引《汉旧仪》)①
>
> 皇帝六玺,皆玉螭虎纽,文曰"皇帝行玺""皇帝之玺""皇帝信玺""天子行玺""天子之玺""天子信玺",皆以武都紫泥封之。(《后汉书》卷一上《光武帝纪上》李贤注引蔡邕《独断》曰)②

相关内容前繁后简,这里先论后者。蔡邕《独断》自南宋百川学海丛书本以降,后世辑本多有存世。③ 目前较为通行的版本为四部丛刊三编据上海涵芬楼影印常熟瞿氏铁琴铜剑楼藏明弘治癸亥刊本二卷、丛书集成初编据卢文弨校订抱经

---

① 《后汉书》,第3673页。
② 《后汉书》,第33页。
③ 孙启治搜汇古佚书辑本,特录清人胡玉缙辑《独断佚文》一卷,王仁俊《经籍佚文》稿本。孙启治、陈建华编撰:《中国古佚书辑本目录解题》,上海古籍出版社,2009年,第180页。

堂丛书本排印二卷。① 对于上引后段文字,卢文弨且云:"下有'皆以武都紫泥封'之句,或非《独断》文。"②此前探讨战国玺印制度变动时,我们曾注意到《史记》卷六《秦始皇本纪》《集解》引卫宏曰:"秦以前,民皆以金玉为印,龙虎钮,唯其所好。秦以来,天子独以印称玺,又独以玉,群臣莫敢用。"③而《集解》"卫宏曰"上有蔡邕曰:"御者,进也。凡衣服加于身,饮食入于口,妃妾接于寝,皆曰御。御之亲爱者曰幸。玺者,印信也。天子玺白玉螭虎钮。古者尊卑共之。《月令》曰'固封玺',《左传》曰'季武子玺书追而与之',此诸侯大夫印称玺也。"中华书局1959年1版、1982年2版点校本,2013、2014年点校修订本,皆如上断句,即将"蔡邕曰"与"卫宏曰"句读作两段引文。不过,这种处理也承认《月令》《左传》文字出自蔡邕所引,即蔡氏在叙说时会有所引据。值得注意的是,《文选》卷二二谢灵运《从游京口北固应诏诗一首》李善注曾引蔡邕《独断》曰:"玺,印也,信也。古者尊卑共之。秦以来,天子独以印称玺,又独以玉也。"④仔细对照,文字虽有多处减省,但显然是以"蔡邕《独断》曰"统括前举"蔡邕曰……卫宏曰……"相关内容的。因而,上引"卫宏曰",实际来自蔡邕引述,中华本引用句读应予调整。⑤换言之,蔡邕《独断》在论说时,应对此前卫宏所著有所参考。⑥由此复观《后汉书》注引蔡邕《独断》,内容同样多有减省,但与《续汉书·舆服

---

① 《独断》的版本流传及相关问题,又可参看芮钊《〈独断〉研究》,硕士学位论文,陕西师范大学历史文化学院,2011年;代国玺:《蔡邕〈独断〉考论》,《文献》2015年第1期,第159—162页。日本学界的研究及译介,参见〔日〕福井重雅编《訳注西京雜記・独断》,東方書店,2000年,第197—349页;欧美学界的研究及译介,参见 Enno Giel, *Imperial Decision - Making and Communication in Early China:A Study of Cai Yong's Duduan*, Harrassowitz Verlag, 2006。
② [汉]蔡邕:《独断》卷上,丛书集成初编本,商务印书馆,1939年,第28册,第2页。
③ 《史记》,第228页。
④ [梁]萧统编,[唐]李善注:《文选》卷二二《诗乙·游览》,中华书局影印清胡克家本,1977年,第312页下栏。
⑤ 参见孙闻博《秦汉军制演变史稿》第一章第二节,第57页注3。《独断》明刊本多将"卫宏曰"相关文字收入,但未交代缘由。
⑥ 黄桢提到"从现存材料来看,《汉旧仪》开始受到瞩目,是在汉末出现的同类著作当中。它的重新发现,很大程度上应归功蔡邕与应劭",与我们的判断相合。《制度的书写与阅读——对汉唐间政治文化的一项考察》第一章,博士学位论文,北京大学历史学系,2017年,第33页。

志》注补引卫宏《汉旧仪》基本一致。所言应主要来自对卫宏之说的采择。卢氏"下有'皆以武都紫泥封'之句,或非《独断》文"之疑,也由此得以解释。上述讨论有助于增进我们对《独断》编撰的认知,并使探讨焦点会聚于前则史料。

卫宏《汉旧仪》这段文字,除萧梁刘昭较早引用外,又见于《唐六典》卷八《门下省》"符宝郎"条注引、①《太平御览》卷六八二《仪式部三》"玺"条引、②《文献通考》卷一一五《王礼考十》引。③ 唯《通典》卷六三《礼二三·沿革》"嘉礼八"条引作《汉官仪》,实与《舆服志》注补所引内容一致,④引列书名恐误。⑤ 西嶋定生、金子修一、汪桂海等学者出于谨慎,均与《汉旧仪》一书同时提及,且列表、引文作"《汉旧仪》《汉官仪》"。⑥ 此外,清人纪昀、孙星衍等先后对此书做过辑补

---

① [唐]李林甫等撰,陈仲夫点校:《唐六典》,中华书局,1992年,第252页。又,《史记》卷八《高祖本纪》《正义》张守节按语有"天子有六玺,皇帝行玺……两端无缝"(第363页),中间多有脱漏错讹,不纳入讨论。

② 《太平御览》,第3045页上栏。

③ [元]马端临著,上海师范大学古籍研究所、华东师范大学古籍研究所点校:《文献通考》,中华书局,2011年,第3517页。

④ 唯"事"上有"及"字,"服"作"从"。[唐]杜佑撰,王文锦等点校:《通典》,第1753—1754页。

⑤ 孙星衍虽据"《通典·礼》"校集此条,然于"皆以武都紫泥封"前,云"皆见《汉旧仪》",整段末复"案:此段亦见《汉旧仪》"。[清]孙星衍等辑,周天游点校:《汉官六种》,中华书局,1990年,第187页。学者又提到"应劭在解说汉制时也曾参考《汉旧仪》",并引《汉书》卷一一《哀帝纪》颜注引应劭曰"任子令者,《汉仪注》吏二千石以上视事满三年,得任同产若子一人为郎。不以德选,故除之"(第337页),《汉书》卷四八《贾谊传》颜注引应劭曰"釐,祭余肉也。《汉仪注》祭天地五畤,皇帝不自行,祠还致福。釐音禧"(第2230页),认为"这是应劭研读过卫宏《汉旧仪》的明证"。黄桢:《制度的书写与阅读——对汉唐间政治文化的一项考察》第一章,第33页。从颜注所引"应劭曰"提及《汉仪注》(即卫宏《汉旧仪》)相关内容均明确交代出处来看,应劭撰《汉官仪》虽参考卫著,但似不当径录不言。相较应劭参引了《汉旧仪》的有关文字,《通典》引书为《汉旧仪》的可能性,仍然较大。

⑥ 〔日〕西嶋定生:《皇帝支配の成立》,《中国古代国家と東アジア世界》第一篇第二章,第79—80页;〔日〕金子修一:《皇帝制度——日本战后对汉唐皇帝制度的研究》(原收入〔日〕谷川道雄主编《魏晋南北朝隋唐时代史的基本问题》,汲古書院,1997年),收入所著《古代中国与皇帝祭祀》第一章,肖圣中等译,复旦大学出版社,2017年,第6页;汪桂海:《汉代官文书制度》第四章,广西教育出版社,1999年,第135页。

订考。① 不过,无论哪种引文,皆有明显脱简。这进而影响到现行各种点校本的句读处理。目力所及,中华书局本《后汉书》《唐六典》《通典》《文献通考》《汉官六种》相关断句,因条件所限,实际每种都存在一些疏误。② 学人之中,阿部幸信在西嶋定生研究的基础上,③ 以孙星衍辑校《汉旧仪》相关文字为据,重做了标点,④ 于句读处理多有推进。

其实,孙星衍校辑《汉官仪》时,已多次下案语提示"句绝"等信息,⑤ 惜未引起后人足够重视。而《隋书》卷一一《礼仪志六》所载"天子六玺"制,有较高史料价值,或有助于相关问题的部分解决。隋《志》本为于志宁、李淳风等人所撰《五代史志》,后编入《隋书》。所述不仅关涉隋朝,也兼及梁陈齐周等前代之制。《五代史志》成书质量原本较高,而"《礼仪志》分量最多,这因牛弘等曾撰《朝仪记》"。⑥ 相关叙说文义完备,较《唐六典》卷八《门下省》"符宝郎"条、《唐会要》卷五六《省号下》"符宝郎"条及《唐律疏议》卷二五《诈伪》"伪造御宝"条,⑦ 更为丰富翔实,应予参考。《隋书》卷一一《礼仪志六》云:"天子六玺:文曰'皇帝行

---

① [汉]卫宏撰,[清]纪昀等辑:《汉官旧仪》卷上;[汉]卫宏撰,[清]孙星衍校:《汉旧仪》卷上;[汉]应劭撰,[清]孙星衍校辑:《汉官仪》卷下,[清]孙星衍等辑,周天游点校:《汉官六种》,第30—31、62—63、187页。

② 具体标点存在问题者,如《后汉书》"皇帝行玺,凡封之玺赐诸侯王书",第3673页;《唐六典》"以皇帝信玺发兵,其征大臣以天子行玺,外国事以天子之玺",第252页;《通典》"皇帝行玺,凡封之玺,赐诸侯王书",第1753页;《文献通考》"皇帝行玺,凡封国用之玺;赐诸侯王书,信玺;发兵召大臣",第3517页;《汉官六种》"信玺,发兵;其征大臣,以天子行玺;策拜外国事,以天子之玺","以皇帝行玺为凡杂以皇帝之玺赐诸侯王书;以皇帝信玺发兵;其征大臣,以天子行玺;策拜外国事,以天子之玺","'皇帝行玺',凡封之玺赐王侯书",第31、62、187页。

③ 〔日〕西嶋定生:《皇帝支配の成立》,《中国古代国家と東アジア世界》第一篇第二章,第78—82页。

④ 〔日〕阿部幸信:《皇帝六璽の成立》,第63页。

⑤ [汉]应劭撰,[清]孙星衍校辑:《汉官仪》卷下,[清]孙星衍等辑,周天游点校:《汉官六种》,第187页。

⑥ 柴德赓:《史籍举要》上编"隋书"条,北京出版社,2002年,第128页。

⑦ [唐]李林甫等撰,陈仲夫点校:《唐六典》,第252页;[宋]王溥:《唐会要》,上海古籍出版社,2006年,第1143—1144页;[唐]长孙无忌等撰,刘俊文点校:《唐律疏议》,中华书局,1983年,第452页。

玺',封常行诏敕则用之。'皇帝之玺',赐诸王书则用之。'皇帝信玺',下铜兽符,发诸州征镇兵,下竹使符,拜代征召诸州刺史,则用之。并白玉为之,方一尺二寸,螭兽钮。'天子行玺',封拜外国则用之。'天子之玺',赐诸外国书则用之。'天子信玺',发兵外国,若征召外国,及有事鬼神,则用之。并黄金为之,方一寸二分,螭兽钮"。① 此又见《通典》卷六三《礼二三·沿革》"嘉礼八"条"北齐制,天子六玺,并因旧式"下注引,②《文献通考》卷一一五《王礼考十》"圭璧符节玺印"条"北齐制,天子六玺,并依旧式"下正文,③似已被视作北齐承袭前制。此外,《隋书》卷一二《礼仪志七》叙及皇帝玺印的具体行用,附于冕服文中交代,又稍予调整:"神玺,宝而不用。受命玺,封禅则用之。'皇帝行玺',封命诸侯及三师、三公,则用之。'皇帝之玺',赐诸侯及三师、三公书,则用之。'皇帝信玺',征诸夏兵,则用之。'天子行玺',封命蕃国之君,则用之。'天子之玺',赐蕃国之君书,则用之。'天子信玺',征蕃国兵,则用之。常行诏敕,则用内史门下印。"④有学者认为此属"北周制度",显然有误。《礼仪志七》所叙是"皇隋革命"后的制度。隋代北周,然舆服承魏、周较少。"衣冠礼器",存在对东汉制度的采择,而在整体上又如《志》文所言,"于是定令,采用东齐之法"。⑤ 按汉制与隋唐符宝制度的联系,日本学者已有注意,并有对照思考。唯于《隋书·礼仪志》所载,摘引失之简略,影响到对相关史料群的把握。⑥ 今以引文相对较早的《续汉

---

① 《隋书》,中华书局,1973 年,第 239 页。
② [唐]杜佑撰,王文锦等点校:《通典》,第 1765 页。
③ [元]马端临著,上海师范大学古籍研究所、华东师范大学古籍研究所点校:《文献通考》,第 3525—3526 页。文字与《通典》稍有出入。
④ 《隋书》,第 255 页。
⑤ 《隋书》卷一二《礼仪志七》,第 254 页。
⑥ [唐]李林甫等撰,陈仲夫点校:《唐六典》卷八《门下省》"符宝郎"条注引"《汉仪》又云:'……尺一版,中约署'"下,尚有"有事及发外国兵用天子信玺……诸下竹使符征召大事行州、郡、国者用皇帝信玺,诸下铜兽符发郡、国兵用皇帝之玺……"云云,第 252 页。点校者将此内容归入《汉旧仪》,似可斟酌。此不见于他书引《汉旧仪》。按汉唐玺宝制度叙说,多依皇帝玺、天子玺顺序,此为天子玺、皇帝玺顺序;多依行玺、之玺、信玺顺序,此前为天子信玺、行玺、之玺顺序,后为皇帝信玺、之玺、信玺顺序;多先言某玺某宝,再言相关功用,此均采"某事,用某玺"的表述,体例特别。铜虎符、竹使符的功用实际分别对应皇帝信玺"发兵、征大臣"。参照《隋书·礼仪志》,此段或存在错简及脱文,应调整合并。《唐六典》点校本(转下页)

书·舆服志》注补为据,综合参考《隋书·礼仪志六》《礼仪志七》等所述北齐隋唐之制,将既往争议较多部分重新考订,拟补如下,并作句读:

〔天子有六玺。〕玺皆白玉螭虎纽,文曰"皇帝行玺""皇帝之玺""皇帝信玺""天子行玺""天子之玺""天子信玺",凡六玺。皇帝行玺,凡封〔拜诸侯王书〕;〔皇帝〕之玺,赐诸侯王书;〔皇帝〕信玺,发兵、征大臣;天子行玺,策拜外国;〔天子之玺,赐外国书;天子信玺,发外国兵、征外国及〕事天地鬼神。玺皆以武都紫泥封,青囊白素里,两端无缝,尺一板中约署。

自汉至唐,"天子信玺"与"皇帝信玺"在功能上有近似处,均同样涉及军事征发。① 以往的探讨多关注汉唐皇帝玺宝与天子玺宝在功能上存在的对内、对外之别。我们认为,玺宝制度所建构的"行玺""之玺""信玺"排序,同样不宜忽略。它对应着封授、赐慰、征召三种不同的功能,并在相关制度设计下形成玺宝秩序。

四 "六玺"前史:秦汉"皇帝信玺"考

倘上述复原有可取处,我们进一步注意到:信玺虽在皇帝玺抑或天子玺序列中位居末席,但功能类别却较行玺、之玺为多,且涉及军事、祭祀等重要事项。若置于历史早期"国之大事,在祀与戎"的发展脉络下,信玺是否仍处殿军,是需要思量的。学界注意到史籍所载西汉前中期情况及出土文献的一些记录,与"天子六玺"之制尚有距离:

伪写皇帝信壐(玺)、皇帝行壐(玺),要(腰)斩,以匀(徇)。(《二年律令·贼律》简九)②

(接上页)于"皇帝信玺"下原有校勘记(第268页注117),然因更注重版本间的异文校,故未有指出。西嶋定生(第80页)、金子修一(第6页)等据此而将"诸下铜兽符发郡、国兵"对应"皇帝之玺","诸下竹使符征召大事行州、郡、国者"对应"皇帝信玺",汪桂海(第136页)以"皇帝之玺……为征发郡国兵而下达的诏书也用它封印"。疑义未安,均可调整。

① 阿部幸信指出,尽管《汉旧仪》关于"天子信玺"的记载有脱文,但从《隋书·礼仪志》的记载类推,两种"信玺"的发兵功能也存在一致性。《皇帝六壐の成立》,第74页。

② 彭浩、陈伟、〔日〕工藤元男主编:《二年律令与奏谳书:张家山二四七号汉墓出土法律文献释读》,第93页。

(昌邑王刘贺)始至谒见,立为皇太子,常私买鸡豚以食。受皇帝信玺、行玺大行前,就次发玺不封。(颜师古注引孟康曰:"汉初有三玺,天子之玺自佩,行玺、信玺在符节台。大行前,昭帝柩前也。")(《汉书》卷六八《霍光传》)①

贼律曰伪写皇帝信玺

皇帝行玺要(腰)斩以匃伪

写汉使节皇大(太)子诸侯

三(王)列侯及通官印弃市小

官印完为城旦舂敢盗

之及私假人者若盗

重以封及用伪印皆(第一栏)

各以伪写论伪皇

大(太)后玺印写行

玺法……

贼律伪

　　充(第二栏)

贼律曰诈伪券书(第三栏)

　　充木

□　小史何子回□□(第四栏)(正)

房紃(背)(简一四)②

---

① 《汉书》,第2940、2943页。

② 图版及释文最初发表于张春龙、李均明、胡平生《湖南张家界古人堤简牍释文与简注》,《中国历史文物》2003年第2期;红外线图版及释文修订稿又见张春龙《湖南张家界市古人堤汉简释文补正》,《简牍学研究》第六辑,甘肃人民出版社,2016年,图版5页,正文第5—6页。录文据后者。又,对照图版,"列侯"前"三"字似无问题,然文义不尽通恰。刘绍刚:《汉律伪写玺印罪与西汉的政治斗争》(中国文物研究所编:《出土文献研究》第六辑,上海古籍出版社,2004年,第235页)据《释文与简注》而改录作"王",有可取处。这里依体例括注"王"字,以作提示。

颜注所引孟康曰"汉初有三玺"云云,又被《文献通考》采录,径入正文,未示出处。① 栗原朋信据《汉书·霍光传》及孟康注,倾向汉初只有皇帝三玺,而西汉中期以后追加了天子三玺,皇帝六玺制度由此最终确立。他还认为两类在用法上存在区别:皇帝三玺主要针对国内,而天子三玺面向国外。② 尾形勇补充了天子之号同时面向天地鬼神,并申论皇帝六玺之制中,"'天子''皇帝'两种称号分担的作用是与'上下之别'和'领域区分'相对应的"。③ 阿部幸信认为汉初皇帝玺有两枚,"皇帝信玺"来自秦、齐系统,"皇帝行玺"来自楚系统;"皇帝之玺"在成帝"封建拟制"及皇后权威确立过程中出现;天子三玺作为皇帝公印,制造于成帝绥和元年至平帝元始五年。阿部氏并对此前日本学界有关皇帝六玺的讨论,有较全面的回应。④ 在此基础上,这里复参据传世及出土文献,加以进一步阐说。

孟康字公休,曹魏时人,曾为散骑常侍、给事中、散骑侍郎、中书令,后转为中书监。⑤ 由其任官经历来看,他应对汉代帝玺制度有一定了解。"天子之玺自佩"之"天子",可代指皇帝。此句也可理解为皇帝"之玺"常自行佩带,然解释仍显迂曲。更大的可能是,孟康依晚期习惯,将汉初三玺视作天子玺序列。就此说来,栗原朋信、西嶋定生、阿部幸信诸学人以汉初帝玺为皇帝玺、而非天子玺的判断,无疑更为适宜。关于这点,这里还可补充。前面指出,相较于周王使用的"天子"之号,"皇帝"号确定于"秦初并天下"之后,"分天下以为三十六郡"之前。相对于周广行分封、众建诸侯,秦刚刚实现从未有过之"并天下"壮举。"皇帝"应是在空前盛业之上确立的空前盛号。⑥ "天下"当时所指,对应秦与关东六

---

① [元]马端临著,上海师范大学古籍研究所、华东师范大学古籍研究所点校:《文献通考》卷一一五《王礼考十》,第 3517 页。
② 〔日〕栗原朋信:《文獻にあらわれたる秦漢璽印の研究》,《秦漢史の研究》,第 154 页注 1。
③ 〔日〕尾形勇著,张鹤泉译:《中国古代的"家"与国家》第六章,第 214—216 页。
④ 〔日〕阿部幸信:《皇帝六璽の成立》,第 63—87 页。
⑤ 参见《三国志》卷一六《魏书·杜畿附子恕传》裴注引《魏略》曰,第 506 页;颜师古:《汉书叙例》,《汉书》,第 5 页。
⑥ 参见本书第三章。

国所组成的地域范围。蔡邕《独断》"汉天子正号曰'皇帝'",①也可作为一种参考。因而,秦及汉初所确立的君主玺印制度,应当使用皇帝玺序列,而非天子玺。

颜注引孟康曰,原本是为释解"受皇帝信玺、行玺大行前"一句,意在补充汉初有"之玺"事。然而,阿部氏对此表示怀疑。西汉成帝绥和元年(前8)曾进行绶制改革,他推测当时作为结果的"封建拟制"完成后,才出现"皇帝之玺"。② 这一意见应引起注意。无论西汉初《二年律令·贼律》、班固《汉书》记昭宣之际事,还是张家界古人堤东汉前期简载《贼律》,都只提到了皇帝信玺、行玺二种。如用"之玺"多由皇帝自佩加以疏通的话,仍然无法解释古人堤简《贼律》伪写玺印罪名中,存在"皇大(太)子、诸侯三(王)、列侯及通官印,弃市"的记录特征。后一类印章,很多只有一枚,并非能够形成一组;存放抑或佩带,应该也都是可以的。后世《唐律疏议》卷二五《诈伪》"伪造御宝"条相关作"诸伪造皇帝八宝者,斩。太皇太后、皇太后、皇后、皇太子宝者,绞。皇太子妃宝,流三千里",③虽未枚举,但总括而论。今"伪写皇帝信玺、皇帝行玺,要(腰)"内容置于其前,一并规定,显示这里谈到君主用玺,恐怕并非是择选交代。西汉至东汉初年的君主用玺,主要应以皇帝信玺、皇帝行玺两种为主。④

目前所见法律文献抑或史事记载,有一点很少为人注意,那就是皇帝玺均作"信玺、行玺"的次序记录。将此与汉唐"天子六玺"所建构的"行玺""之玺""信玺"序列对照,可以看到其中的微妙差异。涉及军事、祭祀功能的"信玺",位于"行玺"之前,在历史早期的地位更为重要。⑤

《宋书》卷一八《礼志五》"乘舆六玺,秦制也。《汉旧仪》曰……此则汉遵秦也",⑥及成书稍晚的《晋书》卷二五《舆服志》"乘舆六玺,秦制也。……汉遵秦

---

① [汉]蔡邕:《独断》卷上,第1页。
② 〔日〕阿部幸信:《皇帝六璽の成立》,第70—71页。
③ [唐]长孙无忌等撰,刘俊文点校:《唐律疏议》,第452页。
④ 阿部幸信较早指出此点,但对行用时段的理解不同。
⑤ 东周以降"信"观念的发展及其原因分析,参见阎步克《春秋战国时"信"观念的演变及其社会原因》(原刊《历史研究》1981年第6期),收入《阎步克自选集》,广西师范大学出版社,1997年,第1—14页。
⑥ 《宋书》,中华书局,1974年,第506页。

不改"，①所叙虽未可尽信，但汉初玺制应受到秦制影响。清人陈介祺旧藏、后入于日本东京国立博物馆的"皇帝信玺"封泥，据近年学人复加考订，归入秦代。②《墨子·旗帜》云"巷术通周道者必为之门，门，二人守之，非有信符，勿行，不从令者斩"，《墨子·号令》又云"有分守者大将必与为信符，大将使人行守，操信符，信符不合及号不相应者，伯长以上辄止之，以闻大将"。③ 关于《墨子·备城门》诸篇，蒙文通、岑仲勉、陈直、李学勤多认为出自秦人之手。④ "信符"在军事活动中的使用，也为探讨秦制中"信玺"的功能及行用问题，提供了旁证。又，广州西汉前期南越王墓出土金印"文帝行玺"。一般认为，这是受到汉制影响。不过，秦末由秦吏割据岭南，组建政权，相关君主用玺受到原来秦制的影响，可能性更大。要言之，汉初"皇帝信玺""皇帝行玺"在渊源上应追溯秦制。

至于与军事关系密切的"皇帝信玺"，阿部氏注意到"信鉨"（即"信玺"）多见于齐的私印，也可见数例公印，但并不见于燕、晋、秦系统的印中，楚印也仅见于私印。由此，他认为"皇帝信玺"很可能受到齐制影响。⑤ 我们注意到，之前发现的战国符节中，有贵将军虎节与辟大夫虎节两种。前者今藏中国国家博物馆，后者收入罗振玉《增订历代符牌图录》卷上。两种虎节为战国中晚期齐国所造。其中，铭文内容仅依符节定名，不易看出：

填丘牙（与）娄䋣贵牆（将）军信节。

［填］丘牙（与）娄䋣辟大夫信节。⑥

学者"颇疑节铭'填丘'即'营丘'，在此实际上是指齐都临淄"，"贵将军和辟大

---

① 《晋书》，第 771—772 页。

② 王辉、王伟编著：《秦出土文献编年订补》，第 434 页；王伟：《秦玺印封泥职官地理研究》第四章、附录二，第 76—83、562 页。

③ 岑仲勉：《墨子城守各篇简注》，中华书局，1958 年，第 94、99 页。

④ 参见岑仲勉《墨子城守各篇简注》"再序""认为这几篇最少一部分是秦人所写，殆已毫无疑问"，第 8 页；陈直《〈墨子·备城门〉等篇与居延汉简》（原刊《中国史研究》1980 年第 1 期），《文史考古论丛》，中华书局，2018 年，第 184—207 页；李学勤《秦简与〈墨子〉城守各篇》，《简帛佚籍与学术史》，第 119—133 页。近年，史党社对"城守诸篇都看作秦人作品的观点"持怀疑态度。《〈墨子〉城守诸篇研究》第六章，中华书局，2011 年，第 209 页。

⑤ ［日］阿部幸信：《皇帝六玺の成立》，第 68 页。

⑥ 李家浩：《贵将军虎节与辟大夫虎节——战国符节铭文研究之一》，《中国历史博物馆馆刊》1993 年第 2 期，第 52 页。

夫分别主管堘绖的锐兵和垒壁"。① 此外,"贵将军虎节和辟大夫虎节的性质跟虎符相同,是发兵用的","此二节分别是由填丘颁发给堘绖的贵将军和辟大夫的"。② 有意思的是,两枚齐国虎节实际使用的称谓作"信节"。而目前所见楚国等战国其他诸侯符节,却很少使用"信节"一语。这为思考发兵"信玺"与齐制的联系,提供了新的线索。

五 "帝之下书"与符、节、诏的配合行用

秦君行使最高军事指挥权,除通过兵符、信玺外,主要是命令,即帝国建立后的制诏。大庭脩举《史记》卷七七《魏公子列传》所载信陵君窃符救赵事,提示"这一史料并不是用虎符发兵的例证,而是虎符虽然是从魏王之处盗来的真物,命令却是矫魏王之令,而将军可不从王命的例证",③可谓有趣的观察。兵符、信玺等信物之外,君王诏书在军事活动中颇为重要。很多时候,这些信物正与君王之命配合而行。

考虑到目前所见制度交代仍以汉代为多,这里再次由汉溯秦。东汉"帝之下书",又称天子"命令""命有四品",④后世唐代称"王言之制",宋代称"命令之体"。汉制在《汉制度》《独断》《汉官仪》中有所反映,兹先迻录如下,以便之后开展具体史例分析时参照:

> 帝之下书有四:一曰策书,二曰制书,三曰诏书,四曰诫敕。策书者,编简也,其制长二尺,短者半之,篆书,起年月日,称皇帝,以命诸侯王。三公以罪免亦赐策,而以隶书,用尺一木,两行,唯此为异也。制书者,帝者制度之命,其文曰制诏三公,皆玺封,尚书令印重封,露布州郡也。诏书者,诏,告也,其文曰告某官云〔云〕,如故事。诫敕者,谓敕剌史、太守,其文曰有诏敕某官。它皆仿此。(《后汉书》卷一上《光武帝

---

① 李家浩:《贵将军虎节与辟大夫虎节——战国符节铭文研究之一》,第53、54页。
② 李家浩:《贵将军虎节与辟大夫虎节——战国符节铭文研究之一》,第53页。
③ 〔日〕大庭脩著,徐世虹等译:《秦汉法制史研究》第三篇第三章,第186页。
④ [梁]刘勰著,范文澜注:《文心雕龙注》卷四《诏策十九》,人民文学出版社,1958年,第358页。

第四章 兵符、帝玺与玺书：秦君政治信物的行用及流变 173

纪上》李贤注引《汉制度》曰）①

其命令，一曰策书，二曰制书，三曰诏书，四曰戒书。（《独断》卷上）②

策书。策者，简也。礼曰：不满百文（丈讹，《御览》文）不书于策（《聘礼·记》：百名以上书于策，不及百名书于方。郑注：名，书文也，今谓之字。案此作百文，即百名也）。其制长二尺，短者半之，其次一长一短，两编，下附篆书，起年月日，称皇帝曰，以命诸侯王三公。其诸侯王三公之薨于位者，亦以策书诔谥其行而赐之，如诸侯之策。三公以罪免，亦赐策，文体如上策而隶书，以尺一木两行，唯此为异者也。

制书（下帝字，《御览》无）者，制度之命也。其文曰制诏，三公赦令赎令之属，是也。刺史太守相劾奏，申下土，迁文书，亦如之。其征为九卿，若迁京师近臣（宫讹，今改），则言官，具言姓名。其免若得罪，无姓。凡制书，有印使符，下远近皆玺封，尚书令印重封。唯赦令赎令召三公诣朝堂受制书，司徒印封，露布下州郡。

诏书者，诏诰也。有三品。其文曰告某官某（旧重官字，今正作某），如故事，是为诏书。群臣有所奏请，尚书令奏之，下有司曰制（旧作下有制曰讹，据《秦始皇本纪》《集解》引补正），天子答之曰可。若下某官云云，亦曰诏书。群臣有所奏请，无尚书令奏制之（脱，宋本有）字，则答曰已奏，如书本官下所当至，亦曰诏。

戒书。戒敕刺史太守及三边营官，被敕文曰，有诏敕某官，是为戒

---

① 《后汉书》，第24页。又见《太平御览》卷五九三《文部九》"诏"条，第2669页下栏，"起年月日"作"起年月"，"尚书令印重封"作"尚书令即重封"，"告也"作"书也"，"谓敕刺史、太守，其文曰有诏敕某官"作"谓敕其官"，虚词、用字小异不具举；又见王钦若等编纂，周勋初等校订《册府元龟》（校订本）卷五五〇《词臣部·总序》，凤凰出版社，2006年，第6295页，"尚书令印重封"作"尚书令印重令仰重封"，校勘记"令仰重，原本、宋本同，《后汉书·光武纪》章怀注引《汉制度》无，宜删"（第6303页）。今按："令仰重"应涉"令印重"而衍。胡广注，孙星衍辑：《汉官解诂》，《汉官六种》，周天游点校，第23页。

② ［汉］蔡邕：《独断》卷上，第1页。

敕也。世皆名此为策书，失之远矣。(《独断》卷上)①

群臣上书，公卿校尉诸将不言姓。凡制书皆玺封，尚书令重封。唯赦赎令司徒印，露布州郡。(《后汉书》卷二九《鲍永传附子昱传》李贤注引《汉官仪》曰)②

《汉制度》为胡广所作。③ 蔡邕又为胡广弟子，④两书文字近同处颇多，可置于一起研究。⑤ 前者虽可能成书稍早，但目前所见多有节略，甚或影响文意，如言制

---

① [汉]蔡邕:《独断》卷上，第3—4页。句读一仍其旧。若有调整，下文具体论及。"戒书"条，《太平御览》卷五九三《文部九》"诏"条引作《汉书》曰，第2669页下栏。又，[唐]李林甫等撰，陈仲夫点校:《唐六典》卷九《中书省》"中书令"条注引蔡邕《独断》"汉制，天子之书，一曰……四曰戒敕。策者，以简为之，其制长三尺……制书……近道印付使，远道皆玺封，尚书令即准敕、赎令召三公诣朝堂受，制书司徒露布州郡。"诏书有三品：其文曰"告某官某官如故事"，是为诏书；群臣有所奏请，尚书令奏下之，有"制诏，天子答之曰可"，以为诏书；群臣有所表请，无尚书令奏"制曰"之字，则答曰"已奏如书，本官下所当至"，亦曰诏书。"，第274页。又见[宋]孙逢吉《职官分纪》卷七，《景印文渊阁四库全书》之《子部二二九·类书类》，台湾商务印书馆影印本，1983年，第923册，第168—169页，"尚书令即"作"尚书令印"，"表请"作"表奏"。相关与上引《独断》文字多有不同。

② 《后汉书》，第1022页。[汉]应劭撰，[清]孙星衍校辑：《汉官仪》，[清]孙星衍等辑，周天游点校：《汉官六种》，第125页。又，《后汉书》卷六○下《蔡邕传》注引、《后汉书》卷七三《公孙瓒传》注引《汉官仪》均曰"凡章表皆启封，其言密事得皂囊也"，第1998、2306页。《独断》卷上作"凡群臣上书于天子者有四名。……公卿校尉诸将不言姓，大夫以下有同姓官别者言姓。……凡章表皆启封，其言密事，得帛囊也"，第4—5页。由此可知，李贤注引《汉官仪》时，实多有节略。

③ 《续汉书》刘昭注补、《后汉书》李贤注引书作"胡广《汉制度》曰"，第3630、2546页。孙星衍并引《续汉书·礼仪志上》刘昭注补引《谢沈(后汉)书》"太傅胡广博综旧仪，立汉制度，蔡邕依以为志"(第3101页)，附相关内容于胡广注《汉官解诂》之后。黄桢提到"胡广搜集的'旧仪'，一部分融入了为《小学汉官篇》写作的诂解。……交付蔡邕的'旧仪'，成为蔡氏著作重要的资源。部分材料也流传到了南朝，应当就是刘昭引用的《汉制度》"。《制度的书写与阅读——对汉唐间政治文化的一项考察》第一章，第37页。

④ 《续汉书·律历志下》刘昭注补引"蔡邕戍边上章曰：'臣所师事故太傅胡广，知臣颇识其门户，略以所有旧事与臣'"，《后汉书》，第3082—3083页。又见《后汉书》卷六○《蔡邕传》李贤注引《邕别传》，第1990页。"师事"作"事师"。

⑤ 相关探讨又参见[日]福井重雅《蔡邕と〈独断〉》，《史观》107，1982年，第121—135页。

书"皆玺封,尚书令印重封,露布州郡也",前后语意矛盾,"重封""露布"间明显存在脱文,使用时应予审慎。目前所存《独断》内容,较《汉制度》更为充实,可惜记载仍不完整,同样影响句读及理解。如福井重雅、刘后滨等学者重做标点,多有推进,然彼此仍有差异,①个别处理还可讨论。② 此外,今所据卢文弨校订抱经堂丛书本,虽较四部丛刊本、四库全书本,特别对校了《御览》,但于《唐六典》卷九《中书省》"中书令"条注引蔡邕《独断》等未有涉及。作为较早引书,《六典》注引文字应在讨论时予以交代并作辨析。至于李贤注引《汉官仪》,目前仅此一则,内容也不完整。前面提到,蔡邕、应劭都对卫宏撰著有所参考,然此言尚书令、司徒,主要就东汉情形而论。考虑到二人交往及相互借鉴情况尚不清楚,彼此作品时有重合处,不排除存在共同史源的可能,③这里并存备参。

西汉吴楚七国之乱在持续数月后,终被平定。《史记》卷一〇六《吴王濞列传》记:

> 汉将弓高侯(韩)颓当遗王(胶西王刘卬)书曰:"奉诏诛不义,降者赦其罪,复故;不降者灭之。王何处,须以从事。"……弓高侯执金鼓见之,曰:"王苦军事,愿闻王发兵状。"王顿首膝行对曰:"……今闻错已诛,卬等谨以罢兵归。"将军曰:"王苟以错不善,何不以闻?(及)〔乃〕未有<u>诏虎符</u>,擅发兵击义国。以此观之,意非欲诛错也。"乃出<u>诏书</u>为

---

① 〔日〕福井重雅:《訳注西京雑記・独断》,第218—229页;刘后滨:《从蔡邕〈独断〉看汉代公文形态与政治体制的变迁》(原刊《广东社会科学》2002年第4期),收入所著《唐代中书门下体制研究——公文形态・政务运行与制度变迁》第二章,齐鲁书社,2004年,第67—68页。

② 如将"制书"条"刺史太守相劾奏,申下土,迁文书,亦如之",断读作"刺史、太守、相劾奏申下,土(疑作上)迁,书文亦如之"(《唐代中书门下体制研究——公文形态・政务运行与制度变迁》第二章,第67页)。其中,"刺史、太守和诸侯国相进行劾奏的文书本身并不是制书,而只有对这种文书进行的批复(即所谓申下)才能成为制书"(第68页)的理解,是正确的。但疑"土"作"上",或可斟酌。此无版本依据,改字当慎。秦汉文献表示升迁,径用"迁"字,一般不使用"上迁"语。若偶言"上迁"某职时,"上"指君主。

③ Enno Giel, *Imperial Decision – Making and Communication in Early China: A Study of Cai Yong's Duduan*, p.40.

王读之。①

依《汉制度》《独断》，汉代皇帝所下文书一般习惯性分作策书、制书、诏书、戒书（诫敕、戒敕），"统称则曰诏书"。② 韩颓当首先指出相关平叛行动，乃是"奉诏诛不义"。"奉诏"为泛言。此段文字前，列传记"二月中，吴王兵既破，败走，于是天子制诏将军曰：'……今卬等又重逆无道，烧宗庙，卤御物，朕甚痛之。朕素服避正殿，将军其劝士大夫击反虏。击反虏者，深入多杀为功，斩首捕虏比三百石以上者皆杀之，无有所置。敢有议诏及不如诏者，皆要斩'"。③ 所谓"敢有议诏及不如诏"，"诏"也属泛言。所"奉诏"或对应"制诏将军曰"，属制书。下文"未有诏虎符"，句读稍嫌谨慎，当作"未有诏、虎符"。军制上，虎符是发兵之必需凭信，④复参上"何不以闻"语，"诏""虎符"并非选择关系。西汉前期，发兵实际以制诏与虎符配合使用。

武帝建元三年（前138），被闽越围困的东瓯向汉廷告急，《史记》卷一一四《东越列传》记：

---

① 《史记》，第2835—2836页。又见《汉书》卷三五《荆燕吴传》，第1917页，"（及）〔乃〕"作"及"。中华点校本《史记》实据王念孙《读书杂志·史记弟五》改字。参见〔清〕张文虎《校刊史记集解索隐正义札记》卷五，中华书局，2012年2版，第640页。中华点校修订本同，并出校勘记。杨树达、王叔岷从不同角度，反驳此说。王叔岷：《史记斠证》卷一〇六，第2927页。

② 汪桂海：《汉代官文书制度》第二章，第26页。又见马怡《汉代诏书之三品》，北京大学中国古代史研究中心编：《田余庆先生九十华诞颂寿论文集》，中华书局，2014年，第65页；代国玺：《汉代公文形态新探》，《中国史研究》2015年第2期，第42页。又，〔唐〕李林甫等撰，陈仲夫点校：《唐六典》卷九《中书省》"中书令"条注"自魏、晋已后因循，有册书、诏、敕，总名曰诏。皇朝因隋不改。天后天授元年，以避讳，改诏为制"，第274页。而纪安诺认为"'奏'除专指高官最普遍的沟通方式外，尚可指上述四种沟通方式（按：章、奏、表、驳议）中的任何一种。尤其当动词的'奏'通常是总称"。Enno Giel, *Imperial Decision-Making and Communication in Early China: A Study of Cai Yong's Duduan*, p. 365.

③ 《史记》卷一〇六《吴王濞列传》，第2833—2834页。

④ 《史记》卷五二《齐悼惠王世家》"魏勃绐召平曰：'王欲发兵，非有汉虎符验也'"，第2001页；《汉书》卷九九下《王莽传下》"唯翼平连率田况素果敢，发民年十八以上四万余人，授以库兵，与刻石为约。赤糜闻之，不敢入界。况自劾奏，莽让况：'未赐虎符而擅发兵，此弄兵也，厥罪乏兴。'"第4172页；《后汉书》卷四五《袁安传》"（袁）安乃劾（窦）景擅发边兵，惊惑吏人，二千石不待符信而辄承景檄，当伏显诛"，第1519页。

第四章　兵符、帝玺与玺书：秦君政治信物的行用及流变　177

上曰："太尉未足与计。吾初即位，<u>不欲出虎符发兵郡国</u>。"乃遣庄助以节发兵会稽。会稽太守欲距不为发兵。助乃斩一司马，<u>谕意指</u>，遂发兵浮海救东瓯。①

此属武帝即位初年特殊之例。刘彻顾忌主张黄老之治的窦太后等旧派势力，②于常规制度之外，行权宜之策，故发兵不以虎符。庄助持节赴会稽郡发兵，为受诏前往。会稽太守因无虎符"欲距"（或作"欲距法"），待庄氏斩杀郡军吏，"谕意指"，始出兵救援。"谕意指"为受命谕意，即口头晓告君主意旨。③ 庄助此行是否同样持有诏书，文献交代不明。④ 廖伯源指出"使者之使命若涉及指挥他人，使者当携带皇帝给予此人之诏书"，⑤进而认为"武帝遣严助以节发兵会稽郡，亦当持节及诏书"。⑥ 所论还可补充。《史记》卷一○六《吴王濞列传》"则遣袁盎奉宗庙，宗正辅亲戚，使告吴如盎策。至吴，吴楚兵已攻梁壁矣。宗正以亲故，先入见，谕吴王使拜受诏"，⑦《汉书》卷八○《宣元六王传》"有司奏请逮捕（淮南宪王）钦，上不忍致法，遣谏大夫王骏赐钦玺书曰：'……王其勉之！'骏谕指曰……"⑧同书又云"上于是遣太中大夫张子蟜奉玺书敕谕之，曰：'……故临遣太中大夫子蟜谕王朕意。……王其深惟孰思之，无违朕意。'"⑨"谕吴王"下"使拜受诏"，"骏谕指曰"上"赐钦玺书"，"奉玺书敕谕之"下"谕王朕意"等表

---

① 《史记》，第 2980 页。又见《汉书》卷六四上《严助传》，第 2776 页，"欲距不为发兵"作"欲距法不为发"。

② 〔日〕大庭脩著，徐世虹等译：《秦汉法制史研究》第三篇第三章，第 186 页；廖伯源：《使者与官制演变：秦汉皇帝使者考论》卷八，第 194 页注 20。

③ "使者在谕意时，以不违背皇帝旨意为前提，可以有相当自由解释说明"，"除传诏旨外，尚得依上意自我发挥申说"。廖伯源：《使者与官制演变：秦汉皇帝使者考论》卷四，第 71、76 页。

④ 近似事例如《史记》卷五六《陈丞相世家》"用陈平谋而召绛侯周勃受诏床下，曰：'陈平亟驰传载勃代哙将，平至军中即斩哙头！'二人既受诏……未至军，为坛，以节召樊哙。哙受诏，即反接载槛车，传诣长安"，第 2058—2059 页。又见《汉书》卷四○《陈平传》，第 2045 页。

⑤ 廖伯源：《使者与官制演变：秦汉皇帝使者考论》卷八，第 184 页。

⑥ 廖伯源：《使者与官制演变：秦汉皇帝使者考论》卷六，第 137 页。

⑦ 《史记》，第 2831 页。

⑧ 《汉书》，第 3316—3317 页。

⑨ 《汉书》，第 3320—3321 页。

述,即是反映。而使者持节行事之史例,除《汉书》卷六三《武五子传》"(太子)乃使客为使者收捕(江)充等。按道侯(韩)说疑使者有诈,不肯受诏,客格杀说",《汉书》卷七八《萧望之传》"上乃可其奏。(石)显等封以付谒者,敕令召(萧)望之手付,因令太常急发执金吾车骑驰围其第"①外,又有《汉书》卷八六《王嘉传》"有诏假谒者节,召丞相诣廷尉诏狱。……(王)嘉遂装出,见使者再拜受诏,乘吏小车,去盖不冠,随使者诣廷尉",②《后汉书》卷六九《窦武传》"召尚书官属,胁以白刃,使作诏板。拜王甫为黄门令,持节至北寺狱收尹勋、山冰。冰疑,不受诏,甫格杀之"。③ 前则谒者假节召丞相赴狱对状,王嘉"再拜受诏"。后则宦官曹节胁迫尚书"使作诏板","矫诏以王甫为黄门令,持节诛尚书令尹勋"。④ 窦武一系黄门令山冰因"疑不受诏",还被王氏所杀。常制而论,持节在原则上不能替代虎符功能。武帝后期,盗贼兹多,《汉书》卷一二二《酷吏传》提到"乃使光禄大夫范昆、诸部都尉及故九卿张德等衣绣衣持节,虎符发兵以兴击"。⑤

六 玺书发兵与《独断》"制书"条考辨

至东汉光武初年,制度不备。发兵一度不以虎符,而仅凭玺书或诏书。《后汉书》卷三一《杜诗传》记:

> 初,禁网尚简,<u>但以玺书发兵,未有虎符之信</u>,诗上疏曰:"……<u>旧制发兵,皆以虎符,其余征调,竹使而已</u>。……<u>间者发兵,但用玺书,或以诏令</u>,如有奸人诈伪,无由知觉。愚以为军旅尚兴,贼虏未殄,<u>征兵郡国</u>,宜有重慎,<u>可立虎符</u>,以绝奸端。……事有烦而不可省,费而不得

---

① 《汉书》,第 2743、3287—3288 页。
② 《汉书》,第 3501—3502 页。
③ 《后汉书》,第 2243 页。
④ [晋]袁宏著,张烈点校:《后汉纪·孝灵皇帝纪上卷第二十三》,《两汉纪》,中华书局,2002 年,下册,第 444 页。
⑤ 《汉书》,第 3662 页。

已,盖谓此也。"书奏,从之。①

《唐六典》卷八《门下省》"符宝郎"条"主符三十人"下注文也提及东汉情形:"后汉太守、都尉初除,与玺书;及发兵,亦与玺书,或与诏书,奸伪刻造,无由检知。至顺帝,以此制烦扰,但召符节令发铜兽、竹使符耳。"②陈仲夫注意到相关文字与《杜诗传》的联系,并出校语:"杜诗卒于光武建武十四年,《六典》原注谓'至顺帝,以此制烦扰,但召符节令发铜兽、竹使符'者,错矣。"③《六典》注文非仅节略言之,不排除参据了其他史料。不过,所言与范晔《后汉书》记载抵牾,也是存在的。这提示我们:《六典》原注叙制度流变,未尽准确,应查对史源,审慎对待。下面探讨即以《杜诗传》为主要史料依据。上述说到东汉初年,"但以玺书发兵,未有虎符之信"。所谓"玺书发兵",更具体作"但用玺书,或以诏令",《六典》注引、《职官分纪》作"亦与玺书,或与诏书"。"玺书"与"诏令""诏书"相别,当指使用帝玺封印的文书。是时一度无虎符合符之制,依靠玺书、甚或诏书征兵于郡国,颇显简率。不过,问题并未就此结束,进而关涉的是,"玺书"是否属于诏书,诏书是否多不使用玺封?这是重要的制度问题,也体现着皇帝的角色与地位。既往研究涉及不多,且颇有分歧,相关需要解释。

关于汉代"玺书",宋人王观国引《汉旧仪》"天子六玺"条文末部分,云"然则虽用尺一板以写诏书,而必封之以囊,中约之。而书题其封,又用玺焉,故谓之玺书。人君降诏命,谓之赐玺书"。④ 此言尺一之诏均用玺封,故称玺书;而下发诏书,又称赐玺书,认识上已有推进。不过,玺书固然皆用玺封,但诏书是否皆玺封,进而称玺书?"降诏命"又是否皆可谓"赐玺书"?却非理所当然,均须思考。

王国维研究敦煌汉简"制诏酒泉太守敦煌郡到戍卒二千人……"等二简,引《独断》"制书"条以证,谓"此宣帝神爵元年所赐酒泉太守制书","故汉人亦谓

---

① 《后汉书》,第1096—1097页。严可均《全后汉文》卷一九拟名作《请以虎符发兵疏》。《全上古三代秦汉三国六朝文》,中华书局影印光绪王毓藻校刻本,1958年,第576页上栏。

② [唐]李林甫等撰,陈仲夫点校:《唐六典》,第251页。又见《职官分纪》卷六"符宝郎"条"主符三十人"注引,《景印文渊阁四库全书》之《子部二二九·类书类》,第923册,第163页,"检"作"駗","耳"作"璽"。

③ [唐]李林甫等撰,陈仲夫点校:《唐六典》,第267页校勘记一○六。

④ [宋]王观国撰,田瑞娟点校:《学林》卷五"尺一"条,中华书局,1988年,第153页。

之玺书","玺书之首,例云'制诏某官'"。① 敦煌汉简相关材料大体属于制书。②不过,《独断》虽言制书除赦令、赎令外,"下远近皆玺封",但相关内容未敢称为完具,且前言《六典》《职官分纪》尚有异文,实须辨析。至于玺书起篇格式,文献所记固多作"制诏某官",但实际作"皇帝问某某"者,同样不在少数。王氏后一方面的归纳,也不够准确全面。

就观堂所论,陈直赞同相关材料属玺书。③ 不过,更多学者有不同意见。贺昌群较早指出"'玺书之首,例云制诏',是不尽然"。不过,贺氏例举"《吾丘寿王传》:赐寿王玺书曰,捕斩反者,自有赏罚",④显然引误。玺书内容出自《汉书》卷六六《刘屈氂传》。⑤ 薛英群也多有保留意见:"至于玺书,并不专指制书,凡'有印使符下远近而玺封者',均可称为玺书,如'诏书''符令''诏记'等。"⑥所言有

---

① 罗振玉、王国维编著:《流沙坠简》之《屯戍丛残考释·簿书类》,中华书局据上虞罗氏永慕园丛书1934年修订版重印,1993年,第101—102页。王国维又题《敦煌所出汉简跋一》,收入所著《观堂集林》卷一七《史林九》,彭林整理,第521—522页。唯后者"《独断》云……又云:'……故汉人亦谓之玺书'"中,点校稍有疏误。点校整理者将王氏结论置于《独断》引文中,应调整。

② 学者有参《独断》,将之归入诏书三品之第一种,或可斟酌。李均明、刘军:《简牍文书学》第九章,广西教育出版社,1999年,第213页;李均明:《秦汉简牍文书分类辑解》"书檄类",文物出版社,2009年,第27—28页;马怡:《汉代诏书之三品》,《田余庆先生九十华诞颂寿论文集》,第69页。又有意见认为"就该简内容而言,似非属'制度之命',而实是告白之意,但用制书形式"。薛英群:《汉简官文书考略》,甘肃省文物工作队、甘肃省博物馆编:《汉简研究文集》,甘肃人民出版社,1984年,第263页;薛英群:《居延汉简通论》第五章,甘肃教育出版社,1991年,第173页。

③ 陈直:《〈汉书·赵充国传〉与居延汉简的关系》,收入所著《文史考古论丛》,第214页。

④ 贺昌群:《〈流沙坠简〉校补》(原刊《图书季刊》第二卷第一期,1935年),修订稿收入《贺昌群文集》第一卷《史学丛论》,商务印书馆,2003年,第103—104页。

⑤ 《汉书》,第2880页。《汉书》卷六四上《吾丘寿王传》作"诏赐寿王玺书曰:'子在朕前之时,知略辐凑,以为天下少双,海内寡二。及至连十余城之守,任四千石之重,职事并废,盗贼从横,甚不称在前时,何也?'"第2795页。

⑥ 薛英群:《汉简官文书考略》,甘肃省文物工作队、甘肃省博物馆编:《汉简研究文集》,第263页;薛英群:《居延汉简通论》第五章,第173页。又,薛氏还提到"有人认为制书、诏书、玺书是一回事,这还需要进一步讨论"。今据注释回查原文,未找到相关说法,不知何故。参见姜亮夫《敦煌学必须容纳的一些古迹文物》,《西北师院学报》(社会科学版)1982年第4期。

启发性,但"符令""诏记"的史例是否存在,具体又指哪些? 却未作交代说明。陈力同样不同意王国维关于玺书是制书别称的意见。他通过对比文献,认为玺书、制书在文书内容、格式、传递方式上均有差异,不应将文献所记玺书视作策书、制书的别称。制书有"制度之命"的含义,内容涉及高官任免、诸侯封建等命令。而玺书在文书发出与接受者范围等层面存在着不同,内容上与"制度之命"没有关系,是策书、制书、诏书、戒书之外一种独立的王言类文书,属皇帝发出的信件,具有私的性质。① 相关探讨已较为细化,并揭示出诸多重要问题。不过,他虽以玺书不涉及"制度之命",但交代玺书具体内容时,提到包括有皇室内部问题处理、政策方针讨论、军事命令、与外国君主联络、慰劳宠答及指导、地方郡县长官的部分任命、借钱返还的催促等。那么,这些应该如何把握,需要进一步探讨。唐代王言中,制类王言地位较敕类要高,前者有慰劳制书,多涉慰劳宠答等内容。这类在唐代尚属正式王言范畴,包括"军事命令"在内的汉代玺书为何反而是册、制、诏、戒之外私人性质的独立类别,显然也需要加以解释。

卜宪群留意到"玺书",谨慎提及"玺书是否与制、诏、策、敕在形式上有别还不十分清楚"。② 马怡指出"诏书是面向中央和地方各级官员的文告,内容多为普遍实施的政策法令等,由朝廷发出,依次传递,规格较玺书低,也不具有太多的机密性。而玺书则封以皇帝专用之玺,是以皇帝本人名义直接发出并专达于某特定对象的文书,规格隆重,也更具有机密性","驿骑的传送速度大概亦分等次,传送玺书者为其极"。③ 她还认为,文献中的"玺书"用例"应属狭义之诏书的第一品"。④ 相关探讨更显系统深入,并提出了许多重要意见。张俊民讨论"骑置"时,引用悬泉汉简"玺书"简文,提到"'玺书',是皇帝使用文书的一个种类。

---

① 陈力:《漢代の璽書と制書》,《阪南论集》(人文·自然科学编)33-2,1997年,第18—22页;陈力:《略谈秦汉时期皇帝驾崩前后发行的"遗诏"和"玺书"》,《阪南论集》(人文·自然科学编)36-1,2000年,第41—47页。
② 卜宪群:《秦汉公文文书与官僚行政管理》(原刊《历史研究》1997年第4期),收入所著《秦汉官僚制度》第七章,社会科学文献出版社,2002年,第260页。
③ 马怡:《皂囊与汉简所见皂纬书》(原刊《文史》2004年第4辑),收入吴荣曾、汪桂海主编《简牍与古代史研究》,北京大学出版社,2012年,第131、137页。类似意见又见马怡《"始建国二年诏书"册所见诏书之下行》,《历史研究》2006年第5期,第169页。
④ 马怡:《汉代诏书之三品》,《田余庆先生九十华诞颂寿论文集》,第69—70页。

'玺书'一词,在《汉书》中有 19 篇 38 见,多用在'赐''劳''勉'之时。但就一般而言,汉代皇帝的文书分为四种,分别称'策书、制书、诏书、诫敕',并不包括'玺书'"。① 辛德勇近年检讨旧作,曾提示"'玺书'本是郑重其事的一种礼遇形式,而不是离得远才需要写的书信"。② 代国玺认为"实际上,玺书与制书、诏书等诏令文书的区别十分显著,两者不但在形式和功能上有很大差异,性质也是不同的。……我们看到,两汉书常把诏令与玺书区别开来,发布制书或诏书一般谓之'下诏';皇帝赐予玺书常谓之'赐书'","玺书更强调皇帝的个人性,其实就是皇帝的个人书信","除皇帝用以问候宠臣故旧的玺书,完全可以归为私人文书外,用诸其余场合的玺书,皆不能简单用公文书或私文书来概括其性质。……无疑,玺书具有特殊性和复杂性"。③ 研究更趋细致,进一步丰富了相关认识。此外,祝总斌提到"魏晋南北朝时中书省草拟、宣出的诏书,与皇帝个人的手诏(手敕、中诏、中旨、墨敕、玺书等皆属这一类,均不经中书省)并行,都有效力",将"玺书"划入与"诏书"相对而不经中书省的"手诏"一类。④

可以看到,诸说实际各有侧重,彼此颇有出入。既然相关讨论多由《独断》展开,这里考虑回归文本,先从"制书"条的辨析出发,辅以对前引"天子六玺"叙述的参照;随后进一步系统分析传世史籍、简牍文书相关用例的涵义,并注意与后世唐代王言之制的对照。

王国维引《独断》云:'制书,其文曰制诏三公刺史太守相。'又云:'凡制书有印使符下远近皆玺封,尚书令重封'",⑤由此得出汉代制书又名玺书。⑥ 后人对此多存疑问。按王氏所引,前则虽节略不全,《独断》"制书"条相关原作"其文

---

① 张经久、张俊民:《敦煌汉代悬泉置遗址出土的"骑置"简》(原刊《敦煌学辑刊》2008 年第 2 期),收入张俊民《敦煌悬泉置出土文书研究》,甘肃教育出版社,2015 年,第 156 页。
② 辛德勇:《古代交通与地理文献研究》"再版后记",商务印书馆,2018 年,第 316 页。
③ 代国玺:《汉代公文形态新探》,第 42、45、47 页。
④ 祝总斌:《两汉魏晋南北朝宰相制度研究》第九章,中国社会科学出版社,1998 年 2 版,第 358 页。
⑤ 罗振玉、王国维编著:《流沙坠简》之《屯戍丛残考释·簿书类》,第 101 页;王国维著,彭林整理:《敦煌所出汉简跋一》,《观堂集林》卷一七《史林九》,第 521 页。
⑥ 《中国历史大辞典·秦汉史卷》"玺书"条,文末也提示"又据蔡邕《独断》,汉代凡制书'皆玺封,尚书令印重封'",林甘泉撰,上海辞书出版社,1990 年,第 367 页。

曰'制诏三公',赦令赎令之属,是也。刺史、太守、相劾奏……",①但制书下达对象不限于东汉三公及西汉御史、丞相,还包括皇太子、将军、九卿、太守、诸侯相等,②某种意义尚有可取处;后则虽较精确,仅"尚书令"下脱"印"字,但因内容重要,如何理解把握,反需进一步斟酌。

前引《独断》云:

> 凡制书,有印使符,下远近皆玺封,尚书令印重封。唯赦令赎令召三公诣朝堂受制书,司徒印封,露布下州郡。

将制书分作两种:1. 常规制书;2. 赦令、赎令类制书。先说后者。赦令、赎令类制书由皇帝在朝堂面授三公,不用帝玺,东汉以司徒印封,随后下发。所谓"露布下州郡",指层层下发时,赦令、赎令类制书不特别封缄,每级保存所收,同时誊录副本转下。③ 这些反映了赦令、赎令类制书从接收至下发,具有较强的公开性。

前者既与后者明确区分,常规制书当在授予方式、封缄用印、下发方式上,与之相异。"凡制书,有印、使符,下远近皆玺封,尚书令印重封"句,《汉制度》作"皆玺封,尚书令印重封",《汉官仪》作"凡制书皆玺封,尚书令重封",初看表述几乎无别,然仔细对读,后两种实际均未出现"下远近"语。而《唐六典》注引所存异文,却作"近道印付使,远道皆玺封,尚书令即准赦、赎令召三公诣朝堂受,制书司徒露布州郡"。因属早期引文,须予辨析。相关脱讹较多,影响今日点

---

① 标点为重新处理。
② 汪桂海:《汉代官文书制度》第二章,第 31 页;卜宪群:《秦汉公文文书与官僚行政管理》,《秦汉官僚制度》第七章,第 257—258 页;代国玺:《汉代公文形态新探》,第 32 页。这里还可补充一条证据。《三国志》卷四《魏书·三少帝纪》"至于制书,国之正典,朝廷所以辨章公制,宣昭轨仪于天下者也,宜循法,故曰'制诏燕王'",第 148 页。又,《独断》"帝之下书有四",注意对各类诏书起首格式的交代,如策书"起年月日,称皇帝曰",制书"其文曰制诏三公",诏书"其文曰告某官",戒书"某被敕文曰,有诏敕某官"。除制书外,"制诏"语目前仅偶见于规格较高的策书,如《汉官典职仪式选用》载灵帝建宁四年(171)立宋皇后策文,《续汉书·礼仪志中》刘昭注补"丁孚《汉仪》有夏勤策文,曰'维元初六年三月甲子,制诏以大鸿胪勤为司徒'",《文选》卷三五《册》所收《册魏公九锡文》也有"制诏"语。
③ 此类文书在后世仍存特别之处。[唐]李林甫等撰,陈仲夫点校:《唐六典》卷九《中书省》"中书令"条注云"今册书用简,制书、慰劳制书、发日敕用黄麻纸,敕旨、论事敕及敕牒用黄縢纸,其赦书颁下诸州用绢",第 274 页。

校。"付使",对应《独断》"使符",恐是文字互乙。"即",《职官分纪》作"印"。此与《后汉书》李贤注引《汉制度》"尚书令印重封",《御览》作"尚书令即重封",讹"印"为"即",情况类似。"准",当作"唯"或"惟"。今将《唐六典》注引重新整理、句读,可作:

近道印付(符?)使,远道皆玺封,尚书令(即)〔印〕【重封】。(准)〔惟〕赦、赎令召三公诣朝堂受制书,司徒【印封】,露布州郡。

所言制书传递分近道、远道,且封装处理有别,内容更显丰富。不过,后文"(准)〔唯〕赦、赎令……司徒【印封】"显然是在强调与常规制书的差别。而"近道印付(符?)使",显示常规制书也有不用帝玺而径以印封者,前后文义不易疏通。李贤注引《汉制度》"皆玺封,尚书令印重封",及《汉官仪》"凡制书皆玺封,尚书令重封",固然既可视作今本《独断》节略,又可视作《六典》注引节略。不过,若非流传脱文,而为引者从权摘录,二者在文意上实际均与《独断》本相同。考虑到《六典》注引诸书,文字时有讹误、甚或变改,这里仍应以《独断》本为主。常规制书一般都使用印和竹使符,下发时用帝玺封之,并用尚书令印再封之。而"皆玺封"之帝书,正可与前引《汉旧仪》"天子六玺"条"玺皆以武都紫泥封,青囊白素里,两端无缝,尺一板中约署。……奉玺书使者乘驰传。其驿骑也,三骑行,昼夜千里为程"的制度规定,衔接起来,等级规格为最高。需提示,此类重封,当以帝玺封诏书,放入专用书囊后,再以尚书令印封缄书囊。① 与之同时,《独断》所论还有两点值得注意。一是如"凡制书,有印、使符"所言不误,②策书、诏书、戒书似不一定均以印封及使用使符。二是"皆玺封,尚书令印重封"之"皆",虽主要对应"玺印",但实际也关照"尚书令印重封"。这意味着,策书、诏书、戒书固然

---

① [晋]葛洪撰,周天游校注:《西京杂记》卷四"武都紫泥"条云"中书以武都紫泥为玺室,加绿绨其上",三秦出版社,2006年,第200页。王国维引此,"又似封而后加囊者。案,汉诏皆重封……皁封在囊内,而尚书令印封在囊外。宫中书,御史中丞印封亦在囊外,观《赵后传》语可知。皁囊施检,亦施于囊外之证也"。胡平生、马月华校注:《简牍检署考校注》,第95页。《西京杂记》成书偏晚,在齐梁时期,作者也向有争议。近年陈伟文考证,认为作者仍是吴均,所收史料多有问题,引用当谨慎。不过,该书交代名物制度时,仍当符合实际情形,与其他可信史料参照下,应可使用。

② 王国维《简牍检署考》引《独断》又作"凡制书,有竹使符"。胡平生视作王氏改字,并赞同相关处理。胡平生、马月华校注:《简牍检署考校注》,第95页。所言存疑。

不一定使用"皆玺封,尚书令印重封"的方式,但并不排斥部分使用"玺封"及"重封"。制书可能使用玺封较多,但不表明玺书只涉及制书一类。①

七　西北汉简所见"诏书"与"皇帝玺书"

之前讨论《独断》"制书"条时,我们已注意到"其文曰'制诏三公'"与两汉制书实际下达对象存在差异,并不完全相合。因而,《独断》有关制书封缄用印的相关记述,是否也与实际行用存在差异,同样需要考虑。下面,我们将结合传世、出土文献作进一步考察。此前由《独断》"制书"条辨析所得推论,也可加以检验。

敦煌汉简记:

> 六月戊午府下制书曰安众侯刘崇与相张绍等谋反已伏辜崇季父蒲
>
> 及令筞解印授肉袒自护　　书丁卯日入到(四九七)②

安众侯刘崇起兵反莽事,除传世文献有载外,又见于居延新简简ESC·1。③ 此处"简文所载当为居摄元年或二年事"。④ 按"汉代制书大体可分为两类,一类是面向全国发布的,另一类下达给特定官僚机构的","面向全国发布的制书……西汉向全国下达诏令的一般程式是:御史大夫——丞相——中二千石、二千石、郡国守相"。⑤ 这里所谓"府下制书",应属于前一类,发布后层层录副传下。换言之,此为非玺封之制书,下发使用一般方式传递,印信仅仅反映的是上一个传递

---

① 前论《独断》内容虽相对充实,但记载仍不完整,存在脱漏。其他类别帝书虽皆未交代封缄用印内容,但不宜径断其无。笔者还注意到《汉代官文书制度》第二章"诏令文书·制书"条,实际只引用了《独断》前半部分文字(第30页)。汪桂海于2018年9月30日来信告知,《独断》对其他三种诏书都没有涉及如何封缄和用印,只有制书提到了,不具备可比性;另外,其他三种诏书也应该存在封缄和用印问题,《独断》没有提及,因此,在讨论制书时只从文书的功能和程式方面进行讨论。

② 甘肃省文物考古研究所编:《敦煌汉简》,图版伍贰、释文238页。

③ 甘肃省文物考古研究所等编:《居延新简:甲渠候官》,中华书局,1994年,上册,第254页。

④ 饶宗颐、李均明:《敦煌汉简编年考证》,新文丰出版社公司,1995年,第95页。

⑤ 代国玺:《汉代公文形态新探》,第32、33页。

点,比如这件对应的是敦煌太守府。

居延新简又记:

　　甲渠言府下赦令
● 诏书·谨案毋应书(EPF22·162)

　　建武五年八月甲辰朔　　甲渠鄣候　　敢言之府下赦令(EPF22·163)

　　诏书曰其赦天下自殊死以下诸不当得赦者皆赦除之上赦者人数罪别之(EPF22·164)

　　会月廿八日●谨案毋应书敢言之(EPF22·165)

　　(上略)●闻赦诏书未下部●月廿一日守尉剌白掾·甲渠君有恙未来趋之莫府(EPT50·209B)①

其中,前四枚简(EPF22·162—165)"属同一简册,可名之为《建武五年八月甲渠言府下赦令诏书毋应书》简册"。② 此言"府下""下部"固然符合赦令、赎令类制书"露布下州郡"的行下制度:郡→候官→部。不过,"赦令诏书""赦令诏书曰其赦天下……""赦诏书"中,实际主要将赦令表述作泛指的诏书,作"赦令诏书",或简作"赦诏书",而非制书。有意思的是,西北汉简对"帝之下书"所使用的,正是宽泛性分类,作"诏书":

　　十二月十二日

　　　　二封张掖大守章一封诏书十二月乙卯起　一封十二

　　月丁巳起四封皆府君章其三封□□□☑(495·2)

　　十二月三日

　　北书七封

　　　　其四封皆张掖大守章诏书一封书一封皆十一月丙午起诏书一封

十一月甲辰起

　　　　一封十一月戊戌起皆诣居延都尉府

　　　　二封河东大守章皆诣居延都尉一封十月

　　　　甲子起一十月丁卯起一封府君章诣肩水

---

① 甘肃省文物考古研究所等编:《居延新简:甲渠候官》,上册,第215、220页。
② 张德芳:《居延新简集释(七)》,甘肃文化出版社,2016年,第470页。

十二月乙卯日入时卒宪受不今卒恭

夜昏时沙头卒忠付驿北卒护（502·9A，505·22A）①

其一封诏书诣居延……

北书三封　　一封诣肩水……　　　　　　今月壬申驿北卒丰

□□受□□卒同

一封张掖……闰月壬申起（73EJT23：300）

三封张掖大守章诣居延府其二封诏书六月□□辛丑起

七月辛亥东中时永受沙头吏赵

月六日　　二枚角□塞尉诣广地□肩水

卿八分付莫当

北书七封　　一枚杨成掾□诣肩水

一封都尉诣肩水（73EJT23：804B）②

一封张掖大守章诣居延都尉二月乙巳起

三月一日　　一封张掖长史行大守事诣居延都尉二月己酉起　·

□□兑恩□

北书十一封　九封肩水都尉诣三官＝三封其三诏书　　　□□⃞

一封角得丞印诣广地（73EJT31：114A）③

书曰诏书一封大农丞印居耶三年十一月甲子起三月辛（下残）

（86EDT5H：36＋177）④

丞相之印章皁布缄□□□□

出诏书一封　　建平五年二月己卯玉门隧长具兵下□□隧长尹

恭杂付缮善民益涂不若

---

① 谢桂华、李均明、朱国炤：《居延汉简释文合校》，文物出版社，1987年，第592、599—600页。

② 甘肃简牍保护中心等编：《肩水金关汉简（贰）》，中西书局，2012年，中册，第153、221页；下册，第78、113页。

③ 甘肃简牍博物馆等编：《肩水金关汉简（叁）》，中西书局，2013年，中册，第225页；下册，第134页。

④ 甘肃简牍博物馆等编：《地湾汉简》，中西书局，2017年，第73、169页。

诣西域都护厩置译骑行(五一三)①

　　西诏一封,檄二。诏书一封,车骑将军印,诣都护;合檄一,酒泉丞印,诣大守府;一檄,龙勒守尉业庆印,诣贼曹敞。二月戊子,日入时,鱼离御便以来,即时付遮要。(Ⅱ90DXT0115②:58)②

▨ 建始元年尽
四年诏书(EPT50·209A)

▨ 建始元年尽
四年诏书(EPT50·209B)③

　　上述可分作诏书与官文书两类。"诏书"名称一再出现,显系诸种诏书的泛称。居延新简简 EPT50·20,是作为甲渠候官对西汉成帝建始元年至四年(前32-前29)下发各类诏书归档后标记的楬牌,而留存下来。更值得注意的,是相关诏书的封缄用印。目前所见,居延汉简简 495·2、502·9A、505·22A,肩水金关汉简简 73EJT23:804B 均以"张掖大守章"封,肩水金关汉简简 73EJT31:114A 当以"肩水都尉章"封,地湾汉简简 86EDT5H:36+177 以"大农丞印"封,敦煌汉简简五一三以丞相官印封,④悬泉汉简简Ⅱ90DXT0115②:58 以车骑将军印封。这些诏书多称"封",以印封缄,但同样未用玺封;采用的传递方式,在边地多为"隧次行""亭次行",以及置与置之间的交付。⑤诸层下发时,印信或是上一个传递点的呈现;而由中央专抵某机构、某职官时,印信又在传递中保持初始状态,如发至西域都护的诏书,在敦煌郡传递时,所封仍是车骑将军印。由上言之,包括制书在内的各类诏书,一般并不使用玺封。

　　而西北汉简中与"诏书"相对言者,主要是"玺书":

---

① 张德芳:《敦煌马圈湾汉简集释》,甘肃文化出版社,2013年,第264、509页。
② 郝树声、张德芳:《悬泉汉简研究》第二章,甘肃文化出版社,2009年,第84页。
③ 甘肃省文物考古研究所等编:《居延新简:甲渠候官》,上册,第71页。
④ "直按:《封泥考略》卷一、九至十页,有'御史府印'三封泥,盖御史府中所用之公章,并不称为侍御史,是其明证。此等公章,类于后来公牍上仅以官署出名,在适合情况下用之。若御史大夫章、御史中丞印、御史印,则皆为专用印章,与此性质不同,在封泥文中此例最多,特先为此发凡。"陈直:《汉书新证》,第80—81页。
⑤ 鱼离、遮要并非相邻的置,中间尚间隔万年、悬泉、平望三置。参见张经久、张俊民《敦煌汉代悬泉置遗址出土的"骑置"简》,《敦煌悬泉置出土文书研究》,第163页。

皇帝玺书一封赐敦煌大守　　元平元年十一月癸丑夜几少半时县泉译骑得受万年译骑广宗到夜少半付平望译骑☐。（正）

四（背）　　　　　　　　　　　（ⅤT1612④：11）①

皇帝玺书一封赐使伏虏居延骑千人光

制曰骑置驰行传诣张掖居延使伏虏骑千人光所在毋留=二千石坐之

·从安定道　　元康元年四月丙午日入时界亭驿小史安以来望☐行（73EJT21：1）②

悬泉、肩水金关两简在文书名称"玺书"前，皆有"皇帝"二字，强调玺封使用了皇帝专用之玺。"皇帝玺书"应是"玺书"的完整称呼。与之相应，"皇帝玺书"下达均用"赐"，以示敬重，并且使用了"骑置"，③以传送速度最快的"译（驿）骑"传递。④"皇帝玺书"与"诏书"在缄封与传递方式上并不尽同，⑤由此形成大类区分。

八　玺书史例及汉唐制度源流
——兼论宣帝赐陈遂玺书事

进一步的问题是："玺书"是否仍属诏书？它与策书、制书、诏书、戒书的关系为何？

---

① 张经久、张俊民：《敦煌汉代悬泉置遗址出土的"骑置"简》，《敦煌悬泉置出土文书研究》，第155页；郝树声、张德芳：《悬泉汉简研究》第二章，第89页。两种释文稍有出入，此从前者。

② 甘肃简牍保护中心等编：《肩水金关汉简（贰）》，中册，第22页；下册，第10页。

③ 汉代文献数见"骑置以闻"，如《汉书》卷五四《李广传附孙陵传》、卷九六下《西域传下》，第2451、3912页。相关称谓表述并延续至宋代等后世。

④ 张经久、张俊民：《敦煌汉代悬泉置遗址出土的"骑置"简》，《敦煌悬泉置出土文书研究》，第147—167页。与之相对，前引悬泉汉简"诏书一封，车骑将军印，诣都护"，使用的是"御"。

⑤ 马怡还认为，相较玺书用青布囊包裹，一般诏书及"封事"用皂囊包裹。《皂囊与汉简所见皂纬书》，吴荣曾、汪桂海主编：《简牍与古代史研究》，第131页。

前面提到,学界从缄封、传递方式的差别出发,倾向于"玺书更强调皇帝的个人性,其实就是皇帝的个人书信";后来属于与"诏书"并行的"手诏"一类,而"均不经中书省"。"玺书"由此成为制书、诏书等诏令文书之外的特殊类别。这同时意味着胡广、蔡邕等所做策、制、诏、戒的分类和归纳无法涵盖"玺书"。从《独断》等著作对"帝之下书有四"的记述来,简牍形制、用字书体、用语格式、文书结构、封缄用印、传递方式,均应是各类文书的属性构成,甚至成为各类之下诸小类不同性质文书的特征体现。加之《独断》本身文字存在脱漏,与实际行用也存在一些距离,仅从等级规格上论定"玺书"高于"诏书",似乎尚不足以表明前者属于其他的类别。

居延新简记:

> 爵疑者瀸作士督臧者考察无令有姦圣恩宜以时布县厩置驿骑行诏
> 书臣稽首以闻
>
> 十叁　　　　　　　　　　（EPF22·64A、B）①

张德芳指出"简 F22:63、64 出土地一,书写相同,两道编,属同一简册,名之《新莽诏书》册。从简背编号可知,此简册缺佚较多。简文所记为新莽时所下诏书"。② 学者对简文正面已有初步句读:"爵,疑者瀸作士。督臧者考察,无令有姦。圣恩宜以时布,县厩置驿骑,行诏书。臣稽首以闻。"③"县厩置驿骑"所"行诏书",多对应"皇帝玺书",这里又与前引"出诏书一封"呼应。此虽属新莽时期简文,具有一定特殊性,但"皇帝玺书"本质仍属于广义诏书范畴。《陇右记》又云:

> 武都紫水有泥,其色赤紫而粘,贡之,〔用〕封玺书,故诏诰有紫泥之美。④

是书作者不详,成书一般认为在南北朝时期。著名的武都紫泥,"用封玺书",下

---

① 甘肃省文物考古研究所等编:《居延新简:甲渠候官》,上册,第 212 页。
② 张德芳:《居延新简集释(七)》,第 448 页。
③ 〔日〕冨谷至编:《漢簡語彙考証》"Ⅱ事項考証",岩波书店,2015 年,第 103 页。
④ [宋]乐史撰,王文楚等点校:《太平寰宇记》卷一五四《陇右道五》"阶州"条,中华书局,2007 年,第 2973 页。笔者对标点重做调整并补"用"字。此又见《太平御览》卷五九《地部二四》"水下"条、卷七四《地部三九》"泥"条、卷一六七《州郡部一三》"武州"条,第 285、347、814 页。《御览》前两则引文相关作"其色亦紫而粘贡之用封玺书",后一则相关作"其色紫而粘贡之用封玺书"。"亦"当为"赤"字之讹。

文又以"诏诰"相与对应。

现将传世文献所见两汉三国"玺书"用例加以整理,侧重内容层面,并特别注意保存有部分文书格式者,进行分类考述。目前"玺书"史例虽颇显多样,但仍可大体归类,或有以下几种:

(一)重要命令

1. 即皇帝位

　　立十三年,昭帝崩,无嗣,大将军霍光征王贺典丧。玺书曰:"<u>制诏昌邑王</u>:使行大鸿胪事少府乐成、宗正德、光禄大夫吉、中郎将利汉<u>征王</u>,乘七乘传诣长安邸。"(《汉书》卷六三《武五子传》)①

　　乙卯,册诏魏王禅代天下曰……于是尚书令桓阶等奏曰:"……<u>发玺书</u>,顺天命,具礼仪列奏。"……令曰:"……今当辞让不受诏也。但于帐前<u>发玺书</u>,威仪如常,且天寒,罢作坛士使归。"既发玺书,王令曰:"当奉还玺绶为让章。吾岂<u>奉此诏</u>承此贶邪?……<u>不奉汉朝之诏也</u>。亟为上章还玺绶,宣之天下,使咸闻焉。"……庚申,魏王上书曰:"皇帝陛下:<u>奉被今月乙卯玺书</u>,伏听册命……谨拜章陈情,使行相国永寿少府粪土臣毛宗奏,并上玺绶。"……壬戌,<u>册诏曰</u>:"皇帝问魏王言:遣宗奉庚申书到,所称引,闻之。……今使音奉皇帝玺绶,王其陟帝位,无逆朕命,以祗奉天心焉。"于是尚书令桓阶等奏曰:"今汉使音奉玺书到……臣等敢以死请,辄敕有司修治坛场,择吉日,受禅命,发玺绶。"……甲子,魏王上书曰:"奉今月壬戌玺书,重被圣命,伏听册告……谨拜表陈情,使并奉上玺绶。"……丁卯,<u>册诏魏王曰</u>:……己巳,魏王上书曰:"……而音重复衔命,<u>申制诏臣</u>,臣实战惕,<u>不发玺书</u>,而音迫于严诏,不敢复命。愿陛下驰传骋驿,召音还台。不胜至诚,谨使宗奉书。"(《三国志》卷二《魏书·文帝纪》裴注引《献帝传》)②

2. 命令指示

　　(武帝)乃赐丞相玺书曰:"<u>捕斩反者,自有赏罚</u>。以牛车为橹,毋接短兵,<u>多杀伤士众</u>。坚闭城门,毋令反者得出。"(《汉书》卷六六《刘

---

① 《汉书》,第2764页。
② 《三国志》,第67、68、70、71—72、73页。

屈氂传》)①

（宣帝）即位，心内忌贺，元康二年遣使者赐山阳太守张敞玺书曰："制诏山阳太守：其谨备盗贼，察往来过客。毋下所赐书！"（《汉书》卷六三《武五子传》)②

乃下玺书曰："制诏大司马，虎牙、建威、汉（中）〔忠〕、捕虏、武威将军：虏兵猥下，三辅惊恐。……今遣太中大夫赐征西吏士死伤者医药、棺敛，大司马已下亲吊死问疾，以崇谦让。"（《后汉书》卷一七《冯异传》)③

3. 封爵拜官

（元始元年）六月，使少傅左将军丰赐帝母中山孝王姬玺书，拜为中山孝王后。（《汉书》卷一二《平帝纪》)④

武帝病，封玺书曰："帝崩发书以从事。"遗诏封金日䃅为秺侯，上官桀为安阳侯，光为博陆侯，皆以前捕反者功封。（《汉书》卷六八《霍光传》)⑤

明年，莽遣使者即拜胜为讲学祭酒，胜称疾不应征。后二年，莽复遣使者奉玺书，太子师友祭酒印绶，安车驷马迎胜，即拜，秩上卿，先赐六月禄直以办装，使者与郡太守、县长吏、三老官属、行义诸生千人以上入胜里致诏。……使者入户，西行南面立，致诏付玺书，迁延再拜奉印绶，内安车驷马……（《汉书》卷七二《龚胜传》)⑥

莽以玺书令（田）况领青、徐二州牧事。……莽畏恶况，阴为发代，遣使者赐况玺书。使者至，见况，因令代监其兵。……莽遣中郎将奉玺书劳（廉）丹、（王）匡，进爵为公，封吏士有功者十余人。（《汉书》卷九九下《王莽传下》)⑦

---

① 《汉书》，第2880页。
② 《汉书》，第2767页。
③ 《后汉书》，第650页。
④ 《汉书》，第351页。
⑤ 《汉书》，第2933页。又见《汉书》卷七《昭帝纪》，第220页。
⑥ 《汉书》，第3084—3085页。
⑦ 《汉书》，第4172、4173、4177页。

（班）伯上状，因自请愿试守期月。上遣侍中中郎将王舜驰传代伯护单于，并<u>奉玺书印绶</u>，即拜伯为定襄太守。（《汉书》卷一〇〇上《叙传上》）①

（建武）七年，使使者持玺书即拜（王）常为横野大将军，位次与诸将绝席。（《后汉书》卷一五《王常传》）②

帝使使者玺书定封（吴）汉为广平侯，食广平、斥漳、曲周、广年，凡四县。（《后汉书》卷一八《吴汉传》）③

玺书拜（王）霸上谷太守，领屯兵如故，捕击胡虏，无拘郡界。（《后汉书》卷二二《王霸传》）④

4. 削诸侯封

初，（中山恭王曹）衮来朝，犯京都禁。青龙元年，有司奏衮。诏曰："王素敬慎，邂逅至此，其以议亲之典议之。"有司固执。<u>诏削县二，户七百五十</u>。（裴注引《魏书》载玺书曰："<u>制诏中山王</u>：有司奏，王乃者来朝，犯交通京师之禁。朕惟亲亲之恩，用寝吏议。然法者，所与天下共也，不可得废。<u>今削王县二，户七百五十</u>。夫克己复礼，圣人称仁，朝过夕改，君子与之。王其戒诸，无贰咎悔也。"）（《三国志》卷二〇《魏书·武文世王公传》）⑤

景初元年，（彭城王曹）据坐私遣人诣中尚方作禁物，<u>削县二千户</u>。（裴注引《魏书》载玺书曰："<u>制诏彭城王</u>：有司奏，王遣司马董和，赍珠玉来到京师中尚方，多作禁物，交通工官，出入近署，逾侈非度，慢令违制，绳王以法。……<u>今诏有司宥王，削县二千户</u>，以彰八柄予夺之法。昔羲、文作《易》，著休复之语，仲尼论行，既过能改。王其改行，茂昭斯义，率意无怠。"）（《三国志》卷二〇《魏书·武文世王公传》）⑥

---

① 《汉书》，第4199页。
② 《后汉书》，第581页。
③ 《后汉书》，第678页。
④ 《后汉书》，第737页。
⑤ 参见《三国志》，第583、584页。
⑥ 参见《三国志》，第581、582页。

(二)慰劳责让

1.慰劳

帝见(刘)钧欢甚,礼飨毕,乃遣令还,赐(窦)融玺书曰:"制诏行河西五郡大将军事、属国都尉:劳镇守边五郡,兵马精强,仓库有蓄,民庶殷富,外则折挫羌胡,内则百姓蒙福。威德流闻,虚心相望,道路隔塞,邑邑何已!……今以黄金二百斤赐将军,便宜辄言。"(《后汉书》卷二三《窦融传》)①

祖父遂,字长子,宣帝微时与有故,相随博弈,数负进。及宣帝即位,用(陈)遂,稍迁至太原太守,乃赐遂玺书曰:"制诏太原太守:官尊禄厚,可以偿博进矣。妻君宁时在旁,知状。"遂于是辞谢,因曰:"事在元平元年赦令前。"其见厚如此。(《汉书》卷九二《游侠传》)②

永始、元延间,比年日蚀,故久不还(张)放,玺书劳问不绝。(《汉书》卷五九《张汤传附孙延寿传》)③

2.论事、敕诫

是时匈奴强,数寇边,上发兵以御之。(晁)错上言兵事,曰……文帝嘉之,乃赐错玺书宠答焉,曰:"皇帝问太子家令:上书言兵体三章,闻之。……"(《汉书》卷四九《晁错传》)④

(宣帝)即拜酒泉太守(辛)武贤为破羌将军,赐玺书嘉纳其册。以书敕让充国曰:皇帝问后将军,甚苦暴露。……充既得让,以为将任兵在外,便宜有守,以安国家。乃上书谢罪,因陈兵利害,曰:臣窃见骑都尉安国前幸赐书……六月戊申奏,七月甲寅玺书报从充国计焉。……充国以闻……玺书报,令靡忘以赎论。后卒竟不烦兵而下。其秋,充国病,上赐书曰:"制诏后将军:闻苦脚胫、寒泄……今诏破羌将军诣屯所,为将军副,急因天时大利,吏士锐气,以十二月击先零羌。即疾剧,留屯毋行,独遣破羌、强弩将军。"时……作奏未上,会得进兵玺书……

---

① 《后汉书》,第799页。
② 《汉书》,第3709页。
③ 《汉书》,第2656页。
④ 《汉书》,第2278—2283页。

遂上屯田奏曰……上报曰:"皇帝问后将军,言欲……复奏。"充国上状曰……唯明诏博详公卿议臣采择。上复赐报曰:"皇帝问后将军,言十二便,闻之。……复奏。"充国奏曰……充国奏每上,辄下公卿议臣。……上于是报充国曰:"皇帝问后将军,上书言……将军强食,慎兵事,自爱!"(《汉书》卷六九《赵充国传》)①

(冯)奉世上言:"愿得其众,不须(复)烦大将。"因陈转输之费。上于是以玺书劳奉世,且让之,曰:"皇帝问将兵右将军,甚苦暴露。……今乃有畔敌之名,大为中国羞。以昔不闲习之故邪?以恩厚未洽,信约不明也?朕甚怪之。……须奋武将军到,合击羌虏。"(《汉书》卷七九《冯奉世传》)②

(杜)延年以故九卿外为边吏,治郡不进,上以玺书让延年。(《汉书》卷六〇《杜周传》)③

有司奏请逮捕(淮阳宪王刘)钦,上不忍致法,遣谏大夫王骏赐钦玺书曰:"皇帝问淮阳王。有司奏王,王舅张博数遗王书,非毁政治,谤讪天子,褒举诸侯,称引周、汤,以谲惑王,所言尤恶,悖逆无道。……王其勉之!"骏谕指曰:"……今圣主赦王之罪,又怜王失计忘本,为博所惑,加赐玺书,使谏大夫申谕至意,殷勤之恩,岂有量哉!……"于是淮南王钦免冠稽首谢曰:"……臣钦愿悉心自新,奉承诏策。顿首死罪。"(《汉书》卷八〇《宣元六王传》)④

上于是遣太中大夫张子蟜奉玺书敕谕之,曰:"皇帝问东平王。……故临遣太中大夫子蟜谕王朕意。……王其深惟孰思之,无违朕意。"又特以玺书赐王太后,曰:"皇帝使诸吏宦者令承问东平王太后。朕有闻……王太后强餐,止思念,慎疾自爱。"……诏书又敕傅相曰:

---

① 《汉书》,第2979—2992页。
② 《汉书》,第3298—3299页。
③ 《汉书》,第2665页。
④ 《汉书》,第3316—3318页。

"……辄以名闻。"(《汉书》卷八〇《宣元六王传》)①

青龙二年,私通宾客,为有司所奏,赐(赵王曹)幹玺书诫诲之,曰:"《易》称'开国承家,小人勿用',《诗》著'大车惟尘'之诫。……叔父兹率先圣之典,以纂乃先帝之遗命,战战兢兢,靖恭厥位,称朕意焉。"(《三国志》卷二〇《魏书·武文世王公传》)②

3. 赐死

上乃召见(翟)方进。还归,未及引决,上遂赐册曰:"皇帝问丞相……其咎安在?观君之治,无欲辅朕富民便安元元之念。……朕诚怪君,何持容容之计,无忠固意,将何以辅朕帅道群下?而欲久蒙显尊之位,岂不难哉!传曰:'高而不危,所以长守贵也。'欲退君位,尚未忍。君其孰念详计,塞绝奸原,忧国如家,务便百姓以辅朕。朕既已改,君其自思,强食慎职。使尚书令赐君上尊酒十石,养牛一,君审处焉。"(《汉书》卷八四《翟方进传》)③

会天子使使者赐燕王玺书曰:"昔高皇帝王天下,建立子弟以藩屏社稷。……今王骨肉至亲,敌吾一体,乃与他姓异族谋害社稷,亲其所疏,疏其所亲,有逆悖之心,无忠爱之义。如使古人有知,当何面目复(举)〔奉〕齐酎见高祖之庙乎!"(《汉书》卷六三《武五子传》)④

于是依汉燕王旦故事,使兼廷尉大鸿胪持节赐(楚王曹)彪玺书切责之,使自图焉。彪乃自杀。(裴注引孔衍《汉魏春秋》载玺书曰:"夫先王行赏不遗仇雠,用戮不违亲戚,至公之义也。……宗庙有灵,王其何面目以见先帝?朕深痛王自陷罪辜,既得王情,深用怃然。有司奏王当就大理,朕惟公族旬师之义,不忍肆王市朝,故遣使者赐书。王自作孽,匪由于他,燕刺之事,宜足以观。王其自图之。")(《三国志》卷二〇

---

① 《汉书》,第3320—3323页。《汉书》卷六四上《严助传》"助还,又谕淮南曰:'皇帝问淮南王……使中大夫助谕朕意,告王越事。'助谕意曰:'今者大王以发屯临越事上书,陛下故遣臣助告王事。……故使臣助来谕王意'",第2786—2788页。此为玺书的可能性较大,与东平王玺书类似,同为"谕",起首格式为"皇帝问某某"。

② 《三国志》,第585—586页。

③ 《汉书》,第3422—3423页。

④ 《汉书》,第2758页。

《魏书·武文世王公传》)①

这里,我们将史籍所见"玺书"材料初步分作两个大类:一为重要命令(1),二为慰劳责让(2)。其中,前一大类又分作小类四种:即皇帝位(1-1)、命令指示(1-2)、封爵拜官(1-3)、削诸侯封(1-4)。后一大类分作小类三种:慰劳(2-1)、敕让(论事)(2-2)、赐死(2-3)。以往对"玺书"的分析关注个人性、私密性的一面,固然应予重视。不过,在另一方面,"玺书"涉及重要命令指示者,也并不少见,甚至较为突出。

首列即皇帝位(1-1)一类,就很引人注目。所引两则,一为西汉昭帝去世时,朝廷征外藩昌邑王刘贺入长安"典丧"。此可参考始皇帝临死赐书扶苏事:

> 上病益甚,乃为玺书赐公子扶苏曰:"与丧会咸阳而葬。"②

相较"典丧",后者称"与丧"。据"赵高因留所赐扶苏玺书,而谓公子胡亥曰:'上崩,无诏封王诸子而独赐长子书。长子至,即立为皇帝,而子无尺寸之地,为之奈何?'"③"与丧会咸阳而葬"不过为委婉之言,实令扶苏返回咸阳,"立为皇帝"。后者尚且如此,"征王贺典丧"更应作此理解,乃征昌邑王入长安即皇帝位。玺书起首语为"制诏昌邑王",属制书格式。二为东汉末年献帝禅位于魏王曹丕,行用玺书为策书,所谓"册诏魏王禅代天下""伏听册命""伏听册告""册诏魏王曰",起首语为"皇帝问魏王"。曹丕多次假意推辞,上书求还玺绶,致使禅代玺书不得不下发数回。相关策书除频繁以"玺书"指代外,还有"不受诏""奉此诏""不奉汉朝之诏""申制诏臣"等表述,反映玺书与广义"诏"的对应关系。

前类第二小类为命令指示(1-2)。武帝末年,戾太子刘据发兵,攻丞相府,丞相刘屈氂逃脱后未敢应对。待丞相长史上报后,武帝特赐丞相玺书。所谓"捕斩反者,自有赏罚。以牛车为橹,毋接短兵,多杀伤士众。坚闭城门,毋令反者得出",是明确的命令指示。武帝将刘据起兵定性为"反",命令丞相坚决镇压,消灭相关武装力量,并对具体交战策略有所指示。关于宣帝赐山阳太守张敞玺书,以往有两种认识。一种认识是"密令性质的诏书",将其归入"狭义之诏书

---

① 《三国志》,第587页。
② 《史记》卷六《秦始皇本纪》,第264页。又见《史记》卷八七《李斯列传》,第2548页。
③ 《史记》卷八七《李斯列传》,第2548页。

的第一品"。① 另一种认为"玺书是赐给个人而非官僚机构的文书",由此与制书、诏书等诏令文书明确区分。② 此为监视前废帝昌邑王刘贺而特予下达者,应是对地方郡守非常重要的指示命令。玺书起首语为"制诏山阳太守",属制书格式。制书、诏书下达过程中,下级收到上级文书后,录副转下。"毋下所赐书",是因事涉机密,而特予叮嘱。反推一般情况下,玺书应当也可进一步下行。第三则是光武帝担心诸将分占冯异军功而下玺书。具体是派太中大夫赐军吏卒医药、棺殓;同时命令大司马以下诸将对吏卒亲行慰问,以示谦让。玺书起首语为"制诏大司马、虎牙、建威、汉忠、捕虏、武威将军",属制书格式。玺书同时示告六位高级军事长官,而非专抵一人。内容也非个性化、私密化。

前类第三小类封爵拜官(1-3),涉及重要的封授、任命事宜。此类玺书特征非个人化、私密化,而属君主下达人事任免一类的重要命令。这与"玺书"较一般"诏书"等级规格为高,也是基本呼应的。西汉平帝即位初,朝廷拜帝母中山孝王姬为中山孝王后,使用玺书。武帝临终,特留遗诏封顾命三大臣金日磾、上官桀、霍光为列侯,使用玺书。新莽时,任命龚胜为太子师友祭酒,使用玺书。班固还交代了使者"致诏付玺书,迁延再拜奉印绶"的具体操作程序。山东民众反抗浪潮汹涌,王莽特令田况领青、徐二州牧事,以便镇压,使用玺书;后因忌惮,令田况将兵权交付使者,同样使用玺书。此外,廉丹、王匡进兵取胜,王莽慰劳二人,并依军功进爵位为公,也使用玺书。成帝时,班伯奉命持节迎入朝匈奴单于于塞下。适逢定襄动乱,班伯上状自请代理郡守,朝廷遂遣侍中中郎将王舜接替班伯出使塞下,而以玺书、印绶拜班伯为定襄太守。东汉初,光武定封战功极为显赫之吴汉为广平侯,及拜王常为横野大将军,使之享位次与诸将军绝席的特权;拜王霸为上谷太守,使之享统领屯兵、出战无拘郡界的特权,也都是使用玺书。这些玺书未见起首语提示,推想对应制书及策书格式。

前类第四小类削诸侯封(1-4),同属重要的命令下达,且为惩戒性质。目前所见魏明帝曹叡在位时期所下玺书,涉及中山恭王曹衮"犯交通京师之禁",彭城王曹据"私遣人诣中尚方作禁物"。二王分别被削县二、户七百五十及削县二千户。陈寿《魏书》对此交代简洁,裴注引王沈《魏书》,内容更为充实,有助于

---

① 马怡:《汉代诏书之三品》,《田余庆先生九十华诞颂寿论文集》,第69页。
② 代国玺:《汉代公文形态新探》,第43页。

了解实际情形。相关玺书起首语分别为"制诏中山王""制诏彭城王",与第一、二小类基本相同,属制书格式,也可泛称为"诏"。

后一大类偏重慰劳责让。第一小类为慰劳(2-1)。刘秀以玺书赐河西窦融,多加劳勉,以坚固后者对自己的支持。玺书起首语为"制诏行河西五郡大将军事、属国都尉"。成帝宠信张安世后人张放,迫于朝廷上下压力,外放张放为天水属国都尉后,曾多次以玺书加以慰劳。

至于陈遂史例,以往多被引用,问题稍显复杂。宣帝刘询在民间时,和陈遂曾是好友。他即位后起用陈遂,所赐玺书有"官尊禄厚,可以偿博进矣。妻君宁时在旁,知状"语。按《汉书》所载陈遂事,又见荀悦《汉纪》,作:

> 及杜陵陈遂字长子,上微时,与上游戏博奕,数负遂。上即位,稍见进用,至太原太守,乃赐遂玺书曰:"制诏太原太守:官尊禄重,可以偿遂博负矣。妻君宁时在旁,知状。"遂乃上书谢恩曰:"事在元平元年赦前。"其见厚如此。①

"数负进",作"数负遂";"可以偿博进矣",作"可以偿遂博负矣";"遂于是辞谢,因曰",作"乃上书谢恩曰"。可以看到,文义差别较大,甚至明显相反,《汉书》以陈遂负宣帝赌债,《汉纪》却以宣帝负陈遂赌债。颜师古、俞樾、朱一新、孙诒让、杨树达等古今学人多以《汉书》所记为是,但理解存在一些差异。② 除此之外,范文澜认为"宣帝微时,依许广汉兄弟及祖母家史氏,其贫可知。陈遂杜陵豪右,何至博负而不偿耶"。③ 以往疑问还包括:若陈遂负帝赌债,宣帝不计前嫌,任用使之官至郡太守,已"见厚如此",似无必要又特下玺书,戏谑令陈遂还债。因为

---

① [汉]荀悦撰,张烈点校:《汉纪·孝宣皇帝纪二卷第十八》,《两汉纪》,上册,第320页。
② 《汉书》,第3709页;[清]俞樾撰,崔高维点校:《湖楼笔谈》四,收入所著《九九消夏录》,中华书局,1995年,第228—229页,又见俞樾《日知录小笺》,[清]顾炎武著,[清]黄汝成集释,栾保群、吕宗力校点:《日知录集释》卷二六,第1441—1442页,文字稍异;[清]王先谦:《汉书补注》,中华书局影印光绪二十六年虚受堂刊本,1983年,第1554页上栏引"朱一新曰";[清]孙诒让著,梁运华点校:《札迻》卷一二,中华书局,1989年,第425页;杨树达:《与陈援庵论史讳举例书》,收入所著《积微居小学金石论丛》卷五,上海古籍出版社,2007年,第398页;杨树达:《汉书窥管》卷一〇,上海古籍出版社,2006年,第726—727页,所引"稀见进用"(第726页),文字有误,并影响文意,当作"稍见进用"。
③ [梁]刘勰著,范文澜注:《文心雕龙注》卷四《诏策十九》,第367页。

作为"郑重其事的一种礼遇形式",这封专抵的玺书不具有多少实质内容及政治意义。责陈遂还债,玺书言"禄厚",似不必又言"官尊"。而玺书特提及陈遂妻君宁当时在旁事,①固示关系亲近,然若为陈遂负债,即便戏谑语境下也不当举陈遂之妻以为人证。更大的问题是,循上述叙述,"遂于是辞谢"之"辞谢",不得不理解作道歉、谢罪,但下面紧接有"因曰:'事在元平元年赦令前。'"此言当年之事,发生在宣帝即位初的元平元年(前74)"九月,大赦天下"②之前。陈遂"辞谢"后,即便同样使用戏谑方式回复,似无必要提及自己实际并不欠付宣帝债务。前人之中,杨树达意识到这一问题,故云"俞说是矣,而以'事在元平元年赦令前'为遂自解之辞,则仍误说。此谓陈遂辞谢,诏书因称'事在元平元年赦令前',免其补偿耳"。③ 由此,前后文意,终得完全贯通。

然而遗憾的是,这个判断及句读调整,恐怕无法成立。按虚词"因"可有数义,此处为副词,"于今语之'就'或'就著'同",④"'因'犹'而'也"。⑤ "遂于是辞谢,因曰"中,"因曰"的主语,应是陈遂,而不是改换并省略的皇帝或诏书一类。包括《汉书》在内诸种文献使用"因曰",主语皆是"因曰"之上所紧接的对象,一般不会变换主语。由此言之,《汉书》所记,需要重新辨析。至于《汉纪》,因是荀悦奉汉献帝之命删削钞录《汉书》而成。学界对该书史料价值一向评价不高,甚且认为尚低于袁宏《后汉纪》。⑥ 不过,"荀悦并非全系钞书,他对《汉

---

① 王国维考买衣契约,引此以为中人、证人之意。陈直认为"其实是坐旁之旁,与中人义不相涉"。参见陈直《汉书新证》,第417—418页。
② 《汉书》卷八《宣帝纪》,第239页。
③ 杨树达:《汉书窥管》卷一〇,第727页。
④ 杨树达:《词诠》卷七,中华书局,2004年,第396—397页。
⑤ 裴学海:《古书虚字集释》卷二,中华书局,1954年,第79页。
⑥ 顾炎武即云"荀悦《汉纪》改表、志、传为编年,其叙事处处索然无复意味,间或首尾不备。其小有不同,皆以班书为长"。虽亦言"惟一二条可采者",但因所举陈遂事"进"字避悼皇考例,难为定论,反而影响"后有善读者,仿装松之《三国志》之体,取此不同者注于班书之下,足为史家之一助"的说法了。[清]顾炎武著,[清]黄汝成集释,栾保群、吕宗力校点:《日知录集释》卷二六,第1440—1441页。

书》有所订正增补"。① "遂于是辞谢,因曰",作"乃上书谢恩曰",提示了"辞谢"当为谢恩义,且上书所言者应是陈遂。《汉书》卷六四上《朱买臣传》云:"上拜买臣会稽太守。上谓买臣曰:'富贵不归故乡,如衣绣夜行,今子何如?'买臣顿首辞谢。"②叙述语境颇为近似。朱买臣对武帝的"辞谢",同样为谢恩、道谢义,而非道歉、谢罪义。

在此基础上,参考颜师古"进者,会礼之财也,谓博所赌也,解在《高纪》。一说进,胜也,帝博而胜,故遂有所负",及"进者,会礼之财也。字本作賮,又作䞗,音皆同耳。古字假借,故转而为进。賮又音才忍反。《陈遵传》云陈遂与宣帝博,数负进,帝后诏云可以偿博进未。其进虽有别解,然而所赌者之财疑充会食,义又与此通",③"进"即"賮""䞗",指财物,进而指称赌资,"负进"指亏欠债务。相较于陈垣云"则悦所见《汉字》乃遂字,而非进字也",④《汉纪》"与上游戏博奕,数负遂"的主语是陈遂,"数负遂"之"遂"反而应为"进(進)"字之讹。调整后,《汉书》《汉纪》所记内容实际一致,两文所见"偿",皆为偿还义,而非补偿义。此事经过应为:陈遵的祖父陈遂与流落民间时的宣帝是故交好友,曾随宣帝游戏博弈,并多次输钱给宣帝(变相资助?)。宣帝即位后,陈遂得到任用,被提拔至太原太守。宣帝特赐陈遂玺书一封,说:"皇帝告谕太原太守,我赐你高官厚禄,

---

① 具体参见张烈点校《两汉纪》"点校说明",上册,第 2 页。王鸣盛虽云"观其书盖专取班《书》,别加铨次论断之,而班《书》外未尝有所增益,觇自序可见",但又承认"而其间或与班《书》亦有小小立异者,在悦似当各有所据。若班《书》传刻脱误处,藉此校改者亦间有之"。[清]王鸣盛撰,黄曙辉点校:《十七史商榷》卷二八"汉纪"条,第 309 页。笔者此前讨论,注意到《史记》卷一〇二《张释之冯唐列传》、《汉书》卷五〇《冯唐传》"而拜唐为车骑都尉,中尉及郡国车士",《汉纪》作"主中尉及郡车骑士";《汉书》卷二四上《食货志上》"又加月为更卒,已,复为正一岁,屯戍一岁,力役三十倍于古",《汉纪》作"又加月(有吏)〔为更〕卒,征卫、屯戍一岁,力役(四)〔三〕十倍于古",文字虽有脱误,但也保留不少或更可取的关键信息。后则为陈伟较早进行对照研究。相关参见孙闻博《秦汉边地胡骑的使用——基于新获史料与传世文献的再考察》(原刊《简牍学研究》第六辑,甘肃人民出版社,2016 年)、《秦及汉初"繇"的内涵与组织管理——兼论"月为更卒"的性质》(原刊《中国经济史研究》2015 年第 5 期),均收入所著《秦汉军制演变史稿》第二章第四节、第四章第一节,2018 年 2 印修订,第 200、274 页。

② 《汉书》,第 2792 页。

③ 《汉书》卷一上《高帝纪上》,第 3 页。

④ 陈垣:《史讳举例》卷七,中华书局,2004 年 2 版,第 97 页。

应该可以偿还旧时你输我的钱吧。你的妻子君宁当时在场,知晓具体情况。"(戏谑)陈遂于是上书谢恩说:"这些事发生在您元平元年大赦天下以前(博负不需偿还)。"(戏谑)此玺书性质与前两种接近,乃宣帝对时任平原太守的陈遂加以慰劳。

第二小类为敕让(论事)(2-2)。这类玺书起首格式一般作"皇帝问某某"。文帝赐晁错玺书事,常常被人引用。不过,此玺书实际是对晁错上言兵事的回复,所谓"宠答焉",类似后世诏答、批答,于唐代王言分类或属敕旨。玺书内容涉及事务讨论,兼有勉励之意。宣帝时,赵充国西出平羌,曾先后收到多封玺书。宣帝拜酒泉太守辛武贤为破羌将军,佐助赵充国开展军事行动,最初在赐玺书慰劳前者的同时,又对后者予以"敕让",文书起首语为"皇帝问后将军",参后"前幸赐书",可知同为玺书。赵充国随后又两次上奏,均获玺书回复,称"玺书报"云云。随后,在赵充国生病期间,宣帝第四次下达玺书,令赵充国在十二月汇合他军,共击先零羌,此即下文所谓"进兵玺书"。这次涉及重要命令下达,起首语为"制诏后将军",可另归入命令指示(1-2),对应制书。当时,赵充国原本草拟的上奏尚未完成,收到这封玺书后,改上屯田之奏。在此之后,宣帝又与赵充国往复讨论多次,先后三次以玺书回复,并最终采纳了赵充国的意见。这类"玺书报"起首语仍为"皇帝问后将军",对应诏答、敕书。需要指出,宣帝前后多次赐予赵充国玺书,事涉平羌作战方略,内容极为重要,并不个人化。赵充国上奏,还希望"唯明诏博详公卿议臣采择"。实际情况也是如此,"充国奏每上,辄下公卿议臣。初是充国计者什三,中什五,最后什八。有诏诘前言不便者,皆顿首服。丞相魏相曰:'臣愚不习兵事利害,后将军数画军册,其言常是,臣任其计可必用也'"。① 这些充分表明,宣帝所下诸封玺书旨意,并非仅是君主个人私见,而是廷议充分讨论的结果。

平羌之役中,宣帝还曾以玺书慰劳并敕让冯奉世,起首语为"皇帝问将兵右将军"。杜延年以九卿出外为北地太守,治理不力,也收到宣帝玺书责让。此外,当朝廷对诸侯王暂不予赐死、削县等治罪而考虑以敕谕为主时,也下玺书。元帝遣使赐淮阳王刘钦玺书,起首语为"皇帝问淮阳王";元帝遣使赐东平思王刘宇玺书,起首语为"皇帝问东平王";赐王太后玺书,起首语为"皇帝使诸吏宦

---

① 《汉书》卷六九《赵充国传》,第2991—2992页。

者令承问东平王太后"。后者特添加有"使诸吏宦者令承问",以示委婉礼敬。至于东平国傅、相,使用了"诏书又敕"。后一群体的政治地位相对略低,下书规格也相应降等。上述赐玺书"敕让""敕谕"而起首格式为"皇帝问某某"者,或属戒书,①不过是使用了玺封的戒书。

第三小类为赐死(2-3)。成帝遇到"荧惑守心"的"险恶"天象,移祸于丞相,赐翟方进玺书,迫其自裁。此玺书对应策书,起首语作"皇帝问丞相",与献帝禅位于曹丕时下册书称"皇帝问魏王"近似。关于策书的起首格式,汪桂海曾认为"蔡邕所说的'皇帝曰'尚不足以全面概括汉代策书行文的开头用语"。② 这里进一步显示,策书也可以使用"皇帝问某某"。另外两则史例为昭帝遣使赐燕刺王刘旦玺书,列举罪状,严厉斥责;魏明帝参西汉赐死燕王旦故事,遣使赐楚王曹彪玺书,严加责问,二者最后皆令自裁。后两封玺书起首引述往事,目前所见录文未出现格式化用语。

综上论之,以往对两汉玺书的认识多有可调整之处。

从内容而言,玺书涉及即皇帝位、命令指示、封爵拜官、削诸侯封、赐诸侯死、慰劳、敕让、论事等诸多重要内容。

从格式而言,玺书起首格式以"制诏某某"及"皇帝问某某"为多。

若申论之,《独断》言制书皆玺封,尚书令重封。玺书起首格式为"制诏某某"者,除个别对应策书外,当主要对应制书。《独断》又言策书"起年月日,称皇帝曰,以命诸侯王三公。其诸侯王三公之薨于位者,亦以策书诔谥其行而赐之,如诸侯之策。三公以罪免,亦赐策"。据"亦以……而赐之,如诸侯之策。……亦赐策",三类策书的下达实际皆称"赐",传世文献也多见"赐策"语,相关应同样多用玺封。而六玺之制,对内封授、赐慰使用皇帝行玺、皇帝信玺,尚可与之相互参照。策书起首格式除"皇帝曰""制诏某某"外,还有"皇帝问某某"。不过,"皇帝问某某"更多用于诏书。《三国志》卷四《魏书·三少帝纪》记陈留王曹奂即位为帝,父亲燕王曹宇尚在,有司就文书问题上奏称"中诏所施,或存好问,准之义类,则'(宴)〔燕〕觐之(族)〔敬〕'也,可少顺圣敬,加崇仪称,示不敢斥,宜曰'皇帝敬问大王侍御'。至于制书,国之正典,朝廷所以辨章公制,宣昭轨仪于天

---

① 汪桂海此前将元帝赐东平王玺书归入戒书。《汉代官文书制度》第二章,第36页。
② 汪桂海:《汉代官文书制度》第二章,第29页。

下者也,宜循法,故曰'制诏燕王'。凡诏命、制书、奏事、上书诸称燕王者,可皆上平",①"中诏"指中书所作"诏命",起首格式为"皇帝敬问某某",以与"制书"之"制诏某某"相别。又,《晋书》卷三四《荀勖传》载荀奕议曰"又至尊与公书手诏则曰'顿首言',中书为诏则云'敬问',散骑优册则曰'制命'",《晋书》卷六五《王导传》"又尝与导书手诏,则云'惶恐言',中书作诏,则曰'敬问',于是以为定制"。②"手诏""中书为诏"与"散骑优、册"是并举的。中书所作"诏"并非泛称,而是与制书、优文、册书对言,当属狭义诏书。而王导位重,成帝纡尊称"顿首言(惶恐言)""敬问""制命",后二者通常情况下当是"(皇帝)问""制诏"。这同样反映了"皇帝问某某"多见于诏书。前论汉代玺书史例中,此格式还见于敕让之戒书。如此而言,玺书起首格式中,"皇帝问某某"多用于诏书及戒书、策书,"制诏某某"用于制书及策书。"玺书"可泛称为诏书,实际涵盖策书、制书、诏书、戒书。③

概而言之,玺书属于诏书,更强调行用帝玺的封装方式,并相应使用高规格传递手段以送抵有关对象,凸显下达时的皇帝名义、皇帝色彩。而一般诏书是非玺封的诏令,采用一般方式传递,体现下达时皇帝与宰相机构所代表的朝廷名义。这也意味着,汉代大多数诏书是不用玺封的。《汉书》卷九七下《外戚传下》记成帝时赵昭仪加害后宫子,许美人与故中宫史曹宫御幸产子后,有"子隐不见"事。文献具体提到,曹宫产子后,"中黄门田客持诏记,盛绿绨方底,封御史中丞印","客复持诏记,封如前予(掖庭狱丞籍)武,中有封小绿箧,记曰"云云;许美人产子后,"(中黄门吴)恭受诏,持箧方底予武,皆封以御史中丞印"。④ 这

---

① 《三国志》,第 148 页。

② 《晋书》,第 1161、1751 页。

③ 洪咨夔云"敕有诏敕、玺敕……书有策书、玺书。……此其目也"。《两汉诏令》序,《景印文渊阁四库全书》,台湾商务印书馆,1986 年,第 426 册,第 974 页下栏。王应麟结合文献所见,对汉诏令有归纳叙说,分类涉及策、敕、书、诏、令、论等。其中,相关小类也列举有"玺敕""玺书"等。《玉海》卷六四《诏令·汉诏令总叙》,江苏古籍出版社、上海书店影印光绪九年浙江书局本,1987 年,第 1200 页下栏。

④ 《汉书》,第 3990—3991、3993—3994 页。《列女传》卷八《续列女传·赵飞燕姊娣》记作"乃诏许氏夫人,令杀所生儿,革箧盛缄之,帝与昭仪共视,复缄,封以御史中丞印,出埋狱垣下",不过同样提到"封以御史中丞印"事。张涛:《列女传译注》,山东大学出版社,1990 年,第 329 页。山东沂南画像石墓前室南壁上横额图像,发掘整理者曾认为是"祭祀图",(转下页)

里数次提及下诏使用御史中丞印封。宋人王应麟由此归纳"诏记绿绨方底,用御史中丞印"。① 清人何焯又云:"御史中丞在殿中兰台。《周礼·小宰》'掌建邦之宫刑,以治王宫之政令,凡宫之纠禁'。郑氏曰:'若今御史中丞。'盖汉宫中事皆御史中丞所掌,故用其印封。"② 可以补充的是,《汉书》卷一九上《百官公卿表上》言"御史大夫……掌副丞相","御史中丞……内领侍御史员十五人,受公卿奏事,举劾按章"。所统一般御史,无秩级,无印绶,而"其仆射、御史治书尚符玺者,有印绶",③ 及《汉官仪》"治书侍御史……后置,秩六百石,印绶与符玺郎共,平治廷尉奏事"。④《续汉书·百官志五》"尚书条""左右丞各一人,四百石。本注曰:……右丞假署印绶,及纸笔墨诸财用库藏",⑤《汉官旧仪》"尚书令主赞奏封下书"。⑥ 由此来看,诏书在西汉当主要使用御史中丞印及治书侍御史印封,在东汉应是尚书令印封。⑦

(接上页)并提到相关画面中有"两个粮袋,两个似竹编的方箧"。南京博物院、山东省文物管理处编著:《沂南古画像石墓发掘报告》第三章,文化部文物管理局,1956 年,第 14 页,图版 29。扬之水研究认为是上计图,"引人注目的是竹箧与囊,囊与箧均加封检","出现在沂南画像石中与计箧同在一处的囊,方底,上施封检,正是书囊"。《沂南画像石墓所见汉故事考证》,《故宫博物院院刊》2004 年第 6 期,第 31、32 页。所论予人启发,相关图像也可供参照。唯"方底"者是所谓"计箧",非书囊,后者为袋状。

① [宋]王应麟:《玉海》卷六四《诏令·汉诏令总叙》,第 1201 页上栏。
② [清]何焯著,崔高维点校:《义门读书记》卷二〇《前汉书·列传》,中华书局,1987 年,第 344 页。今对句读重新处理;"纠"原作"斜",也予调整。
③ 《汉书》,第 725、743 页。
④ [汉]应劭撰,[清]孙星衍校辑:《汉官仪》卷上,[清]孙星衍等辑,周天游点校:《汉官六种》,第 145 页。句读、文意辨析又见代国玺《说"制诏御史"》,《史学月刊》2017 年第 7 期,第 44 页。
⑤ 《后汉书》,第 3597 页。
⑥ [清]孙星衍等辑,周天游点校:《汉官六种》,第 32、64 页。此为东汉制,分析又参见祝总斌《两汉魏晋南北朝宰相制度研究》第五章,第 122 页。
⑦ 这与两汉间诏书多由侍御史、尚书郎起草,关系密切。《周礼·春官·御史》"御史掌邦国都鄙及万民之治令,以赞冢宰。凡治者受法令焉。掌赞书",郑玄注"王有命,当以书致志,则赞为辞,若今尚书作诏文",孙诒让疏"王有诏命,当书之简策,宣布中外,则代王为辞令以致之。盖与大祝六辞之掌互相备,若尚书诸命诰之类"([清]孙诒让,王文锦、陈玉霞点校:《周礼正义》卷五二,第 2140 页);《汉官旧仪》"御史,员四十五人,皆六百石。其十五人衣绛,给事殿中为侍御史。宿庐〔左右〕〔在石〕渠门外。二人尚玺,四人持书给事,二人侍〔前〕,(转下页)

唐代王言一般分为册书、制书、慰劳制书、发日敕、敕旨、论事敕书、敕牒七种。① 此外,《唐六典》还提到"中书舍人掌侍奉进奏,参议表章。凡诏旨、制敕及玺书、册命,皆按典故起草进画;既下,则署而行之"。② 此又见《旧唐书》卷四三《职官志二》、《新唐书》卷四七《百官志二》及《册府元龟》卷五五〇《词臣部·总序》。"制敕",《旧唐书》作"敕制"。③ 所言可与御史中丞、尚书令在两汉先后所负职能对照。"诏旨、制敕及玺书、册命",或因修辞需要,皆属泛指。这其中,玺书与一般诏旨、制敕、册命有所区别,但同时仍属王言范畴,依然多由中书舍人"起草进画"。④ 而诏旨、制敕、册命既与玺书相别,一般不钤印帝玺,当多由中书省、门下省官员签署,并使用中书、门下省印。⑤ 此种情形与汉代有类似处,由汉

(接上页)中丞一人领。余三十人留寺,理百官也";《汉官仪》"尚书郎主作文书起草,夜更直五日于建礼门内"([清]孙星衍等辑,周天游点校:《汉官六种》,第32、63、142页);《续汉书·百官志五》"尚书"条"侍郎三十六人,四百石。本注曰:一曹有六人,主作文书起草"(《后汉书》,第3597页)。沈钦韩、杨鸿年、祝总斌、大庭脩、汪桂海多倾向此认识。而代国玺认为"学界以往之成说,即西汉时期由御史或尚书负责草拟诏文,不能成立","王命一般用口头方式发布……人臣'记王言'的制度""在秦汉大一统帝国建立之后,仍持续了一段时间"。梳理及探讨参见《由"记王言"而"代王言":战国秦汉人臣草诏制度的演生》,《文史哲》2015年第6期;《说"制诏御史"》,第36—39页。侯旭东等学者又认为西汉以来诏书始终由尚书起草。参见《西汉御史大夫寺位置的变迁:兼论御史大夫的职掌》,《中华文史论丛》2015年第1期,第192—193页及引诸家说。

① 《唐六典》卷九《中书省》"中书令"条,陈仲夫点校,第273—274页。相关辨析又参见李锦绣《唐"王言之制"初探——读唐六典札记之一》,李铮、蒋忠新主编:《季羡林教授八十华诞纪念论文集》,江西人民出版社,1991年,第273—290页。

② [唐]李林甫等撰,陈仲夫点校:《唐六典》卷九《中书省》"中书舍人"条,第276页。

③ 参见《旧唐书》,第1850页;《新唐书》,第1208页;《册府元龟》(校订本),第6295页。

④ 李锦绣认为,"不论从内容上还是形式上,发日敕都是对御画后的奏抄的另一种称谓。……六典所记七种王言,并非每种都由中书舍人起草"。《唐"王言之制"初探——读唐六典札记之一》,李铮、蒋忠新主编:《季羡林教授八十华诞纪念论文集》,第284页。雷闻不同意此说,持保留意见。

⑤ 《隋书》卷一二《礼仪志六》云"常行诏敕,则用内史门下印",第255页。

制逐渐发展演变而来。①

我们还注意到,汉代玺书除涉及重要指示命令外,还有慰劳、敕让一类,且包含论事。起首格式除"制诏某某"外,多使用"皇帝问某某"。关于汉代制书,汪桂海提到"所涉及的内容事项有赦、赎令,有任免令,有关于其他诸事的指示命令。当然,个别的制书也可能不带有任何命令的色彩……具有慰劳、致意、奖劝的含义和倾向。这很有些像唐代的慰劳制书。……唐的慰劳制书或即是自汉代的制书中经历演变划分出的"。② 日本学界研究唐代王言时,也注意到相关问题。中村裕一探讨唐代慰劳制书渊源时,由隋、南北朝、东汉进而溯至西汉,分析了汉代史料中"皇帝〔敬〕问某"格式的文书。他认为汉代的"玺书"之一、又被称作"册书"的"皇帝〔敬〕问某",其目的用于回答臣僚上奏及慰谕臣下,是表现皇帝私人意志的文书,与有关国政的"制诏"不同。唐代的七种王言中,慰劳制书(诏书)在用途与文书格式上与册书一样,都残留了汉代王言的色彩。又因慰劳制书使用玺书较为突出,玺书成为唐代慰劳制书的别称。③ 中村氏还对唐代"玺

---

① 唐中期至宋代,诏敕起草制度的"一大变化是两制即内、外制的区分,而这项区分正是伴随翰林学士的出现开始的。唐中期设翰林学士,分割了中书舍人的一部分草拟诏敕职权,是后翰林所草称为内制,中书舍人所草称为外制。北宋前中期,草拟诏敕的职务称为'知制诰',以翰林学士知制诰掌内制,他官职知诰者掌外制。元丰改制后,仍恢复唐朝制度","内制是一部分特别强调以皇帝个人或私人名义下达的诏敕,包括赦书德音、立后建储、拜免将相、批答奏表、奖谕臣下、致书外国、祭祝斋文等等;外制则是以朝廷(皇帝与宰相机构)名义共同下达的诏敕,主要是百官(将相以下)除授迁转以及颁行宰相机构议定的政策条例。与外制相比,内制的内容更为复杂,既有事关国家大政的决策性文书,也包含了了一些纯粹的礼仪文字。其共同特点,则是代表皇帝个人,因此被认为级别更高、性质更重要"。此外,"元朝玺书的概念也有广义、狭义之别。广义上,凡是盖有皇帝玺印的下发文件都可称为玺书。其中,应当包括诏书、圣旨(狭义)、宣命(或制书)。……但不包括未形成书面文件的口传圣旨。狭义的玺书与狭义的圣旨相近,尤其被多用以指称那些内容较为琐细的圣旨文书"。参见张帆《元代诏敕制度研究》,《国学研究》第十卷,北京大学出版社,2002年,第134、114—115页。后续制度发展及相关区分,对理解汉代广、狭义玺书及玺书与诏书关系,也多有启示。
② 汪桂海:《汉代官文书制度》第二章,第31—32页。
③ 〔日〕中村裕一:《唐代の慰劳制书の起源》(原刊《中国都市の歴史历史的研究》,刀水书房,1988年),收入所著《唐代制勅研究》第二章第二节,汲古书院,1991年,第292—298页;〔日〕中村裕一:《隋唐王言の研究》第一章第四节,汲古书院,2003年,第69—86页。

书"有所梳理,大体包括册书、慰劳制书、论事敕书、吊祭文书、铁券等。①

此问题可进一步分析。唐代七种王言在大类上可分为册、制、敕或制类、敕类,且制类(册书、制书、慰劳制书)与敕类(发日敕、敕旨、论事敕书、敕牒)在指令的重要性上,存在前大后小的差别。② 秦代"制""诏",两汉册书、制书、诏书、戒敕在指令重要性上,也分别存在前大后小之别。然而,从渊源脉络上,唐代制书不能与汉代制书简单对应。唐代早期,广狭义"制"本称"诏书",武则天称帝避讳始改称"制书",此后一直沿用。③ 前引《唐六典》卷九《中书省》"中书令"条注"自魏、晋已后因循,有册书、诏、敕,总名曰诏。皇朝因隋不改。天后天授元年,以避讳,改诏为制",④一方面交代上述唐制变化,另一方面也叙及之前"有册书、诏、敕,总名曰诏"的情形。后者提示汉代"帝之下书"在南北朝时期发生了一些变化,制书在分类上已不甚突出。孟宪实提到汉代"标志性的'制诏'一词,从晋朝开始使用越来越少,代之以'诏曰''制曰',北魏与晋朝相似,多用'诏曰''制曰'。但是,南北朝时期的变化在继续,北周、北齐、南齐、萧梁和陈朝,最多的用法是'诏曰'","隋朝继承了南北朝的趋势,以'诏曰'的使用方式为主,但'制曰'也时有出现,特别是'制曰可'这种文书表达式,使用比较普遍"。⑤ 唐代制书(诏书)的渊源,可上溯至唐初、隋代,甚至门下出现并发挥作用的南北朝及东晋时期。⑥ 据对唐代制书格式及形成过程的复原,可知其中出现了"制书(诏

---

① 〔日〕中村裕一:《唐代制勅研究》第四章第三节,第821—858页;〔日〕中村裕一:《隋唐王言の研究》第五章第一节,第301—309页。

② [唐]李林甫等撰,陈仲夫点校:《唐六典》卷一《尚书都省》"凡上之所以逮下,其制有六,曰:制、敕、册、令、教、符",本注"天子曰制,曰敕、曰册",第10页;李锦绣:《唐"王言之制"初探——读唐六典札记之一》,李铮、蒋忠新主编:《季羡林教授八十华诞纪念论文集》,第273页。

③ 〔日〕中村裕一:《唐代制勅研究》第一章第一节,第35—41页;〔日〕中村裕一:《隋唐王言の研究》序说,第3—14页。

④ [唐]李林甫等撰,陈仲夫点校:《唐六典》,第274页。

⑤ 孟宪实:《从"诏书"到"制书"》,《文献》2019年第5期,第116页。

⑥ 〔日〕中村裕一:《唐代制勅研究》第一章第五节,第128—159页;《隋唐王言の研究》第一章第三节,第53—69页。

书)""制可"语。① 前者实际对应诏书,后者在汉代诏书三品之第二品中使用较多。而唐代王言之中,"制书"(即原称"诏书")的功能为"行大赏罚,授大官爵,釐年旧政,赦宥降虑则用之",②对应"制度之命",且包含"赦令赎令",与汉代"制书"性质相近。由此推断,汉代制书、诏书在魏晋南北朝发展过程中,可能存在调整合并,诏书逐渐承担、发挥原制书的作用与功能,地位相应上升。汉代制书、唐代制书虽名称完全相同,但因唐代制书乃诏书更名,二者不能简单对应,背后实际反映出汉唐王言发展的微妙变化。武周改"诏"之时,考虑以"制"语替代,也可视作对唐前期诏书地位、性质的侧面反映。

值得注意的是,学者在唐代"诏""制"混用之外,指出"制(诏)""敕"同样存在混用。③ 后一种情形的出现,恐怕正在于伴随诏书在中古时期地位上升,并发挥原来制书功能的同时,原为戒敕性质的"敕"地位也得以提升,逐渐扩展旧有功能,开始发挥汉代原本较制书指令功能略低的诏书的作用。如果做一比喻,这或许可以看作诏书地位功能上升,相应对敕书产生的一种"拉动"。在此基础上,重新审视唐代慰劳制书,就会发现,"皇帝〔敬〕问某"的慰劳制书,虽然也包含"制书"字样,但是并非是由汉代"制书"分化发展所致。唐代制书的渊源主要是前代诏书;慰劳制书所使用的"皇帝〔敬〕问某"的格式化用语也不曾在汉代制书中使用,而主要出现于汉代诏书等其他"帝之下书"。因此,慰劳制书应是由汉代诏书(之一种)而非制书发展而来。

九 秦"命""令"、"制""诏"及矫玺发卒

梳理、考订汉代诏书相关问题后,最后我们由汉溯秦。《史记》卷六《秦始皇本纪》记统一之初,廷议帝号:"臣等昧死上尊号,王为'泰皇'。命为'制',令为

---

① 〔日〕中村裕一:《唐代制敕研究》第一章第二节,第46—76页;《隋唐王言の研究》第一章第二节,第33—51页;李锦绣:《唐"王言之制"初探——读唐六典札记之一》,李铮、蒋忠新主编:《季羡林教授八十华诞纪念论文集》,第273—277页。

② 〔唐〕李林甫等撰,陈仲夫点校:《唐六典》卷九《中书省》"中书令"条,第274页注文。

③ 〔日〕中村裕一:《唐代制敕研究》第一章第一节,第41—44页;《隋唐王言の研究》序说,第14—15页。

'诏',天子自称曰'朕'。"王曰:"……他如议。"制曰:"可。"相关内容在里耶秦简更名木方中有进一步反映:

> 王谴曰制谴。
>
> 以王令曰【以】皇帝诏。
>
> 承【命】曰承制。(BⅤ、BⅥ、BⅦ)
>
> 以命为皇帝。
>
> 受(授)命曰制。
>
> □命曰制。
>
> 易谓□诏。(BXII、BXIII、BXIV、BXV)。①

前三则与后四则未连续书写,中间间隔了"王室曰县官。公室曰县官。内侯为轮(伦)侯。彻侯为【死〈列〉】侯"四则更名内容。若文字释读可从,当时文书表述变动,实际情况更为复杂。"王谴曰制谴"既显示"王"的用语用字有直接变更为"制"者,"制"对应后来的"皇帝",又显示制书之下有"制谴"的细类。"以王令曰【以】皇帝诏"在显示"令""诏"更替的同时,"王"更名作"皇帝",而未如第一则更名作"制"。可以想象,此若更名为"制",构词为"制诏",与制书格式相混。这些调整也提示我们,狭义诏书可以使用"皇帝"语。"承【命】曰承制"从命令承受者角度表述,"制"前动词保留。"以命为皇帝。受(授)命曰制。□命曰制"的变更前用语较前一组更为整齐。"受(授)命曰制。□命曰制"似均从命令发出者角度表述,"制"前动词不再保留,而"以命为皇帝"与前面"以王令曰【以】皇帝诏"格式较为接近,变更后同样出现"皇帝"的表述。②

---

① 陈伟主编,何有祖、鲁家亮、凡国栋撰著:《里耶秦简牍校释》(第一卷),第156页。校释者注"'命'上一字,疑为'出'",第158页。又,"易"原作"爲"。此从田炜意见改。《论秦始皇"书同文字"政策的内涵及影响——兼论判断出土秦文献文本年代的重要标尺》,《历史语言研究所集刊》第89本第3分,2018年,第410页。田炜于2018年11月28日来信,"从字形来说应该是'易',但秦文字里的'易'多数是'易'的讹写,或者说秦人就习惯把'易'写成'易'","通篇'爲'字很多,字形长短和写法笔画都不能相合"。

② 游逸飞新订释文作"以命为皇帝(命)",认为"皇帝命"符合更名木方的相关语言习惯;田炜以"木方'以命为皇帝'下一字残失,根据下面'受命曰制''出命曰制'两条规定可拟补'制'字",作"以命为皇帝制"。《里耶8-461号"秦更名方"选释》,魏斌主编:《古代长江中游社会研究》,上海古籍出版社,2013年,第69、73页;《论秦始皇"书同文字"政策的内涵及影响——兼论判断出土秦文献文本年代的重要标尺》,第410页。今按:"制"对应皇帝(转下页)

关于秦代制、诏与汉代诏令的关系，有推测认为，"秦之所谓'制'者，可能大体相当汉代'诏书四体'的策书和制书；'诏'者，可能大体相当汉代'诏书四体'的诏书和戒敕"。① 而制、诏的前身命、令，两字本由一字分化，作为君主命令分类，也应有一个逐渐发展的过程。早期文献中，命书似更显突出。《文心雕龙·诏策》云："诰命动民，若天下之有风矣。降及七国，并称曰命。命者，使也。秦并天下，改命曰制。"② 出土材料如秦封宗邑瓦书云"四年，周天子使卿夫=（大夫）辰来致文武之酢（胙），冬十一月辛酉，大良造庶长游出命曰"。③ "出命曰"，有简单表述作"颁布命令说"。④ 按"'出命'，先秦习语。……皆指传王之命，所以大良造庶长游也是发布君命"，⑤"意为奉王命……亦即宣布王命"。⑥ 四川青川郝家坪16号木牍提到"二年十一月己酉朔朔日，王命丞相戊（茂）、内史匽氏、臂更脩（修）为《田律》：……"，⑦岳麓书院藏秦简又有"昭襄王命曰：置酒节（即）徵钱金及它物以赐人，令献（谶），丞请出；丞献（谶），令请出，以为恒。●三年制曰：复用"（0519正/344正、345正/0352正），⑧也都使用"命"的表述。律令及日常行政层面，睡虎地秦简《秦律十八种·行书》记"行命书及书署急者，辄行之；

（接上页）（相关又参见侯旭东《西汉御史大夫寺位置的变迁：兼论御史大夫的职掌》，第192页），不应有"皇帝命""皇帝制"格式的表述，故新订、拟补恐难成立。

① 李零：《简帛古书与学术源流》上篇第二讲附录二，生活·读书·新知三联书店，2004年，第68页。作者还认为汉代策书、制书，"这两类，似与《尚书》所谓'命'或西周金文所载册命之辞属于同一类"；诏书，"此类也与《尚书》所谓'训''诰'有渊源关系"；戒敕，"案：此类与商周时期的'戒'也有关系"。

② ［梁］刘勰著，范文澜注：《文心雕龙注》卷四《诏策十九》，第358页。

③ 王辉、王伟编著：《秦出土文献编年订补》，第34页。

④ 尚志儒：《秦封宗邑瓦书的几个问题》，《文博》1986年第6期，第46页。

⑤ 李学勤：《战国秦四年瓦书考释》（原刊《联合书院三十周年纪念论文集》，香港中文大学，1987年），收入《李学勤学术文化随笔》，中国青年出版社，1999年，第336页。

⑥ 黄盛璋：《秦封宗邑瓦书及其相关问题考辨》，《考古与文物》1991年第3期，第83页。

⑦ 陈伟主编，孙占宇、晏昌贵等撰著：《秦简牍合集（肆）》（释文注释修订本），武汉大学出版社，2016年，第227页。

⑧ 陈松长主编：《岳麓书院藏秦简（肆）》，第209页。"制曰"，原作"诏曰"，今据陈伟意见改释。《岳麓书院藏秦简先王之令解读及相关问题探讨》（原刊《历史语言研究所集刊》第88本第1分，2017年），收入所著《秦简牍校读及所见制度考察》第三章，武汉大学出版社，2017年，第92—93页。

不急者,日觱(毕),勿敢留。留者以律论之。　　行书"(一八三),《为吏之道》提醒"命书时会,事不且须"。①

而秦统一前的令书或王令曰一类材料,传世文献偶有出现。《史记》卷六《秦始皇本纪》"即令国中:有生得毐,赐钱百万;杀之,五十万。……大索,逐客。李斯上书说,乃止逐客令"。②出土文献所见更多如岳麓书院藏秦简,是律令之"令"的形式,且时代偏晚。此外,睡虎地秦简《为吏之道》所附《魏户律》《魏奔命律》提到"·廿五年闰再十二月丙午朔辛亥,○告相邦","○告将军"(一六五至一七五、二二五至二三五),③整理小组注:"'告'字上应为'王'字,可能是由于抄写者有所避忌而去掉,下条同。"④对照包括红外线拍摄在内诸种图版,⑤释文所标示"○"者两处,应属空字,而非刮削或墨迹褪逝。处理后的"告相邦""告将军",与汉代诏书四类之第三种诏书三品之第一品起首格式作"告某官"或"告某官某",更为近同。岳麓书院藏秦简"●十三年六月辛丑以来,明告黔首:相贷资缯者,必券书吏┗,其不券书而讼,乃勿听,如廷律。前此令不券书讼者,为治其缯,毋治其息,如内史律"(0630正/301正、0609正/302正),⑥也使用"告"而非"令"语。根据目前所见材料推想,"制""诏"前身之中,与"命"相对的"令",可能在当时文书格式上多使用"告"语。

分析了秦制、诏、命、令之后,我们再看秦玺书。《史记》卷六《秦始皇本纪》记"长信侯毐作乱而觉,矫王御玺及太后玺以发县卒及卫卒、官骑、戎翟君公、舍人,将欲攻蕲年宫为乱"。蕲年宫之乱,嫪毐曾通过矫用秦王及王太后玺印来征发军队。具体操作,应当是用玺封的诏书来加以实施。本纪明确出现"玺书"语词的史例,又见前引始皇帝临死前赐书扶苏事:"上病益甚,乃为玺书赐公子扶苏曰:'与丧会咸阳而葬。'书已封,在中车府令赵高行玺事所,未授使者。"⑦此又

---

① 睡虎地秦墓竹简整理小组编:《睡虎地秦墓竹简》,释文注释61、170页。
② 《史记》,第227、230页。
③ 睡虎地秦墓竹简整理小组编:《睡虎地秦墓竹简》,释文注释174、175页。
④ 睡虎地秦墓竹简整理小组编:《睡虎地秦墓竹简》,释文注释175页。
⑤ 睡虎地秦墓竹简整理小组编:《睡虎地秦墓竹简》,图版82页;陈伟主编:《秦简牍合集〔壹〕》,武汉大学出版社,2014年,中册,第764—765页,下册,第1132、1134页。
⑥ 陈松长主编:《岳麓书院藏秦简(肆)》,第194—195页。
⑦ 《史记》卷六《秦始皇本纪》,第264页。

见《史记》卷八七《李斯列传》:"病甚,令赵高为书赐公子扶苏曰:'以兵属蒙恬,与丧会咸阳而葬。'书已封,未授使者,始皇崩。书及玺皆在赵高所……更为书赐长子扶苏曰……封其书以皇帝玺,遣胡亥客奉书赐扶苏于上郡。"①二者在内容细节上,可以相互补充。这与即皇帝位(1-1)一类汉代玺书近似,应是君主口授,赵高草拟并封以帝玺。而改赐扶苏伪书封以"皇帝玺",又可与河西汉简"皇帝玺书"的记录相联系。东汉初权以玺书发兵及汉魏玺书制度的渊源,皆可从秦制中加以探寻。②

最后,这里在前文探讨基础上,对相关认识略作总结:

1. 秦君最高政治、军事权力的实现方式多样,主要通过兵符、玺印及命令(后为制诏等诏书)等。作为君主的政治信物,兵符、玺印与玺书是秦君行使权力,实现君—臣、中央—地方有效联结的重要依凭。信物的政治意涵丰富,诠释着秦君在统一过程中的政治军事角色及地位。

2. 秦诸种兵符之中,栎阳虎符近年著录渐多。此符形制、书写方式与阳陵虎符颇为近似,但细究格式、用字,却又与其他虎符多有不同,呈现出不同的发展方向,值得进一步研究。

3. 秦、汉兵符的演变线索可以从用语、格式、省减、省称等方面获得新的认知。战国、秦代兵符题铭实际均不使用"虎符"一语。兵符自铭明确称"虎符"者,主要出现于西汉、新莽及其以后。秦兵符"右才(在)君""右才(在)王""右才(在)皇帝"的表述方式凸显了君主的地位与作用。西汉、新莽虎符居首内容既与诸侯王、列侯、郡守等身份对接,却未使用"皇帝与〇为虎符"的表述。

4. 秦汉兵符演变存在两个趋势。一是用字逐渐减省。杜虎符、新郪虎符内容虽稍有出入,但半符均为四十字。稍晚的阳陵虎符半符字数已降至十二字。汉虎符书写格式作"与〇为虎符",文字更趋简约。二是文字勘验功能加强。由杜虎符至新郪虎符、阳陵虎符,铭文书写存在自背脊到腹部直书进而自头部向尾部直书的发展变化。合符对文字勘验功能,渐予重视。西汉大多数虎符开始采

---

① 《史记》,第 2548—2551 页。

② 汉代玺书"尺一板中约署"、策书"用尺一木"等制度,很可能也源自于秦。岳麓书院藏秦简"御史上议:御牍尺二寸 ∟,官券牒尺六寸。·制曰:更尺一寸牍、牒。·卒令丙四"(1852 正/121 正、1702 正/122 正)。陈松长主编:《岳麓书院藏秦简(伍)》,第 108 页。

用左右符各存半字以供合符的做法。铭文在合符对勘中的功能,进一步加强了。

5. 现存诸家引卫宏《汉旧仪》"皇帝六玺"之制,内容有明显脱简。点校本《后汉书》《唐六典》《通典》《文献通考》《汉官六种》相关句读,均有疏误。利用《隋书·礼仪志》等所载北齐隋唐之制,可以对《续汉书·舆服志》注补"皇帝六玺"文本,进行重新推补。汉唐皇帝玺宝与天子玺宝不仅在功能上存在对内、对外之别,所建构的"行玺""之玺""信玺"排序,还对应封授、赐慰、征召三种不同功能,并在相关制度设计下形成玺宝秩序。

6. 《汉旧仪》《独断》所载"皇帝六玺"恐不能涵盖秦、西汉的帝玺制度。秦及汉初所确立的君主玺印,主要是皇帝玺序列,并以皇帝信玺、皇帝行玺两种为主。相关制度渊源,可上溯至秦。传世、出土文献均呈现"信玺、行玺"的记录次序,反映涉及军事、祭祀功能的"信玺"在历史早期地位重要。

7. 兵符、玺印等信物外,君主诏书在军事活动中颇为重要。西汉前期已出现诏书与符、节在发兵中的配合行用。武帝、光武初年等特殊时期,发兵一度不以虎符,而出现凭节、诏书甚或仅用玺书、诏书的做法。

8. 汉代"帝之下书有四",包括策书、制书、诏书与戒书。其中,西北汉简所见包括制书在内的各类行下诏书,一般并不使用玺封。"皇帝玺书"是"玺书"的完整称呼,与"诏书"在缄封与传递方式上存在差别,由此形成大类区分。

9. 以往对两汉玺书的认识,有可调整之处。汉魏史籍所载玺书,涉及即皇帝位、命令指示、封爵拜官、削诸侯封、赐诸侯死、慰劳、敕让、论事等诸多重要内容。制书及策书使用玺书较多。玺书起首格式"制诏某某"多用于制书及策书,"皇帝问某某"多用于诏书及戒书、策书。玺书可泛称诏书,涵盖策书、制书、诏书、戒书。玺书属于诏书,更强调行用帝玺的封装方式,并相应使用高规格传递手段送抵有关对象,凸显下达时的皇帝名义、皇帝色彩。一般诏书是非玺封的诏令,采用一般方式传递,体现下达时皇帝与宰相机构所代表的朝廷名义。汉代大多数诏书不用玺封,主要使用中央治书官吏印封。

10. 唐代王言一般分为册书、制书、慰劳制书、发日敕、敕旨、论事敕书、敕牒七种。玺书与一般诏旨、制敕、册命有所区别,但仍属王言范畴,依然多由中书舍人"起草进画"。而诏旨、制敕、册命既与玺书相别,一般不钤印帝玺,多由中书省、门下省官员签署,并使用中书、门下省印。相关情形与汉代玺书有类似处,当由汉制逐渐发展而来。汉代制书、诏书经魏晋南北朝的发展而有所调整。诏书逐渐承担、发挥原制书的作用功能,地位上升,并相应对原敕书产生"拉动"。汉唐制书虽名称相同,但因唐代制书乃诏书更名,两者不能简单对应,背后实际反映出汉唐王言发展的微妙变化。慰劳制书应是由汉代诏书(之一种)而非制书发展而来。

11.《史记》卷六《秦始皇本纪》"命为'制',令为'诏'"的制度变更,在施行层面有更细致的规定。而"制""诏"前身的"命""令",在早期文献中以命书为突出。与"命"相对的"令",可能在文书格式上多用"告"语。蕲年宫之乱,嫪毐"矫王御玺及太后玺"发兵;始皇帝临死,"令赵高为书赐公子扶苏"回咸阳主丧。这些对认知秦玺书问题,多有帮助。东汉初权以玺书发兵,及汉魏玺书的制度特征,皆可从秦制中探寻渊源。

结 论

至此,我们对秦统一君主问题的考察告一段落。一方面,研究立足前人已有的丰厚成果,选择对以秦君为中心的政策、口号、名号、信物等若干问题进行分析。不仅在细节方面扩展、深化,而且在问题的整体把握上尝试前进,力图提出新的论证思路与历史认知。另一方面,研究回归有限史料本身,努力从历史脉络之中发现问题,充分发掘现有传世、出土文献可能蕴含的有用信息来进行探讨。这里就正文四章所开展的工作进行小结,勾勒所得认识,并在实证研究基础上对秦统一历史进程的特征、君主集权的实现及巩固,提出一些新的解释。

商鞅变法,推行"农战"政策。这是秦国家体制"战国模式"构建中的重要组成。"农战"重"法",与"赏罚"形成整体性关联,着意构建"君—民"联结,塑造"农战之士"。秦惠文王以来调适"君—官"层面,大臣、宗室势力重振,"富强也资人臣"的状况逐渐出现。至吕不韦执政,"农战"政策出现较大波动。始皇帝统治可分前后两期。前期嬴政作制垂范,相对"术""势","事皆决于法",并尝试"农战"政策调整;后期政治转向"外攘四夷",严酷役使民众,"农战"政策效能不再,"君—民"关系严峻。二世统治也可分前后两期。前期继续始皇事业,"用法益刻深",摧折"君—官—民"联结,山东"新地"掀起反秦浪潮;后期"行督责之术",强调以"术"辅"法",破坏故秦之地政治秩序,帝国最终覆亡。商鞅"农战"政策的推行并非直线向前,而是与秦政相互作用,呈现出一定幅度的波动。相关探讨可为秦国崛起至帝业兴衰的历史进程、秦君主权力的巩固与发展,提供新的认识线索。

秦统一所确立的政治体制模式,以往习惯使用"大一统中央集权帝国"的表述。其实,儒家所尊大的"一统",指系之于一,不仅属于经学叙述,也是逐渐建构的上古帝王世系下的历史叙述。"大一统"政治理念具有包容性:不但对应上古"天子—诸侯"的政治模式,而且涵盖秦"皇帝—郡县"的政治模式。秦君的统一功业,包含对周室政治成就的承继。然秦并不满足于再现"一统",更远溯五帝,宣扬帝国建立所具有的跨越式、变革性政治成功。在上古史发展脉络下,作为对长久以来"分天下"历史传统的取代与突破,"并天下"而非"大一统",更能凸显秦统一的军事成就与帝国建立的政治伟绩。秦君或许不曾想到,"承秦"而复称"并天下"的汉,随后转而重视"一统"的政治表达,并将秦从"大一统"政治谱系中加以排除。

战国以降,秦君的政治名号先后经历了称公、伯、王、帝,以至"皇帝"尊号的出现。名号变更与战国政治秩序的演进关系密切。献、孝扩张之初,秦对式微周室多予倚重,以致有"周致伯于秦孝公"事。"惠文君元年"的表述与称王逾年改元有关,而"王"与"天子"的称谓,使用上仍有区分。秦称王稍晚而发展强劲,始封诸侯并积极推行郡制。"昭襄业帝"指昭襄王成就帝业,而非指为此后秦王政帝业奠定基础。战国"帝"制主要对应"帝—诸侯"政治秩序,而非"帝—郡县",偏重"分天下",而非"并天下"。此种特征在秦楚之际甚或西汉前期再次呈现。"皇帝"仍属"'帝'位号"序列。"泰皇"未被采纳,乃因时人侧重"五帝三王"而非"三皇五帝"的政治叙述。"皇帝"之号,与一般"帝"号相区分,确定于"秦初并天下"并一度出现"海内为郡县"之时。相对于周广行分封,众建诸侯,强调"分天下",秦刚刚实现从未有过之"并天下"壮举。"皇帝"是在空前盛业之上确立的空前盛号。王绾等群臣与李斯廷议,并非简单的封建、郡县之争。群臣从来没有要求恢复"天子—诸侯"政治秩序,而是谋议是否应适当延续既往"王—郡县/诸侯"政治秩序,进而在东方偏远之地置王。这是"帝—郡县/诸侯"与"帝—郡县"两种政治秩序之争。秦"皇帝"名号初始旨在强调"尽并兼天下诸侯"的外部成就,随着稍后又特别取消了原本内部的"郡县/诸侯"复合制,由此进一步确立与战国"帝"制不同的"皇帝—郡县"历史新秩序。

秦君政治、军事权力实现方式多样,主要为兵符、玺印及诏书。栎阳虎符格式、用字,与其他秦兵符实际多有不同。战国、秦兵符题铭均不使用"虎符"一语,当称兵符,表述较汉代更凸显君主角色。秦汉兵符存在用字减省与文字勘验功能加强的发展趋势。卫宏《汉旧仪》"皇帝六玺"条,存在脱简。目前转引的诸种点校典籍,断句皆有疏误。研究利用《隋书·礼仪志》等材料,尝试重新拟补。"皇帝六玺"在强调内外之别外,还建构了"行玺""之玺""信玺"的玺宝秩序。秦及汉初主要以皇帝信玺、皇帝行玺两种为主。"信玺"在历史早期地位重要。

诏书在军事活动中与符、节配合使用。东汉初发兵不以虎符,仅以玺书或诏书。汉魏玺书涉及重要命令、慰劳责让,强调帝玺的封装方式,规格相应较高,体现皇帝名义。而一般行下诏书,并不使用玺封。汉唐制书虽名称相同,但因唐代制书乃诏书更名,两者不能简单对应,背后实际反映出汉唐诏书发展的微妙变化。慰劳制书应是由汉代诏书(之一种)而非制书发展而来。秦"命为'制',令为'诏'"的制度变更,在施行层面有更细致的规定。历史早期以命书为突出,令在格式上多用"告"语。秦玺书发卒及行用特征,可为认识汉魏相关制度演变提供线索。

实证所得,具体见长。立基于此,秦统一君主问题的相关探讨,还可提供这样一些认识与启示。

战国时代,风雷激荡,波诡云谲。商鞅居魏,魏不能用,入秦变法,秦终富强。法家学说产于三晋,以之变法改制、推行新策,却在西陲嬴秦效果最佳,枝繁叶茂。这些说明,先进、超前的政治理论,虽针对前沿问题而出现于相对发达的国家,但往往在落后国家有望一击而胜,收获果实。这是因为,面对战国诸侯的政治结构特征,法家要求削弱旧有贵族,全面加强君权。然而,学说产生之地的贵族及中间阶层力量往往强大,新法推行举步维艰。发展相对落后者,贵族与中间力量尚未成熟,君主威权反占优势,因此最有希望推行新法,取得突破;而成功之后,实际又会进一步加强君权,巩固此前结构。秦及后代一些王朝的跨越式发展,由此而来。不过,急速崛起壮大,容易导致对自身评估过高、对形势盲目乐观、对风险疏于防范。政治目标实现之后,下一步当如何走,须沉心思考,提前预备。秦帝业灿然勃兴,又迅即崩溃,为后人提供了镜鉴。

秦变革旧制,显非易事。君主往往以鲜明政策、严格奖惩,争取民众,实现"君—民"联结,如此始有望扭转旧局,缔造新序。此过程中,一方面,行政制度建设与人身、人力控制,可以分离进行。另一方面,国家政策、国家权力,对社会结构、社会群体又有极大影响,前者可以对后者产生很强的塑造作用。秦自变法以降,官僚制、爵制、军制等系列新措冲击着既往等级制,实现着社会等齐化。民众可通过功劳、才具,改变境遇,实现上升。不过,这尚不能视作新秩序的完全定义,而或许只是局部结构的呈现。民众流动性、自由度大为增加的背后,君主与官、民的上下悬隔却在扩大,君主集权空前强化。二者同时发生,并行不悖,帝国巍然而起。

行政政策在实际推行中往往存在波动。"农战"政策受到不同阶段秦政的影响,从中可感知到执政者态度、意向对国家发展走向的巨大权重。战国"天下"主要对应"冠带之伦"的诸夏雄邦,而不涉及四边夷狄。帝国建立后选择守成,还是外攘四夷,与"天下"的扩展与否实相伴随。这提示政治事业与社会秩序存在一定的平衡指数,事业开拓有着界限或限度问题。"农战"等既往政策包含相应的局限性,溢出操作环境下可能存在失效风险。帝国继任者面临是遵奉前任政策、体现自身正统合法性,还是立足实际,转变、调整政策的选择。特别是在没有"明确"经验可循的情况下,后者充满着未知风险,考验着承继者的胆识与智慧。"农战"通过赏罚实现"尊主安国"。相关团结民众的措施,既涉及经济层面,也涉及政治层面。联结建构,充分考虑官、民利益。而二世统治后期,通过固(不)闻声、督责之术等技巧小术,控制官、民,又疏远官、民。联结破坏,源自举措完全围绕人君利益。

政治理念、政治文化层面的"一统",最初主要表现为标举以周天子为核心所确立的"天子—诸侯"政治模式。相关政治传统相当久远,又在"近代"建构、重塑,成为重要的历史背景与参照,进而发挥它的"现实"意义。它不仅体现着上古以来的叙事模式与历史记忆,并且可由一时、一代与久长历史建立逻辑链条,借由新的阐释而发生扩展、消解与更新。政治口号的提出,一方面接续既往传统,确定自身位置;一方面又凸显新政治成就的突破所在,彰显新时代政治运作的原则及特征。

"大一统"的包容性,某种程度上体现了概念的宽泛性。这又反映名称与所对应功能存在一定的疏离。虽然概念由此不够精细,内部逻辑结构也不尽谨严,但是也有助于功能的开放与丰富化,使政治口号在历史发展中始终保持自身活力。政治口号可偏重事实意义层面,也可偏重理念、文化层面。口号过于强调对先代的历史超越,标说固显鲜明,但存在脱离政治叙述传统的可能。不过,在更长时段下,新政治口号及所对应的政治模式,却可能成为后世更为久长时期的深层灵魂。"周秦变革"之下的"初并天下",具有这般意义。

名实之"名",既有观念层面,也有实践层面,二者相互影响,由此实现与"实"的动态联系。战国诸侯的名号变更,内、外部政治秩序间的名号差异,反映着微妙的政治变动与政治调整。预言、谣谶与政治事件、政治实践之间,也具有类似联系。秦君在邦国崛起及对外斗争中,为巩固自身政治利益、建构自身政治语境,尽力利用名号功能,发挥名号的政治意义。政治文化中包括政治名号在内的诸多"名实"之"名",在某种意义上也是一种"实"。政治名号本身就蕴涵着权力。

"皇帝"号与"帝"号不完全相同。前者是在与"分天下"相对的"并天下"背景下提出并确立的,标志着中国古代政治文化传统的变革性转向。因此,它的政治名号意义在当时无论怎样评价,似乎都不为过。

战国中期以来,虽然中央集权的呼声不断高涨,定于"一"的政治期盼一再提及,但是"帝—诸侯"甚或多"帝"制的"分天下"政治模式,仍然广被参考。与之同时,单一郡县制作为选择,是否被视作统治人民的理想典范,并不明朗。早年商鞅在秦虽行单一县制,但自己随后做了封君。单一郡县制还是郡县/诸侯复合制,成为秦议帝号之后廷议争论最为激烈的内容。汉初郡国并行制在某种程度上,是秦朝王绾等大臣建议的实现。

秦由西陲小侯向帝制新邦发展的过程中,政治信物不断维系并巩固着君主的政治军事权力。特别是在疆域急速扩展之时,相关作用及影响不可忽视。而信物政治功能的体现与延续,也反映出国家兴起初叶的有效政治理念与制度资源,可为随后新秩序开创及帝国建设提供持续支持。

战国至秦汉政治军事活动中,符、节与命令、诏书的组合行用,玺书与一般诏书的制作下达,反映了当时政治权力运作丰富与灵活的一面。皇帝制度与行政制度、君主权威与朝廷之制由此相互配合,克服早期治理存在的局限、不足,不断推动着统一、并且被高度组织的帝国向前发展。

参考文献

一 古　籍

［清］阮元校刻:《十三经注疏》,中华书局影印清嘉庆二十年至二十一年江西南昌府学本,2009年。

［清］孙诒让撰,王文锦、陈玉霞点校:《周礼正义》,中华书局,1987年。

［清］王聘珍撰,王文锦点校:《大戴礼记解诂》,中华书局,1983年。

杨伯峻:《春秋左传注》(修订本),中华书局,1990年第2版。

刘尚慈译注:《春秋公羊传译注》,中华书局,2010年。

［梁］皇侃撰,高尚榘校点:《论语义疏》,中华书局,2013年。

杨伯峻:《论语译注》,中华书局,1980年。

［汉］许慎撰,［宋］徐铉校定:《说文解字》,中华书局影印同治十二年陈昌治刊本,1963年。

迟铎:《小尔雅集释》,中华书局,2008年。

［清］黄生撰,［清］黄承吉合按,包殿淑点校:《字诂义府合按》,中华书局,1984年。

［汉］司马迁:《史记》,中华书局,1982年第2版。

［汉］司马迁:《史记》,中华书局点校修订本,2014年。

［汉］班固:《汉书》,中华书局,1962年。

［南朝宋］范晔:《后汉书》,中华书局,1965年。

［晋］陈寿:《三国志》,中华书局,1982年第2版。

［唐］房玄龄等:《晋书》,中华书局,1974年。

［梁］沈约:《宋书》,中华书局,1974年。

［北齐］魏收:《魏书》,中华书局,1974年。

［唐］魏徵等:《隋书》,中华书局,1973 年。

［后晋］刘昫等:《旧唐书》,中华书局,1975 年。

［宋］欧阳修、［宋］宋祁:《新唐书》,中华书局,1975 年。

［宋］司马光编著,［元］胡三省音注:《资治通鉴》,中华书局,1956 年。

［汉］荀悦、［晋］袁宏著,张烈点校:《两汉纪》,中华书局,2002 年。

［汉］宋衷注,［清］秦嘉谟等辑:《世本八种》,商务印书馆,1957 年。

徐元诰撰,王树民、沈长云点校:《国语集解》,中华书局,2002 年。

［汉］刘向集录:《战国策》,上海古籍出版社,1998 年第 2 版。

［汉］刘向集录,范祥雍笺证,范邦瑾协校:《战国策笺证》,上海古籍出版社,2006 年。

缪文远:《战国策新校注》(修订本),巴蜀书社,1998 年第 3 版。

李步嘉:《越绝书校释》,中华书局,2013 年。

张涛:《列女传译注》,山东大学出版社,1990 年。

［晋］葛洪撰,周天游校注:《西京杂记》,三秦出版社,2006 年。

［晋］常璩著,任乃强校注:《华阳国志校补图注》,上海古籍出版社,1987 年。

［清］孙楷著,杨善群校补:《秦会要》,上海古籍出版社,2004 年。

［汉］蔡邕:《独断》,丛书集成初编本据卢文弨校订《抱经堂丛书》本排印,商务印书馆,1939 年。

〔日〕福井重雅编:《訳注西京雜記・独断》,東方書店,2000 年。

［清］孙星衍等辑,周天游点校:《汉官六种》,中华书局,1990 年。

［唐］长孙无忌等撰,刘俊文点校:《唐律疏议》,中华书局,1983 年。

［唐］李林甫等撰,陈仲夫点校:《唐六典》,中华书局,1992 年。

［唐］杜佑撰,王文锦等点校:《通典》,中华书局,1988 年。

［元］马端临著,上海师范大学古籍研究所、华东师范大学古籍研究所点校:《文献通考》,中华书局,2011 年。

［宋］王溥:《唐会要》,上海古籍出版社,2006 年。

［宋］孙逢吉:《职官分纪》,《景印文渊阁四库全书》之《子部二二九・类书类》,台湾商务印书馆,1983 年,第 923 册。

［北魏］郦道元著,陈桥驿校证:《水经注校证》,中华书局,2007 年。

［宋］乐史撰,王文楚等点校:《太平寰宇记》,中华书局,2007 年。

[明]凌稚隆辑校:《史记评林》,明万历吴兴凌氏自刊本。

[清]梁玉绳:《史记志疑》,中华书局,1981年。

[清]郭嵩焘著,贺次君点校:《史记札记》,商务印书馆,1957年。

崔适著,张烈点校:《史记探源》,中华书局,1986年。

[清]张文虎:《校刊史记集解索隐正义札记》,中华书局,2012年。

〔日〕泷川资言考证,杨海峥整理:《史记会注考证》,上海古籍出版社,2015年。

韩兆琦:《史记笺证》,江西人民出版社,2004年。

[清]王先谦:《汉书补注》,中华书局影印光绪二十六年虚受堂刊本,1983年。

[宋]王观国撰,田瑞娟点校:《学林》,中华书局,1988年。

[清]顾炎武著,[清]黄汝成集释,栾保群、吕宗力校点:《日知录集释》(全校本),上海古籍出版社,2006年。

[清]何焯著,崔高维点校:《义门读书记》,中华书局,1987年。

[清]王鸣盛撰,黄曙辉点校:《十七史商榷》,上海古籍出版社,2013年。

[清]王鸣盛著,顾美华点校:《蛾术编》,上海书店出版社,2012年。

[清]钱大昕著,方诗铭、周殿杰校点:《廿二史考异》(附:《三史拾遗》《诸史拾遗》),上海古籍出版社,2004年。

[清]王念孙撰,徐炜君等点校:《读书杂志》,上海古籍出版社,2014年。

[清]陈澧著,钟旭元、魏达纯校点:《东塾读书记》,上海古籍出版社,2012年。

[清]俞樾撰,崔高维点校:《九九消夏录》,中华书局,1995年。

[清]于鬯著,张华民点校:《香草续校书》,中华书局,2013年第2版。

[清]孙诒让著,梁运华点校:《札迻》,中华书局,1989年。

黎翔凤撰,梁运华整理:《管子校注》,中华书局,2004年。

吴则虞:《晏子春秋集释》,中华书局,1962年。

张纯一撰,梁运华点校:《晏子春秋校注》,中华书局,2014年。

蒋礼鸿:《商君书锥指》,中华书局,1986年。

高亨:《商君书注译》,中华书局,1974年。

李解民译注:《尉缭子译注》,河北人民出版社,1992年。

[清]王先谦撰,沈啸寰、王星贤点校:《荀子集解》,中华书局,1988年。

梁启雄:《荀子简释》,中华书局,1983年。

[清]孙诒让撰,孙启治点校:《墨子间诂》,中华书局,2001年。

岑仲勉:《墨子城守各篇简注》,中华书局,1958年。

许维遹撰,梁运华整理:《吕氏春秋集释》,中华书局,2009年。

陈奇猷:《吕氏春秋新校释》,上海古籍出版社,2002年。

张双棣等注译:《吕氏春秋译注》(修订本),北京大学出版社,2011年第2版。

[清]王先慎撰,钟哲点校:《韩非子集解》,中华书局,1998年。

梁启雄:《韩子浅解》,中华书局,1960年。

王利器:《文子疏义》,中华书局,2000年。

王利器:《新语校注》,中华书局,1986年。

[汉]贾谊撰,阎振益、钟夏校注:《新书校注》,中华书局,2000年。

[清]苏舆撰,钟哲点校:《春秋繁露义证》,中华书局,1992年。

何宁:《淮南子集释》,中华书局,1998年。

王利器:《盐铁论校注》(定本),中华书局,1992年。

[汉]刘向撰,向宗鲁校证:《说苑校证》,中华书局,1987年。

石光瑛校释,陈新整理:《新序校释》,中华书局,2001年。

[汉]桓谭撰,朱谦之校辑:《新辑本桓谭新论》,中华书局,2009年。

黄晖:《论衡校释》(附刘盼遂集解),中华书局,1990年。

[汉]焦延寿:《焦氏易林》,丛书集成初编据学津讨原本排印,中华书局,1985年。

[唐]李世民:《帝范》,丛书集成初编本据武英殿聚珍本排印,商务印书馆,1939年。

王天海、王韧:《意林校释》,中华书局,2014年。

[宋]黎靖德编,王星贤点校:《朱子语类》,中华书局,1986年。

[唐]欧阳询撰,汪绍楹校:《艺文类聚》,上海古籍出版社,1999年新2版。

[唐]虞世南撰,孔广陶校注:《北堂书钞》,学苑出版社影印光绪十四年南海孔氏三十有三万卷堂影宋刊本,1998年。

[唐]魏徵等:《群书治要》,四部丛刊据上海涵芬楼影印日本天明七年刊本。

［宋］李昉等：《太平御览》，中华书局据商务印书馆影宋本缩印，1960年。

［宋］王钦若等编纂，周勋初等校订：《册府元龟》，凤凰出版社，2006年。

［宋］王应麟：《玉海》，江苏古籍出版社、上海书店影印光绪九年浙江书局本，1987年。

［宋］柳宗元：《柳宗元集》，中华书局，1979年。

［梁］萧统编，［唐］李善注：《文选》，中华书局影印清胡克家本，1977年。

［清］严可均辑：《全上古三代秦汉三国六朝文》，中华书局影印光绪王毓藻校刻本，1958年。

［梁］刘勰著，范文澜注：《文心雕龙注》，人民文学出版社，1958年。

二 考古文物资料

中国社会科学院考古研究所编：《殷周金文集成》（修订增补本），中华书局，2007年。

吴镇烽编著：《商周青铜器铭文暨图像集成》，上海古籍出版社，2012年。

刘雨、卢岩编著：《近出殷周金文集录》，中华书局，2002年。

刘雨、严志斌：《近出殷周金文集录二编》，中华书局，2009年。

刘雨、汪涛编著：《流散欧美殷周有铭青铜器集录》，上海辞书出版社，2007年。

容庚：《秦汉金文录》，历史语言研究所专刊之五，1931年，收入《容庚学术著作全集》，中华书局，2011年。

王辉编著：《秦铜器铭文编年集释》，三秦出版社，1990年。

王辉：《秦出土文献编年》，新文丰出版公司，2000年。

王辉、程学华：《秦文字集证》，艺文印书馆，2010年。

王辉、王伟编著：《秦出土文献编年订补》，三秦出版社，2014年。

孙慰祖、徐谷富：《秦汉金文汇编》，上海书店，1997年。

国家计量总局、中国历史博物馆、故宫博物院主编：《中国古代度量衡图集》，文物出版社，1984年。

瞿中溶：《集古官印考》十七卷、《集古虎符鱼符考》一卷，《续修四库全书》1109《子部·谱录类》，上海古籍出版社影印本，1996年。

许雄志：《鉴印山房藏古封泥菁华》，河南美术出版社，2011年。

罗振玉：《增订历代符牌图录》，东方学会影印，1925 年，收入《罗雪堂先生全集》七编（二），台湾大通书局，1976 年。

广州市文物管理委员会、中国社会科学院考古研究所、广东省博物馆编辑：《西汉南越王墓》，文物出版社，1991 年。

南京博物院、山东省文物管理处编著：《沂南古画像石墓发掘报告》，文化部文物管理局，1956 年。

许玉林、王连春：《辽宁宽甸县发现秦石邑戈》，《考古与文物》1983 年第 3 期。

黄家祥：《四川青川县出土九年吕不韦戈考》，《文物》1992 年第 11 期。

时瑞宝：《西汉鲁王虎符》，《考古与文物》1988 年第 3 期。

傅振伦：《西汉堂阳侯错银铜虎符考释》，《文物天地》1990 年第 1 期。

景明晨、刘晓华：《咸阳发现汉齐郡太守虎符》，《文博》1990 年第 6 期。

刘晓华、李晶寰：《鲁王虎符与齐郡太守虎符小考》，《文物》2002 年第 4 期。

王望生：《汉长安城发现西汉西河太守虎符》，《文物》2012 年第 6 期。

俞伟超：《汉长安城西北部勘查记》，《考古》1956 年第 5 期。

刘瑞、李毓芳、张翔宇、高博：《陕西西安秦汉栎阳城遗址考古取得重要收获：发现三座古城，确定三号古城遗址为秦汉栎阳所在》，《中国文物报》2018 年 2 月 23 日第 8 版。

睡虎地秦墓竹简整理小组编：《睡虎地秦墓竹简》，文物出版社，1990 年。

湖南省文物考古研究所等：《湖南龙山里耶战国——秦代古城一号井发掘简报》，《文物》2003 年第 1 期。

张春龙、张兴国：《湖南益阳兔子山遗址九号井出土简牍概述》，《国学学刊》2015 年第 4 辑。

湖南省文物考古研究所编著：《里耶秦简〔壹〕》，文物出版社，2012 年。

湖南省文物考古研究所编著：《里耶秦简〔贰〕》，文物出版社，2017 年。

陈伟主编，何有祖、鲁家亮、凡国栋撰著：《里耶秦简牍校释》（第一卷），武汉大学出版社，2012 年。

陈伟主编：《秦简牍合集〔壹〕》，武汉大学，2014 年。

陈伟主编，彭浩、刘乐贤等撰著：《秦简牍合集（壹）》（释文注释修订本），武汉大学出版社，2016 年。

陈伟主编,孙占宇、晏昌贵等撰著:《秦简牍合集(肆)》(释文注释修订本),武汉大学出版社,2016年。

朱汉民、陈松长主编:《岳麓书院藏秦简(壹)》,上海辞书出版社,2010年。

朱汉民、陈松长主编:《岳麓书院藏秦简(叁)》,上海辞书出版社,2013年。

陈松长主编:《岳麓书院藏秦简(肆)》,上海辞书出版社,2015年。

陈松长主编:《岳麓书院藏秦简(伍)》,上海辞书出版社,2017年。

陈松长主编:《岳麓书院藏秦简(壹—叁)释文修订本》,上海辞书出版社,2018年。

湖南省文物考古研究所、益阳市文物处:《湖南益阳兔子山遗址九号井发掘简报》,《文物》2016年第5期。

彭浩、陈伟、〔日〕工藤元男主编:《二年律令与奏谳书——张家山二四七号汉墓出土法律文献释读》,上海古籍出版社,2007年。

马王堆汉墓帛书整理小组编:《马王堆汉墓帛书〔叁〕》,文物出版社,1983年。

湖南省博物馆、复旦大学出土文献与古文字研究中心编纂,裘锡圭主编:《长沙马王堆汉墓简帛集成》,中华书局,2014年。

北京大学出土文献研究所编:《北京大学藏西汉竹书(壹)》,上海古籍出版社,2015年。

北京大学出土文献研究所编:《北京大学藏西汉竹书(叁)》,上海古籍出版社,2015年。

银雀山汉墓竹简整理小组编:《银雀山汉墓竹简〔壹〕》,文物出版社,1985年。

饶宗颐、李均明:《敦煌汉简编年考证》,新文丰出版社公司,1995年。

谢桂华、李均明、朱国炤:《居延汉简释文合校》,文物出版社,1987年。

甘肃省文物考古研究所等编:《居延新简——甲渠候官》,中华书局,1994年。

张德芳:《居延新简集释(七)》,甘肃文化出版社,2016年。

甘肃简牍保护中心等编:《肩水金关汉简(贰)》,中西书局,2012年。

甘肃简牍博物馆等编:《肩水金关汉简(叁)》,中西书局,2013年。

甘肃简牍博物馆等编:《地湾汉简》,中西书局,2017年。

甘肃省文物考古研究所编:《敦煌汉简》,中华书局,1991年。

吴礽骧、李永良、马建华释校:《敦煌汉简释文》,甘肃人民出版社,1991年。

湖南省文物考古研究所等:《湖南张家界古人堤简牍释文与简注》,《中国历史文物》2003年第2期。

张春龙:《湖南张家界市古人堤汉简释文补正》,《简牍学研究》第6辑,甘肃人民出版社,2016年。

三 论 著

Denis Twitchett and Michael Loewe eds. , *The Cambridge History of China*: Volume I : *The Ch'in and Han Empires*, 221 B. C – A. D. 220, Cambridge University Press, 1986.

Enno Giel, *Imperial Decision – Making and Communication in Early China*: *A Study of Cai Yong's Duduan*, Harrassowitz Verlag, 2006.

〔日〕安部健夫:《元代史の研究》,創文社,1972年。

柴德赓:《史籍举要》,北京出版社,2002年。

陈梦家:《汉简缀述》,中华书局,1980年。

陈梦家:《尚书通论》,中华书局,2005年。

陈启天:《商鞅评传》,商务印书馆,1935年。

陈苏镇:《〈春秋〉与"汉道":两汉政治与政治文化研究》,中华书局,2011年。

陈苏镇主编:《中国古代政治文化研究》,北京大学出版社,2009年。

陈垣:《史讳举例》,中华书局,2004年第2版。

陈昭容:《秦系文字研究:从汉字史的角度考察》,历史语言研究所专刊之一〇三,2003年。

陈直:《史记新证》,中华书局,2006年。

陈直:《汉书新证》,中华书局,2008年。

〔英〕崔瑞德、鲁惟一编,杨品泉等译:《剑桥中国秦汉史:公元前221—公元220年》,中国社会科学出版社,1992年。

〔日〕大庭脩著,徐世虹等译:《秦汉法制史研究》,中西书局,2017年。

〔英〕戴维·米勒、韦农·波格丹诺编:《布莱克维尔政治学百科全书》,中国政法大学出版社,1992年。

杜正胜:《编户齐民——传统政治社会结构之形成》,联经出版事业股份有限公司,1990年。

〔日〕渡边信一郎著,徐冲译:《中国古代的王权与天下秩序:从日中比较史的视角出发》,中华书局,2008年。

方诚峰:《北宋晚期的政治体制与政治文化》,北京大学出版社,2015年。

方诗铭:《拾零集》,《方诗铭文集》(第三卷),上海社会科学院出版社,2010年。

冯友兰:《中国哲学简史》,生活·读书·新知三联书店,2009年。

冯友兰:《中国哲学史》,华东师范大学出版社,2000年。

〔日〕冨谷至编:《漢簡語彙考証》,岩波书店,2015年。

甘怀真:《皇权、礼仪与经典诠释:中国古代政治史研究》,华东师范大学出版社,2008年。

甘怀真编:《东亚历史上的天下与中国观念》,台大出版中心,2007年。

高明士:《天下秩序与文化圈的探索:以东亚古代的政治与教育为中心》,上海古籍出版社,2008年。

顾颉刚:《顾颉刚读书笔记》,中华书局,2011年。

顾颉刚:《史林杂识初编》,中华书局,1963年。

顾颉刚:《中国上古史研究讲义》,中华书局,2002年。

郭永秉:《帝系新研:楚地出土战国文献中的传说时代古帝王系统研究》,北京大学出版社,2008年。

〔日〕好並隆司:《秦漢帝国史研究》,未来社,1978年。

郝树声、张德芳:《悬泉汉简研究》,甘肃文化出版社,2009年。

洪德荣:《先秦符节研究》,花木兰出版社,2013年。

洪家义:《吕不韦评传》,南京大学出版社,1995年。

侯外庐、赵纪彬、杜国庠:《中国思想通史》(第一卷),人民出版社,1957年。

后晓荣:《秦代政区地理》,社会科学文献出版社,2009年。

胡平生、马月华校注:《简牍检署考》,上海古籍出版社,2004年。

黄今言:《秦汉军制史论》,江西人民出版社,1993年。

黄留珠:《秦汉仕进制度》,西北大学出版社,1985年。

〔美〕加布里埃尔·A·阿尔蒙德、小G·宾厄姆·鲍威尔著,曹沛霖等译:《比较政治学:体系、过程和政策》,上海译文出版社,1987年。

蒋重跃:《韩非子的政治思想》,北京师范大学出版社,2000年。

〔日〕金子修一著,肖圣中、吴思思、王曹杰译:《古代中国与皇帝祭祀》,复旦大学出版社,2017年。

〔美〕柯马丁著,刘倩译,杨治宜、梅丽校:《秦始皇石刻:早期中国的文本与仪式》,上海古籍出版社,2015年。

雷戈:《秦汉之际的政治思想与皇权主义》,上海古籍出版社,2006年。

〔英〕雷蒙·威廉斯著,刘建基译:《关键词:文化与社会的词汇》,生活·读书·新知三联书店,2005年。

李均明、刘军:《简牍文书学》,广西教育出版社,1999年。

李均明:《秦汉简牍文书分类辑解》,文物出版社,2009年。

李开元:《汉帝国的建立与刘邦集团:军功受益阶层研究》,生活·读书·新知三联书店,2000年。

李凯:《先秦巡狩研究》,北京师范大学出版社,2017年。

李零:《简帛古书与学术源流》,生活·读书·新知三联书店,2004年。

梁云:《战国时代的东西差别——考古学的视野》,文物出版社,2008年。

廖伯源:《使者与官制演变:秦汉皇帝使者考论》,文津出版社,2006年。

林剑鸣:《秦史稿》,中国人民大学出版社,2009年。

刘泽华:《先秦士人与社会》,天津人民出版社,2004年。

刘泽华:《中国的王权主义》,上海人民出版社,2000年。

刘泽华:《中国政治思想史集》第一卷《先秦政治思想史》,人民出版社,2008年。

刘泽华:《中国政治思想史集》第二卷《秦至近代政治思想散论》,人民出版社,2008年。

刘泽华:《中国政治思想史集》第三卷《王权主义与思想和社会》,人民出版社,2008年。

刘昭祥:《中国军事制度史:军事组织体制编制卷》,大象出版社,1997年。

吕思勉:《经子解题》,华东师范大学出版社,1995年。

吕思勉:《读史札记(上)》,《吕思勉全集》9,上海古籍出版社,2016年。

吕思勉:《吕著史学与史籍》,华东师范大学出版社,2002 年。

吕思勉:《秦汉史》,上海古籍出版社,2005 年。

吕思勉:《先秦学术概论》,上海书店,1992 年。

〔美〕罗斯金等著,林震等译:《政治科学》(第 6 版),华夏出版社,2001 年。

罗振玉、王国维编著:《流沙坠简》,中华书局据上虞罗氏永慕园丛书 1934 年修订版重印,1993 年。

马非百:《秦集史》,中华书局,1982 年。

马克垚:《古代专制制度考察》,北京大学出版社,2017 年。

马孟龙:《西汉侯国地理》,上海古籍出版社,2013 年。

蒙文通:《古史甄微》,巴蜀书社,1999 年。

缪文远:《战国策考辨》,中华书局,1984 年。

裴学海:《古书虚字集释》,中华书局,1954 年。

〔日〕平势隆郎:《史記二二〇〇年の虚実—年代矛盾の謎と隠された正統観》,講談社,2000 年。

钱穆:《先秦诸子系年》,九州出版社新校本,2011 年。

〔日〕淺野裕一:《黄老道の成立と展開》,創文社,1992 年。

仇鹿鸣:《魏晋之际的政治权力与家族网络》,上海古籍出版社,2015 年。

沈长云等:《赵国史稿》,中华书局,2000 年。

史党社:《〈墨子〉城守诸篇研究》,中华书局,2011 年。

〔日〕守屋美都雄著,钱杭、杨晓芬译:《中国古代的家族与国家》,上海古籍出版社,2010 年。

宋洪兵:《韩学源流》,法律出版社,2017 年。

孙启治、陈建华编撰:《中国古佚书辑本目录解题》,上海古籍出版社,2009 年。

孙闻博:《秦汉军制演变史稿》,中国社会科学出版社,2016 年。

谭其骧主编:《中国历史地图集》第二册《秦·西汉·东汉时期》,中国地图出版社,1982 年。

田昌五、臧知非:《周秦社会结构研究》,西北大学出版社,1996 年。

田天:《秦汉国家祭祀史稿》,生活·读书·新知三联书店,2015 年。

仝卫敏:《出土文献与〈商君书〉综合研究》,花木兰出版社,2013 年。

童书业著、童教英校订:《春秋左传研究》(校订本),中华书局,2006年。

〔日〕土口史記:《先秦時代の領域支配》,京都大学学術出版会,2011年。

汪桂海:《汉代官文书制度》,广西教育出版社,1999年。

汪受宽:《谥法研究》,上海古籍出版社,1995年。

王辉、陈昭容、王伟:《秦文字通论》,中华书局,2016年。

王辉:《古文字通假字典》,中华书局,2008年。

王家范:《中国历史通论》(增订本),生活·读书·新知三联书店,2012年。

王叔岷:《史记斠证》,中华书局,2007年。

王伟:《秦玺印封泥职官地理研究》,中国社会科学出版社,2014年。

王亚南:《中国官僚政治研究》,中国社会科学出版社,1981年。

王子今:《权力的黑光》,陕西人民出版社,2006年。

〔日〕尾形勇著,张鹤泉译:《中国古代的"家"与国家》,中华书局,2010年。

吴福助:《秦始皇刻石考》,文史哲出版社,1994年。

吴良宝:《战国楚简地名辑证》,武汉大学出版社,2010年。

〔日〕西嶋定生:《中国古代帝国の形成と構造:二十等爵制の研究》,東京大学出版会,1961年,中译本《中国古代帝国的形成与结构——二十等爵制研究》,武尚清译,中华书局,2004年。

〔日〕西嶋定生:《中国古代国家と東アジア世界》,東京大学出版会,1983年。

萧公权:《中国政治思想史》,辽宁教育出版社,1998年。

辛德勇:《古代交通与地理文献研究》,商务印书馆,2018年。

辛德勇:《秦汉政区与边界地理研究》,中华书局,2009年。

徐复观:《两汉思想史》,九州出版社,2014年。

许同莘:《公牍学史》,商务印书馆,1949年。

薛英群:《居延汉简通论》,甘肃教育出版社,1991年。

严耕望:《中国地方行政制度史——秦汉地方行政制度》,上海古籍出版社,2007年。

阎步克:《从爵本位到官本位:秦汉官僚品位结构研究》,生活·读书·新知三联书店,2009年。

阎步克:《品位与职位——秦汉魏晋南北朝官阶制度研究》,中华书局,

2002 年。

阎步克:《士大夫政治演生史稿》,北京大学出版社,1996 年。

阎步克:《中国古代官阶制度引论》,北京大学出版社,2010 年。

杨鸿年:《汉魏制度丛考》,武汉大学出版社,2005 年。

杨宽:《商鞅变法》,上海人民出版社,1955 年。

杨宽:《战国史》,上海人民出版社,2003 年。

杨宽:《战国史料编年辑证》,上海人民出版社,2001 年。

杨树达:《词诠》,中华书局,2004 年。

杨树达:《汉书窥管》,上海古籍出版社,2006 年。

杨向奎:《大一统与儒家思想》,中国友谊出版社,1989 年。

于洪涛:《岳麓秦简〈为吏治官及黔首〉研究》,花木兰出版社,2015 年。

张纯、王晓波:《韩非思想的历史研究》,中华书局,1986 年。

张金光:《秦制研究》,上海古籍出版社,2004 年。

张金光:《战国秦社会经济形态新探:官社经济体制模式研究》,商务印书馆,2013 年。

张林祥:《〈商君书〉的成书与思想研究》,人民出版社,2008 年。

郑良树:《商鞅及其学派》,上海古籍出版社,1989 年。

郑良树:《商鞅评传》,南京大学出版社,1998 年。

〔日〕中村裕一:《隋唐王言の研究》,汲古書院,2003 年。

〔日〕中村裕一:《唐代制勅研究》,汲古書院,1991 年。

周良霄:《皇帝与皇权》(增订本),上海古籍出版社,2006 年。

周振鹤、李晓杰:《中国行政区划通史·总论、先秦卷》,复旦大学出版社,2009 年。

朱绍侯:《军功爵制考论》,商务印书馆,2008 年。

朱晓雪:《包山楚简综述》,福建人民出版社,2014 年。

祝总斌:《两汉魏晋南北朝宰相制度研究》,中国社会科学出版社,1998 年第 2 版。

〔日〕佐藤将之:《荀子礼治思想的渊源与战国诸子之研究》,台大出版中心,2013 年。

四 论 文

〔日〕阿部幸信著,徐冲译,吕静校:《汉初天下秩序考论》,《史林挥麈:纪念方诗铭先生学术论文集》,上海古籍出版社,2015年。

〔日〕阿部幸信:《漢初"郡国制"再考》,《日本秦漢史学会会報》第9号,2008年。

〔日〕阿部幸信:《皇帝六璽の成立》,《中國出土資料研究》第8号,2004年。

〔日〕阿部幸信著,王安泰译:《论汉朝的"统治阶级"——以西汉时期的变迁为中心》,《台大东亚文化研究》2013年第1期。

安子毓、王绍东:《李斯"督责之书"系伪作辨》,《史学月刊》2013年第7期,收入《秦汉史论丛》第13辑,郑州大学出版社,2014年。

卜宪群:《秦汉公文文书与官僚行政管理》,《历史研究》1997年第4期,收入《秦汉官僚制度》,社会科学文献出版社,2002年。

晁福林:《商鞅变法史事考》,《人文杂志》1994年第4期。

晁福林:《商鞅史事考》,《中国史研究》1994年第3期。

晁福林:《周太史儋谶语考》,《史学月刊》1993年第6期。

陈侃理:《里耶秦方与"书同文字"》,《文物》2014年第9期,收入《简帛文献与古代史——第二届出土文献青年学者国际论坛论文集》,上海古籍出版社,2015年。

陈侃理:《睡虎地秦简"为吏之道"应更名"语书"——兼谈"语书"名义及秦简中类似文献的性质》,《出土文献》第6辑,中西书局,2015年。

陈力:《漢代の璽書と制書》,《阪南论集》(人文·自然科学编)33-2,1997年。

陈力:《略谈秦汉时期皇帝驾崩前后发行的"遗诏"和"玺书"》,《阪南论集》(人文·自然科学编)36-1,2000年。

陈梦家:《秦刻石杂考》,收入《陈梦家学术论文集》,中华书局,2016年。

陈平:《试论战国型秦兵的年代及有关问题》,《中国考古学研究论集——纪念夏鼐先生考古五十周年》,三秦出版社,1987年。

陈松长:《岳麓秦简中的令文格式初论》,《上海师范大学学报》(哲学社会科学版)2017年第6期。

陈伟:《〈秦二世元年十月甲午诏书〉通释》,《江汉考古》2017 年第 1 期,收入《秦简牍校读及所见制度考察》,武汉大学出版社,2017 年。

陈伟:《岳麓书院藏秦简先王之令解读及相关问题探讨》,《历史语言研究所集刊》第 88 本第 1 分,2017 年,收入《秦简牍校读及所见制度考察》,武汉大学出版社,2017 年。

陈直:《〈汉书·赵充国传〉与居延汉简的关系》,收入《文史考古论丛》,中华书局,2018 年。

陈直:《〈墨子·备城门〉等篇与居延汉简》,《中国史研究》1980 年第 1 期,收入《文史考古论丛》,中华书局,2018 年。

陈尊祥:《杜虎符真伪考辨》,《文博》1985 年第 6 期。

〔日〕池田雄一:《商鞅の県制—商鞅の變法（一）—》,《中央大学文学部紀要》史学科 22,1977 年,收入《中国古代的聚落与地方行政》,郑威译,复旦大学出版社,2017 年。

崔建华:《秦统一合理化宣传策略的形成及改进——以初并天下诏为中心的探讨》,《人文杂志》2015 年第 11 期。

崔建华:《秦统一进程中的分封制》,《陕西师范大学学报》2017 年第 1 期。

〔日〕大西克也:《从里耶秦简和秦封泥探讨"泰"字的造字意义》,《简帛》第 8 辑,上海古籍出版社,2013 年。

〔日〕大櫛敦弘:《斉王に見せた夢—〈戦国縦横家書〉における覇権のかたち—》,《人文科学研究》第 8 号,2001 年。

〔日〕大櫛敦弘:《統一前夜—戦国後期の"国際"秩序—》,《名古屋大学東洋史研究報告》第 19 号,1995 年。

代国玺:《蔡邕〈独断〉考论》,《文献》2015 年第 1 期。

代国玺:《汉代公文形态新探》,《中国史研究》2015 年第 2 期。

代国玺:《说"制诏御史"》,《史学月刊》2017 年第 7 期。

代国玺:《由"记王言"而"代王言":战国秦汉人臣草诏制度的演生》,《文史哲》2015 年第 6 期。

〔日〕东晋次:《秦汉帝国论》,收入《日本学者研究中国史论著选译》第二卷《专论》,夏日新译,中华书局,1993 年。

董珊:《读珍秦斋藏吴越三晋铭文札记》,《珍秦斋藏金—吴越三晋篇》,澳门基金会,2008年。

冯树勤:《从〈商君书〉辑定年代看古籍整理的几项要素》,《书目季刊》第38卷第3期,2004年。

〔日〕福井重雅:《蔡邕と〈独断〉》,《史観》107,1982年。

甘怀真:《"天下"观念的再检讨》,吴展良编《东亚近世世界观的形成》,台大出版中心,2007年。

甘怀真:《皇帝制度是否为专制?》,《钱穆先生纪念馆馆刊》4,1996年,收入《皇权、礼仪与经典诠释:中国古代政治史研究》,华东师范大学出版社,2008年。

甘怀真:《天下概念成立的再探索》,《北京大学中国古文献研究中心集刊》第9辑,北京大学出版社,2010年。

高亨:《韩非子〈初见秦〉篇作于韩非考》,《古史辨》第四册,上海古籍出版社,1982年。

高亨:《商君书新笺》,《山东大学学报》(中国语言文学版)1963年第5期。

高亨:《商鞅与〈商君书〉的批判》,《山东大学学报》(中国语言文学版)1959年第3期。

高亨:《商鞅与〈商君书〉略论》,《文史哲》1974年第2期。

〔日〕古贺登:《商君書境内篇校訂訳註》,《東洋史論叢:鈴木俊先生古稀記念》,山川出版社,1975年。

〔日〕谷中信一:《戦國時代後期における"大一統"思想の展開》,《日本中国学五〇年記念論集》,汲古書院,1998年,《斉地の思想文化展開と古代中国の形成》,汲古書院,2008年。

顾颉刚、童书业:《汉代以前中国人的世界观念与域外交通的故事》,《禹贡半月刊》第5卷第3、4期合刊,1936年,收入《顾颉刚古史论文集》,中华书局,2010年。

顾颉刚、杨向奎:《三皇考》,《燕京学报》专号之八,哈佛燕京学社,1936年,《古史辨》第七册中编,收入《顾颉刚古史论文集》,中华书局,2010年。

顾颉刚:《答刘胡两先生书》,《读书杂志》第11期,1923年,《古史辨》第一册,收入《顾颉刚古史论文集》,中华书局,2010年。

顾颉刚:《秦汉统一的由来和战国人对于世界的想像》,《孔德旬刊》第34期,1926年,《国立中山大学语言历史学研究所周刊》第1集第1期,1927年,收入《顾颉刚古史论文集》,中华书局,2010年。

顾颉刚:《五德终始说下的政治和历史》,《清华学报》第6卷第1期,1930年,《古史辨》第五册,收入《顾颉刚古史论文集》,中华书局,2010年。

顾颉刚:《周官辨非序——周公制礼的传说和周官一书的出现》,《文史》第6辑,中华书局,1979年,收入《顾颉刚古史论文集》,中华书局,2010年。

管东贵:《柳宗元〈封建论〉读后——兼论中国皇帝制的生态》,《龙宇纯先生七秩晋五寿庆论文集》,台湾学生书局,2002年,收入《从宗法封建制到皇帝郡县制的演变:以血缘解钮为脉络》,中华书局,2010年。

郭沫若:《前期法家的批判》,《郭沫若全集·历史编》第二卷《十批判书》,人民出版社,1982年。

郭沫若:《述吴起》,《郭沫若全集·历史编》第一卷《青铜时代》,人民出版社,1982年。

郭永秉:《近年出土战国文献给古史传说研究带来的若干新知与反思》,《出土文献与古文字研究》第7辑,上海古籍出版社,2018年。

郭永秉:《秦骃玉版铭文考释中的几个问题》,《古代中国——传统与变革》第1辑,复旦大学出版社,2005年,收入《古文字与古文献论集》,上海古籍出版社,2011年。

〔日〕好並隆司:《商君書徠民、算地兩篇よりみた秦朝權力の形成過程》,《東洋史研究》44-1,1985年。

贺昌群:《〈流沙坠简〉校补》,《图书季刊》第二卷第一期,1935年,修订稿收入《贺昌群文集》第一卷《史学丛论》,商务印书馆,2003年。

何有祖:《〈秦二世元年十月甲午诏书〉补读》,简帛网,2015年11月24日,http://www.bsm.org.cn/show_article.php?id=2373。

侯旭东:《告别线性历史观》,《理论与史学》第2辑,中国社会科学出版社,2016年,收入《宠:信—任型君臣关系与西汉历史的展开》,北京师范大学出版社,2018年。

侯旭东:《西汉御史大夫寺位置的变迁:兼论御史大夫的职掌》,《中华文史论丛》2015年第1期。

侯旭东:《渔采狩猎与秦汉北方民众生计》,《历史研究》2010年第5期,收入《近观中古史:侯旭东自选集》,中西书局,2015年。

侯旭东:《中国古代专制说的知识考古》,《近代史研究》2008年第4期,收入《近观中古史:侯旭东自选集》,中西书局,2015年。

胡大贵、冯一下:《蜀郡设置和第一任蜀守考》,《四川师范大学学报》(社会科学版)1993年第2期。

胡平生:《写在木觚上的西汉遗诏》,《文物天地》1987年第6期,收入《胡平生简牍文物论稿》,中西书局,2012年。

黄敏兰:《质疑中国古代专制说依据何在》,《近代史研究》2009年第6期。

黄盛璋:《秦兵器分国、断代与有关制度的研究》,《古文字研究》第21辑,中华书局,2001年。

黄盛璋:《秦封宗邑瓦书及其相关问题考辨》,《考古与文物》1991年第3期。

黄永年:《李斯上书谏逐客事考辨》,《文史存稿》,三秦出版社,2004年。

〔日〕吉本道雅:《商君变法研究序说》,《史林》83-4,2000年。

〔日〕吉開将人:《印から見た南越世界(後篇)—嶺南古璽印考—》,《東洋文化研究所紀要》139,2000年。

贾志刚:《甘肃庄浪县出土隋铜虎符再考察》,"区域视野下的中古史研究"国际学术研讨会暨第五届中国中古史前沿论坛会议论文,2017年7月。

姜亮夫:《敦煌学必须容纳的一些古迹文物》,《西北师院学报》(社会科学版)1982年第4期。

〔日〕金子修一:《皇帝制度——日本战后对汉唐皇帝制度的研究》,谷川道雄主编《魏晉南北朝隋唐時代史の基本問題》,汲古書院,1997年,收入《古代中国与皇帝祭祀》,肖圣中等译,复旦大学出版社,2017年。

劳榦:《秦的统一与其覆亡》,《历史语言研究所集刊》第48本第2分,1977年,收入《古代中国的历史与文化》,中华书局,2006年。

雷海宗:《皇帝制度之成立》,《清华学报》1934年第4期。

黎明钊:《秦代什伍连坐制度之渊源问题》,《大陆杂志》第79卷第4期,1989年,收入《辐辏与秩序:汉帝国地方社会研究》,香港中文大学出版社,2013年。

李家浩:《贵将军虎节与辟大夫虎节——战国符节铭文研究之一》,《中国历史博物馆馆刊》1993年第2期。

李家浩:《秦驷玉版铭文研究》,《北京大学古文献研究中心集刊》第2辑,北京燕山出版社,2001年,收入《安徽大学汉语言文字研究丛书·李家浩卷》,安徽大学出版社,2013年。

李锦绣:《唐"王言之制"初探——读唐六典札记之一》,李铮、蒋忠新主编《季羡林教授八十华诞纪念论文集》,江西人民出版社,1991年。

李零:《帝系、族姓的历史还原——读徐旭生〈中国古史的传说时代〉》,《文史》2017年第3辑。

李零:《考古发现与神话传说》,《学人》第5辑,江苏文艺出版社,1994年,收入《李零自选集》,广西师范大学出版社,1998年。

李零:《两次大一统(上)》《两次大一统(中)》《两次大一统(下)》,《东方早报·上海书评》2010年4月18日—6月13日,收入《我们的中国》第一编《茫茫禹迹:中国的两次大一统》,生活·读书·新知三联书店,2016年。

李零:《翁仲考》,《入山与出塞》,文物出版社,2004年。

李零:《中国古代地理的大视野》,《九州》第1辑,中国环境科学出版社,1997年,收入《中国方术续考》,东方出版社,2001年,又收入《我们的中国》第四编《思想地图:中国地理的大视野》,生活·读书·新知三联书店,2016年。

李清和:《论商鞅变法》,《中国史研究》1983年第3期。

李锐:《上古史新研——试论两周古史系统的四阶段变化》,《清华大学学报》2016年第4期。

李锐:《上古史研究之反思——兼论周人古史系统的转变与礼制之变化》,《河北学刊》2015年第6期。

李锐:《诸子百家的治术争鸣》,《国学学刊》2018年第1期。

李学勤:《秦简与〈墨子〉城守各篇》,《云梦秦简研究》,中华书局,1981年,收入《简帛佚籍与学术史》,江西教育出版社,2001年。

李学勤:《秦孝公、惠文王时期铭文》,《中国社会科学院研究生院学报》1992年第5期,收入《缀古集》,上海古籍出版社,1998年。

李学勤:《战国秦四年瓦书考释》,《联合书院三十周年纪念论文集》,香港中文大学,1987年,收入《李学勤学术文化随笔》,中国青年出版社,1999年。

李振宏:《从政治体制角度看秦至清社会的皇权专制属性》,《中国史研究》2016年第3期。

李振宏:《秦至清皇权专制社会说的法制史论证》,《古代文明》2016年第

3 期。

李振宏:《秦至清皇权专制社会说的经济史论证》,《河南师范大学学报》2016 年第 6 期。

李振宏:《秦至清皇权专制社会说的思想史论证》,《清华大学学报》2016 年第 4 期。

〔日〕栗原朋信著,覃圣敏译:《南越君主名号小考》,《广西民族研究》1986 年第 2 期。

〔日〕栗原朋信:《秦と漢初の"皇帝"号について》,收入《上代日本对外関係の研究》,吉川弘文館,1978 年。

〔日〕栗原朋信:《史記の秦始皇本紀に関する二・三の研究》,收入《秦漢史の研究》,吉川弘文館,1960 年。

〔日〕栗原朋信:《文獻にあらわれたる秦漢璽印の研究》,收入《秦漢史の研究》,吉川弘文館,1960 年。

梁启超著,吴松等点校:《中国专制政治进化史论》,收入《饮冰室文集点校》,云南教育出版社,2001 年。

梁涛:《荀子行年新考》,《陕西师范大学学报》(哲学社会科学版)2000 年第 4 期。

林剑鸣:《试论商鞅变法成功的原因》,《西北大学学报》1978 年第 2 期。

林素清:《秦简〈为吏之道〉与〈为吏治官及黔首〉研究》,《简帛》第 8 辑,上海古籍出版社,2013 年。

凌文超:《秦汉魏晋编户民社会身份的变迁——从"士大夫"到"吏民"》,《文史哲》2015 年第 2 期。

刘后滨:《从蔡邕〈独断〉看汉代公文形态与政治体制的变迁》,《广东社会科学》2002 年第 4 期,收入《唐代中书门下体制研究——公文形态·政务运行与制度变迁》,齐鲁书社,2004 年。

刘家和:《论汉代春秋公羊学的大一统思想》,《史学理论研究》1995 年第 2 期,收入《史学、经学与思想:在世界史背景下对于中国古代历史文化的思考》,北京师范大学出版社,2005 年。

刘家和:《先秦时期天下一家思想的萌生》,收入《史学、经学与思想:在世界史背景下对于中国古代历史文化的思考》,北京师范大学出版社,2005 年。

刘绍刚:《汉律伪写玺印罪与西汉的政治斗争》,《出土文献研究》第 6 辑,上海古籍出版社,2004 年。

刘卓异:《战国卫国纪年三考》,《中国史研究》2018 年第 4 期。

吕思勉:《〈秦代初平南越考〉之商榷》,《国学论衡》第四期,1934 年,收入《吕思勉论学丛稿》,上海古籍出版社,2006 年。

吕思勉:《三皇五帝考》,《古史辨》第七册中编,上海古籍出版社,1982 年。

罗根泽:《商君书探源》,《古史辨》第六册,上海古籍出版社,1982 年。

马非百:《关于秦国杜虎符之铸造年代》,《文物》1982 年第 11 期。

马衡:《北魏虎符跋》,《北京社会日报·生春红副刊》第 87 号,1926 年 3 月 1 日,《考古通讯》1956 年第 4 期,收入《凡将斋金石丛稿》,中华书局,1977 年。

马怡:《"始建国二年诏书"册所见诏书之下行》,《历史研究》2006 年第 5 期。

马怡:《汉代诏书之三品》,《田余庆先生九十华诞颂寿论文集》,中华书局,2014 年。

马怡:《皂囊与汉简所见皂纬书》,《文史》2004 年第 4 辑,收入吴荣曾、汪桂海主编《简牍与古代史研究》,北京大学出版社,2012 年。

麦孟华:《商鞅评传》,国学整理社《诸子集成》5,世界书局,1935 年。

蒙文通、缪凤林:《三皇五帝说探源》,《古史辨》第七册中编,上海古籍出版社,1982 年。

蒙文通:《秦之社会》,《史学季刊》第 1 卷第 1 期,1940 年,收入《古史甄微》,巴蜀书社,1999 年。

孟宪实:《从"诏书"到"制书"》,《文献》2019 年第 5 期。

孟彦弘:《代后论:中国从农业文明向工业文明的过渡——对中国资本主义萌芽及相关诸问题研究的反思》,收入《出土文献与汉唐典制研究》,北京大学出版社,2015 年。

缪钺:《〈吕氏春秋〉撰著考》,《中国文化研究汇刊》第 6 卷,1946 年,收入缪钺著,缪元朗编《读史存稿》(增订本),北京大学出版社,2017 年。

牟宗三:《秦之发展与申韩》,《民主评论》第 4 卷第 5 期,1953 年,收入《牟宗三先生全集》9《历史哲学》,联经出版事业股份有限公司,2003 年。

欧阳凤莲:《〈商君书·徕民〉篇的移民思想及其实践》,《史学月刊》2008 年第 6 期。

齐思和:《商鞅变法考》,《燕京学报》第 33 期,1947 年,收入《中国史探研》,河北教育出版社,2003 年。

〔韩〕琴载元:《战国时期秦领土扩张及置郡背景》,《首都师范大学学报》(社会科学版)2016 年第 4 期。

裘锡圭:《读简帛文字资料札记》,《简帛研究》第 1 辑,法律出版社,1993 年,收入《裘锡圭学术文集》第二卷《简牍帛书卷》,复旦大学出版社,2012 年。

裘锡圭:《关于商代的宗族组织与贵族和平民两个阶级的初步研究》,《文史》第 17 辑,中华书局,1983 年,收入《裘锡圭学术文集》第五卷《古代历史、思想、民俗卷》,复旦大学出版社,2015 年。

裘锡圭:《新出土先秦文献与古史传说》,《李珍华纪念集》,北京大学出版社,2003 年,《北京大学中国古文献研究集刊》第 4 辑,北京大学出版社,2004 年,收入《中国出土古文献十讲》,复旦大学出版社,2004 年。

冉昭德:《试论商鞅变法的性质》,《历史研究》1957 年第 6 期,收入杨倩如编著《冉昭德文存》,山东大学出版社,2014 年。

容庚:《秦始皇刻石考》,《燕京学报》第 17 期,1935 年。

容肇祖:《商君书考证》,《燕京学报》第 21 期,1937 年。

〔日〕杉村伸二:《秦漢初における"皇帝"と"天子"—戦国後期～漢初の国制展開と君主号—》,《福岡教育大学紀要》第 60 号,第 2 分册,2011 年。

尚志儒:《秦封宗邑瓦书的几个问题》,《文博》1986 年第 6 期。

史念海:《直道和甘泉宫遗迹质疑》,《中国历史地理论丛》1988 年第 3 辑,收入《河山集》四集,陕西师范大学出版社,1991 年。

斯维至:《商鞅变法及其有关问题》,收入唐嘉弘主编《先秦史研究》,云南民族出版社,1987 年。

孙家洲:《兔子山遗址出土〈秦二世元年文书〉与〈史记〉纪事抵牾释解》,《湖南大学学报》(社会科学版)2015 年第 3 期。

孙闻博:《东郡之置与秦灭六国——以权力结构与郡制推行为中心》,《史学月刊》2017 年第 9 期。

孙闻博:《范雎"远交近攻"与秦对外战略的北移》,《西北大学学报》(哲学社会科学版)2020 年第 1 期。

孙闻博:《秦据汉水与南郡之置——以军事交通与早期郡制为视角的考察》,曾磊、孙闻博、徐畅、李兰芳主编《飞軨广路:中国古代交通史论集》,中国社会科学出版社,2015年。

孙闻博:《商鞅県制の推進と秦における県・郷関係の確立――出土史料と伝世文献による再検討――》,〔日〕藤田勝久、關尾史郎主编《簡牘が描く中国古代の政治と社会》,汲古書院,2017年,《简帛》第15辑,上海古籍出版社,2017年,收入《出土文献的世界:第六届出土文献青年学者论坛论文集》,中西书局,2018年。

谭其骧:《秦郡新考》,《浙江学报》第2卷第1期,1947年,收入《长水集》,人民出版社,1987年。

田炜:《论秦始皇"书同文字"政策的内涵及影响——兼论判断出土秦文献文本年代的重要标尺》,《历史语言研究所集刊》第89本第3分,2018年。

田余庆:《说张楚——关于"亡秦灭楚"问题的探讨》,《历史研究》1989年第2期,收入《秦汉魏晋史探微》(重订本),中华书局,2004年。

仝卫敏:《"孝公欲傳商君"说释疑》,《北京师范大学学报》(社会科学版)2010年第1期。

仝卫敏:《〈商君书・徕民篇〉成书新探》,《史学史研究》2008年第3期。

王国维著,彭林整理:《记新莽四虎符》,《观堂集林》(外二种),河北教育出版社,2001年。

王国维著,彭林整理:《秦阳陵虎符跋》,《观堂集林》(外二种),河北教育出版社,2001年。

王利器:《文学古义今案》,《传统文化与现代化》1995年第2期,收入《晚传书斋集》,华东师范大学出版社,1997年。

王文涛:《中国古代"专制"概念解读》,《中国史研究》2006年第4期。

王文涛:《中国古代"专制"概念述考》,《思与言》第44卷第4期,2006年。

王文涛:《"专制"不是表述中国古代"君主专制"的词语》,《史学月刊》2012年第8期。

王晓波:《商君与〈商君书〉的思想分析》,《大陆杂志》第49卷第1期,1974年,收入《先秦法家思想史论》,联经出版事业股份有限公司,1991年。

王晓波:《申不害的重术思想研究》,《大陆杂志》第51卷第4期,1975年,收入《先秦法家思想史论》。

王玉德:《秦嘉谟〈世本辑补〉述评——兼论秦氏的剽窃之嫌》,《文献》1997年第1期。

王子今、李禹阶:《秦汉时期的"太上皇"》,《河北学刊》2009年第6期,收入《秦汉称谓研究》,中国社会科学出版社,2014年。

王子今:《"巡狩":文明初期的交通史记忆》,《中原文化研究》2016年第6期。

王子今:《〈汉书〉的海洋纪事》,《史学史研究》2012年第4期,收入《东方海王:秦汉时期齐人的海洋开发》,中国社会科学出版社,2015年。

王子今:《略论秦始皇的海洋意识》,《光明日报》2012年12月13日第11版。

王子今:《论吕不韦及其封君河南事》,《洛阳工学院学报》2002年第1期,收入《战国秦汉交通格局与区域行政》,中国社会科学出版社,2015年。

王子今:《论战国晚期河洛地区成为会盟中心的原因》,《中州学刊》2006年第4期,收入《战国秦汉交通格局与区域行政》,中国社会科学出版社,2015年。

王子今:《秦汉时期的海洋开发与早期海洋学》,《社会科学战线》2013年第7期。

王子今:《秦兼并蜀地的意义与蜀人对秦文化的认同》,《四川师范大学学报》1998年第2期,收入《秦汉区域文化研究》,四川人民出版社,1998年。

王子今:《秦兼并战争中的"出其人"政策——上古移民史的特例》,《文史哲》2015年第4期,收入《秦汉交通史新识》,中国社会科学出版社,2015年。

王子今:《秦史的宣太后时代》,《光明日报》2016年1月20日14版。

王子今:《秦始皇议定"帝号"与执政合法性宣传》,《人文杂志》2016年第2期。

王子今:《秦制与"皇帝"称谓发明》,收入《秦汉称谓研究》,中国社会科学出版社,2014年。

王子今:《上古地理意识中的"中原"与"四海"》,《中原文化研究》2014年第1期。

吴良宝:《战国文字所见三晋置县辑考》,《中国史研究》2002年第4期。

吴荣曾:《东周西周两国史研究》,《先秦两汉史研究》,中华书局,1995年。

吴荣曾:《秦代的行田和假田》,《庆祝邓广铭教授九十华诞论文集》,河北教育出版社,1997年,收入《读史丛考》,中华书局,2014年。

吴荣曾:《战国授田制研究》,《思想战线》1989年第3期,收入《先秦两汉史研究》,中华书局,1995年。

〔日〕西嶋定生:《皇帝支配の成立》,《岩波講座世界歷史》第4卷,岩波书店,1970年,收入《中国古代国家と東アジア世界》,東京大学出版会,1983年。

〔日〕西嶋定生:《中国古代統一国家の特質——皇帝统治の出现——》,《仁井田陞博士追悼论文集》,劲草书房,1967年,收入《中国古代国家と東アジア世界》,東京大学出版会,1983年,又收入杜正胜编、杜正胜译《中国上古史论文选集》,华世出版社,1979年。

肖永明:《读岳麓书院藏秦简〈为吏治官及黔首〉札记》,《中国史研究》2009年第3期。

辛德勇:《〈后汉书〉对研究西汉以前政区地理的史料价值及相关文献学问题》,《史念海先生百年诞辰纪念学术论文集》,陕西师范大学出版社,2012年,收入《旧史舆地文编》,中西书局,2015年。

辛德勇:《汉武帝晚年政治取向与司马光的重构》,《清华大学学报》(哲学社会科学版)2014年第6期,增订稿题《制造汉武帝:由汉武帝晚年政治形象的塑造看〈资治通鉴〉的历史构建》,生活·读书·新知三联书店,2015年。

辛德勇:《陆梁名义新释——附说〈禹贡〉梁州与"治梁及岐"之梁》,《历史地理》第26辑,上海人民出版社,2012年,收入《旧史舆地文录》,中华书局,2013年。

辛德勇:《秦汉直道研究与直道遗迹的历史价值》,《中国历史地理论丛》2006年第1辑,收入《秦汉政区与边界地理研究》,中华书局,2009年。

辛德勇:《王翦南征百越战事钩沉》,《徐苹芳先生纪念文集》,上海古籍出版社,2012年,收入《旧史舆地文录》,中华书局,2013年。

辛德勇:《阴山高阙与阳山高阙辨析——并论秦始皇万里长城西段走向以及长城之起源诸问题》,《文史》2005年第3辑,收入《秦汉政区与边界地理研究》,中华书局,2009年。

〔日〕星野亘:《三皇五帝考》,《史学雜誌》第20编第5号,1909年。

邢义田:《从比较观点谈谈秦汉与罗马帝国的"皇帝"》,《人文及社会科教学通讯》1卷4期,1990年,收入《天下一家:皇帝、官僚与社会》,中华书局,2011年。

邢义田:《从古代天下观看秦汉长城的象征意义》,《燕京学报》新13,2002年,收入《天下一家:皇帝、官僚与社会》,中华书局,2011年。

邢义田:《中国皇帝制度的建立与发展》,《中国文化新论——制度篇》,1982年,收入《秦汉史论稿》,东大图书公司,1987年,收入《天下一家:皇帝、官僚与社会》,中华书局,2011年。

许道胜:《岳麓秦简〈为吏治官及黔首〉的取材特色及相关问题》,《湖南大学学报》(社会科学版)2011年第2期。

许兆昌、侯旭东:《阎步克著〈乐师与史官〉读后》,《中国史研究》2003年第4期。

薛英群:《汉简官文书考略》,甘肃省文物工作队、甘肃省博物馆编《汉简研究文集》,甘肃人民出版社,1984年。

阎步克:《春秋战国时"信"观念的演变及其社会原因》,《历史研究》1981年第6期,收入《阎步克自选集》,广西师范大学出版社,1997年。

阎步克:《汉代乐府〈陌上桑〉中的官制问题》,《北京大学学报》(哲学社会科学版)2004年第2期。

阎步克:《荀子论"士君子"与"官人百吏"之别及其意义》,《学人》第3辑,江苏文艺出版社,1992年,收入《阎步克自选集》,广西师范大学出版社,1997年。

阎步克:《一般与个别:论中外历史的会通》,《文史哲》2015年第1期。

阎步克:《政体类型学视角中的"中国专制主义"问题》,《北京大学学报》(哲学社会科学版)2012年第6期。

阎步克:《中国传统政体问题续谈》,《北京大学学报》(哲学社会科学版)2017年第2期。

阎步克:《族群互动与"南北朝"现象:一个体制问题的政治学思考》,《思想战线》2018年第3期。

晏昌贵:《秦简"十二郡"考》,《舆地、考古与史学新说——李孝聪教授荣休纪念论文集》,中华书局,2012年,收入《秦简牍整理与研究》,经济科学出版社,2017年,又收入《秦简牍地理研究》,武汉大学出版社,2017年。

杨桂梅:《汉代虎符考略》,《中国国家博物馆馆刊》2013 年第 5 期。

杨华:《楚礼研究刍议》,《学鉴》第 5 辑,武汉大学出版社,2012 年,收入罗家祥主编《华中国学》第 2 卷,华中科技大学出版社,2014 年。

杨宽:《从分封制到郡县制的发展演变》,收入《古史探微》,上海人民出版社,2016 年。

杨宽:《吕不韦和〈吕氏春秋〉新评》,《复旦学报》1979 年第 5 期,收入《古史探微》,上海人民出版社,2016 年。

杨宽:《论秦汉的分封制》,《中华文史论丛》1980 年第 1 期,收入《古史探微》,上海人民出版社,2016 年。

杨宽:《中国上古史导论》,《古史辨》第七册上编,上海古籍出版社,1982 年。

杨树达:《与陈援庵论史讳举例书》,《积微居小学金石论丛》,上海古籍出版社,2007 年。

杨勇:《再论汉武帝晚年政治取向———一种政治史与思想史的联合考察》,《清华大学学报》(哲学社会科学版)2016 年第 2 期。

杨振红:《徭、戍为秦汉正卒基本义务说——更卒之役不是"徭"》,《中华文史论丛》2010 年第 1 期。

扬之水:《沂南画像石墓所见汉故事考证》,《故宫博物院院刊》2004 年第 6 期。

游逸飞:《从军区到地方政府——简牍及金文所见战国秦之郡制演变》,《台大历史学报》第 56 期,2015 年。

于振波:《秦律令中的"新黔首"与"新地吏"》,《中国史研究》2009 年第 3 期。

张东刚:《近年来商鞅变法研究述评》,《中国史研究动态》1989 年第 11 期。

张帆:《元代诏敕制度研究》,《国学研究》第十卷,北京大学出版社,2002 年。

张经久、张俊民:《敦煌汉代悬泉置遗址出土的"骑置"简》,《敦煌学辑刊》2008 年第 2 期,收入《敦煌悬泉置出土文书研究》,甘肃教育出版社,2015 年。

章太炎:《秦政记》,《章太炎全集·太炎文录初编》,上海人民出版社,2014 年。

〔日〕中村裕一:《唐代の慰労制書の起源》,《中国都市の歴史歴史的研究》,刀水书房,1988 年,收入《唐代制敕研究》,汲古书院,1991 年。

周予同：《纬谶中的"皇"与"帝"》，《暨南学报》第 1 卷第 1 期，1936 年，收入朱维铮编《周予同经学史论著选集》（增订本），上海人民出版社，1996 年。

朱绍侯：《关于〈史记·商君列传〉中两条律文句读商榷》，《中原文化研究》2013 年第 1 期，收入《朱绍侯文集（续集）》，河南大学出版社，2015 年。

庄小霞：《〈里耶秦简（壹）〉所见秦代洞庭郡、南郡属县考》，《简帛研究二○一二》，广西师范大学出版社，2013 年。

邹水杰：《简牍所见秦汉县禄秩等级演变考》，《北大史学》第 12 辑，北京大学出版社，2007 年，收入《两汉县行政研究》，湖南人民出版社，2008 年。

五　学位论文

车新亭：《试说卫鞅"强国之法"中的爵制》，硕士学位论文，北京师范大学史学研究所，1990 年。

游逸飞：《四方、天下、郡国——周秦汉天下观的变革与发展》，硕士学位论文，台湾大学文学院历史学系，2009 年。

芮钊：《〈独断〉研究》，硕士学位论文，陕西师范大学历史文化学院，2011 年。

陈林：《秦兵器铭文编年集释》，硕士学位论文，复旦大学中国语言文学系，2012 年。

董珊：《战国题铭与工官制度》，博士学位论文，北京大学中国语言文学系，2002 年。

冉云艳：《中国古代瓦当研究》，博士学位论文，中国社会科学院研究生院考古学系，2002 年。

游逸飞：《战国至汉初的郡制变革》，博士学位论文，台湾大学文学院历史学系，2014 年。

熊长云：《秦汉度量衡研究》，博士学位论文，北京大学历史学系，2017 年。

黄桢：《制度的书写与阅读——对汉唐间政治文化的一项考察》，博士学位论文，北京大学历史学系，2017 年。

各章初刊及修改情况

第一章第一至三、五至九节:《商鞅"农战"政策推行与帝国兴衰——以"君—官—民"政治结构变动为中心》,《中国史研究》2020年第1期;初刊为原稿的三分之一,收入本书为全稿。

第一章第四节:《"士大夫"、"官人百吏"考辨——兼论"吏民"的出现》,《人文杂志》2020年第8期;部分内容收入本书。

第二章:《"并天下":秦统一的历史定位与政治表述——以上古大一统帝王世系为背景》,《史学月刊》2018年第9期;收入本书有所增补。

第三章:《秦君名号变更与"皇帝"的出现——以战国至秦统一政治秩序的演进为中心》,《历史语言研究所集刊》第九十一本第三分,2020年;收入本书有所增补。

第四章第一至四节:《兵符与帝玺:秦汉政治信物的制度史考察》,《史学月刊》2020年第9期;收入本书有所增补。

第四章第五至九节:《玺书考——兼论汉代诏书的若干问题》,《吴荣曾先生九十华诞颂寿论文集》,中华书局,2021年;收入本书有所增补。

后 记

呈现在大家面前的是我的第二本书。

自2013年入职中国人民大学,时光飞逝,转眼已逾五载。新的征程,忙碌而充实。王子今师"工作最初几年不可有片刻松懈"的叮嘱,谨记于心,从来未敢忘怀。2016年末,我有幸参加老师主编的"秦史与秦文化研究丛书",负责撰写其中一册。这正是再接再厉、强化专业训练的宝贵机会。

起初,我曾设想对秦军事制度、军事文化的制度史做集中考察。不过,在阅读史料时,秦统一君主制的若干基本问题,始终无法绕开。这涉及商鞅变法、大统一、皇帝号、虎符、制诏等大家最为耳熟能详的一些内容。它们汇聚于"集权君主制"下的秦君周围,对认识秦统一的政治军事进程,非常重要。然而,选择此题,颇具挑战。史料固显寡少习见,论说却又蔚为大观,创新并不容易。这时,想起罗新老师多次提到要"选择重大问题",想起阎步克老师书中提到"年轻时那样不怕出错,不懂的东西也敢碰,不怕说了外行话"。"大路不走草成窝","胸膛不挺背要驼",感兴趣的问题,还是想尝试一下。

明人彭汝让称"学问之道,惟虚乃有益,惟实乃有功"。工作有别于求学,然变中有不变。读书思考,愈觉学也无涯,要求唯有更高。研究坚守"实实落落",从最基本史料的分析出发,努力由史料中产生问题。如前辈老师所言,"真正的创新还是要从史料的拓宽和文本的细读、从质疑和批判开始"。同时,每个论题所涉史料特征不同,文本状况各异,须据具体情况,"因时制宜",创造性地解决问题。本书试着使用一些概念用语,运用一些分析模式,注意转换视角,提炼线索,以期获得相对系统、整体性认知。

写作是件严肃而有趣的事情。过程虽不轻松,实践中的成长,却也时能感知。"受施慎勿忘",诸多先生、同学提供过各种帮助,心下感念,在此特致谢意。限于种种条件,探求勉力前行,疏漏或恐难免,恳请师友指正。

陈寅恪先生云"华夏民族之文化,历数千载之演进","后渐衰微,终必复振"。本书对秦统一政治文化的探讨,由实证入,自解释出,顾念不限一代,希望能为大家思考上述问题,提供一点帮助。

孙闻博

2019 年 2 月

2020 年 2 月补记

本书幸获二印,今在允许范围内做了个别修正、调整。

孙闻博

2022 年 5 月